天下第一風水地理書

台灣　張清淵
新加坡　彭鐘樺　◎著

張清淵

職稱

◎中華民國全國總工會　理事
◎中華五術社團聯盟總會　總會長
◎中華道教清微道宗總會全國總會　理事長
◎中華星相易理堪輿師協進會全國總會　理事長
◎淡江、萬能、元智、華梵、第四屆全國大專院校等各大學易學社專任指導教授
◎台視、華視、中視、民視、三立、超視、衛視、蓬萊仙山等有線電視節目專訪主講老師
◎河南周易專修學院　名譽院長兼教授
◎重慶躍華塑膠集團　顧問
◎玉玄門星相地理五術研究傳授服務中心負責人
◎玉宸齋有限公司　董事長

著作

神妙玄微紫微斗數
中華象數預測集錦（上、下冊）
星座生肖血型全方位論命術
中國文史哲通鑑
第一次學紫微斗數就上手（上冊）
第一次學紫微斗數就學會（下冊）
學陽宅風水這本最好用
學擇日這本最好用
我的第一本八字學習書
發財開運寶典（每年出版一本）
奇門三元七政天星綜合擇日電腦軟體
紫微八字姓名易經奇門星座綜合軟體
玉玄門綜合姓名學軟體
居家風水不求水、品頭論相 DVD 專輯
玉玄門八字學軟體
綜合羅盤
太上大道道德經參悟（善書歡迎助印）
堪輿尋龍棒

服務地址：臺灣臺北縣板橋市 22054 中正路 216 巷 148 號 1 樓
服務電話：（02）2272-3095．00886-2-22723095
開運網站：http://www.ccy22723095.com.tw
電子信箱：chang.lan@msa.hinet.net

彭鐘樺（隆華居士）

職稱

◎新天地集團主席
◎亞洲著名風水大師
◎一位融合歷代風水命理諸家所長，結合現代社會特點與改進傳統玄學理論的新生代亞洲傑出人類生命工程師 。
◎現為南少林禪院主持方丈釋素喜大師的皈依弟子，法號釋德松，少林寺三十一代弟子。
◎曾在新加坡 U 頻道、第 8 波道、馬來西亞 TV1、TV2、TV3、NTV7、8 CHANNEL、MITV，香港無線電視主持命理風水節目。
◎曾在新加坡 953、馬來西亞 MY FM、988、Ai FM、主持節目。
◎馬來西亞《星州日報》、《中國報》、《東方日報》、《新生活報》、《風采》雜誌、《號外周刊》雜誌、《都會佳人》雜誌、《風水報》、《玄機》雜誌、《品位空間》雜誌都曾設有命理風水專欄。

服務熱線：
新加坡：（65）65330033．64625522．65646996．63377369
馬來西亞：（603）21427996．21448996
（607）2328118．5584188．5990851．
3344250（605）3121233．3126233
（6085）410019．420019
網址：www.alphayzs.com

彭序

命是人生的輪廓；運是人生的軌跡。命運雖可左右人生，卻完全掌握在自己手中。人不應哀歎「命由天註定」，在人生走到最低潮時，就得知命，而不是認命。洞悉命運的真諦，做到先知先覺，然後以積極的方式，去改變命運，去尋找運轉乾坤的方法，從而達到「再造生命」，面對人生新的挑戰，以抗衡命中之不足、運中之短處，重新出發，達到人生的另一高潮而臻成功之境界。

生基就是借助自身與祖輩的血緣關係和遺傳基因，來改變命運，幫助自己，扭轉乾坤，或福蔭子孫使用陰宅風水的原理。生基的理念、推崇，在臺灣比起東南亞一帶，更多人瞭解它所能起的作用而安置生基。

為了啟示有緣人能活得更快樂，對人生更有積極的態度，消除或減輕罪孽，我與臺灣張清淵老師共同研究、探討後，決定撰寫、出版這本《天下第一風水地理書》，以造化有緣人，並使之在生活中立於不敗之地。

新天地集團創始人 緣中秀　**彭鐘樺** 序

張序

地理風水之學由來已久，是人類在生存與發展的過程當中，人們為了爭取更好的生存與發展的空間，從而與大自然的爭鬥當中，使之不斷的進化，進而學會瞭解自然而順應自然，因而產生利用自然及改造自然的一門進化學，因此可知地理風水學是我們古代的先人，為了居住的安全與舒適，就學會了觀察山川河流的生態形勢，及草木土石的變化，以及風、雨、氣象、氣候、季節的轉換，進而選擇確定最佳的地點和方位來定居，正是所謂的良禽擇木而棲，猛獸擇穴而居，高人擇地而住的最佳寫照，因此地理風水學，是一門綜合了地球物理學、地球磁場能量學、環境景觀學、水文地質學、建築學、天文氣象學、人體生命學和宇宙星體學的一門綜合性的大自然科學，是我們老祖宗的重要發明，是民族傳統文化的寶藏，是先民的智慧結晶；然而古典書籍，皆以深澀、精奧、難懂之文言文，來敘述風水地理之專業術語，再加上各門各派的口訣隱語，以及各大風水地理師的文學素養，和專業造詣之良莠不齊而各說各話、衆説紛紜，更有自成一家的標新立異的莫名其妙之論述，更甚有相互攻訐之象，屢見而不鮮。因此使風水地理之學常被解讀成迷信，或是神秘文化，然而相對的我們都發現有歐、美、日、韓等國之學者卻相繼對我們這門瑰寶學問都做有專題的研究和應用，並顯現的取得了社會和經濟效益，這豈不是一大諷刺嗎？因此身為風水地理學之專業研究執業者的我，有感於此，乃不揣固陋，將個人多年來尋龍點穴的經驗，並參考古書經典，及採擷坊間各大師前輩之著作精髓，及師門所授之精華而編著成本書，以為初學者或專業之考證之最便捷的參考用書，並期能拋磚引玉，從被誤認為所謂的神秘性中探索出其規律性及實用性和客觀性及價值性，再進而轉化出其科學性的內涵，以為傳承先人的智慧，並進而探求自然界的奧妙，以期能解除社會大衆對風水地理學的困惑與誤解，期能將誤解轉化成認同，這是筆者之所致盼，亦為出版本書之目的。

緊接著筆者亦將與白漢忠老師合著，出版三合、三元、玄空、九星、飛星、消砂法、八宅法、龍門八局（乾坤國寶）易經六十四卦奇門卦象……等各大門派學術精華，融為一體而相互應用之綜合風水地理，這是目前坊間空前的創舉，將所有堪輿有關於理氣方面的口訣，以圖文並茂的方式編輯製作，讓初學者一目瞭然，而且也讓多年學習堪輿不得其門而入者指示出一盞明燈，快速的進入專業水準。同時也是造詣高深的大師們最方便的授課及實際運用的範本，因書中將各大派別之所長與缺點，相互比對應用與補正，是目前堪輿界最完整的作品。至於軟體方面，目前已完成《12字排盤軟體》及《紫微斗數排盤軟體》，本軟體與一般市面上不同，本軟體計算精密，功能用途廣泛，凡大運、流年、流月、流日、流時、流分，都可以由電腦即時操作中顯示。其中並有六十四卦及西洋十二星座排列於命盤當中，同時加上標準的經緯度與八字的喜用神、奇門遁甲等。筆者有鑑於擇日法門衆多，遂結合各方專家學者研發並請楊國正老師設計本《奇門三元七政天星綜合軟體》，運用本軟體將可使您不花費很多金錢，也不要用很長的時間拜師鑽研，就可以馬上學會奇門遁甲、黃道十二宮、七政四餘、天星地平方位、太陽到山到向、行星到山到向，及三元卦影擇日法，其精準度可以突破傳統兩個小時為一個單位的擇日法，而是以分為單位，達到選擇出一個時辰中，算出幾分幾秒是最吉利的日課，最為經濟、省時、快速又精準，也最實惠的一組應用軟體。其他如玉玄門八字學軟體，並請張貴軍老師設計《玉玄門富貴吉祥姓名學軟體》參照各家口訣，集姓名學所用之數理、生肖、字形、字義、典故之大成，內有經緯度設定及八字喜用神，此亦為現今姓名學軟體之首創，同時並有先天因果祿命術、西洋十二星座、秤骨歌和百家姓之由來、三才五格之吉凶論斷，每一則姓命論斷附有七千多字的字義解說，可在軟體中實行電腦取名及人工取名，自動的取配您所需的最佳姓名，其組合共有七萬多個姓名字彙。並且為了兩岸學術交流之故，所有軟體皆採簡體、繁體兩種版本。

其他如避煞用之「九頭靈獅」、「十二生肖琉璃」，以及用真實山水圖像所拍攝製作之「3D立體山海鎮」及十二生肖聚寶盆、笑佛聚寶盆……等，亦已取得專利著作權。地理師出外偶爾會遇到下雨，一般羅盤遇濕氣容易長霉或生銅鏽，筆者特別製作的新式綜合羅盤，三元、三合、九星之綜合盤，舉凡各派所用法訣盡皆搜羅，八宅明鏡、龍門八局、三合水法、九星水法、九星人倫、一百二十分金、三元六十四卦卦氣、卦運、線度吉凶、六十四卦配六十甲子悉皆載入，表層有加上一層透明壓克力使字跡更清晰，表層堅硬耐用，而且遇水不會有長霉或生鏽的問題，還有一項特點是不怕打火機或者是煙蒂燒傷。讓您的羅盤永遠如新的，展現大師的獨特風格，恢宏的磅礴氣勢。筆者尚有許多構想，有些已在進行中，希望能嘉惠同道、讀者，為宏揚五術學術文化而努力。在人類的長期生活實踐中會發覺到人們都希望能夠以和諧的方法，將自身與自然界統一而完善和諧的相結合在一起，以達到人們身心的健康，家庭的和融而運昌，事業的興旺而財源廣進，乃至後人成長發達興旺的培育，此為天、地、人三合一的至善境界，而其核心內容是人們對生存環境的選擇及處理改善和應用的一種學問，其範圍包括住宅、陵墓、寺廟、宮室，以及鄉鎮、城市之規劃與建設並進而藉此探索調整商務、辦公、工廠、生產、旅遊、娛樂、經濟、體育、研究等活動場所之優質化，其中將尋求優化之建築信息與自然信息，和人體信息的和諧共生之方法，此是神秘文化通往科學的橋樑，是地理風水融入生活而邁向科學的通道，因神秘是科學的胚胎，科學是神秘的歸宿，而迷信是科學的天敵，虛無是科學的殺手，而謬論是虛無，而信無中生有是迷信，故而誰能研究出將神秘轉化為科學之法，誰就是大知大覺，而以科學來造福人群之人就是人類的聖人、功臣，科學家、學者認為超微粒子和磁場對人體及自然界之任何物質，都會產生明顯的正負影響，而這些能量的正負，也可隨著自然環境的改變而有所改變，當然也會隨著人體的磁場能量信息的改變而改變，而這些物質能量信息，可以導致人的健康長壽、心情愉快、思維敏捷，同時也可使人思維遲鈍、精神恍惚、多病而短壽。

人體在天地之間，因天覆地載，故而無時無刻都和自然界的陰陽五行之氣場同時呼吸，而其氣平衡則身體健康，精神智慧佳，則經濟必發達，故而風水地理之學於焉而成，黃帝宅經曰：「陰陽之理順，順則亨，逆則否。」而地球是大磁場，人體是小磁場，凡是磁場不管大小必有磁波，磁波可遞傳信息，相同及同類之頻率赫茲必會相感應，並進而轉化成新的同頻共振之能量磁波，而傳播給同頻同赫茲之同位信息者，並進而產生感應及溝通，而人體接收到這種電磁信息後，就在人體上產生一系列的物理及化學反應，而接受到好的信息就產生良好的化學反應，反之則不好，從遺傳學而知人與祖先具備同等類型之基因，以物質不滅定律而知，其生物電磁波之間有同位信息，能相互溝通及感應，此就是為何從古至今，古今中外皆重視風水地理環境保育之道也，如：英國前首相邱吉爾就有

「人造房屋，房屋造人」之說。因此可知風水地理之學是以自然事物為基礎，以陰陽五行為法則，以先後天八卦為經緯，以人之趨吉避凶而謀營順遂為目的，並以維持自然生態之平衡為原則，而集天文學、地理學、水文學、生態學、環境學、景觀美學、生物學、建築學、地球物理學於一身，是專門研究人與自然的關係的綜合性科學。本書收集資料廣泛，有取諸各家的地理巒頭心法及筆者所學之師承心法與經驗辨證法則，書中考證範圍採取重點式的介紹，其中包括台灣北、中、南各地之重點介紹，並有中國大陸之北京、南京、洛陽、雲南、西藏等重要城市之介紹，更有馬來西亞、新加坡、尼泊爾等重點介紹，而本書之能付梓出版，要感謝至交好友白漢忠老師的攝影編輯及提供相關之資料及新加坡彭鐘樺大師提供新加坡及馬來西亞和其他相關資料，當然還須感謝林志縈大師、蕭木通理事長、高國清大師、許桂郎大師、王武烈大師、鄭金鴻大師和陳啟銓大師提供相關之資料及指導，並感謝吳建勳大師、林長誼大師、林二郎大師、陳添旺大師、陳郁樺大師、羅增喜大師、蔣小剛理事長、謝忠護理事長、曾水波理事長、張育維理事長、陳開通大師、張文彬大師、鄭煌濱大師、蘇仙註大師、廖水來理事長、張藝藏大師、許昭男理事長、張慶和大師、林筆通理事長、黃文封理事長、楊智富理事長、鍾新用大師、張九驊大師、王尚義大師、梁富庠大師、邱竹旺大師、謝沅瑾大師、洪堅固大師、董德安大師、高笠軒大師、鄭玉梅大師、黃靜瑜大師、江美酌大師、林桂淑大師、黃添榮大師、陳莉蓁大師、鄭雅勻大師、鄭博遠大師、何書誼大師、吳銘泉大師、劉翰鴻大師、李進益大師、林果昆大師、李俊賢大師、洪敏郎大師、康文雄大師、楊兆順大師、范福文大師、李光堯大師、王萬吉大師、林靜瑩大師、李曜宏大師、陳泉龍等大師之指導。

易經繫辭傳曰：「一陰一陽之謂道。繼之者，善也。成之者，性也。仁者見之謂之仁，知者見之謂之知。百姓日用而不知，故君子之道鮮矣！」風水地理非常抽象而模糊失焦，其來有自而不絕如縷，甚至千頭萬緒而見仁見智，各執其善而各有不同的見解與成就、恍惚「見乃謂之象，形乃謂之器。形而上者謂之道，形而下者謂之器。」風水地理含蘊陰陽理氣而神奇之妙，有陰陽不測謂之神的靈異傳奇。《地理原真》又曰：「立向之道，以水為憑；收水之方，以向為憑。大約可知格龍、立向的重要性。而地理原真承認有一定之真龍，必有一定之真穴，有一定之真穴，必有一定之砂水；先賢論龍、論穴、論砂、論水、論向各有成書。」

晉郭璞作《葬書》或稱《葬經》，相傳楊救貧讚譽郭璞集風水地理之大成，並因《葬書》而作《青囊奧語》，曾文辿為奧語作序，《青囊序》精簡而若勝奧語本文：「楊公養老看雌雄，天下諸書對不同，先看金龍動不動，次看血脈認來龍。龍分兩片陰陽取，水對三叉細認蹤，江南龍來江北去，江西龍去望江東，認取陰陽祖與宗。昔世景純傳此術，演經立義出玄空，朱雀發源生旺氣，一一講說開愚蒙。……請驗人家舊宅墳，十墳埋下九墳貧，唯有一墳能發福，去水來山盡合情，略敘此篇傳後代，收拾藏在中箱內，莫將輕受等閒人，非人得此生災害，留與有德福人看，貧者富了賤者官，曉得神仙真妙訣，家家户户透長安。」風水地理之學，宗脈可尋而考知，而筆者風水地理之學自幼承鄉叔胡文化老先生之教導與啟蒙，及同鄉兄長輩李宗憲（明德）大師之指導開訓，後師高雄林源隆大師，王清哲大師（已仙逝）、陳朝彰大師（已仙逝），並與亦師亦生之好友吳建勳大師學奇門納氣法，再師鄧天來大師，再而師丘大師克修（現年九十八歲），並得陳裕文大師前輩之指導，並於一九九二年得滇西晉光明（已仙逝）前輩之手抄秘本，更於一九九四拜師苗栗徐傳成門下，而徐傳成亦曾師高瞻老前輩（已仙逝），王德勳老前輩（已仙逝）和先總統蔣公中正之風水秘書毛覺民先生之子毛暢然老前輩（已仙逝），筆者並於二〇〇三年得徐傳成恩師收為門下嫡傳弟子，故筆者於此，百叩答謝衆恩師之教導和教誨，及衆大師之相助，才得以有筆者之在風水地理學之立書出版，謹此為序。

中華星相易理堪輿師協進會全國總會　理事長
中華道教清微道宗全國總會　理事長　張清淵　序
二〇〇五年臘月吉旦於板橋玉玄門

目　　錄

前言

天文和地理就是時間和空間，而時間觀和空間觀最初始的和最根本的表現就是天文曆法，人文之初，正是天文曆數，建構了社會的時間節律和空間模式，規範了人們的時空觀念。時間和空間是人們的宇宙觀和社會的秩序賴以奠立的基石，有了曆法，浩瀚的星空、蒼茫的大地變得輪廓分明，井然有序。從此而後天有分野，地有經緯，天地間芸芸衆生，歲月中紛紛擾擾，過往世事，人間煙雲都在這個秩序中表示出各自的意義。依中國人的哲學，在這些變幻莫測的因緣裡，風水堪輿的理論指出世間百態的立體和繁複性，中國文化講究和諧與順應自然的哲學，反映在時間和空間的風水觀念則是隱約、曲折、變化，又合於中道的思想，洞見生命紋路的神秘之網，迎戰的謀略和諧的智慧。天有天理，人有人理，地有地理，堪輿學術是結合天、地、人三才，研究天文、地理與人事之間的相關變化，三才互相呼應的知識體系也必須人生智慧的配合才能夠理解世事的奧秘。

一般人對堪輿學術瞭解有限，越是有錢、有勢、有地位的人家，越重視風水的禁忌規則，所以官府、財團、企業界、豪宅的風水可以說絕大多數都請堪輿專家佈局，有很多巧妙的設計和嚴格的把關。而一般民衆有信，有不信，有的家中成員長年多怪病治不好，有家庭親子關係出問題，有的事業起伏無常，錢財不聚，當然有許多原因，其中有些根本是陰陽宅出了大問題，造成許多的不幸卻還不知為何一再發生相同的災禍，實為人生一大憾事。有鑑於此，本書是尋龍點穴從基礎理論到實際現場操作做精譬的解說，使一般社會大衆都能瞭解而深入堪輿的理論，使老祖宗的智慧能發揚光大，並以科學的角度來揭開堪輿學神秘的面紗。

本書為了使讀者能一目瞭然，盡量採用圖解以觸類旁通，當中諸多資料依據古書、實證有效的加以介紹，再參考現代堪輿研究學者的佳作，經實地採訪、考證、照相、存檔、整理、編輯、校對。由於本人在而電腦方面比較不純熟，所以對於照相、排版以及編輯特別重聘請白漢忠老師幫忙，而新加坡彭大師也提供一些珍貴的資料，以及與彭大師在新加坡、馬來西亞的風水實際考證，使本書的內容更加充實。本書的完成要感謝白漢忠老師和許多同道和先進及湯振中先生的繪圖、王武烈建築師與蕭木通老師提供部分文字資料和圖片，高國清老師與許桂郎老師介紹名人風水墓園以利採訪，還有許多堪輿老師協助未能一一介紹，在此一併致謝，本書圖片為實地採集拍攝，並經過白漢忠老師的整理編排，但文中又有少部份圖片以及參考文稿未知作者是何高人賢者，在此一併致謝，如有引用部份可來函或來電，作者當以篇幅比例致上薄酬並感謝。本書內容是以巒頭為主，理氣方面以後將有專書介紹，讀者對本書內容如有意見，或者書中所舉堪輿案例有特別的看法，或書中發現疏漏錯誤，亦請高明指正，以為再版時更正參考。

風水的概念

祖先風水爲何影響後代子孫榮枯—科學與風水的應證

風水之所以受到人們的特別關注，追根究底是因爲人們隱隱約約的意識到，它對一個人或一個家族的富貴貧賤、興衰壽夭有著很密切的關聯性。

從現代射電天文學原理，氣是構成世界本元的元素，它無所不在，山中有氣是爲活山，則林鬱蒼翠，生氣蓬勃，鳥語花香；水中有氣，則流水潺潺，草木欣欣向榮，魚蝦潛游活潑；人得氣而精神飽滿；地得氣而滋生萬物，而風水之氣不同於空氣之氣，但卻於空氣之氣中可見其氣之行，近來射電天文學家研究得到一個結果，說明氣是爲宇宙間的微波幅射，包括星球的電磁幅射，而風爲送氣之媒，但風有強風、烈風、和風、大風、冷風、颱風、微風、暖風、迴風、清風，而風水強調避開強風而要微風。

光的要素來自太陽光，但光的本質是電磁波，俗稱七色光，而光有波和粒子兩種性，是爲波粒二性，因此光也是一粒粒的粒子。而水可收攏宇宙之氣，科學家也認爲超微粒子和磁場對人體及自然界中的任何物質都會產生有磁量場的作用，超微粒子和磁場這些能量也可隨著自然界之改變而改變，也可隨著人體自身的場態能量訊息之改變而改變。

因爲地球是一個大磁場，地球之磁性有記錄功能，有傳播功能及轉化爲電能磁量之功能，因此可知地球之地磁場可習慣性的記下每個地區及周圍的山山水水的各種訊息，但當您祖先的骨骸或是您做富貴生基的血磷子及自用吉祥物埋入地脈後，就可在自然界的轉化中產生一種帶有骨骸血磷子信號的電磁波與山水的原本信息能量結合而轉化成一種特殊的信息傳送到空間而影響外界。

但這些訊息能量波又爲何只影響到自己或自己的子孫呢？因爲您的生基有用您的血液所調製的血磷子和其他您所用過的吉祥物，其中已含有您的 DNA 之氣息。至於祖先的骨骸在遺傳學的 DNA 上，有與您相同的遺傳基因，及物質不滅定律上所顯現的生物電磁波，且祖先遺骸中又有與您相同信號的血磷子，故可見您的祖先之骨骸及您的富貴生基中之吉祥物與您及您的子孫生物電磁波是同位信息。而經由空氣中之氣場的轉化傳播和記憶，就能與您產生感應和溝通，正如收音機、電視機，要收看電視及收聽廣播電台節目必須具備同頻道、同赫磁才能接收到電視、電台的節目的道理一樣。

也就是當人接收到您的祖先之骨骸及您的富貴生基中之血磷子之電磁信息後，就在人的體內產生一系列的物理及化學反應，此即風水地理家之所謂的「山川有靈而無主，祖先之遺骸爲有主而無靈」，故祖先之遺骸得山川地理之靈氣而蔭育自己的子孫發富、發貴、發財、發丁及添壽之蔭佑也。故而從現今之科學理論而言，風水是地球物理學、水文地質學、環境景觀學、宇宙星體學、地球磁場方位學、人體生命學、生態建築學、氣象學等等，合爲一體的綜合性科學，因此風水學爲大自然科學，正如太上大道道德經及感應篇是爲人法地，地法天，天法自然，因此人類需要瞭解自然、利用自然、改造自然、順應自然。因此祖先風水之影響後代子孫榮枯是有著一定的科學依據的。

風水與命運的內觀與外照

所謂「命運」，是指一個人的八字或紫微斗數命盤格局和行運的合稱。「風水」，則是指人的住宅和祖先墳墓亦即陰陽二宅的格局好壞。

用六十甲子將出生時間排列出來的年、月、日、時的方程式，稱爲「八字」，也叫做「四柱」或用出生年、月、日、時的排列組合而成命身十二宮，並佈上南北斗諸大小星曜，並以大運小限的方程式稱爲紫微斗數命盤。若將四柱陰陽五行之間的生克制化和力量的對比進行分析，就好比解方程式，能在一定程度上分析出一個人的家庭狀況、父母、兄弟、子女、配偶、性格、體質、心理、智商等方面的大致結果，進而分析出其在社會上可能的地位或財富等。

算八字或紫微斗數還要推「大運」、「流年」，大運與四柱或紫微命盤是緊密聯繫在一起的，十年爲一大運，每年的氣運則是推流年，「大運」、「流年」好比是道路或者代表外部環境，是一個人一生中將要走過的歷程，也是用六十甲子配合命盤及格局來描述。如果大運是四柱的忌神，對四柱用神起的是損害作用，這步大運就是壞運。好八字要有好運相扶，差八字更依賴好運來補救，所以說：「命好不如運好！」

「八字」、「紫微」的好壞是否就決定了一生，這豈不是「宿命論」？

命運雖然客觀存在，但卻不是唯一的和不可改變的。命運只是一種相對確定的內因，內因還要在一定的外在條件下，才能起作用，也就是所謂的內觀與外照。

改變命運的途徑

自有人類以來，人們就不斷探索和研究，如何改變命運的理論和途徑。佛家及道家認爲只要誠心向善，多行善事，命運是可以改變的。《了凡四訓》通篇說的都是透過從善而改變命運的實例。

人的一生窮通富貴，這是命。命有定數，定數從何而來？自己造作的。佛法講因果循環，道家講本末通三世，佛法及道家說人決定有過去世、未來世。而從紫微斗數的天地盤配合人盤的推算遞演法則，亦可推得您的前生、今世，以及未來世的動向，時間單位最小的是秒，佛法講剎那；一彈指有六十剎那，一剎那有九百生滅。一彈指，如果彈得快，一秒鐘可以彈四次。四分之一秒的六十分之一，這是一剎那。一個念頭生，一個念頭滅，一剎那當中有九百個念頭生滅，實在太微細了，凡人粗心大意，覺察不到。什麼人能觀察得到？是能把妄想、分別、執著統統伏住到相當深度禪定功夫的人，就可以見到這個生滅現象。大乘佛法講能夠見到剎那生滅的頭數是圓教八地菩薩，與如來的果位非常接近，這時才能眞正的瞭解到宇宙人生眞相。

《華嚴經》云：「一切衆生皆有如來智慧德相。」這種智慧、德能和相好，人人本具，個個不無，它是平等的；「但以妄想執著而不能證得。」這句話告訴我們，如果把本自具足的智慧變成了無明、妄想，把無量德能變成分別，無量的相好變成執著、煩惱，這是「迷而不覺」。迷而不覺是凡夫，覺而不迷是佛菩薩，所以凡聖只在一念之間。

《金剛經》云：「若菩薩有我相、人相、衆生相、壽者相，即非菩薩。」「有」就是執著、分別，如果我們還分別有個我，執著有個我，就不是菩薩。祖師大德教我們把執著「我」這個錯誤的觀念修正過來，就是從根本修正。從根本上修正，就得要放下自私自利、名聞利養、五欲六塵、貪瞋痴慢，凡起心動念都為社會大眾著想，念念行行幫助一切大眾離苦得樂，做事也就可以一帆風順。

道家也認為命運是可以改變的，強調「我命不在天」，也有許多透過行善積德和修鍊由夭轉壽的實例。道家許多許多修鍊有道的人活到一兩百歲就是明證。

道教學術思想，上自伏羲氏畫八卦，至軒轅黃帝往崆峒山向廣成子學道，成道於鼎湖白日騎龍升天，是中國飛升的第一人。到周朝老子，集道家文化的大成，作《道德經》五千言，開闢至道經義，發揚大道精神，建立道德思想。

道教的宗派很多，主要可分為五大宗、五大派。五大宗即正一宗、南宗、北宗（全眞教）、眞大宗及太一宗。而五大派即積善派、經典派、丹鼎派、符籙派及占驗派。基本上這五大宗派都遵守著敬天、祀祖、修道、行教、救人、利物、濟世等教義。

道教有勸善的社會功能，其中「積善派」的道士以為積德行善可成仙，積善派道士信奉《太上感應篇》、《功過格》、《陰騭文》等善書，認為修仙必須積陰德，立善功。該派道士以儒家倫理道德、佛教因果報應、道教積善立功的思想在社會上勸善，延攬信徒。

易曰：「天道虧盈而益謙。地道變盈而流謙。鬼神害盈而福謙。人道惡盈而好謙。是故謙之一卦。六爻皆吉。」書曰：「滿招損，謙受益。」

「易」，指《易經》。「虧」，爲虧損。「盈」，爲自滿。「天道」，即自自然然的道理。「地」，是爲寬廣。「變」，爲變動。「流」，如衆水匯集在一處。

《易經》說，凡是自滿的人，總是會遇到一些吃虧的地方；能夠謙虛的人，一定能得到利益，這是天道。水總是會流到低窪的地方，不會往高處流。高的地方是自滿、貢高我慢，得不到利益，得不到滋潤；低窪的地方才能得到滋潤。對於自滿、傲慢之人，鬼神總是要找他的麻煩，開他的玩笑；對於謙虛的人，鬼神尊敬他、幫助他。人道又何嘗例外！對於自滿、傲慢的人，人們總是討厭他；對謙虛的人，則人人歡喜他。所以，謙之一卦，唯有吉利而無凶災，這是做人重要的原則。

《書經》又說，驕傲自滿的人會受到損失，謙虛會受到好處。了凡先生說，他很多次與同學們一起參加考試，常常見到貧寒的學生將要發達時一定非常謙虛。所以，待人處事接物，最重要的是虛懷若谷，能夠接納別人、成就別人。

道、釋、儒之聖人只出一中字示人，此中字，非中外之中，亦非四維上下之中，不是在中之中。釋云：「不思善，不思惡，正恁麼時，那個是自己本來面目？」此釋家之中也。儒曰：「喜、怒、哀、樂未發謂之中。」此儒家之中也。道曰：「念頭不起處謂之中。」此道家之中也。此仍三教所用之中也。「中」既是先天之有，卻要通過後天的修鍊才能成就，此即守中之功法。因此可知儒、釋、道基本上是以積德、行善的修鍊以達到改變命運的目的。

風水改變命運

中國術數也同樣認爲命運在一定程度上是可以改變的。傳統風水學的立論基點就是幫助善心人改變命運，楊公、賴公都有「寅葬卯發」的眞實本事。並在民間廣爲流傳關於風水祖師楊筠松的故事。

「風水」是中國傳統文化的特產和寵兒，有歷代的經驗法則爲準繩傳承數千年。近年來，「風水」經國內外專家學者的再認識與再評價，發現它具有未被認識的科學內涵，是個值得發掘與研究的寶藏。美國、加拿大、日本、韓國、新加坡等國學者相繼對風水展開專題研究，國內也出現了風水研究熱，電視媒體報導、學術交流、相關論文發表、人才培養，與實際應用日趨活躍。尤其是深入民間，經過數千年潛移默化的影響著尋常百姓的人生決策與生活起居，成爲大衆人生的決策指南。並常以此爲祈求趨吉避凶與事業發展的依據。

其實，風水與命運是緊密相連的，八字、紫微斗數、七政四餘的命盤結構可以測出命運的走向，實際上它也可由陰陽二宅來看出端倪，高明的風水師能從家族的風水推論出其後裔子孫之命中格局和富貴、貧賤、壽夭，同時也可藉由一個人的出生年、月、日時之命盤格局來推算出其祖上風水的形勢特點。地理風水也影響風土人情，什麼樣的山水，就會孕育出什麼樣的人物，所謂地靈人傑，即是此意。劉伯溫《堪輿漫興》云：「尋龍山水要兼論，山旺人丁水旺財。」山龍形勢孕育人物的粗俗智愚，水龍格局孕育地方財貨饒瘠，因此一個家族成員的出生年、月、日時之命格也與陰宅存在著同步資訊的往來呼應，當一個人還未出生時，是由風水來決定這個人出生年、月、日時之命格好壞及格局高低，當這個人出生以後其祖先才過世，那麼其祖墳風水的好壞將對這個人的行運好壞產生了好壞加減之影響。

銅山西崩靈鐘東應

氣充塞於天地間，而孕育萬物，人之所以生，就是因爲生氣的聚合所致，人秉氣而生，凝結成形體，這種因生氣所凝結的形體，直到人死了，皮肉腐爛了，而獨留骨骼，因此骨骼還是蔭含著原來的生氣。此爲質能不滅定律。人死後其骨骸內還存有血磷子，與其後裔子孫之血磷子產生共振相應，正如所謂母子連心，父子連心，血濃於水之象不謀而合，更與遺傳基因DNA學說有異曲同工之妙，因此可以從一個人的頭髮或祖先的骨骸來測出一個人的遺傳基因DNA，這與先賢郭璞葬書之說法相同。

《葬書》：「銅山西崩，靈鐘東應。」有一天，漢朝的未央宮無故鐘自鳴。東方朔曰：「必主銅山崩應。」

東方朔

過了十多天，西蜀果有來奏銅山崩，以日程推算，正是未央宮鐘鳴之日。

漢武帝問東方朔：「何以知之？」

東方朔曰：「銅出於山，鐘爲銅鑄，氣相感應，猶人受體於父母也。」

帝歎曰：「物尚爾，況於人乎！」

昔曾子養母至孝，子出，母欲其歸，則齧指而曾子心痛。人凡父母不安而身離侍側，則亦心痛。故知山崩鐘應，也是一樣的道理。從以上古今之論說，與現今科學之遺傳基因之學，可以證明風水之好壞確實會影響其後代子孫之富貴、貧賤、壽夭、興衰、榮枯之象。

《易經》把人之死生與鬼神視爲自然生態循環鏈中的一環，認爲天文地理對生命運動產生重要影響，若魂之能量高而呈上升狀態，稱之爲神，若魂之能量低而呈下降狀，則稱之爲鬼。《繫辭》說：「易以天地準，故能彌綸天地之道，仰以觀於天文，俯以察於地理，是故知幽明之故，原始反終，故知死生之說，精氣爲物，遊魂爲變，是故知鬼神之情狀。」

人稟天地陰陽精氣而生，故人之身、形、心、神具有陰陽，古人又把它稱爲魂魄，魂者陽之神，魄者陰之形，人之生則陽魂陰魄聚而成體，人之死，則魂飛魄散分離而各歸本來。

郭璞在《葬經》上說：「生氣行乎地中，發而生乎萬物。人受體於父母，本骸得氣，遺體受蔭。」

先賢從對天地造化以及人的生命原始過程的認識，而創造出堪輿之法使人類的生命運動變化符合自然規律，千百年來的風水實踐證明，好的風水環境能使人才輩出，也可使人們的身心素質相對提高。

堪輿理論認為，人由父精母血所生，父母去世以後，若葬在好的地方，骨骸可以得到地氣的溫暖，然後可以蔭佑子孫出賢能。人體受氣最多者為骨，故死後留枯骨，而生氣隨地理而行，因此將骨骸埋於地下吸收地之生氣，可使枯骨得潤澤，永久保存，又基於血緣與心靈相通的道理，祖先的遺骨受了生氣滋潤，自然能福蔭後世子孫。

風水與環境美學

中國的學問一向以解決「人」的問題為首要的考慮因素，傳統科學自也不例外，它要解決人所面臨的自然環境問題，以及如何提升便利於人們的日常生活問題。先民面對大自然的種種變幻，嘗試賦予一個秩序，第一個要處理的便是日升月降，風雨雷電如何產生？及其遞演變化和相應對待之關係。而大地與萬物是如何出現？何時產生興衰枯旺、生旺死絕之遞演循環。

風水學研究人類生存之宅居以及往生者墳地的環境美學。當人走到一處山青綠水、山明水秀的地方時，人就會覺得心曠神怡，走進一間寬敞明亮的房間時，人就感到很舒服。人若走到一處窮山惡水之地，或是到了一間低矮潮濕的房間裡，人就會感到極爲難受。古人稱之爲風水，現代人稱之爲生態環境或環保或景觀。

河流交會處，交通便利，也利於生活取水，以及農業生產。

早在六、七千年前的仰韶文化時期聚落的選址已有了很明顯的「環境選擇」的傾向，在當時先民對自身居住環境的選擇與認識已達相當高的水準。

其表現主要有：

一、靠近水源，不僅便於生活取水，而且有利於農業生產。

二、位於河流交會處，交通便利，有利於貨物的交流及商業的蓬勃發展。

三、處於河流階地上，不僅有肥沃的耕作土壤，而且能避免受洪水侵襲。

四、處於山坡地時，一般選擇向陽坡。如半坡遺址即爲依山傍水、兩水交會、環抱的典型格局。

中國常見的背山面水的村落，就是具有生態學意義的典型環境。其科學的價值是：

一、背後的靠山，有利於抵擋冬季北來的寒風。

二、面朝流水，即能接納夏日南來的涼風，又能享有灌溉、舟楫、養殖之利。

三、朝南之勢，便於得到良好的日照。

四、緩坡階地，則可避免淹澇之災。

五、周圍種植樹木，即可涵養水源，保持水土，又能調節氣候，以及調節空氣中之濕度和淨化空氣。

這些不同特徵的環境因素綜合在一起，便造就了一個極爲有利的生態環境。這個富有生態意象、充滿生機活力的城市或村鎮，也就是古代建築風水學中始終追求的風水寶地，它不但有其深厚的文化背景，同時又有著非常合理的科學依據。

背山面水能接納夏日南來的涼風

風水與環境磁場及地磁能量場的關係

經科學證實而瞭解，宇宙之間確實存在著一種引力，叫做「磁場」。天、地、人，甚至世間萬物其實都具備了各自特有的磁場，並且會因爲地理環境條件不同而發生不一樣的「磁波交感反射質變現象」，質變的結果有良性變化，也有惡性結果。古人以八卦來代表地球的四面八方，以十天干、十二地支代表經度和緯度，用干支納音來引述時空自然變化法規，以五行生剋制化合乎循理及陰陽之盈虛消長，而為福禍吉凶的依據。

地球是一個大的磁場，而磁性具有記錄和傳播功能。這種經過質變之後的磁波，無形之中便不斷的影響人體內部所具備的磁性，於是吉凶乃現，福禍漸生。

墳墓建在某個地方，該處的地磁場就會把墳墓周圍的山水信號連同骸骨信號以電磁波的形式轉化出新的電磁波信號向外發送，從而對外界產生吉凶不同的影響。古人並依此假設太陽、地球和月亮的運轉與方位之間的盈虛消長情形，而制定了磁場、氣流與人身之間交感連繫之相互關係。此為防禦大自然天災水禍的具體做法，也是求生存的智慧表現。

為什麼只對自己的子孫有影響而不影響他人呢？子孫與先輩具有同類型的遺傳基因，其生物電磁波之間具有同位元之資訊，能夠感應溝通，就像收音機只能接收到頻率相同的電磁波一樣。人體接收到這種電磁資訊後，將在體內產生一系列的反應，進而產生一系列吉凶感應及對待關係。不同方位和空間格局，會造成不一樣的磁場，所以，面對相同的磁場裡，因不同的八字便產生不同的後果和影響。磁場的不同，影響了格局的吉凶；格局的吉凶，影響了運勢的福禍。也就是「地理風水磁場」的方位格局與運勢吉凶感應有著密切關係。韓國學者尹弘基更提出了中國風水術建立的三個前提：

一、某個地點比其他地點更有利於建造宅第或墳墓。

二、吉祥地點只能按照風水的原則透過對這個地點的考察而獲得。

三、一旦獲得和佔有了這個地點，生活在這個地點的人或埋葬在這個地點的祖先的子孫後代，都會受到這個地點的吉凶影響。取自《論中國古代風水的起源和發展》

隨著人類對陰陽五行的認知與肯定，乃由單純地域性風生水起的禁忌觀念之運用，延伸到空間磁場感應配合的領域。這是宇宙的奧秘，風水文化正是無數環節的陰陽分裂與組合，日月星辰的運轉有它一定週期性變化，而產生了磁力強弱，因而感應到陰宅的氣運、流年，加上人類出生的先天命運受到八字大運、流年、干支喜忌相互生剋演變，也就是人身、時間和空間的交互影響，故而造成了因爲格局的不同乃致牽連到陰陽宅運的旺衰與身體健康、財運的高低起伏。融合了天、人、地的關係，並且以人爲中心。這不但從心理上滿足了人的需要，而且也存在著一定的實用價值。

風水問答

問：風水學說有沒有官方依據？

答：風水滲入了人們生活中的每個角落，連古代皇室成員也對風水備加青睞，譬如，《永樂大典》、《四庫全書》、《古今圖書集成》等大型叢書，都輯錄了大量的風水典籍。從古至今，不僅文人對風水書進行點校與研究。在民間，多種風水書籍也蜂擁而起。風水理論從時間和空間兩方面考察人體與地理氣候、地極磁場變化的關係。風水之本源可以一直追溯到數千年前，有其深厚的社會經濟文化與歷史背景，直到今天，風水已經風行於華人的各個角落。更甚而廣爲流傳到歐美等先進國家，互相推崇並進行研究中國風水學之奧妙。

問：有人說，風水是作官的人和王公貴族才會注重，一般人有必要研究風水嗎？

答：風水學所牽連的知識面極爲廣闊，包括天文、地理、氣象、陰陽五行、物理、地質、水紋、射電、光學、地磁、環境景觀、生態環境等無所不容，眞可說是包羅萬象。風水的本來意義是要使人達到趨吉避凶，只要人類存在一天，人們對趨吉避凶的心理需求是一天也忘不掉的。尤其在經濟、資訊、科技高度發達的當今社會，這種需求更爲強烈而且已由上而下的融入了各個領域的生活當中。因此，深入研究風水，用其精華更好地服務於人類生活，是很有必要的。

問：陰宅的四周環境如何看？

答：看陰宅須先看山脈和水路是否合局，須看地面的高低與水溝、排水及山溝水的流向，而後再看路與周圍的環境，如屋脊、牌坊、電線桿、古樹、墳墩、旗杆、廟宇等物，落在哪一宮，哪個方位，其山向飛星、佈局如何，辨其衰旺、三元卦意，配合主事者之出生年、月、日、時即可論斷吉凶。

問：陰宅是不是以自然景觀爲首要考量因素？

答：陰宅不僅要求山明水秀，氣勢雄壯的山川，更要考慮到選穴位置與周邊的配合，青龍、白虎、朱雀、玄武明堂的結構和水的來、去關係等環境因素，只是從景觀心理去認識還不夠。若是從都市形象和自然景觀的觀點來看，風水所講究的就是自然與環境的和諧關係。因此凡事除了講求風水格局的好壞以外，更應保持自然環境的自然景觀風貌，這更符合現今生態環境保育學。

根據中國人長期經驗累積，風水學可以知道在何種環境之下，人們可以生活得更為幸福和美滿，每個山丘，每道水路，每道來水、去水，乃至每個角落，面對不同的風水及不同的人、事而有不同的影響，堪輿家對此便有不同的詮釋。

問：何謂「砂」？何謂砂之「有情」？「無情」？

答：山脈的行度，地形的起伏，都稱為砂。砂有好壞，有粗秀，須看砂之向背情形。砂之光華秀麗，向我、迎我、侍我、衛我是「有情」。砂之斜側醜惡，背我、伺我、怒我、逼我是「無情」。所謂砂秀者，山水如美女顧我、盼我，含情脈脈，在穴場一眼所見，皆能朝拜穴場。

砂如掀裙、舞袖、擎拳、嫉主、提鑼、探頭之類謂之凶。砂如旗、鼓、劍、印、倉庫、屏案、天馬、文筆之類為吉；由砂可看穴力之大小，龍之真否。

問：何謂青龍、白虎、朱雀、玄武方？

答：形勢派的基本論法，以向墓碑前方看，左前方是青龍方，主長房吉凶；中間是朱雀方，主二房吉凶；右前方是白虎方，主三房吉凶。左前方太空曠或壓迫，長房不利，右前方太空曠或壓迫，主三房不利，正前方壓迫或陡峭，主二房不利。

山勢秀麗，朝拜是「有情」。砂之斜側破碎爲無情

問：易經與風水有何關係？

答：《易經》是爲詩、書、禮、樂、春秋六經之首，也是儒家十三經之一，是中華民族優秀文化的精典。《易經》，博大精深，源遠流長，神奇無比，玄妙無窮，是中國古代先賢智慧的結晶，易經文化遍及各個領域，大則治國安邦，小則獨善其身。「風水學說」是從易經體系中衍生出來的，用於指導人們趨吉避凶的環境決策學。

問：什麼是「點穴」？

答：尋龍是爲了尋找適合陰陽二宅的具體地點和位置，這個具體位置就是穴。龍的生氣從龍的祖山一路剝換而來，到了山水交會靈氣所聚的地點結穴，穴位是龍之生氣凝聚的孔竅，就好像是枝繁葉茂的瓜果蔓開花、結果。祖山是根，龍脈是幹，枝葉是護從侍衛，過峽是節，果柄是束氣，穴位就是果實。

也只有眞龍才可能結出眞穴。古人有云：「點高三尺出宰相，點低三尺浪蕩光。」就是說點穴必須準確無誤，不得有半點馬虎，不能偏高偏低、偏左偏右而稍有差池。此與人體的穴位相似，針灸治病的基本要領就是取穴要準確，不能有絲毫的偏差。

山形斜側、醜惡安墳立穴必有傷

問：何謂風水的「形勢」和「理氣」兩大原則？

答：風水雖然流派很多，各派老師見解亦不同，不過任何學術都有這種現象，所以在面對不同的人亦產生不同的觀念，各派的立論點也有不同，大致上可歸類爲「形勢」和「理氣」兩大原則。形勢或稱爲「巒頭」，在形勢而言，形勢乃指陰陽宅周圍的大環境或建築物，或峰巒、河流、通道、地形、地勢、地氣、植木花草等，根據不同的環境及水流組織、安排、佈局，故古人稱巒頭爲「形勢」。

「理氣」乃是指陰陽宅的坐向、方位、來水、去水、水口的五行八卦生剋原則，再配合奇門遁甲的選吉。理氣派的基本宗旨，就是根據河圖洛書、八卦九宮和陰陽五行的排布規律，將日、月、星宿、地理、地質和人命、運、「天地人」時空關係聯繫起來，運用羅盤定位格吉凶之判，具體而細微地做出方向、佈局的選擇。分析其間相生相剋、吉凶禍福，按照現代科學觀點，就是探尋天、地、人三個磁場的統一。

地理之學有三難，形難、勢難、方難，形爲山形、象形，勢爲局勢，局勢又分大環境與小環境之局勢。方，爲方位與方向，因此形與勢爲巒頭，而方爲理氣，形勢如人之身軀體形，如樹木之樹身、山之巒頭形狀，而理氣如人之手足、髮膚及樹之枝葉。從理氣可看出人之健康與否及精神之好壞，從理氣可看出樹木之生長狀態，即枝葉之榮枯，從理氣可看出山巒之生態環境之惡劣，這正如人無軀體便死，樹無樹身必枯，山無形則禿平無生機，故巒頭爲主、爲體，理氣爲副、爲用，故地理之學重巒頭之體而配合理氣之爲用。

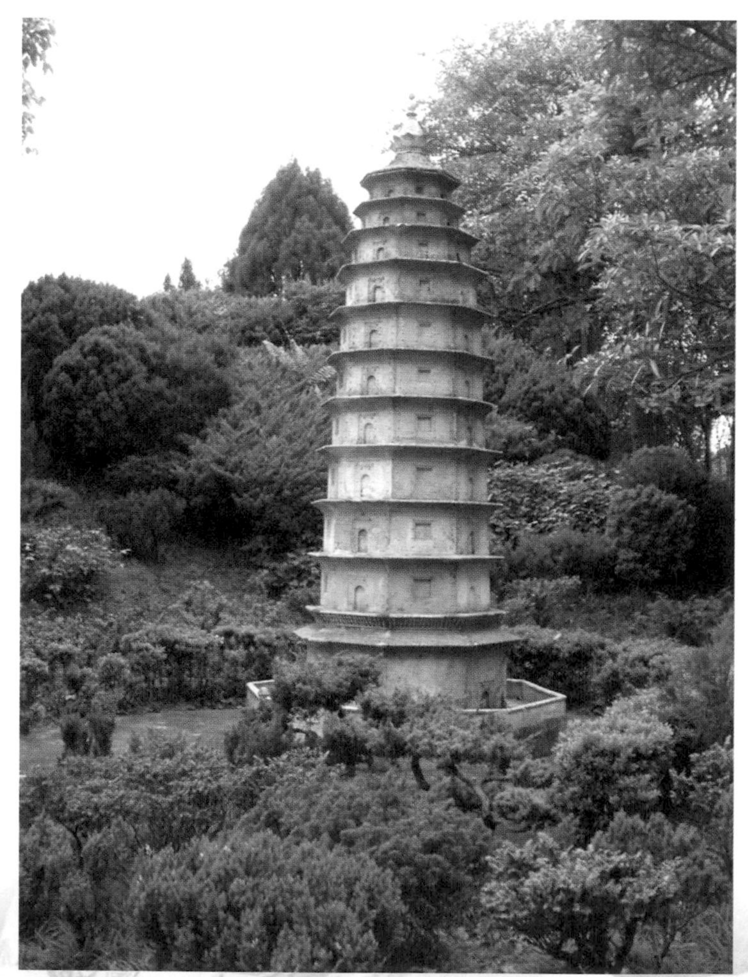

挺秀之形，名曰「文筆」

問：風水上何謂「文筆」？

答：挺秀之形，名曰「文筆」，以玄空派論：如有塔或秀麗山峰在飛星一四、一六之方，得當運之體主科名，失運亦主文秀。若在飛星之七、九、二、五之方，主興災作禍。現代有高壓電塔，若在遠方不逼近，其形也以文筆論之。還要注意得運爲文筆秀，失運則以形煞論之。

問：在遠處有煙囪高高直豎，算是火燒文筆，還是當是殺曜，還是當是文筆？

答：看它所處的方位而定。但以科學角度，它畢竟是排廢氣的，對身體有害。如是陽宅與煙囪太近是不妥的。如在遠處而又當運，則主化煞爲權，藉權爲用的文筆秀。

問：從風水上如何斷出「財」、「丁」、「貴」？

答：陰宅若經過堪輿師的處理，對主人有什麼幫助？是開運解厄？是得名得利？或者是平安如意呢？

從陰宅之向水或旁水，看旺水在何方，加太歲流年而可以斷「財運」。從向上飛星之一白、四綠方，看周圍峰巒或水流三叉交會，流神屈曲處，加太歲、合年命可以斷「功名富貴」。「人丁」是否興旺，當從坐山及當運之山星斷之。

電塔、大樓，若在遠方不逼近以文筆論

問：風水地理常聽到説「納氣」，究竟納氣爲何？

答：古人認爲宇宙是由「氣」生成的。天上的星辰，地下的五穀，飛禽走獸，水中的魚蝦，和人的福壽病禍，均與氣有極大關係。風水理論是建立在中國哲學「氣」的概念上，古人認爲人活氣行，人死氣絕。氣的重要性後來由身體推類於萬物，認爲世上萬物都是氣的生化結果，不但人的活動是由氣所帶動，自然界植物的生長也受到地氣流動的影響。如果地氣流過一個地方的表面，由於氣很多又很強，在那上面的植物就會長得很茂盛；如果地氣從深處流過，由於氣小且弱，在上面的植物就會長得稀疏，甚至變成了沙漠地帶，此爲氣之基本概念，而納氣就是聚集容納好的氣場。

問：什麼是垣局？

答：「垣」者，牆、城之意。垣局是指可以用來建造號令天下的京城，特貴的風水格局，次一等的垣局則是建造省市都會的理想地點。古人認爲，天星下照，地上成形，龍穴是天星之氣反映在地表的實體。天上有紫微、太微、天市三個星座，其氣下臨於地，則形成紫微、太微、天市三大垣局。紫微是天上帝星所在，地下的紫微垣就是皇帝居住的地方。垣局與一般的穴場相比，具有許多不同的特點。垣局是大龍脈的正結，是山水之大會，星辰分明，氣勢非凡。

問：火葬、土葬、靈骨塔有何分別？

答：土葬能造命，提升在世者之靈動力。如有子息者，是正確選擇。一般靈骨塔多數採用火葬，若無子息，往生後，火化隨風飄散，因此往生者火化之骨灰靈動力減少。將經過火化後的骨灰放在靈骨塔內，則靈動力減少，好壞吉凶剋應緩慢。

問：何謂蔭屍？

答：屍體不化，謂之蔭屍。可分爲乾屍、濕屍。

乾屍：棺木放置地點不適當或葬法不對，水分流失，不易停留與屍體成腐化作用，經六至八年後，屍體表皮仍在，謂之乾屍。

濕屍：棺木放置地點太接近水氣或周遭環境變化使水流入，六至八年後屍體仍無法腐化，謂之濕屍。

問：陰宅如何對後代影響？

答：好的陰宅對後代有加分之影響，驗證古墓，自然得知。凶的陰宅，長期性會有房分不勻稱的問題發生。譬如固定發長房，二、三房倒楣。這裡所講的房分，譬如：第一代生三個兒子，老大、老二、老三很好區分，第一代老大如生三個兒子，則不是三個都是大房，要依三房分配，也就是說每一代都要分房。

渤海
顯考妣高公有才媽洪雙之墓
一九九九年春
曾孫二大房立
渤海居祖德

靈骨塔到處林立

靈骨塔多數採火葬，若無子息，火化隨風飄散，
骨灰靈動力減少則無妨

問：陰宅的流年不好，會有何剋應？

答：損財、損身或損六親。住家好，辦公室好，陰宅的流年不好，則損財機率大；住家、辦公室、陰宅都不好，損身、破財或損六親機率大，為求周全宜和陰宅同參。

問：陰宅的大運、流年與個人的大運、流年何者為重？

答：陰宅重造命功能，主導一整個家族的興衰，對於個人的命運是加減分，但也不能說陰宅就主導一切，兩者應該並重。

問：陰宅形局不佳會有何影響？

答：六親方面的影響：西北方代表父親、西南方代表母親、東方代表大兒子、北方代表二兒子、東北方代表三兒子、東南方代表大女兒、南方代表二女兒、西方代表三女兒，不利在哪個方位，表示此人在家緣淺，或運勢一直不好。

身體方面的影響：西北方犯形煞，主頭痛；西南犯形煞，主腸胃不好；東方犯形煞，主肝膽、手腳不舒服，眼睛也要注意；南方主血液循環不好，心臟病；東北方主腸胃和脊椎；東南方和東方同論，易引起痛風及解毒功能不正常的皮膚病或瘡毒；北方主腎臟和泌尿系統易出毛病；西方呼吸器官功能差。可依左來右受，右來左受原則斷之。

問：羅庚各有不同，三合、三元和綜合羅庚，定針的方位不同，到底如何選擇是正確？

答：羅庚是指出方向的指南工具，三合、三元和綜合羅庚都可以用，羅庚之製成，方位之說，始於地理之理。故有格龍、格穴之法。

羅盤有三層二十四山，那我們從外向內看，爲天盤（縫針），人盤（中針），地盤（正針）。正針格龍、立向，中針消砂，縫針納水。玄空是用正針（用在全部）。

福地福人居，福人居福地的故事

常言道：「福地福人居，福人居福地。」常常是風水的吉凶和人的運勢暗相吻合，若能修心行善，冥冥中自會得到福地。有些人是誤打誤撞的碰到好風水，有些人是靠著明師指點的助緣。而這與本身的福德因緣亦有關，有些人沒有足夠的福澤，縱然有明師指點，仍然會錯失良機，得不到福地，這也就是冥冥之中存在的天理。

論相的常講「相隨心轉」，堪輿家所言，則是「福人居福地，福地福人居。」有災難現前，不是福地。如果肯修福，自可「福人居福地」。每個人都想要得到風水寶地，但福地福人居，風水寶地唯有德者得之，無德者強而得之亦無用，地靈會隨著人心而轉變。

看看社會大衆，他們說的是什麼？他們想的是什麼？做的是什麼？仔細觀察，就知道這個地區的吉凶禍福，大家心地都很善良，所思、所言都是善福，這個地方的人一定有福，一定是個好地方。這個地區之人所思不善、所言不善、所行不善，這個地方一定會有事故發生。這個地方有危難、有動亂，都是看人心的思想、言語、造作，所以聰明智慧的人，就知道自己應該要怎麼作法，才能趨吉避凶，這就是所謂的共業。

人的一生短短幾十年，眞正懂得人情世故而主導周遭的一切，一般是在三十到五十歲的時間。然而有些人一生總是多做好事，設身處地爲別人著想，但是有少數人卻壞事做盡，好事多爲的人自然可得好地，無惡不做之人必得凶地。

近代陳濟棠將軍，是廣西防城港市防城縣那良鎮人，民國初年的重要將領，蔣介石先生的福將，毛澤東先生的甲級戰犯。陳濟棠將軍三代積德秋毫沒犯，一個姓張的風水大師才送一大墓地（在十萬大山腳）葬他母親，陳將軍出身赤貧（等於中華人民共和國成立後評爲雇農階級），十二歲還赤膊脫褲，一絲不掛。

大約十九世紀末年春分前後的一個下午，陳將軍父親在那良鎮擺個小粉攤。那天天氣很壞，又冷又下著小雨，姓張的風水先生全身濕透來到粉攤吃粉，邊吃邊說很冷，身體不斷顫抖的，陳將軍的父親見張先生這樣受苦，不但在張先生吃的粉加熱又多加菜，而且特地多加柴火，讓張先生衣服烤乾、取暖。張先生千謝萬謝，當天晚上，陳將軍的父親帶張先生到家中留宿，並以上賓之禮招待，張先生十分感動，決定送一風水寶地給陳家，並擇良時吉日以安葬陳濟棠先生的母親之骨骸，此龍穴寶地就在十萬大山腳下的陳家附近。

在葬了陳濟棠母親的第二年，孫中山先生的國民革命軍正在欽州一帶起義，正值青少年的陳濟棠受到革命很大的影響。他立志長大後參加國民革命軍，爲推翻滿清政府建立中華民國，做一個稱職的革命軍人。

不識字的陳濟棠參加國民革命軍後，靠著自己的機智勇敢，從普通一兵升上班長、排長、連長、營長、團長、旅長、師長、軍長，還做了廣東省主席。一九四九年十月中國大陸從青天白日的十二星旗換上五星紅旗之後，他從海南島跑到臺灣，年老後去美國定居，九十七歲才病逝於美國。他的第十子陳仕佰是美國一流的化學博士，十分有錢又愛國，據說深圳大學是他投資興建的。陳濟棠將軍這一家，能夠興旺發達，很多風水先生都說是與張先生送寶地葬他的母親脫不了關係的，據說陳將軍的母親，生前是一個好事多爲的賢妻良母，她早逝，和她有來往的人都非常痛惜，個個爲她流淚。

上述是一宗有福之人得福地，而且此地以風水學而言是富貴雙全的龍穴寶地。

范仲淹的風水故事

宋朝范仲淹，年輕時貧窮，後來做了官。他很孝順，請風水家看母親的墓地，風水家說他母親的墳是「絕地」，他家會斷絕後嗣，勸他遷移。他說既然是絕地，也不應讓別人去承受；如果我該絕後，遷墳有什麼用？結果沒有遷墳。

另外，當時蘇州有座著名風水寶地——南園，范仲淹正在做宰相，又是蘇州本地人，於是許多人勸他把南園買下來做公館，以利後代出人才、做大官。范仲淹說，一家人發富貴範圍太小，於是他買下南園辦了「蘇州書院」培養出不少人才。范仲淹死後，兒子范純仁依然又做了宰相，而且世世代代人才輩出。八〇年代《人民日報》海外版登載，僑居世界各地的范氏子孫一百餘人在臺北集會紀念范文正公誕辰一千年。范氏家族能夠興盛將近千年，是「積善之家，必有餘慶」的最好證明。

毛澤東的祖墳傳奇

毛澤東

影響中國近代史相當深遠的一代偉人——毛澤東，一生頗爲傳奇。他出身於農民之家，生長在湖南湘潭閉塞的農村韶山沖裡，小時侯雖然讀過私塾，但也放過牛、種過菜、餵過豬，其後走出農村，讀過師範學校，又做過圖書館管理員，最後參加革命，經過兩萬五千里長征，終於能席捲全國，成爲中華人民共和國的開國之君。他的一生偉業，民間流傳一種說法，毛澤東之所以能成就霸業，與其曾祖父所葬的風水寶地有很大關係。

據說在一九三〇年時，國民黨由於戰事屢屢失利，認爲是毛氏祖墳得龍脈之蔭所致。於是湖南省省長何鍵，曾指派親信副官熊道乾統帥一個連的兵力，往湘潭去挖毛氏祖墳，但在當地百姓的保護下，何鍵軍隊所挖的不是毛澤東家的祖墳，而是當地地主毛俊賢家的祖墳，因此毛氏祖墳並沒有被破壞。毛澤東也曾對一位美國記者說過：「小時候，曾聽說我的曾祖父的墳地風水好。」

毛澤東的油畫在文化大革命期間被定爲樣板畫

毛澤東的老家湘潭流傳著兩則關於毛澤東祖父墳墓的風水典故。一則是說，毛澤東的祖父毛翼臣與他的兄長毛德臣兩人都看中了虎歇坪的一塊墓地，相爭不下，達成了「先死者葬，後死者讓」的協議。毛德臣暗喜，因爲他比毛翼臣要年長五歲，但想不到後來毛翼臣竟然先逝世，於是找人擇定吉日良辰安葬。風水先生竟然選了一個八年之後的夏月某日，毛家只好將靈柩安放在虎歇坪墓基上。由於墓基之土不能挖動，所以只好用稻草之類覆蓋其上。過了八年，毛氏後人揭開靈柩上的覆蓋物，發現棺木色澤光亮，完好如初，而破土挖穴，發覺穴下只有穴位處是泥土，四周俱是石頭，是爲石中生土的龍脈寶地，大家深知這是一處好穴。

另一則故事則比較傳奇。說湖南有一位著名的風水師，名叫「不過五」，他每說一句話不會超過五個字，性格高傲。有一年湖南大旱，盜賊如毛，他在饑寒交迫之下，暈倒在地上，被毛澤東父親毛順生救起，毛順生好心勸他去逃難，並準備一些路費給他。在送他上路時，不過五先生大爲感動，於是將他多年找到的一塊佳穴告訴了毛順生。不過五說：「這座山像一個女子奔向月亮，靈氣十足，如果在八月十五中秋晚上，嫦娥頭頂冒著月亮靈氣的刹那，將祖先骨骸放進去，天地會爲之一震，你的兒子當中一定有一個成爲開國之君。不過那個受恩寵的兒子，一生的命運就會立刻有轉變，他命中註定先苦後甜，青少年時要受盡痛苦，但必有成功的一天。」後來毛順生果如他言，把毛澤東祖父的骨骸葬到了嫦娥奔月的穴上，孕育出了中華人民共和國的開國之君毛澤東。

鬼神護吉穴的故事

在中國傳統的觀念中，龍穴寶地必有鬼神或社稷之神守護，不讓無福、無德的人霸佔。這種觀念可從以下一段故事中反映出來。

北宋時，江蘇無錫境內有一地名「吳塘門」，夾於吳塘山東西峰之間，相傳其中有一大富大貴的吉穴。當地民謠有云：「吳塘東，吳塘西，玉兔對金雞，代代出紫衣。」結果，此吉穴被南宋名流尤袤所得，用以安葬其父尤時享的骸骨。

據當地故老相傳，尤袤葬父後，便在墓旁結廬守孝。一晚，忽見有無數「天燈」在天際浮游，隱隱可見有許多金甲神，簇擁著一位器宇不凡的貴神在天際巡視。

忽然，貴神若有所感，指著尤袤父親的墓穴，問左右兩旁的金甲神說：「此地將發福三百年，非有大福之人不能享有，不知是何人葬於此地？」

金甲神回答說：「無錫人尤袤剛剛葬其父於此。」

貴神說：「尤家並無福分享用此福地，明日當命雷神轟之，把墓穴與棺木轟走，好讓此福地留與有福之人。」

貴神與金甲神在雲端對答之言，尤袤聽得清清楚楚，當即嚇得魂飛魄散。但爲了保存父屍，便立即跪在地上向空遙拜貴神，叩頭有道：「先父骸骨既已安葬於此，實在不忍見父墓慘遭雷電轟毀，萬望貴神手下留情，只要能保存父墓，情願以己身代遭雷轟之苦。」

金甲神亦從旁替尤袤說情，貴神沉吟半晌，然後微點頭道：「尤氏雖累世修德，但其福德尚不足享用此吉穴。現在姑念尤袤忠孝，姑且容許其繼續享用此地！等待三百年後再做處置吧！」停了一會兒，繼續說：「尤袤情願以身代父，孝感動天，可免受雷轟之苦。」

尤袤聽聞貴神此言。大喜過望，急忙向貴神跪拜叩謝。自此以後，尤氏一門子孫，世代皆由科甲入仕，功名不替。

「佳穴留與有緣人」這種觀念深入民心，許多與風水有關的民間傳說，均把人與地的「緣分」說得出神入化，有緣的，必定會機緣巧合地獲得福地；無緣的，千方百計追求，仍是陰差陽錯失之交臂。種種變化得失，民間傳說中描述光怪陸離令人歎爲觀止。

無福之人不得地的故事

下面是一宗得了福地變為凶，結果斷子絕孫的例子。

廣西南寧地區橫縣南鄉鎮米步有一大地，此大地是前清咸豐年初，一個無兒無女姓覃的風水先生送給橫縣南鄉姓岳的一墓好地，風水先生的條件是：葬了此地後岳家要對他生養死葬。岳家當時答應了這一條件，覃先生才擇日葬岳郎中的父親。岳家當時只有岳郎中母子兩人，岳郎中時年十七歲，已經談妥決定娶個媳婦姓巫名賴妹，此人生性尖酸刻薄。

此大地名叫「將軍背寶劍」，面向米步停船那個大灣（每夜從邕江下來的船都停在那裏）。所以有日受千人拜，夜亮萬燈的氣概。此地要出九代閣老（如現在部長級的官）葬的是岳郎中的父親（劏牛佬生前專劏牛來賣）。葬後第二年岳郎中和巫賴妹成親。第三年岳郎中參軍去了。岳郎中參軍後表現得十分出色，僅僅三年就從士兵升到了團長，但是由於當時通信困難，家裡和他一直杳無音訊。

岳郎中的老婆巫賴妹當時終日吵架，和婆婆白天吵到晚上，毫不循理。葬了「將軍背寶劍」後風水先生覃某因此地乃犯師之地，因而兩眼雙盲，巫賴妹終日罵覃先生為盲龜。無論怎樣罵，覃先生都不出聲。又罵覃先生送的好地，害她獨守空閨幾年都沒有見過老公。罵東罵西覃先生都強忍著，後來不給覃先生吃飯。覃先生實在忍無可忍，才出聲說把「將軍背寶劍」挖出來，他騙巫賴妹說：「若挖出了這個墓地，妳就可以見老公了。」

姓巫的很歡喜，請人帶覃先生到米步墳地把骨甕挖出來。挖出來之後一看，骨甕裡沒有骨頭，裡面是一潭清澈的泉水，水中有九尾壙角魚，只有一條開了眼睛，其他八條均未開眼。覃先生用骨甕裡的水洗他的雙眼，雙眼馬上復明。從此，他再也不返岳家了。

挖掉這墓地後不到一年，岳郎中在清朝的兵營中犯了嚴重的錯誤，充軍北大荒（現在東北）生死不明。從此，橫縣南鄉的米步至灘水（橫州附近）一帶山嶺一年四季盡是流黃浪水，路過那帶地方，山上的草木還是黃色的。

朱熹的風水故事

《二刻拍案驚奇》卷十二裡有一段談到有關朱熹的故事。

朱熹是一代大儒，天性好打抱不平。致仕之初曾任福建崇安知縣，當時有個奸猾小民利用朱熹的這種天性，偷偷地把一塊自己家祖先的墓碑埋在某個大戶風水極佳的祖墳底下，而後一狀告到官裡，指控該大戶侵占他家祖墳。於是，朱熹的正義感發飆，他親往該地探勘，挖開墳墓，果然找到了奸猾小民預先埋下的那塊墓碑，他除了把那個好的風水寶地判給奸猾小民外，還重重處罰了那個大戶。

朱熹並爲自己的正義和英明得意不已。多年之後，朱熹終於知道事情的眞相，懊惱萬分，遂對天祝曰：「此地若發，是有地理；此地不發，是有天理。」

朱熹祝罷而去，是夜大雨如傾，雷電交作，一聲霹靂，那個好風水之地已毀成一潭。朱熹有關風水的這個故事裡，有很多訊息。它除了顯示出「地理」再大，終究大不過「天理」之外；同時也告誡讀書人不要太過偏執，讀書人的偏執，經常是人禍的起源。而最重要的，則是這個故事也告訴了我們，在信仰風水的中國社會，存在著許多以風水爲核心的事跡。像故事中奸猾之人侵占別人好風水的墳地，只不過是其中之一而已。

風水理論十大重點

風水理論是什麼呢？實際上就是地球物理學、水文地質學、宇宙星體學、射電光學、氣象學、環境景觀學、建築學、生態學以及人體生命資訊學等多種學科綜合為一體的一門自然科學。其宗旨是審慎周密地考察、瞭解自然環境，利用和改造自然，創造良好的居住環境，贏得最佳的天時地利與人和，達到天人合一的至善境界。

一、風水的整體系統原則

從整體大環境觀察小環境，便可知小環境受到外界制約和影響，諸如水源、氣候、物產、地質等。每建一座城市，每蓋一棟樓房，每修一個工廠，都應當先考察山川大環境：大處著眼，小處著手，必無後患之憂，猶如醫生診脈，從脈象之大小、滑濇、洪細、虛實、浮沉、遲數等等，就可知身體的一般情況。

風水學充分注意到環境的整體性。《黃帝宅經》主張「以形勢為身體，以泉水為血脈，以土地為皮膚，以草木為毛髮，以舍屋為衣服，以門戶為冠帶，若如斯，是事嚴雅乃為上吉。」清代姚延鑾在《陽宅集成》卷《丹經口訣》中強調整體功能性，主張「陽宅須擇地形，背山面水稱人心，山骨來龍昂秀髮，水須圍抱作環形，明堂寬大斯有福，水口收藏積萬金。關煞二方無障礙，光明正在旺門庭。」

中國的先哲很早就開始運用風水理論思想，把環境作為一個整體系統，環境中的每一個子系統都是相互聯繫、相互制約、相互依存、相互對立、相互轉化的要素。風水學的功能就是要宏觀地把握協調各系統之間的關係以優化其結構，尋求最佳組合。

每一地域都有它特定的岩性、構造、氣候、土質、植物及水文狀況。只有當該區域各種綜合自然地理要素相互協調、彼此補益時，才會使整個環境內的「氣」順暢活潑，充滿生機活力，從而造就理想的「風水寶地」，整體原則是風水學的總原則，其他原則都從屬於整體原則，以整體原則處理人與環境的關係，是現代風水學的基本點。

二、因地制宜原則

因地制宜，即根據環境的客觀性，採取適合於自然的生活方式。《周易・大壯卦》提出：「適形而止。」周朝的姜太公倡導因地制宜，《史記・貨殖列傳》記載：「太公望封於營丘，地瀉鹵，人民寡，於是太公勸其女功，極技巧，通漁鹽。」

中國地域遼闊，氣候差異很大，土質也不一樣，建築形式亦不同。西北乾旱少雨，人們就採取穴居式窯洞居住。窯洞位多朝南，施工簡易，不占土地，節省材料，防火防寒，冬暖夏涼，人可長壽，雞多下蛋。

西南潮濕多雨，蟲獸很多，人們就採取干闌式竹樓居住。《舊唐書・南蠻傳》曰：「山有毒草，虱腹蛇，人並樓居，登梯而上，號爲干闌。」樓下空著或養畜，樓上住人。竹樓空氣流通，涼爽防潮，大多修建在依山傍水之處。

此外，草原的牧民採用蒙古包住宅，便於逐水草而遷徙。貴州山區和大理人民用山石砌房，這些建築形式都是根據當時、當地具體的地理條件而創立的，是因地制宜的具體表現。

如舊時蒙古的平民百姓，特別是牧區的貧苦人民，其葬禮是比較簡單的。人死前全家人以及其親朋好友都守在他身邊。死後，全家舉哀，通常不設靈堂，不擺供獻，不穿孝服，不燒紙錢，不用音樂，不給親友發訃聞。但是幾乎都請喇嘛來念經。死者沒有文字遺囑，僅口頭囑咐牲畜等遺留給某人，遺骨送至何處。倘若死於暴病而沒有遺言，其子向呼圖克圖（活佛）求問死者之遺志，以便後代子孫遵守。

高坑之地，天陰自上而降，生氣浮露，宜深葬

平陽之地，氣在外弱柔而浮上，故當淺葬

蒙古族的喪葬禮儀，經過元、明、清各朝代，七百多年中，有許多變化，加之各地自然環境、經濟、文化條件不同，喪葬禮儀也不一樣。一般分深葬、野葬、火葬、土葬幾種，其中石葬、深葬、風葬屬於宮廷葬法。

蒙古民族的喪葬儀式，有受其他民族影響的部分，也深受宗教影響。一般來說，蒙古民族的喪葬儀式，比較純樸，禮儀節儉，而多具有宗教色彩。

《葬書》：「風水之法，得水爲上，藏風次之。」

高坑之地，天陰自上而降，生氣浮露，最怕風寒，易爲蕩散。如人深居密室，稍有罅隙通風，適當肩背，便能成疾。故當求其城郭密固，使氣之有聚也。平支之穴，地陽自下而升，生氣沈潛，不畏風吹（缺），出在曠野，雖人面無蔽，已自不覺：或遇穴晴日朗，其溫和之氣自若，故不以寬曠爲嫌，但取橫水之有止使氣之不行也。此言支壟之取用不同。

《葬書》又曰：「何以言氣之盛，雖流行而其餘者猶有止，雖零散而其深者猶有聚。故藏於涸燥者，宜深。藏於但夷者，宜淺。」「淺深得乘，風水自成。」

高坑之地落勢雄雌，好龍多從腰落，分佈枝蔓於數十里之間，或爲城郭、朝樂、官曜、禽鬼、捍門、華表、羅星之類，皆本身自帶，不可為彼既流行而餘者非止也。但當求其聚處，而使之不散耳。而平支魚龍，大山跌落平洋，四畔曠闊，其為城郭亦不過高逾數尺而已。

高壟之地為陰之象也。故言涸燥當深葬。平支之地，陽之象也，氣在外弱柔而浮上，故言但夷當淺葬。

因地制宜是務實思想的體現。是根據實際情況，採取切實有效的方法，適合於自然，回歸自然，反璞歸眞，天人合一，這正是風水學的眞諦所在。

三、依山傍水原則

從世界開發國家的一些經濟發達區域來看，幾乎都有著同樣的特點——依山傍水。不論是美國的五大湖、歐洲的多瑙河，還是俄羅斯和烏克蘭南部的里海，圍繞著大片的水域，衆多工業城星羅棋佈。這些功能各異的工業城使得所在經濟帶繁榮興盛。

從這些經濟帶的形成歷史來看，它們無一例外的都沾了依山傍水的光。依山可以就近獲得資源，傍水則可以利用便利的交通互通貿易。

依山傍水是風水學最基本的原則之一。山體是大地的骨架，水域是萬物生機之泉源，沒有水，人就不能生存。考古發現的原始部落幾乎都在河邊臺地，這與當時的狩獵和捕撈、採摘經濟相適應。

現代科學已證實水有「聚氣」的作用：水是吸收各種波動能的極性分子。而宇宙間所有的射線(聲、噪音、電磁波、微波、光、輻射)都具有「波粒兩重性」。中國風水理論認爲：「水飛走則生氣散，水融注則內氣聚。」而最典型的莫過於「水環抱處」的選址。其環轉回顧之處方是龍脈止聚，選址於河曲之處則以水流三面環繞纏護爲吉，謂之「金城環抱」。並且，水的流速與人的血脈流速相近，對人有益。

風水學認爲：山不能無水，無水則氣散，無水則地不養萬物。水能「載氣納氣」，這已被現代科學所證實。大山脈能「迎氣生氣」，山環能「聚氣藏氣」，水能「載氣納氣」。因此，中國風水學在長期的實踐中形成了「山主富貴，水主財」的共識。北京爲萬水朝宗，南京爲長江環繞，三吳甲天下而有太湖，東魯大海外抱，楚有江漢夾。

六朝故都南京，濱臨長江，四周是山，有虎踞龍盤的天然之勢，有城堡之壯。其四邊有秦淮河入江、沿江多山磯，從西南往東北有石頭山、馬鞍山、幕府山；東有鍾山；西有富貴山；南有白鷺洲和長命洲形成夾江。明代高有贊曰：「鍾山如龍獨西上，欲破巨浪乘長風。江山相雄不相讓，形勝爭誇天下壯。」

如：江西有鄱陽湖，重慶有長江及嘉陵江，而武漢、桂林、成都、梧州、揚州及臺灣的台北等皆位於兩條江河溪流相交匯處，此爲依山傍水之風水匯聚而成之最佳佐證。

包括浙江的紹、寧，杭州建的蒲田、泉州、漳州、福州，廣東的惠州、廣州、潮州、南海等上述之城市，皆因得水而人才輩出。

天津、上海、南京、南昌、長沙、西安、杭州、廣州、福州、哈爾濱、蘭州皆位於河流的一岸或兩岸之處。

而閬中、柳州之城市，是位於河曲中。而廣州、泉州、寧波、大連、青島、秦皇島，臺灣的高雄之城市皆位於海濱而闢爲港口之城市。

山形講究形象美觀、生氣發越，即以寓象稱名，如：玉臺、華蓋、寶蓋、寶頂、寶椅、印星、文峰、文筆、筆架、三臺、錦屏、錦帳、鳳凰、玉幾、雙鞍等。風水家以穴爲中心，以前山爲朱雀、後山爲玄武、左山爲青龍、右山爲白虎。不論東西南北，只言前後左右。以其護衛區穴，不使風吹，環抱有情，不逼不壓，不折不竄，這些說明「山」對於良好生態與景觀，以及心理感受，即對於環境品質完美，作用是相當大。

「風水之法，得水爲上」，「吉地不可無水」，未看山時先看水，有山無水休尋地。水法主要是論證水的功用、利害與其形勢、品質，以及水與生態環境，即所謂「地氣」、「生氣」之間的關係。

「水深處民多富，淺處民多貧；聚處民多稠，散處民多離。」水源深長則龍氣旺，而發福悠久，水源短淺則發福不遠。因此在先民長期的經驗累積中，得出「山管人丁水管財」的機率性規律。

四、觀形察勢原則

中國的地理形勢，每隔八度左右就有一條大的緯向構造，如天山——陰山緯向構造；崑崙山——秦嶺緯向構造。《考工記》云：「天下之勢，兩山之間必有川矣。大川之上必有途矣。」《禹貢》把中國山脈劃爲四列九山。

風水學把綿延的山脈稱爲龍脈，勘測風水首先要清楚來龍去脈，順應龍脈的走向。凡龍脈源起祖山而發，必有幹支分出，延伸玄曲、頓跌起伏、過峽束氣融結成穴，並得纏護砂體拱衛而成眞龍正穴之地。地理以龍脈行度正出而爲貴格，如祖宗生父母、父母生子女、子女又生孫輩，代代相續、節節中出；龍脈之勢亦同，行止落穴融結自有脈絡可尋，風水學重視山形地勢，把小環境放入大環境考察。

山川有眞性情，氣勢爲先。山乘秀氣，水乘積氣，石乘煞氣，平乘脊氣。山谷異形，平原一氣，此山川之大勢，乃山川之眞性情也。

山何以獨取秀氣？因山之勢，多剛猛頑硬，唯患不秀麗，若見秀麗之山形，亦即是眞氣所聚。故以峰巒之秀氣爲生氣。

水何以獨取積氣也？水之勢，類多流走而散逸，若見諸水所積，便是眞氣所鍾。

龍有起、有止、有行度，起處必要聚勢。如層雲疊霧，合氣運形，大以數百里，小以數十里，橫亙綿延，或五星聚而不分，謂之聚勢。如都會之地，萬食所聚，萬民所止，龍脈的形與勢有別，千尺爲勢，百尺爲形，勢是遠景，形是近觀。勢是形之崇，形是勢之積。有勢然後有形，有形然後知勢，勢位於外，形在於內。勢如城郭牆垣，形似樓臺門第。勢是起伏的群峰，形是單座的山頭。

《朱子語錄》論北京的大環境云：「冀都山脈從雲中發來，前則黃河環繞，泰山聳左爲龍，華山聳右爲虎，高爲前案，淮南諸山爲第二案，江南五嶺爲第三案，故古今建都之地莫過於冀，所謂無風以散之，有水以界之。」這是以北京城爲中心，以全國山脈爲朝案，來說明北京地理環境之優勢。

龍脈集結處有朝案之山爲佳。朝山案山是類似於朝拱伏案之形的山，就像臣僚簇擁君主。朝案之山可以擋風並且很有曲屈之情。如從大環境觀察小環境，便可知道小環境受到的外界制約和影響，諸如水源、氣候、物產、地質等。

大地無形看氣概，小地無勢看精神。如平洋之地，陽氣嘗勝，故忽然起一岡阜、一山脊，謂之吉氣所起，又如龍勢之來，正幹雄強，謂之雄龍，有自天而降、禦風而行之勢，乃兩護送之山需要柔順婉轉，遠纏遠護，不與爭強，則正幹乃結。任何一塊地形表現出來的吉凶，都是由大環境所決定的。只於大象上察其山脈、流水的氣勢，認其性情，苟得生機，便成穴法。

龍不變化，不成眞龍，故必金生水，或得土相生，木生火，或得水相生，兩相互濟，以成胎育，方結好穴。凡如一枝一派山水，則可眼前而定，至於大形大勢，或以近應，或以遠應，其應驗固自有時。立穴以認形勢爲先，最爲重要。

五、地質檢驗原則

臺灣三分之二地區是山區，人口密度又大，大家只好向山區發展，山區過度開發的結果，也使得山坡地變得很不穩定，因此臺灣地區由於人爲因素造成之山崩、土石流之禍害屢見不鮮。臺灣位於歐亞板塊和菲律賓板塊之交界，由於板塊之互相擠壓作用，使得臺灣地盤之上升速度很快，加上雨量大及地震多，又由於地形上升快，溪谷下切之速度也變得很快，坡度就變得很陡。

地質條件不穩定的山坡地經由風化崩解之大大小小岩石塊、泥沙、土壤或由於山崩、地滑與落石形成河谷或坡腳堆積大量的碎屑物。這些堆積豐富的碎屑物，因爲位於傾斜山麓坡上，若加上豪雨所帶來豐沛的雨量，流水宣洩不良，水加上土、石混合，順著地表而移動使重力順斜坡下滑流動，造成滾滾土石流的嚴重威脅，只要土石流經過的地方，無一倖免，形成威力無比的土石流所造成的災害。不同地質的類型、發育強度、分佈狀況、地形地質條件、氣候、降水量及人類活動強度、濫墾濫伐、隨意變更土地用途等因素，發展出各種不同的趨勢及危害。

風水區的土壤質地、色澤、含水情況也須測驗。風水的溝渠也是後龍、砂山的雨水排洩所必須，故最忌諱「直沖走竄，激湍陡瀉」，堂局或明堂要平坦寬暢。蔭護以樹木爲先。樹木繁茂與否和風水好壞分不開，草木鬱茂、生氣相隨，草木不生，則地質特別不穩，容易產生山崩、土石流，生氣不來不聚氣，在十不葬中即有「童山不可葬」便是此理。

現代科學證明地質對人體的影響至大，認爲地質決定人的體質，土壤中含有微量元素鋅、鉑、硒、氟等，在光合作用下放射到空氣中直接影響人的健康。風水思想對地質也很講究。

明代王同軌在《耳談》云：「衡之常甯來陽立錫，其地人語予云：『凡錫產處不宜生殖，故人必貧而遷徒。』」《山海經》也記載了不少地質與身體的關係，特別是由特定地質生長出的植物，對人體的體形、體質、生育都有影響。

直沖走竄、激湍陡瀉的地形最易產生土石流破壞龍脈

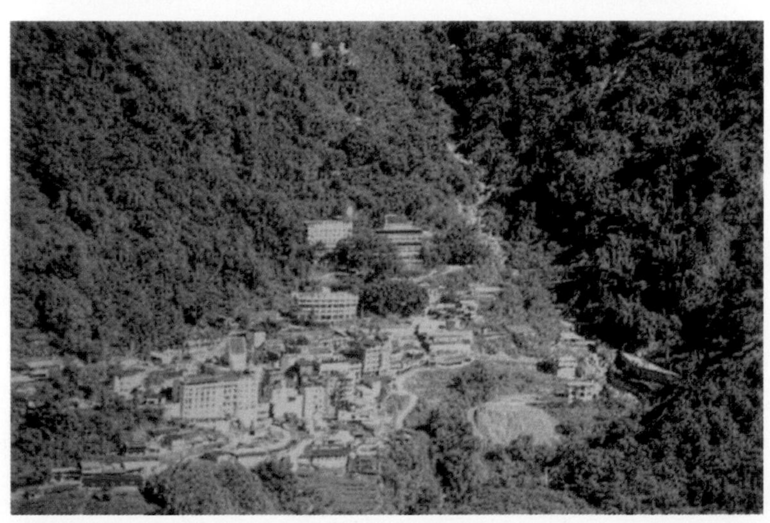

潮濕或臭爛的地質，會導致關節炎、風濕性心臟病、皮膚病等。潮濕腐敗之地是細菌的天然培養基地，是爲各種疾病的根源。

地球是一個被磁場包圍的星球，人感覺不到它的存在，但它時時刻刻對人發生著影響作用。強烈的磁場可以治病，也可以傷人，甚至引起頭暈、嗜睡或神經衰弱。中國先民很早就認識了磁場。堪輿理論常說巨石和尖角對風水不吉，實際是擔心巨石放射出的強磁對地理的干擾而影響到人。

如果在陰宅堂局有水，或地面三公尺以下有地下河流，或者有雙層交叉的河流，或者有坑洞，或者有複雜的地質結構，水質是否污染，也直接影響到風水的吉凶。如海水含有細菌、養分和其他污染物，會使泳客感到不適，此外亦會導致海洋生物污染或死亡，並使海水散發難聞的氣味。水污染源來自於人類的使用不當，如工業用水及禽畜飼養場用水之不當排放。

六、水質分析原則

風水師在相地時、親臨現場、分別土色，甚至挖土井察看深的土質、水質，俯身貼耳聆聽地下水的流向及聲音，這些看似裝模作樣，其實不無道理。

怎樣辨別水質呢？《管子・地貞》認為土質決定水質，從水的顏色判斷水的品質，水白而甘，水黃而嗅，水黑而苦。宋代黃妙應所著《博山篇》主張「尋龍認氣，認氣嘗水。其色碧，其味甘，其色香，主上貴。其色白，其味清，其味溫，主中貴。其色淡，其味辛，其氣烈，主下貴。苦酸澀，若發饅，不足論。」

論水質，其色碧，其味甘，其氣香，主上貴

水色黑味辛，其氣烈，主下貴。苦酸澀，不足論

劉基《堪輿漫興》論水之善惡云：「清漣甘美味非常，此謂喜泉龍脈長。春不盈兮秋不涸，於此最好覓佳藏。」

水面鏡象映射，水體形象，更可豐富空間意象，亦爲風水家所重。如風水所謂：左水爲美，要詳四喜，一喜環彎，二喜歸聚，三喜明淨，四喜平和。水本動，妙在靜，靜者何？瀦則靜，平則靜。

論水質，其色碧，其味甘，其氣香，主上貴。至於流水曲折盤旋，穴前及內堂與外水相輳，瀠回留戀於穴前，方名朱雀翔舞，與基址之主山呼應，如臣如賓，成朝揖拱拜之勢，群臣都俞，風化斯淳，賓主雍容，情味相投之氣象。

雲南巍山縣巍寶山之文昌宮

不同地域的水分中含有不同的微量元素及化學物質，有些可以致病，有些可以治病。浙江省泰順承天象鼻山下有一眼山泉，泉水終年不斷，熱氣騰騰，當地人生了病就到泉水中浸泡，比吃藥還見效。後經檢驗發現泉水中含有大量的放射性元素氡。

《山海經・西山經》記載，石脆山旁有灌水，「其中有流赭，以塗牛馬無病。」《三國演義》中描寫蜀國士兵深入荒蠻之地，誤飲毒泉（啞泉），傷亡慘重，可能與這種毒泉有關。此爲孔明士兵誤飲毒泉，孟優以龍池乳汁（如圖）解治的傳說。據傳當初諸葛

文昌宮之龍泉井水

亮（孔明）得孟獲之兄孟優，以龍山峰龍山岩洞天福地之龍山乳汁配上當地草藥解其啞泉之毒，據說孟優獻給孔明的龍山泉乳汁之寶地，即爲唐代南詔古國第一代開國君王細奴羅之耕作發源地，是爲當今雲南省巍山縣（當地名爲龍灘殿）境之巍寶山入山的第二座宮廟文昌宮，內中有如明鏡的龍池，而此龍池之乳汁卻與相隔不到二公尺旁邊的龍井之水，竟不在一個平面上，這可以說是活靈活現的「水不在深，有龍則靈」，若讀者能到這裡喝上一杯龍池清香茶，潤潤喉，提提神，姑且不論是否能增長智慧，或者幫助學生的考試運及當官的升遷運，或是去病除邪，消陰去魔，但總該是一種難得無上美好的享受，此地筆者曾多次前往讚賞，若讀者有此雅興筆者可爲嚮導，一以助興，二以讚賞此南詔國之發源的龍脈寶地（如87頁圖）。

孔明問泉水之故，有老叟答曰：「軍所飲水，乃啞泉之水也，飲之難言，數日而死。此泉之外，又有三泉：東南有一泉，其水至冷，人若飲水，咽喉無暖氣，身軀軟弱而死，名曰柔泉；正南有一泉，人若濺之在身，手足皆黑而死，名曰黑泉；西南有一泉，沸如熱湯，人若浴之，皮肉盡脫而死，名曰滅泉。敝處有此四泉，毒氣所聚，無藥可治。」

雲南省騰沖縣有一處「扯雀泉」，泉水清澈見底，但無生物，鴨子和飛禽一到泉邊就會死掉。經科學家調查發現，泉水含有大量的氰化酸、氯化氫，這是殺害生物的劇毒物質。在這種水源附近是不宜修建陰陽宅。

風水學理論主張考察水的來龍去脈，辨析水質，掌握水的流量，優化水環境，這個原則是值得深入研究和推廣。

七、坐北朝南原則

民間流傳的神仙世界中，玉皇大帝確實是衆神之王，是與人世相對的天國的主宰，並且，人間的皇帝以及冥國的閻王等等三界十方也都是由玉皇大帝來統領。由民間神話傳說演化而來的《西遊記》中，我們看到的正是這個場景：進入天國的大門南天門，通衢大道直通金碧輝煌的靈霄寶殿——這就是玉皇大帝辦公的衙門，這就相當於民間皇帝的朝廷。天上的朝廷裡，玉皇大帝也是南面而坐，中國古代以北爲正、爲尊，因此皇帝、首領們都是面朝南而坐，稱王、稱霸叫「南面而王」、「向明而治」。

從殷墟卜辭研究中得出的結論認爲，商代四正方位正附合《說卦》載道：「帝出乎震，齊乎巽，相見乎離，致役乎坤，說言乎兌，戰乎乾，勞乎坎，成言乎艮。萬物出乎震，震，東方也。離也者明也，南方之卦也。聖人南面而聽天下嚮明而治，蓋取諸此也。」

古代以面向南爲尊位，天子、諸侯和官員聽政都是面向南面而坐。《論語‧雍也》子曰：「雍也可使南面。」孔子說冉雍這個人，可以讓他去做官。孔子將冉雍列在他的第一等學科「德行」之內，認爲他已經具備爲官的基本條件。這是孔子實行他的「學而優則仕」這一教育方針的典型事例。所以這裡孔子是說可以讓冉雍去從政做官治理國家。

以儒家爲代表的齊魯文化以人際關係、人與自然的關係及人與時間的關係這三個重要的範疇支撐著人們的價値體系，儒家對於充實的精神生活和崇高的精神境界的追求，是可以跨越時空的局限而與時俱進。

齊魯文化中的人與環境的關係有兩層含義：一是人與他人相處的和諧的行爲方式，我們可以稱之爲生存氛圍。二是「天人合一」，即人與自然環境的和諧關係，我們可以稱之爲生存環境。風水學表示方位的方法有：其一，以五行的木爲東、火爲南、金爲西、水爲北、土爲中。其二，以八卦的離爲南、坎爲北、震爲東、兌爲西……。其三，以干支的甲乙爲東、丙丁爲南、庚辛爲西、壬癸爲北。以地支的子爲北，午爲南……。其四，以東方爲蒼龍、西方爲白虎、南方爲朱雀、北方爲玄武。或稱作：「左青龍、右白虎、前朱雀、後玄武。」

「左青龍、右白虎、前朱雀、後玄武」，表現了完美的風水氣象；而坐北朝南，則體現了「南面而王，北面而朝」的忠君思想，這也與地磁能量的由北向南而發射之地磁能量網之收放不謀而合。

中國的地理位置處於北半球，歐亞大陸東部，陸地分佈大部分在北回歸線（北緯二十三度二十六分）以北，一年四季的陽光都由南方射入。坐北朝南的房屋便於採取陽光。陽光對人的好處很多：

㈠、坐北朝南的房子可以取暖，冬季時南房比北房的溫度高1度。

㈡、參與人體維生素D合成，小孩常曬太陽可預防佝僂病。

㈢、陽光中的紫外線具有殺菌作用。

㈣、可以增強人體免疫功能。

㈤、朝南的房子由於受到陽光比較充足的照射，可以避免潮濕，對人的身體健康有益。

㈥、坐北朝南的玄空元運比較長（因正合地磁的方位），佈局運作好搭配。

清末何光廷《地學指正》中云：「平陽原不畏風，然有陰陽之別，向東、向南所受者溫風、暖風，謂之陽風，則無妨。向西、向北所受者涼風、寒風，謂之陰風，宜有近案遮攔，否則風吹骨寒，主家道敗衰、人丁稀少。」這就是要避免西北風。

坐北朝南，不僅是爲了採光，還爲了避北風。中國的地勢決定了其氣候爲季風型。冬天有西伯利亞的寒流，夏天有太平洋的涼風，坐北朝南原則是針對自然現象的認識，以爲順應天道，而得山川之靈氣，受日月之光華，並順著地球磁力場發射的自然法則相互呼應，如此可頤養身體，陶冶情操，而使地靈人傑，福及社稷鄉里。

山脈、水流、朝向都要與穴場協調適中爲原則

八、適中居中原則

風水理論主張山脈、水流、朝向都要與穴場協調，房屋的大與小也要協調，如房大人少不吉，房小人多不吉，房小門大不吉，房大門小不吉。清人吳才鼎在《陽宅撮要》指出：「凡陽宅須地基方正，間架整齊，東盈西縮，定損丁財。」

《論語》中提倡的中庸，就是執中貫一，不偏不倚，就是無過與不及，以此教人行為處事選擇最佳方位，以便合乎正道，陰陽平衡就是適中。儒、道兩家觀念雖有差異，但都屬於「天人合一」的生態模式。所謂「天人合一」，從價值觀上，就是肯定人與自然皆有其存在的獨立價值。他們在長期的生產和生活實踐中，不但認識到自然資源是人類的生存之本，同時也認識到這些自然資源是有限的。所以，只有形成和諧、統一的天人關係，才是人類賴以持續生存和永續發展的理想境界。這正與現今的自然生態保育的環保觀念相合。

《管子・白心》曰：「萬物均，百姓平矣。」《管子・五行》指出：「人與天調，則天地之美生。」人類只有遵循自然規律，「萬物均衡」，「人與天調」，「禁發有時」，取之有度，才能達到天地自然，生態平衡，風調雨順，五穀豐登，六畜興旺。可見中華民族的風水堪輿學的自然生態保育觀念比現今的環保意識早了幾千年。

適中的另一層意思是居中，《太平禦覽》中有記載：「王者命創始建國，立都必居中土，所以控天下之和，據陰陽之正，均統四方，以制萬國者。」洛陽之所以成為九朝故都，原因在於它位居天下之中。也如同現在的銀行和商場只有在鬧市中心才能獲得最大的效益。

《葬書》：「五氣行乎地中，發而生乎萬物。」五氣即五行之氣，乃生氣之別名也。夫一氣分而爲陰陽，析前爲五行。雖運於天，實出於地。行則萬物發生，聚則山川融結。融結者，即二五之精妙，合而凝也。

《葬書》：「若伏若連，其原在天，若水之波，若馬之馳。」即是指山野之勢。山龍大多是起伏格，其勢有高有低，有昂有伏，大頓小跌，斷而復起。平崗之龍，多仙帶之格，其勢屈曲搖擺，逶迤活動，好像蛇行，似飄帶飛舞。平地之龍多平受之格，其勢脈落平原，一馬平川，一望無際，微微有勢，高一寸即是山，低一寸即是水。

重點指出在「高一寸即是山，低一寸即是水，取其適中。」，就是恰到好處，不偏不倚，不大不小，不高不低，盡可能接近至善至美。《管氏地理指蒙》：「欲其高而不危，欲其低而不沒，欲其顯而不彰揚暴露，欲其靜而不幽囚啞噎，欲其奇而不怪，欲其巧而不劣。」因此可見適中的風水原則早在先秦時就產生了。

九、葬乘生氣原則

氣，是一個很抽象的概念。唯物論者認爲它是構成世界本原的元素，唯心論者認爲它是客觀精神的派生物。先哲普遍認爲，氣無處不存在，氣構成萬物，萬物無氣不能生，氣不斷運動變化。風水理論認爲，「氣」是萬物的本源。太極即氣，一氣積而生兩儀，一生三而五行具，土得之於氣，水得之於氣，人得之於氣，氣感而應，萬物莫不得於氣。

宇宙各星球尚未運轉之時，一切皆爲眞空狀態，是爲無極，當宇宙之各大銀河星系之各個星體各自循著一定的軌道作有秩序而有規律，並以一定的速度與方向運轉。但開始運轉時萬物尚未化生，唯有電磁氣而已，及至各星球的運轉而產生陰陽兩氣，其靜極不動爲陰氣，陽氣清輕升於天，陰氣重濁降於地，陰氣靜時爲山，而陰陽二氣交媾萬物化生。陽施陰受，如同女人爲陰育胎孕，但胎兒皆由陽門而生，故陽陰二氣之分佈猶如女人全身屬陰，獨生門爲陽，故胎兒必由陽門而生。此正如地理龍脈寶穴之乳突屬陰，窩鉗屬陽之理相同，因此更證而得知萬物皆陰育而陽生也，故而龍脈寶穴之穴情以陽爲生，以陰爲死。龍脈寶穴以陰來陽受始能結穴。故而物

生氣行乎地中，發而生萬物，結合陰陽五行，要避死氣、乘生氣，生氣也就在龍脈的行止間。

物有太極，太極有陰陽，故而物物有陰陽，宇宙星際以氣爲陽，以星球爲陰。星球又以面光爲陽，背光爲陰，天以日爲陽，月爲陰，地以山爲陰，水爲陽，以氣爲陽，水爲陰，而氣又以天光之氣爲陽，地靈之氣爲陰。人以男人爲陽，但陽中有陰，男人之陰爲陰莖，但充氣以爲和。女人爲陰，陰中有陽，負陰抱陽，故以生門爲陽，但此陽皆被陰所包。植物以樹木爲陰，花草爲陽，而孤陽不生，孤陰不育，因此宇宙萬物及風水地理皆須陰陽交媾始能結穴，也因此葬人之骨骸或生基吉祥物始能孕育出地靈人傑之象也。

《老子》：「萬物負陰而抱陽，沖氣以為和。」宋張載云：「太虛無形，氣之本體，其聚其散，變化之形爾。」氣，有生氣、死氣、陽氣、陰氣、土氣、地氣、乘氣、聚氣、納氣、氣脈、氣母等，在風水術中是一個很普遍、很重要的概念。風水理論提倡在有生氣的地方修建城鎮房屋，這叫做「乘生氣」。只有得到生氣的滋潤，植物才會欣欣向榮，人類才會健康長壽。

宇宙是很大的氣場，場內的氣受外部環境影響就會流動、變化。空氣與地氣互相交流，在地面上橫行，就成為萬物生化的生氣。生氣能使生物生長、發育。例如春天到來，放在屋內的種子自會發芽就是生氣的作用。

風水術實際是相氣術

氣是萬物之源，氣變化無窮，氣決定人的禍福。陰陽二氣，噫而為風，升而為雲，降而為雨，行乎地中而為生氣。生氣行乎地中，發而生乎萬物。人要避死氣、乘生氣，要結合陰陽五行，實地考得「旺象」，才能得到「生氣」，有了「生氣」就能富貴。因此，風水術實際是「相氣術」。

由於季節的變化，太陽出沒的變化，使生氣與方位發生變化。不同的月份，生氣和死氣的方向就不同。生氣為吉、死氣為凶。人應取其旺相，消納控制。《管子・樞言》：「有氣則生，無氣則死，生則以其氣。」《黃帝宅經》認爲：正月的生氣在子癸方，二月在丑艮方，三月在寅甲方，四月在卯乙方，五月在辰巽方，六月在乙丙方，七月在午丁方，八月在未坤方，九月在申庚方，十月在酉辛方，十一月在戌乾方，十二月在亥壬方。風水羅盤體現了生氣方位觀念，以爲格物致知之識，風水理氣派很講究這一套。

明繆希雍《葬經翼・望氣篇》：「凡山紫氣如蓋，蒼煙若浮，雲蒸藹藹，四時彌留，皮無崩蝕，色澤油油，草木繁茂，流泉甘冽，土香而膩，石潤而明，如是者，氣方鍾而未休。雲氣不騰，色澤暗淡，崩摧破裂，石枯土燥，草木零落，水泉乾涸，如是者，非山岡之斷絕於掘鑿，則生氣之行乎他方。」可見，生氣就是萬物的勃勃生機，就是生態表現出來的最佳狀態。

明代蔣平階在《水龍經》中指出，識別生氣的關鍵是望水。「氣者，水之母，水者，氣之止。氣行則水隨，而水止則氣止，子母同情，水氣相逐也。夫溢於地外而有跡者爲水，行於地中而無形者爲氣。表裡同用，此造化之妙用。故察地中之氣趨東趨西，即其水或去或來而知之矣。行龍必水輔，氣止必有水界。」這就很詳細的解釋水和氣的關係。

生氣，亦是指生意煥發，是宇宙萬物生命的元素，萬物生長發育的陽盛之氣。只有得到生氣，方能有好的吉兆。風水的理氣以八卦九星、五行生剋運轉找尋「生氣」方位。

氣外透於形，所以，我們可以透過「外形」而察看內氣是否是「生氣」，是爲內觀外照，因此凡是尋龍點穴，必須細嫩清秀，最怕山巒醜惡。

山粗惡，氣暴；山單寒，氣微；山散漫，氣散漫；山虛耗，氣虛耗，其他如凹缺、峻急、臃腫、瘦削、突露、破面、高壓等類型，都可以從外形而查看內氣的吉凶禍福，從而推斷龍穴的吉凶。

大凡山青水秀、水抱山環、地勢開闊、龍砂平緩、結穴成形成格，而形成的氣場爲好氣場，爲吉祥之氣。

凶山惡水，水走砂飛，地勢幽深，龍砂急走帶尖，水流直沖所形成的爲凶氣場，其爲不祥之氣，風水學上稱作「煞氣」。砂尖、水急，使氣聚得更緊密，產生的力也更大，對人的影響也更大。

龍脈山巒清秀則出人清秀，龍脈山巒醜惡則出人醜惡，不但尋龍點穴是這麼回事，就是到了一鄉、一鎮、一村，如果見到山形醜惡，那當地的人一定有很多是兇險好鬥之人。

凡是尋龍點穴，必須收斂束聚，凡是懶袒闊蕩散漫一定無穴，若誤葬，則使人貧困漸絕。立穴必須有平坦緩柔的地方才能結穴，若不愼於峻急之處立穴，肯定出官訟，而有兵禍牢獄之災。立穴的地方不見藏聚，而見突露受風。這樣結穴的，大多數是單寒龍，龍孤就沒有生氣，沒有生氣之地，怎麼能結穴呢？

《雪心賦》：「追尋仙跡，看格尤勝看書；奉勸世人，信耳不如信眼。山峻石粗流水急，豈有眞龍，左迴右抱主賓迎，定生賢佐。取象者必須形合，入眼者定是有情。但看富貴之祖墳，必得山川之正氣。」

又曰：「何年興，何年廢，鑑彼成規，某山吉，某山凶，瞭然在目。」

十、合乎理氣原則

《靈城精義》：「地無精氣，以星光爲精氣；地無吉凶，以星氣爲吉凶。今之論堪輿家者，類以形體爲體，天星爲用，甚至以形體爲實，天星爲虛，而竟置星學於不講，豈知宇宙間精光在天，體魄在地，葡地而不及天星，則體魄止死塊耳。蓋下之河嶽，即上之天辰，原非二物。如天東有蒼龍，在九天謂之蒼天，其下即爲東嶽，北有玄武爲玄天，其下即爲北嶽；南有朱雀謂之炎天，其下即爲南嶽；西有白虎謂之昊天，其下即爲西嶽；中有北極謂之鈞天，其下即爲中嶽。又如上有天河天漢，而下即有長江大河；上有三垣九野，而下即有垣局以域王城，有分土以域九州；上有十二次舍三百六十五度，而下即有十二支辰分限。」

堪輿學講究天時、地利、人和的密切配合，其研究範圍包括：

天文、地理、水文、射電、氣象、地質、景觀、生物生態環境、室內佈置、建築、奇門遁甲、易經、命理學、占筮等所有學問的配合運用。

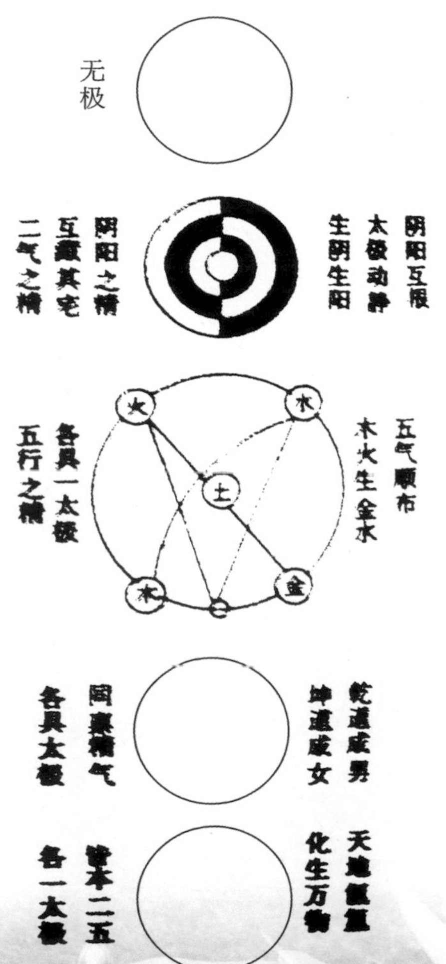

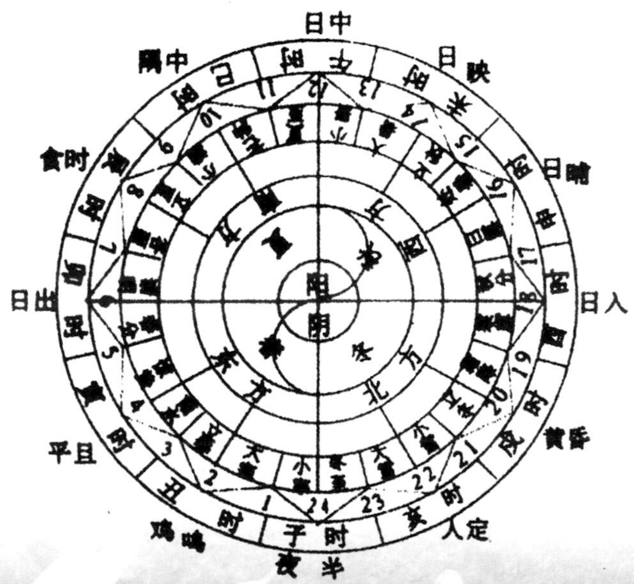

年月時太極圖

陰宅與陽宅雖然原理相同，但禍福與影響力也同樣重要，陰宅主靜而效應較慢而長遠，陽宅主動，效應較快而短。所以古代建都之地，山水必大聚，而中聚則爲城市，小聚則爲墳穴之地。再者，陽宅是明的，可以隨意隔間或修改，甚至不適合可以搬走；而陰宅是暗的，在土裡面看不到，只能憑經驗以及理數來推算，一旦葬下去，起碼八年或十年以上，而且有些家族相關成員衆多，改葬不易，故於處理上與瞭解，不得不加以審愼。

風水有三才理氣與巒頭之分，三才者「天、地、人」。天之道主陰與陽，地之道主柔與剛，人之道主仁與義。天有寒暑、風雲、晝夜；地有山川、河嶽；人有五倫，各有其義。在天成象，在地成形，乾道成男，坤道成女，方以類聚，物以群分。堪爲天道，觀天文，輿爲地理，察山川河嶽。

天道爲理氣，地道爲巒頭；風水師多以巒頭爲體，理氣爲用。因爲凡看風水，理氣與巒頭二者不能偏廢。

中國風水術在長期的歷史發展過程中，形成了諸多的派別，各個流派的理論、術語、操作技術等各個方面都有不同的特點，因此各門各派在看待和剖析風水的角度各不相同。

伏羲氏畫八卦，神農氏發明農耕、醫藥，推廣易經爲「連山易」，以辨方定位，十天干、十二地支的運用，形成了後代仰韶文化、黑陶文化、半坡山文化的美麗石器彩色和絢麗生活環境，到了黃帝發明指南車，就正式有了「辨方定位」的工具，可以分出東、西、南、北，四面八方的位置，又有九宮奇門遁甲和歸藏易經的文明。

故理氣學說，可以說大都源自於先、後天八卦，若不研熟八卦變化就妄談格局，必有本末倒置之疵。故研究這門學問，必須從八卦開始；瞭解先、後天八卦，也就是河圖與洛書的變化及其互動關係。

上堪天文，下察地理，是名堪輿。掌握天星的變化，瞭解地氣運行的原理，察知天星與地氣交結之點，而能乘其旺氣而發達，避其衰氣而免於凶應，此即堪輿師之責，亦是研究陰陽宅目的之一。

所謂「理氣」，即是瞭解陰陽五行氣勢運行與變化，而施以調理使之中和而已。五行之變化旨在取其中和，中和即中庸，陽盛則陰衰，陰強則陽弱，不偏不倚謂之中，譬如水生木，故水能養木，而水如過盛，木則為水所漂，非但木難受水之生，反受其害。

八字命理學、紫微斗數和堪輿之術，同樣依循陰陽、五行與四時、四方，加以結合運用，「木、火、土、金、水」五行分別與「春、夏、秋、冬」四時相配合，並且和「東、西、南、北」四方對應，四方與四隅則形成八卦，八卦再衍生六十四卦，由此而結為一個整體，構成一個動態的、平衡的、永恆的生態系統。這個生態系統之中所存在的陰陽五行，將因爲相生或相剋的交互感應，而發生了順應宇宙天地、自然循環規律性變化，其變化的結果，對人類產生了各不相同的盛衰過程，吉凶禍福。

有關風水理氣，派別甚多，有三元、三合、玄空、六十四卦、挨星理氣等，理論繁雜，但有合理亦有不合理者，故堪輿家常有

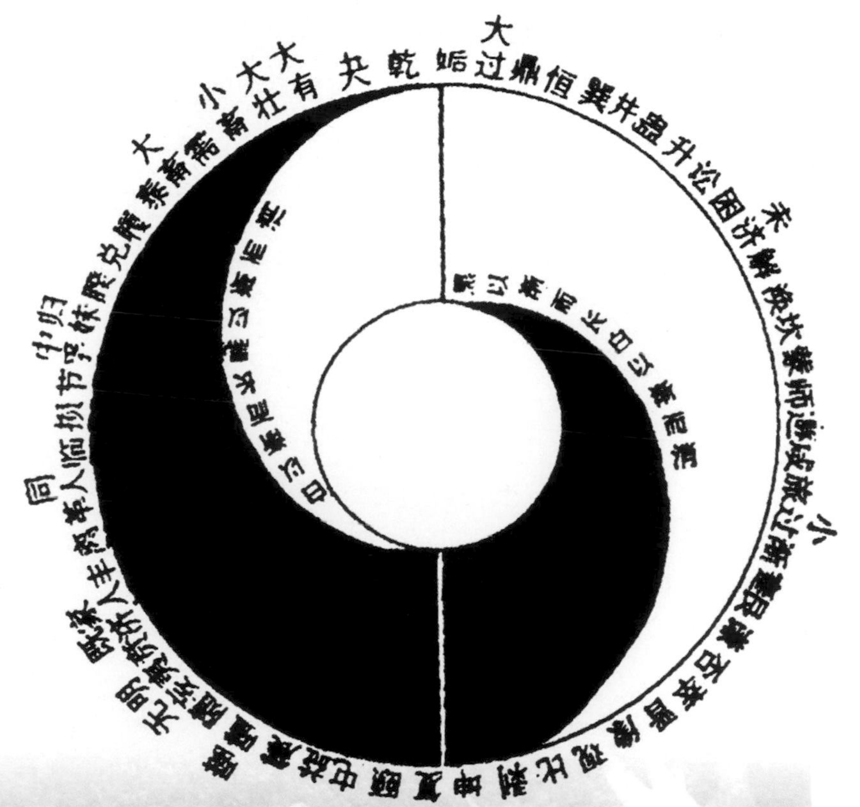

伏羲六十四卦太極圖

「眞巒頭、假理氣」之謂。

理氣者以三元九運、陰陽五行、先後天八卦並用，顚倒順逆兼施，挨星以受氣之元運爲主，山向飛星，與客星之加臨爲用。如有水路，則尤其重視，衰旺憑水，權衡則是在星之理氣。

堪輿理氣分成各種派別，每派之下，復分數小派。主理氣，偏巒頭，或重奇門，或重道功，其門戶之見是根深柢固的，各門各派都標榜著所謂「獨門秘訣」，事實上，無論是何門、何派皆各有特點，其理皆一，只要深入的研究就不難明白，所以眞正懂堪輿學的人，是將各門、各派的特點，應當等量齊觀，靈活運用是最主要的關鍵，融合各派的特長，如此才能棄置各派之偏見，也才能發揮堪輿學的妙用。

論龍法

《管子・水地篇》云：「龍，生於水。被五色而遊，故神。欲小則化如蠶蠋，欲大則藏於天下。欲上，則凌於雲氣，欲下則入於深淵。」

許愼《說文解字》稱：「龍，鱗蟲之長。能幽能明，能細能巨，能短能長，春分而登天，秋分而潛淵。」

羅願《爾雅翼》中也稱：「龍者，鱗蟲之長，其形有九似。頭似駝，角似鹿，眼似兔，耳似牛，項似蛇，腹似蜃，鱗似鯉，爪似鷹，掌似虎是也。其背有八十一鱗，具九九陽數。其聲如戛銅，盤口，旁有鬚髯。頷下有明珠。」

龍是中華民族的圖騰

對龍的崇拜由來已久。它最早起源於原始社會氏族的圖騰崇拜。「圖騰」，是印地安語toten的音譯，意爲「他的親族」。原始人認爲每個氏族都與某種動物、植物有著親族關係，此物即被該氏族視作保護者或象徵，這就是圖騰。龍和鳳凰是中國古代歷史上最具典型代表意義的圖騰形象，從有文字記載的夏、商、周，幾千年中國文史資料和神話傳說中，遠古時代民族英雄人物和天地神靈異怪很多都與龍鳳圖騰有著緊密的關聯，舉其要者，如伏羲、女媧、黃帝、炎帝、堯、舜……等等，中國古代一直廣泛流傳著當中華民族繁榮昌盛之時，龍和鳳凰就會降臨人間祝福的美麗傳說。幾千年來中華民族一向以炎黃子孫、龍的傳人自稱，又秉承「玄鳥生商」、「玄鳥生秦」的故事，龍鳳圖騰逐步演變爲民族精神和民族文化的象徵，成爲中華民族思想文化的基本範疇。

漢代，「龍」已經開始脫離現實生活及自然界中的具體動物形象，而成爲一個集諸種動物靈性及特長於一身的特殊動物。它「呵氣成雲，既能變水，又能變火」，且「能幽能明，能細能巨，能短能長」，似乎已無所不能。這時的「龍」，與我們今天所看到的各種龍的藝術形象大致相符。正因爲如此，大多數學者認爲，龍是中國古代先民的圖騰，它是一種虛無的想像的動物。圖騰崇拜曾經廣泛存在於世界各地，中國原始時代也有過圖騰崇拜。西安半坡仰韶文化遺址中，出土有陶壺龍紋；江蘇吳縣良渚文化出土的器物上，刻有一種似蛇非蛇的勾連花紋，即是古越人對龍圖騰崇拜的象徵，而遠隔千里之外的內蒙古，與良渚文化一樣同屬新石器時代的紅山文化遺址中，也出土了墨綠色的工藝品玉龍。

龍是中華民族的圖騰，龍代表著強大、卓越和成功。龍的精神，是中華民族的靈魂。「來龍去脈」今常比喻人、物的來歷或事情的前因後果。實際上來龍去脈與古代的堪輿學有關。

起伏盤旋的山川形勢稱爲龍

地理家講究山川形勢，要觀察山脈的走向、起伏，尋找聚氣之地，對於「山脈」之形態變化多端，千形萬狀，或大或小，或起或伏，或逆或順，或隱或顯，如龍之變化多端，故堪輿家以此喻爲龍脈之走勢。

山脈何以龍名，《易經》乾卦對於龍的形容，潛、見、躍、飛，變化莫測。因龍妖嬌活潑，變化莫測，忽隱忽現，忽大忽小，忽東忽西，忽而潛藏深淵，忽而飛騰雲霄，忽而現首不現尾，忽而興雲而布雨。而山脈亦然，踴躍奔騰，聚散無定，或起勤務伕，或高或低，或轉或折，或則迤逶千里，或則分支片改，或則穿田而過水，或則截斷而另起。

龍不易全見，因神龍見首不見尾，而山脈過峽處，亦必有掩護。龍有鬚角頸眼，而地之結穴處，亦必有砂案。山脈之結美穴，亦猶龍之得明珠，因此堪輿學家就用龍來定名，山脈直呼之曰龍脈，遂爲萬古不易之美稱。古代堪輿學家用形象思維的方式，把形

山脈形態變化多端，千形萬狀，或大或小，或起或伏，或逆或順，或隱或顯，堪輿家統稱爲「龍」。

象萬千的山，與千變萬化的龍結合在一起。

故堪輿上所形容的龍，就是指山脈的高低動態起伏氣勢。山脈是在宇宙星體的引力和地球深處的高溫高壓相結合而形成的地心引力作用下逐漸隆起的，其間還有地表的水流經由長久沖刷及流動而形成不同的山川形勢。所以凡山勢雄偉的地方，都是地球表面的高能量場分佈地帶，同時也是水源較為充沛的地帶。地表上高能量場的分佈，大體上與山脈的坐向是一致的。這種能量場在堪輿上就叫著「龍氣」。

中國早期地理學知識比較發達，約在戰國時期就出現了區域性的地理著作《山經》和《禹貢》。《山經》突出講了區域地形，把中國山地分為南、西、北、東、中五個走向系統，每個系統中有起首、結尾和伸展方向。《禹貢》全書有九州、導山、導水、和「五服」四部分組成。兩書均對山丘進行了系統的歸納和總結，並以山為綱討論了地域位置、山系、水系、天然動植物和礦產資源等。

長期的生活實踐中與經驗法則，古人體驗到人類的命運與大地息息相關。當土地豐美富饒，人們生活繁榮興旺；而土地貧瘠或生態平衡受破壞，人們就會遭災受難。

人們也認識到居住環境與自然條件的關係，如將住宅建在河流的北邊，山坡的南邊，住宅可以接納更多的陽光，躲避凜冽的寒風；既可以避免洪水的侵襲，又可引水澆灌田地。如左右再有山丘圍護，易守難攻，環境則更理想。

然而，好環境不是隨處可尋的，當不能取得理想的環境時，一些人就企圖借助超自然的神秘力量從心理上獲得某種補償，逐步把對各種地形的觀察與神秘跡象、徵兆聯繫起來，就形成了堪輿學說。

《淮南子・天文訓》說：「天地未形，……故曰太始。太始生虛廓，虛廓生宇宙，宇宙生元氣，元氣有涯垠。清陽者薄靡而爲天，重濁者凝滯而爲地。」大意是說，天地未形成之前只是一個「無」，從「無」中生出「太始元氣」，元氣有輕有重，輕者上升爲天，重者下降爲地。《管子・樞言》說：「道之在天者，日也；其在人者，心也。」故曰：「有氣則生，無氣則死，生者以其氣。」這種認識來自於人體必須呼吸，人生時則氣行，人死則氣絕。由此原理推及於萬物，認爲世上萬物都是「氣」的生化，天上的星辰，大地的五穀和人的福壽夭禍，故而天、地、人均與「氣」有極大關係。

古人選擇居處和葬處，必擇「生氣」旺盛之地。這種地方的生氣與地脈、地形有關，又因「氣乘風則散，界水則止」。而與風與水的關係最大。「藏風得水」，「藏風聚氣」，生氣才能旺盛。俗話說：「尋龍容易點穴難。」《葬經》:「三年尋龍，十年點穴。」

等說法，的確不錯，點穴爲何這樣難呢？難就難在龍脈走勢變化多端而形成了似眞卻假，似假而眞的起伏變化，其所造出的假象容易使堪輿師產生誤診，而誤葬並蒙受其害，此爲庸師誤人害人也。

巒頭是什麼

狹義的說，就是山頭、峰巒，廣義的說，是指地理上龍、穴、砂、水、向之外部形勢，環境學，是一門研究巒頭環境以及其所產生的磁場效應，對人類命運吉凶的影響，所產生的原因和原理的一門學問。尋龍點穴，亦即指考察山川形勢，龍、穴、砂、水、向之相配的講究，並重朝向及葬法之爲用。實際上是後世的形家將地勢、地形、地貌的特徵予以形象化，引其相類以爲譬喻解釋方便，因形而立名，如獅、象、龜、蛇、鳥等，因爲是強調山形的變化，故又有稱之爲巒體，或曰巒頭。

堪輿學中到底是「巒頭」重要，還是「理氣」重要？

南宋大儒朱熹《山陵狀議》就說：「看山第一是巒頭，有了巒頭穴可求。」

蔣大鴻的弟子姜垚於《從師隨筆》中說：「巒頭不佳，理氣不合，天星亦無用。巒頭本也，理氣末也，天星末之又末也。」

姜垚認爲實際運用時最好是巒頭與理氣兩者兼顧，萬不得已，則是巒頭爲重，理氣次之。亦即是說學習堪輿風水者，必先求精於巒頭，爾後所學之理氣始能有所附著而發揮其功效。「風水」簡而言之，即巒頭與理氣而已，巒頭專論龍、穴、砂、水、向之形勢，爲著重外部山脈起伏環境，及穴場小環境的變化和生氣所在，理氣則著重元運卦氣，配合先後天八卦以探討窮通禍福之克應及時間之應驗。在應用上，陰宅多數較接近山脈，故多注重巒頭法，陽宅則多數在平陽，除了巒頭之外還要注意理氣。

重視巒頭形法者論山川形勢，以察其生氣，始於夏、商、周三代，至於秦、漢、兩晉之時地學已逐漸發達。而山川之形象，每個人皆可描述，所以一到山頭就要考驗地理師的巒頭功夫，現場經驗歷練越豐富，越能心領意會。

陽光、空氣、水爲生命所不可或缺之三大要素，陽光照射之異動產生節氣，四時八節陰陽消長，空氣流動產生氣場變化，水之形成可以滋養萬物、延續生命，更可以帶來生活之便利，此陰陽、磁場、水爲風水學之精髓。《地理辨正疏》記載有：「山管人丁，水管財。」的說法，「山即是丁」的觀念，在古今堪輿學術中早已是深植人心，左青龍，右白虎，龍邊主男丁，虎邊主女人，左青龍方高起男人掌權，右白虎方高起則是女人當家，在臺灣也相當普遍流行，因此山峰龍脈主「丁」，除了帶來健康壽考，也帶來富貴興旺，可見龍脈之重要。

如何尋龍看地

堪輿家藉由星占家望氣之術用來判斷龍脈吉凶旺衰的方法。清鄭觀應《望氣尋龍訣》引邱延翰《天機素書》註：「龍來十里，氣高一丈，龍來百里，氣高十丈。氣正，則脈從中落而穴正；氣偏，則脈從側落而穴偏。幹龍雄健高大，支氣卑小清弱，是故辨氣高低，識龍長短，別山強弱，究氣旺衰。」

所以不論是陰宅或陽宅，氣數旺盛之地，一進入其鄉鎮，即可以看到家畜繁衍，草木茂盛，風氣和暖，山谷騰輝，水深土厚，景色清奇，晨昏子半之時，祥光掩映，淑氣燦煌，哄哄然如蜂哄蜜，此旺盛之氣必然地靈人傑。

堪輿師爲福主尋龍看地，大抵以龍爲主，無論橫龍、直龍、騎龍、迴龍，其貴賤，總是從發脈之祖山堪察，山脈之有祖，即如同「木」之有根，「水」之有源，根深葉茂，源遠流長，自然可以找出有結穴之處，從祖山發脈到結穴地，或有數里、十里、百里、千里之別。

後唐楊公救貧《撼龍經》云：「大率行龍自有眞，星峰磊落是龍身，高山須認星峰起、平地龍行別有名。峰以星名取其類，星辰下照山成形、龍神二字尋山脈，神是精神，龍是質。」又云：「大爲都邑帝王州（即國都等），小爲郡縣君公侯，其次偏方小鎭市，亦有富貴居其地。」

堪輿師爲福主尋龍看地以龍爲主，無論橫龍、直龍、騎龍、迴龍，其貴賤總是從發脈之祖山堪察。

班固《漢書‧晁錯傳》載晁錯曰：「相其陰陽之和，嘗其水泉之味，審其土地之宜，觀其草木之饒，然後營邑立城，制裡割宅，正阡陌之界。」

《漢書‧溝洫誌》：「古者立國居民，疆理土地，必遺川澤之分，度其水勢所不及。」等等皆爲形家之言，都是注重山川形勢的細緻考察與選擇。

眞龍吉穴，是天星成象、地理成龍，其所蔭成之地理，也如同人命一般，有大小、富貴之不同，州縣、郡會之異別，龍氣大結則爲國家首都或爲大都會福地，小結則爲市鎭吉地，所以其取用得當，亦足以富國利民。

龍之吉凶

龍脈要細嫩活潑，空落傳變者爲好龍。粗蠢硬直、劫煞翻花者無論矣。但是，龍脈千變萬化。欲知龍穴之吉凶，先審龍脈之眞僞。然龍必有祖，分遠祖山、太祖山、少祖山，但皆以遙遠的崑崙山爲遠祖山，爲老祖宗，故欲從遠老祖山逐一究明，實在是困難重重，所幸千里來龍，到頭結穴只爲數尺之穴暈也，因此以筆者的經驗，則可從少祖山研究可矣！

欲知眞僞，先辨龍之幹枝，幹者大龍也，猶樹之本身。枝者小龍也，猶樹之枝葉。樹身大者，枝葉必繁。故論龍之大小，當先取象於此。然而，枝幹有大小，枝葉有橫直，故龍有大幹龍、小幹龍、大枝龍、小枝龍、橫龍、直龍等區別。名目雖多，看法當先審定其來龍之祖山，則龍脈之大小可辨，力量之輕重可知矣。

吉龍：其氣勢龐然雄偉、生氣發越，更有龍之枝幹活潑秀實，來勢軒昂強盛，龍身枝腳行度均勻，過峽行度延綿有如龍飛氣勢，又見左右相隨山峰環抱，護衛有情，開帳脈正分明、過峽瀚如蜂腰鶴膝、星穴束氣悠揚不絕，盡收眼目優美而威赫，此爲龍之吉。

凶龍：巒峰死板模糊，其來勢凶險、龍虎星峰相悖，反弓逆趨散亂，開帳枝腳不勻或無，行度無氣而頹廢無情，或來勢斜縮不正、巒峰瘦弱蕭條死寂，或有過峽崩毀，或束氣、入首已遭破壞鑿斷，或穴頂有廟宇道觀盡壓龍氣，或穴處阡葬已多，如此皆爲龍之敗象。此外尚有富貴貧賤四龍訣。

富貴貧賤四龍

貧龍：貧龍何以知不美，蠢粗穴露木城水，砂飛水走無關攔，氣散頭風吹不已。

賤龍：欲識賤龍因何名，翻花劉殺反弓形，左右兩邊無纏護，峨眉紗帽假公卿。

山山都有龍，但並不是每一個山脈都是眞龍。此爲巒峰走勢斜陡，不宜立穴。

水口關鎖嚴密，下砂有力，明堂平緩，則穴情明白。

貴龍：貴龍重重帳幙多，旗鼓文筆好砂羅，朝拜文案簾貞祖墳，峽中貴器迎送過。

富龍：富龍肥滿帳無多，倉相庫櫃隨身過，收氣藏風富敵國，金城水聚穴落窩。

如何辨別龍的眞假

風水術講究「龍眞穴的」，但必是先有「龍眞」然後才有「穴的」。天下之山，山山都有龍，但並不是每一個山脈都是眞龍。辨別龍的眞假，是風水術最重要的功夫。

眞龍必祖宗奇特，出身活動，星峰秀麗端莊，或尖、或圓、或方。行度之間，開帳穿心（也有非穿心出帳的眞龍），有橈卓枝腳，有起伏頓跌，有剝換轉變，有束咽過峽，有活潑可愛之勢。及至入首，應星明顯，穴情明白。下砂有力，水口關鎖嚴密。明堂平緩端正。出脈、行龍、過峽、結穴皆後有送，前有迎，兩旁有護衛，到頭結穴處重重山水纏抱，四周山水有情。

假龍也有祖宗，但出脈不美，五吉星峰不現，不是強硬粗陋，就是凶頑帶殺。脈不穿心，或雖穿心但無迎無送。偶見秀麗山峰，也是孤削缺枝葉，或偏斜無從。雖有枝橈卓，但一邊長一邊短，或逆而帶殺、帶尖利，或臃腫粗惡，反背而不顧本身。雖有起伏，但過脈不綿。雖有過峽，但風吹水劫，兩旁沒有遮攔，或長粗硬直，或斜出偏落。雖有剝換，但越剝換越顯粗斜，或剝換後反生凶星。行龍一路纏護稀少，護從不周。及至入首，應星模糊，穴場渺茫，無穴可下。下砂無攔，水口不關，明堂傾而直瀉，水不歸堂，或反弓、或直竄、或割腳、或射脅。龍虎反竄，或曲腰折臂。

眞龍必有穴，假龍必無穴可點。眞龍必重重纏護，假龍必纏護甚少或沒有纏護。眞龍必星峰秀麗，假龍必山體粗陋。眞龍必活潑喜人，假龍必僵硬苯拙。眞龍必山水有情，假龍必山水反背。

橫龍落脈結穴

大龍者，猶樹幹之本身，小龍者，猶樹之枝葉。欲辨龍之幹枝，樹身大則枝葉必繁。故論龍之大小，當先取象於此。然而枝幹有大小，枝葉有橫直，故龍有大幹龍、小於龍、大枝龍、小枝龍、橫龍、直龍等區別。名目雖多而看法應先審定其來龍之祖山，則龍脈之大小可辨，力量之輕重可知。

審龍之法以水源爲定，大幹龍必以大江大河夾送，小幹龍則大溪大澗夾送。大枝龍則以小溪小澗夾送，小枝龍則以田源溝渠夾送者。

今舉橫龍落脈結穴以饗同好，此地尚未有人造作，穴場位於頭份山區，橫龍落脈結穴，堂前有水從東往西流，成環抱狀，可立午山子向，爲富貴雙全之地，亦待有緣、有德，以及有誠心者得之。

橫龍落脈結穴之大地

來龍三勢

凡龍脈源起祖山而發，必有幹支分出，延伸玄曲、頓跌起伏、過峽束氣融結成穴，並得纏護砂體拱衛而成眞龍正穴之地。如祖宗生父母、父母生子女、子女又生孫輩，代代相續、節節中出；龍脈之勢亦同，行止、落穴、融結自有脈絡可尋，其來龍氣勢變化多端、微妙玄通，優略有別、貴賤不同，總不離「高山峻嶺」、「陵丘平崗」、「曠原平洋」三勢形態範圍，各有其妙，宜活用細審。

山巒粗蠢、臃腫，星體渾濁，枝腳短縮，氣色枯槁，未經剝換者，即屬老龍。

龍脈源起祖山而發，分幹分支而出，延伸玄曲、頓跌起伏、過峽束氣落脈，始能成結穴之地。

龍的老嫩

人老珠黃就沒有生育能力，龍老枯槁也沒有生氣可乘。龍之老嫩，與人之老嫩理也相同。經云：「老龍抽出嫩枝柯，跌斷不嫌多。」

老龍絕無生氣，永無生育之理。也有雖經剝換，但不變細嫩者，稱爲老亢，同樣沒有生氣，無穴可尋。

凡山巒粗蠢、臃腫，星體渾濁，枝腳短縮，氣色枯槁，未經剝換者，即屬老龍。龍有起伏、有頓跌、有活動，好像新春來臨老樹發出的新枝，生機勃勃，自然生氣旺盛是爲嫩龍。

幹龍與枝龍

龍分幹枝，乃以別呼大小也。龍之正脈稱幹，分脈稱爲枝。正如木之有幹、有枝也。但枝幹之中，又各有大小之分。

好比樹木有主幹也有分枝一樣。所謂幹之中有幹，幹中有枝，枝中有幹，枝中又有枝，故有大幹龍、小幹龍、大枝龍、小枝龍、幹中幹、枝中枝也。

所謂：「枝幹明而嫡庶分，嫡庶分而力量見。」龍分爲幹龍支龍的原因，是爲了審視它們各自蘊含力量的輕重。但是審定龍的方法，卻要用水源作爲標準。凡是大幹龍，就用大江和大河來夾迸；小幹龍：就用大溪和大河來夾迸，大枝龍：就用小溪和小河來夾迸；而小枝龍就只有平地上的河、渠之類的小流來夾迸了。因此察看水源的長短爲何，就可以確定枝龍和幹龍的大小。

大幹龍

大幹龍者，幹中之幹也。其祖山皆出名山，跨州連郡，延綿幾千百里，乃正氣所聚，鍾靈孕秀，穎異殊常，矍然高廣，而每有雲霧發現。故曰：「先尋霧氣識正龍，尋龍望氣先尋脈，雲霧多生在龍脊，春夏之交與二分，夜望雲霓生處覓。」

人身有三寶，精、氣、神，地理龍脈有三寶，勢、形、氣，人無精不健，無神不智，無氣則死，地無勢不顯，無形不明，無氣則崩，有氣則靈，但氣有浮沉聚散，脈有陰陽消長，而穴有化氣交度，故於春、夏二氣相交遞演之時，或於春分、秋分陰陽均勻之時，必見山澤通氣，而成雲霧蒸騰之象，並以氣之歸納而成奇偶之相配，而成雷風相薄之跡，以陽陰之消長相和而成水火既濟之功，而爲水火不相射定律，並以陽奇陰偶之相配，方能使陰陽二氣交媾而如夫婦之相配，是爲天地定位之明也，如此四時之氣必見有相互遞演變化之妙也，故而風水地理之學實與天文之學相通、相應也。

幹龍之祖，極其高大，故有雲霧生其巔，此察識幹龍祖宗之法也。既知其祖，又當於離祖分行，審其出身。聳枝雄偉，氣勢弘大，規模尊重，如王者駕出，而百官鹹皆隨從；如大將赴敵，而三軍受命。巍峨卓異，非若枝龍之出身，唯以細嫩活動透迤磊落爲美也。及其出身以來，則多牽連而行，不起星峰。唯兩旁枝腳護衛關峽等山，則星峰聳拔。

故凡幹龍，也不可以星體拘之。唯是崇山無大壟，如巨浪湧波，層巒疊嶂，牽連而行，或百餘里，或七、八十里，或二、三十里，古人以人跡往來多寡，驗峽之大小。以峽之大小，定龍之大小，誠爲有理。蓋幹龍脊脈，多爲疆域界限，故其過峽斷處，必是省郡通衢。

然其過峽斷處亦有一伏或十餘里，或數十里。張子微云：「大龍千里費推尋，一、二百里作郡邑。」又云：「幹龍注處分遠近，千里爲大郡。二、三百里可爲州，過此即封侯。百里只堪爲縣治，下此爲鎮市是也。」

故幹龍之行度，極其長遠。越長遠則力量越大。其分去之龍，亦各隨正幹之大小而有差別。正如樹木之高大者，其伸枝延幹亦大。如正幹龍去結作京師，則其龍身分去小幹爲省城，而省城龍身分去爲郡邑，郡邑龍身分去爲鄉村市井之類。

小幹龍

小幹龍者即幹中枝，小幹龍是幹中的分枝，也是從大幹龍分支出來的，在分脈的地方，一定會有大星辰，或高大的山脈和山嶺作爲它的祖宗。徐氏曰：「小幹龍亦自大幹龍分來，分龍之際，必有大星辰，崇山高壟爲祖宗。」張子微曰：「分龍定起大星辰是也。」自此離祖而行辭樓下殿，迢遞奔走，亦與大幹龍氣勢相類，特長短不同。大幹龍極長，動踰千里或數百里，小幹龍二、三百里，或百餘里，又其次者或七、八十里。而其龍身行度，大略皆與大幹龍無異。所分枝腳，亦多結鄉村市井，其水源有長短不同，大聚小聚亦別。經云：「水源亦自有長短，長作軍州短作縣，枝上節節是鄉村。」

《玉髓眞經》上說：「祖宗的氣勢龐大，子的氣勢也跟著龐大，大龍前來相迎相送，一定會隔著江水，外州和外縣的山是它的伴侶，纏護也各自有它們的大小，這裡隨龍脈的長短而定，龍脈長的纏護也十分長遠。如果龍脈短，纏護也很短小局促了。」

經云：「百里各有小幹龍，兩水生來尋曲岸，曲岸有水抱龍頭，抱處好尋氣無散。」亦是兩水夾送，不可必其逆水，唯是結作之際，翻身曲轉，逆勢作穴，故有曲岸之水抱其龍頭。其穴亦不在大窮盡處，亦多隱怪，將及結作之間，亦必連有脫卸閃跌度峽，或連起峰巒，開帳穿心，而其枝腳撓掉，亦皆融有小穴。迎送護托之山，亦是隔水相衛，遠來聚會。水口之山，亦有數十里之遠，而門戶亦須穎異，有華表北辰，游魚石堆，龜蛇獅象等砂。入局之際，亦必山水大會，朝案特達，左右周迴，明堂舒暢，內局緊固，外陽寬闊，羅城秀列，禽曜出現，多結郡邑市鎮衝要繁劇衙門，及王侯極貴基址。

大枝龍

大枝龍乃小幹龍所分出。楊公千言萬語皆歸重於幹龍，蓋舉其力量之大而言之耳。然山脈分枝分派，幹龍最少，枝龍極多，故論地只可以眞僞言，不可以大小拘。經云：「大地難得小易求，烏可謂枝龍地小而忽之。」況幹龍大地，有鬼神所司，苟無陰德，未可睥睨。而枝龍之地，在在有之，易於求索，故枝龍尤當研究。然枝龍亦有大枝小枝，不可不辨。夫所謂大枝龍者，即枝中之幹也。觀之亦先考其祖山。但幹龍則論大祖大宗，枝龍則論小祖小宗，故雖大枝龍，祖山亦不是遠高山巒，只小幹龍駐蹕處，即龍祖矣。

於此審其離祖分脈，以原其始，要此處起有星辰，合五星正體。五星者，爲金、木、水、火、土五星，五星各有所屬，各有所應，五星爲龍之體，而龍之行度千變萬化，各秉自然之變而成形、成體，橫看成嶺，側看成峰，遠近高低各不同。下陡緩急，起伏剝換，粗細開屏而成窩鉗乳突，變化無常，令人莫測，但因千變萬化皆不離其本質、本宗，因此不論大幹龍、小幹龍、大枝龍、小枝龍，或成彝龍，或成平崗，則不離其自然之本質。因此龍行有上升必變下降，收合必變開闢，數曲來必變一直，大垣中必變小脊，而陽之生即有陰之位。故陽雖可化生，但無陰則無以成形，不成形則不為生，故陽無陰不生，陰無陽不成，陰陽中和則萬物生生不息。但陽陰又離不開金、木、水、火、土五行之本體本質。五行又有生剋制化之機，因生剋制化又產生陰陽互相交換遞變，以為陰變陽、陽變陰之體，此為間星，即龍靠此以脫胎變化，即為金、木、水、火、土五行陰陽之交媾，以成胎育以能結穴。而金、木、水、火、土五星各有星體以應其變化之自然本質及形體是為應星。中一星或金或木，或漲天水、焰天火，或禦屏土之類，察其發脈中落為上。自離祖以後，又連起有星辰，謂之應龍。亦曰：應星。有此應星合格落脈，更是中出，即謂之出身好，前去必結美地。自出身後迢遞行度，看其穿落、傳變等格何如。若真是結地之龍，自然合格，或起或伏，有剝有變，或大頓小跌，或左樓右閣，或橫開潤帳而穿心中出，或之玄屈曲，而擺摺流行，或如生蛇之出洞，或如啄木之飛空，斷而復續，伏而再起，兩枝腳，隨身擁護，不令風吹。或反藉幹龍作遮護托。

其過峽之際，或穿田度脈，藕斷絲連，脫卸之後，復起星辰，磊磊落落，或飛蛾降勢，或華蓋中抽，其本身枝腳擺列均勻，或帶倉庫，或帶旗鼓，或帶印笏，或帶劍戟，或成天乙、太乙，或成文官、武將，左侍右衛，前呼後擁。及將結作之際，又起巨大星辰以少祖，自此山下，或二、三節，或四、五節，即作穴場。而穴後一節之山，或束氣結咽，或細嫩委曲，或閃斷爲峽，頓起穴星，融結天然之穴，乃爲最貴。下手之山，則逆水數重，抱轉有力，乃爲眞結。

枝龍結穴多在盡處，則要天然明白爲上，多是得水處結穴，故曰：「未看山，先看水，有山無水休尋地。」多是下手之山有力，故曰：「看地有何難，先觀下手山。」又曰：「有地無地，先看下臂。」是也。

龍之貴者則有貴應，或印浮水面，或龜蛇交結，或車馬闞駢，或樓臺鎭塞，或羅星關鎖，或旗鼓羅列。或日月對峙，或華表高聳，若此者雖云枝龍結作，不及幹龍悠久。然有此規模，亦非中下地也。若安扦得法，主翰苑尙書侍從方面文武之職。及富冠鄉邑，一時榮盛，朱紫滿門。

小枝龍

龍行則山勢奔走不停，龍之合水之地，爲龍之止處，龍氣須見行止，方能融結福地吉穴。

行則山勢奔走不停，龍之合水之地，爲龍之止處，龍氣須見行止，方能融結福地吉穴

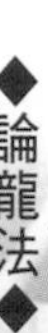

小枝龍者，即枝中之枝也。徐氏曰：「大龍行去尚遠，而於行龍身上，或大龍峽邊，分落一枝，自起星辰，峰巒磊落，遠者三、五里，近者十數節。」張子微：「卻有枝龍但數節，不作穿心人易識，譬如丞參薄尉衙，豈似正衙門戶密。三節四節交即分，分得英華爲子孫，需要成星體，合龍格，有起伏，有夾送，而龍虎應案，堂氣水域，下關門戶，皆合法度，穴情十分明白，始爲眞結，亦主富貴。」

此者雖是枝中之枝，來龍甚短，富貴不大，然發富發貴極快，所謂「寅葬卯發」者，皆以此來龍結穴者居多。蓋此等龍氣結作力量輕，故多在龍大盡處成穴，外必得水，水必近堂，或臨田蘸水之穴，故財祿易發。唯是龍短而無大力量，雖富貴亦不久遠。

龍的剝換

龍脈行度原來非美，於將至結穴之處忽轉爲秀實雄偉，生動有氣，其勢由凶轉成吉象；或龍脈行度原來生動秀實，於將至結穴處卻轉成孤聳劣狀，其勢由吉轉成凶象，即稱龍之剝換，透過剝換大變小，粗變細，自凶變吉，由老變嫩，有如蛇退皮、蟬退殼，脫胎換骨，面貌一新，必有穴可尋。由吉轉凶者不可造葬，由凶轉吉者可以造葬。概龍脈行度時有剝換，穴之眞假良窳，可以審龍之剝換變化而知悉。

龍的行止

龍行者，即謂龍脈蜿蜒行走而不住，則其氣勢沖奔不能融聚結穴。龍止者，謂龍脈以得過峽束氣而停其奔竄流散，或有砂體納其過盛之氣，並藉以環抱護衛而融結成穴。行龍有其一定的規律，有的要行數百里才結穴，有的數十里結穴，也有行數百步即結穴。地理師如不能很明智的分清楚是結穴之龍，還是過龍，就難於正確地找到穴場。

故龍氣須見行止，方能融結福地吉穴，若只行而不止，或只止而不行，縱有結穴，亦是非眞。

龍行則山勢奔走不停，水勢湍急而不回環，山水不聚，門戶不關；龍止必尊星不動，逆水回攔，砂交水會，水口關嚴。

龍行必分牙布爪，枝腳閃後；龍止則藏牙縮爪，手足向前。

龍之行所；合水之地，見有聚水或水匯集，是龍之止處。龍欲行，分水導之；龍欲止，合水證之。

所以辨認龍的動靜行止，一看山勢的起伏頓跌，二看砂水送迎，三看水之分合，四看水口之關攔。

龍的剝換、行止，龍氣須見行止，方能融結福地吉穴

龍的枝腳

龍的枝腳

陸地，具足方能行走，水中，須備篙槳才可行船。龍，也需自具枝腳而方能行止。龍的枝腳是一種非常形象化的比喻。

來龍的餘氣發越，開帳自生而成纏護者乃爲「枝腳」，枝腳延伸之美惡可分出龍之貴賤，來龍長則枝腳長，來龍短則枝腳短，來龍峻偉則枝腳秀美，來龍貴則枝腳亦帶貴氣。

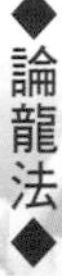

雖有枝腳但無挺拔之勢者謂之弱

龍身與枝腳有若君臣，如影隨形，吉凶美惡與共，縱有四山砂體拱衛，總爲外山益彰而非實，唯枝腳乃本身隨護，相互心融神會，其情親切。枝腳有迎有送、有順有逆，概以順送相隨爲吉，以逆迎反弓向背爲不吉；又觀枝腳吉凶美醜，可知龍脈貴賤福禍，龍行以其枝腳而決定成格與否，且名目諸多。今以解說之：

梧桐枝：枝腳均勻對稱、長短相等、正脈中出。

芍藥枝：枝腳雖不勻稱，但順送有序、正脈中出。

楊柳枝：以其枝腳邊有邊無（單生一邊），古云：「又有偏生楊柳枝，邊有邊無極怪異，此名原是受偏處，半枯半榮無益處。」

蒹葭枝：枝腳雖交互均勻，但時而右出、時而左出。

捲簾殿試：枝腳長短不均，但正脈中出，並且短邊能夠一路延伸纏護至融結穴地。

仙帶蘆鞭：全無枝腳，但得他山纏護周密，龍身正出到底融結成穴，並有龍虎拱衛、四山星辰砂體相應有情等五種形勢明顯可辨。

雖有枝腳，但無挺拔之勢者謂之弱；
散漫無收拾者謂之虛；
反背無情者謂之逆；
尖利凶惡而反射本身者謂之殺；
拖曳太重而左右奔走者，謂之劫。

凡枝腳不均，一邊長一邊短，一邊有一邊無，一邊順一邊逆，一邊美一邊醜，或垂落兩旁，如拋槍提籮，如斷臂斷指，如零亂茅葉等，都是凶龍、貧賤龍之枝腳。

格局雖美，但有枝腳長短不齊、形態偏枯，或美惡穿插，或枝腳形若尖刀、帶煞射穴，或枝腳崩塌落陷、形如死蛇伏屍，皆爲凶象而破格。須實際觀審、靈活判斷吉凶爲是。

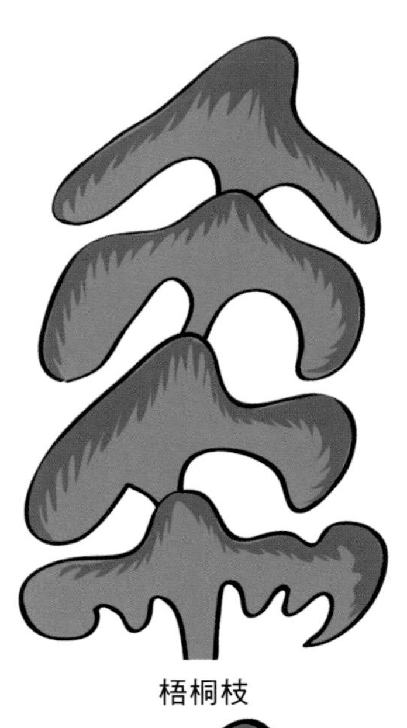

梧桐枝

芍藥枝

楊柳枝

蒹葭枝

龍的過峽

峽者，乃是兩山跌斷之處又見有起伏相續而成過脈之處，峽為龍脈將落脈前之轉折剝換,是蹕駐之束氣，而束氣是準備落脈結穴以收斂龍氣之用，龍脈之相續必以過峽束氣而收斂其氣，不束則龍氣不能發越，因此可知眞龍吉穴必有過峽。

因此可知峽乃是龍脈結穴前之束氣處，猶如開花前之花蒂，而且龍之過峽皆有其陰陽之體勢，否則孤陰不生，孤陽不長，正如夫婦不媾不能生育，而龍脈若陰陽不交融則穴結不成，便沒有眞穴。如過峽之初節陰陽不分，再看二節又陰陽不分，若成一路之陰陽不分而扛送孤單則必不是佳地，僅可作為鬼神的道場。

龍的開帳

龍過峽之後，必須開帳展翅而出，脈氣穿心中抽而行，其氣勢最為有力；開帳者，即龍脈餘氣所發越鋪張垂肩而出之枝腳，其如翔鷹之翼、大鵬之翅，必須兩角分明而帶有下垂者為眞；其開帳以雄偉厚闊為美，概有數十里、百里，一眼難悉觀盡；或有五、六里者，實為眞龍開帳，若僅三、五丈數，一望而窮盡者並非開帳，不過龍行穿心而已，非稱眞龍。無帳之龍，皆不以稱貴，故云：「龍不開帳不貴，脈不穿心不尊。」開帳形狀多種，名目亦衆，總以其雄偉秀逸、順勢有情為吉，以險惡粗陋、斜竄反弓為凶。

龍的入首

來龍將於結穴之時，必先落脈結咽、束氣起頂而入首，融聚龍氣結成星穴。龍之入首結穴，源起祖山出脈必有蜿蜒曲變，或中出、或左出、或右出、或高或低、或大或小、或隱或露，凡論千里來龍，先看入首前後處有否星辰砂體屏障護衛拱照，方成真穴；若來龍入首起伏蜿蜒、秀實雄偉，雖無貴氣，當可造葬。

徐氏云：「龍之入首，其格有五。日直、日横、日回、日飛、日潛是也。」廖氏云：「直龍原是撞背來，中出貴徘徊。」

横龍原是從側落，逆轉須磅礴。回龍原是曲翻身，顧祖要逡巡。飛龍原是結上聚，昂首眞奇異。潛龍原是落平洋，撤脈自悠揚。此五種格，特舉於入首一節言之，故直龍，不必拘其後之屈曲。横龍不必拘其後之不横。學者勿以辭害意可也。

直龍者：乃撞背入首，頂對來脈而結穴者也。此等撞背龍結穴發福極快。或稍遲元辰，亦不爲害。以其撞背直來，氣勢雄大，必有餘氣，爲氈、爲褥耳。

横龍者：乃横脈入首而結穴者也。或從左來，或從右來。需要穴後有樂、有鬼。廖氏云：「横龍穴後必有鬼樂星，直後峙是也。」此穴不宜元辰直長。穴前要平坦，登穴不知高。

飛龍者：乃上聚仰高而結穴者也。以其勢高而昂，故日飛龍。須四應皆高立聳上聚仰勢，受穴方爲眞結。此穴力量最大，貴重富輕，以其水多不聚故也。必有交牙關鎖爲吉。

潛龍者：龍氣撤落平地而結穴者也。即所謂平氣之脈，高一寸爲山，低一寸爲水。需要平中有凹，或開鉗口，水勢環繞，方爲眞結也。

回龍者：乃翻身顧祖而結穴者也。經云：「宛轉回龍似掛鈎，未作穴時先作朝。朝山皆是宗與祖，不拘千里遠迢迢。」是也。然亦有大回龍、小回龍，乃盤龍穴等格皆是。

論官鬼禽曜

何謂官鬼禽曜？

官星：案山後面巒峰更有餘氣發越者稱爲官星。

鬼星：穴後巒峰更有餘氣者稱爲鬼星。

禽星：穴前水口方有砂體鎖鎮者稱爲禽星。

曜星：龍虎砂後有餘氣發越者謂之曜星。

官、鬼、禽、曜四星，乃龍穴融結之四要，爲來龍出脈入首結成穴星之餘氣所發越而形成之屏障城廓，將其收爲穴星所用；龍行蜿蜒行度，脈氣旺盛，於結穴之後必有延生餘氣之山，前伸幾數里之程，甚或有數十公里而轉成官、鬼、禽、曜諸星，或成為朝案拱衛砂體。

古云：「無官不貴，無鬼不富，無禽不積，無曜不榮。」是故若結穴僅得龍虎朝案護衛，但無四星聚會拱照，不過平吉凡穴，其福蔭之力輕微。

古來所稱眞龍結穴，不但須見龍虎朝案，更須四星餘氣發越，方是富貴大吉之徵。結穴若得四星拱護，必為眞龍結穴，福蔭當然綿長久遠。

宋楚瑜之父墳

宋楚瑜的父墳

位於陽明山的第一公墓，此爲七星山系，巒頭形似一隻飛鳳，與連戰的父墳相距約五十公尺，龍穴的最高處是鳳頭，山勢兩側向外展開，乃爲丹鳳的兩翅，宋楚瑜的父墳所點之地爲橫龍結穴，在丹鳳翅膀下。

宋楚瑜父墳之過峽

宋楚瑜父墳之護峽

連戰的父墳案山

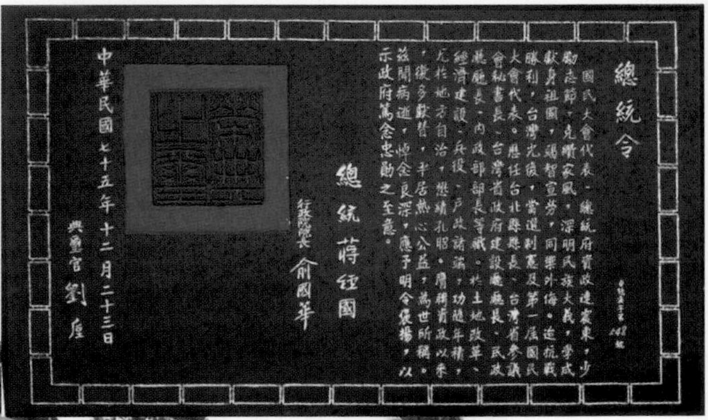

總統令

國民大會代表—總統府資政連震東，少勵志節，克纘家風，深明民族大義，早獻身祖國，竭智宣勞，同襄外侮。迨抗戰勝利，台灣光復，當選制憲及第一屆國民大會代表。歷任台北縣縣長、台灣省參議會秘書長、台灣省政府建設廳廳長、民政廳廳長、內政部部長等職。於土地改革、經濟建設、兵役、戶政諸端，功趨年積，尤於地方自治，懋績孔昭。暨輔翼政以來，徵多獻替，平居熱心公益，為世所稱。茲聞病逝，悼念良深，應予明令褒揚，以示政府篤念忠勛之至意。

總統 蔣經國
行政院院長 俞國華

中華民國七十五年十二月二十三日

典璽官 劉垕

坐酉山卯向

◆論龍法◆

後面因爲有如暗巷故種植六棵樹

正面

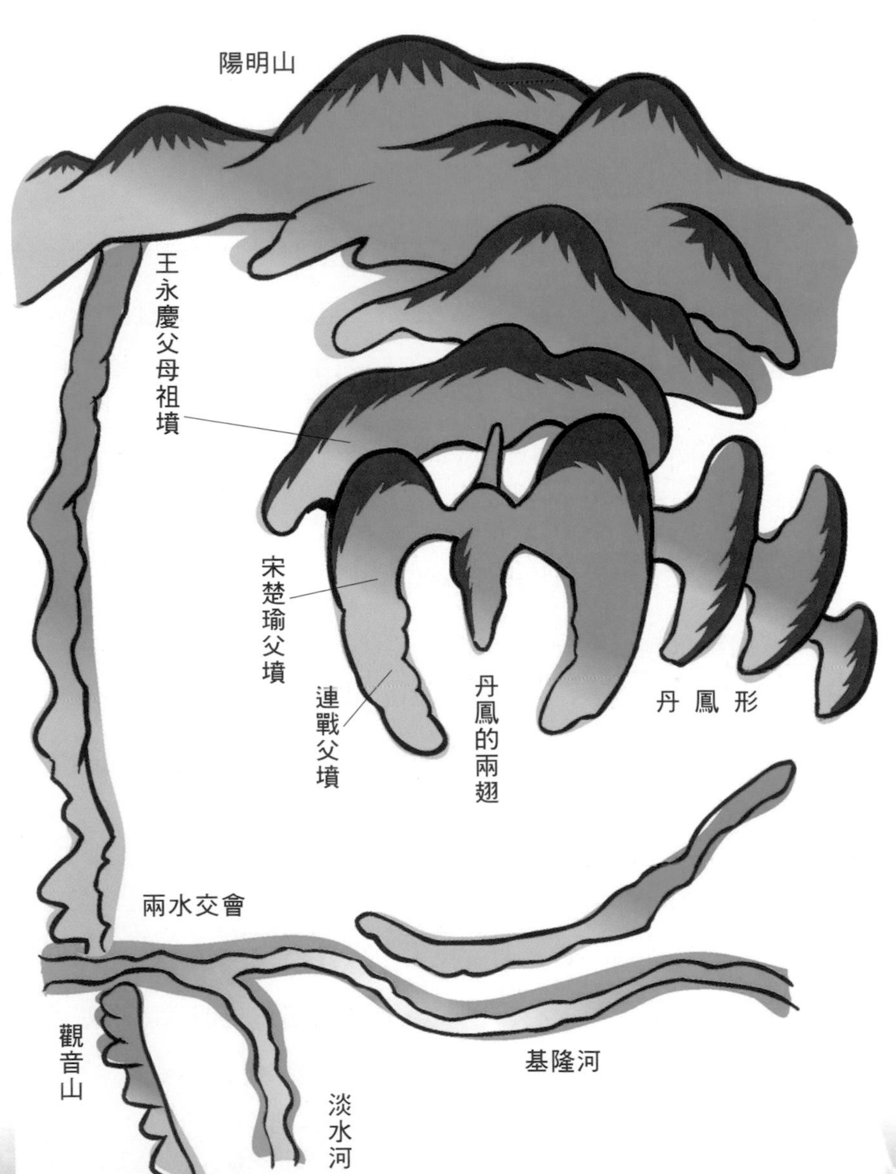
陽明山
王永慶父母祖墳
宋楚瑜父墳
連戰父墳
丹鳳的兩翅
丹 鳳 形
兩水交會
觀音山
基隆河
淡水河

若過峽兩邊星辰拱護，而見飽滿平正且端正美巧秀麗所融結之穴必發官貴，若肥滿而粗壯，且見倉帶庫或連珠必主富，若如抛鎗刺竹或如死蛇，則必爲鬼神賤役之地。

故過峽之陰陽必與來處相同，而融結成穴星之穴場，必與過峽之陰陽相同。若過峽處如覆掌爲陰，形如仰掌爲陽，且須仰來覆受，是爲陰來陽作，陽來陰作、若過峽前後陰陽不分則爲賤地。

峽分爲山峽、石峽、田峽、水峽等等，古來各家名稱不一，而峽之過脈古法以蜂腰、鶴膝爲美，更須砂體星辰護衛拱夾周密，最忌風煞吹襲乃致龍散氣絕。

或言過峽束氣之處宜短不宜長、宜細不宜粗、宜狹不宜闊，長則龍氣衰竭，粗則龍氣混濁，闊則龍氣散盡；過峽束氣之處忌諱穿鑿破損或人力開墾建築破壞。眞龍須配以美峽，是故，審知峽之美惡，則可詳氣脈之有無。

又古籍有載，凡峽正則結穴亦正，峽左偏則穴宜居左，峽右偏則穴宜居右。又有過峽處之土色爲黑色，其結穴處之土色亦爲黑土才是眞龍結穴，餘其他土色皆以同論。過峽處石多則穴處石亦多，過峽處水積則穴處藏水，過峽處泥濘則穴處潮濕土淤。

眞龍結穴

眞龍結穴必是龍眞穴的方眞，眞龍結穴當審龍入首之格局，而有正結、小結、中結、盡結、閃結、仰結、斜結七者之分，如衆星聚媾，左右前後諸星朝顧，羅城周密，八方不動，精神凝聚而不外露，其穴皆如天造地設，不偏不倚，是爲眞龍正結之穴。若見龍之行走神氣活現而如海水之洶湧和馬之奔騰，到此則形勢暫停，如行人停蹕或蹕駐之處，是爲小結。若來龍行止於腰而結穴則爲中結。來龍入首結穴於水口而爲盡結。若龍身正行而龍腰橫落而融結成穴星爲閃脈閃結。若龍身行走爲正向而直行，但於行至左角上或右角上而拖落結穴是爲斜脈斜結。若龍身行走剝換轉折收脈落成，而成老幹變嫩枝，結成窩凹向上者是爲仰結。但不管是何結穴，必須是陰陽相喜，雌雄相愛，而五行星體又相生方爲龍眞穴之佳地。

四大古文明

遠古時期山上、草原上生長著茂盛的林木，兩山交界的河裡有著清澈的水流，氏族部落的人們在這裡從事農牧生產，採集食物，安居樂業。這是當時人們喜歡聚集的地方。由於河流兩邊的地域常受到滋潤，所以自古以來，河川兩旁均爲農業最發達的區域，因此世界四大文明的誕生地都是處於大河的中下游之畔。

河流，對人類來說是生活的命脈，是撫育文明的搖籃。底格里斯河與幼發拉底河，滋養了美索不達米亞文明（古巴比倫，即爲今之伊拉克地區）。在尼羅河谷茁壯興盛，留下許多宏偉的遺跡，產生了古埃及文明。恆河流域出現了印度文明，而東方的黃河流域撫育了龍的子孫，誕生了燦爛的中國文明。埃及文化、美索不達米亞文化、印度文化、中國文化被世界公認爲四大古文明。

水是地球上絕大多數生命體所賴以生存的基本物質。山巒、土壤如果沒有水的參與，就沒有生氣。植物和動物也就不可能在其中生活和繁衍生息。《水龍經》：「水形有轉是眞結，直來直去龍之僵。」意謂河水宜彎曲轉折，水源深長則龍氣旺而發福悠久，水源短淺則發福不遠。水要入堂，又要有下關收水，或者水龍暗拱，都是吉水。人類文明發展，四大古文明形成的機制、所走的道路模式、特徵都不盡相同。而從風水的觀點來看，有一點相同的是，「風水之法，得水爲上，藏風次之。」四大古文明發祥地的河流均爲屈曲蜿蜒，繞抱如蛇行之勢，其土地也比較肥沃。

崑崙山是天下萬山之主山

喜馬拉雅山

喜馬拉雅山是世界最高大的山系。分佈在中國西藏自治區和巴基斯坦、印度 、尼泊爾、錫金、不丹境內。東西長約二四五〇公里，南北寬約二〇〇至三〇〇公里，這裡聳立著許多七千～八千公尺以上的高峰。呈向南凸出的弧形，是構造複雜的年輕摺皺山脈。由北向南分爲柴斯克山和拉達克山、大喜馬拉雅山、小嘉馬拉雅山、西瓦利克山四帶。大喜馬拉雅山 最爲高峻，平均海拔六千公尺，亞東及馬丁山口間八千公尺以上高峰有十座。其中位於中國和尼泊爾兩國邊界上的珠穆朗瑪峰是喜馬拉雅山主峰，「珠穆朗瑪」是藏族「聖母之水」的意思。珠穆朗瑪峰海拔高達八八四八公尺，僅峰區北坡就有冰川兩百多條，是冰川發育最集中的地區之一，面積七七二平方公里，爲世界第一高峰。

珠穆朗瑪峰高八八四八公尺爲世界第一高峰

龍脈之發祖出脈以正中龍爲主幹多爲中出，頂爲端正，左右砂有護有送，或渡、或過、或行、或止，衆龍一一隨之；左右龍爲旁支多爲旁出，頂爲傾斜，或左護右送，常曲折以顧眞龍，而護送龍砂，此爲龍脈之妙。在喜馬拉雅山脈偏北，東西連接西藏與新疆維吾爾族自治區與及印度之間，則有氣勢磅礴的崑崙山脈，有堪輿學派認爲，若以地球整體的角度來看山脈時，則崑崙山是地球所有龍脈的太祖山。崑崙山分南北二大幹，而脈出八方，坎乾二龍出蘇俄，其水流北。兌坤二龍入西洋，其水流西。離龍入印度，其水流南。

艮震巽三龍入於中國，遍佈各省，其水流東，世稱崑崙山龍出脈分八龍，一龍入印度，其水流南，二龍入西洋，其水流西，二龍至歐洲，其水流北，三龍入中國，其水流東。正謂此也。

中國三大龍

中國山脈皆起於崑崙，總其大幹而以中國的四大河劃分龍脈，別而爲三。中國的三大龍以長江和黃河爲界，長江以南的幹龍叫「南龍」，長江和黃河夾送的叫「中龍」，黃河北面與鴨綠江夾送的叫「北龍」。三大幹龍同是崑崙山南麓的分枝。所以說崑崙山是中國所有龍脈共同的祖宗。崑崙山上方下圓，周圍一萬二千七百里，脈出八方，乾坤坎離兌此五龍入外國，艮震巽三龍入中國，名曰三幹，黃河居艮震之中，黃河之左，山西北直山東，山西半河南，皆艮龍之水，甘肅、四川、陝西、長安、湖廣、兩江、洛陽、開封皆震龍之水，雲南、貴州、福建、廣東、廣西、江西皆巽龍之脈，此爲三大龍也，三大龍是各級枝龍的總綱，然後再由此三幹而分出無數小幹，無數大枝小枝遍及全國。想要探尋清楚龍脈的來龍去脈，就要先瞭解三大龍的分佈區域和基本走向，才能認清龍脈，而要認清三大龍脈分佈區域及走向，可從衛星拍攝之立體圖像而知之。故而欲學地理堪輿之學者，可先學看地圖、空照圖。

南龍爲巽龍之脈，所在區域包括雲南、廣西、貴州、湖南、江西、廣東、福建、浙江、江蘇及臺灣諸省。

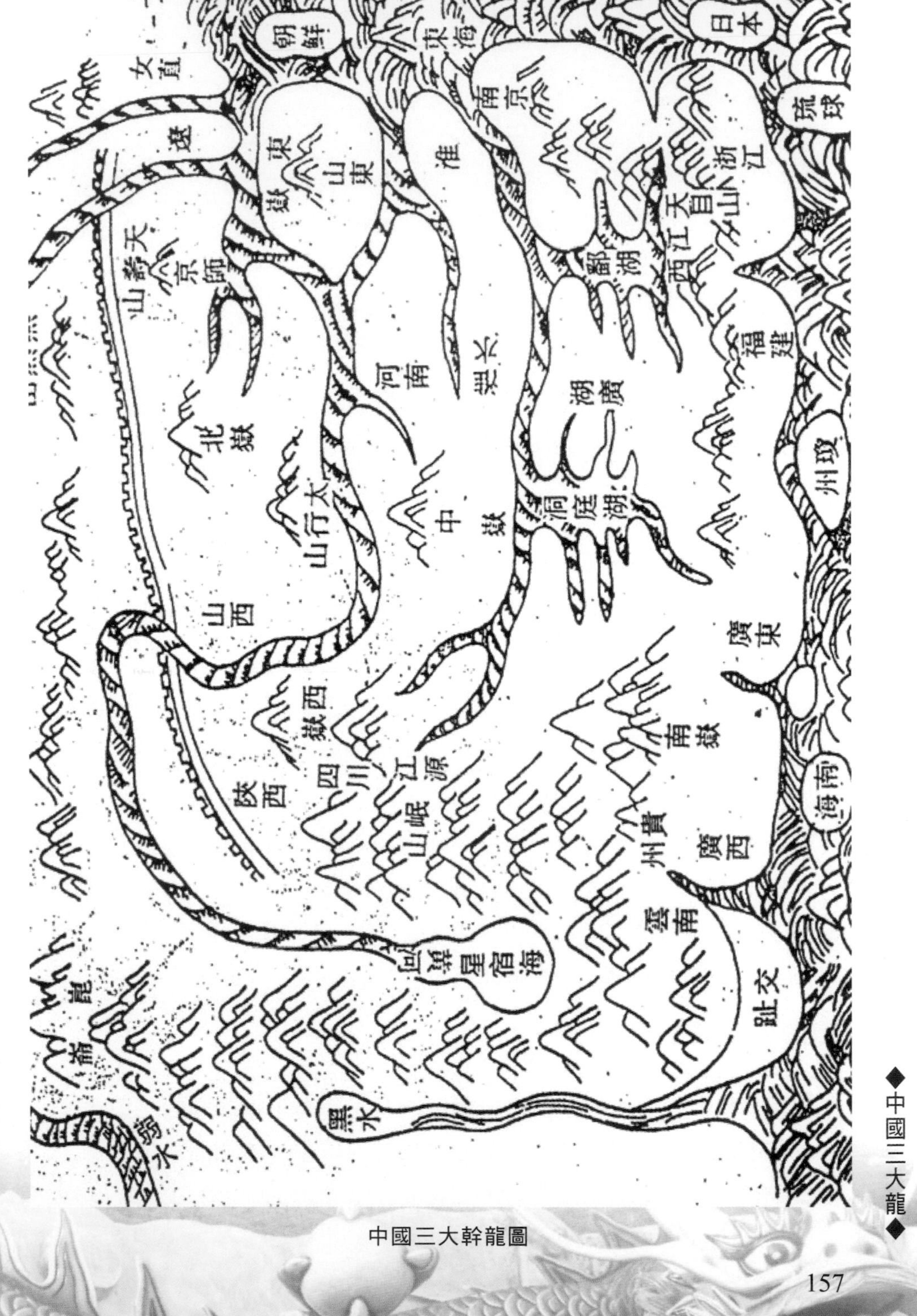
朝鮮
日本
琉球
女直
遼東
東海
東嶽
山東
南京
淮
浙江
天目山
江西
鄱湖
京師
天壽山
福建
湖廣
河南
北嶽
洞庭湖
太行山
中嶽
瓊州
山西
廣東
西嶽
南嶽
四川
江源
陝西
海南
峨嵋山
貴州
廣西
雲南
星宿海
交趾
崑崙
黑水
弱水

中國三大幹龍圖

中龍，震龍之脈，包括四川、陝西、河南、湖北、安徽、山東諸省。

北龍，艮龍之脈，所分佈的地域，包括新疆、內蒙、青海、甘肅、山西、河北、遼寧、吉林、黑龍江等省份。而大幹龍的總體走向大體上都是從西往東到海爲止，有的則延伸到大陸外的島嶼。

從以上就可反映了中國山脈走勢，這是古代先哲和堪輿大師對中國地理風水樸實的認識，而且累積了數千年的經驗。風水堪輿家認爲龍脈寶地的貴賤，必是基於龍脈祖山的遠近，因龍脈寶穴之有祖，就如水之有源，木之有根，人之有祖宗，源遠則流長，根深則葉茂，而山脈祖山來得綿遠者蔭富發貴亦綿遠，而山脈祖山短促者，蔭富發貴亦短促，從古流傳至今。是以龍之起峰過峽來分其風水發富貴之久遠。《都天寶照經》云：「一代風光一節龍，節數多時富貴久。」從龍脈每起一峰過一峽即爲一節，即主一代風光。此爲辨別山脈的大小興衰與長遠富貴之期也。此又可由歷代都朝之建都而審定之。

南龍的分佈行止

南龍是從崑崙山綿延而出，龍子龍孫也都是可以識別的。風水先生朱士遠說：「普天所有的山脈，都是從崑崙山發源的。中國廣大的土地，都在東南方的一個偏僻的角落裡，所以，所有的河流都流向東南，而龍以水作爲界限，長江、黃河、黑龍江是三大界水。龍的走勢都由陝西、四川向東方延伸，所以水都向東流，當然也有向北流和向西流的，但人無法到達那裡，眼睛也無法看到。只因爲水都向東流，所以交織得很複雜。中國，兩京十三省，就譬如一個小小的穴場，河南是其中的乳，山東、北直（即河北）是其中的左砂，吳越和閩廣是其中的右砂，東海是其中的明堂，呂宋、琉球、瓊州、日本是其中的印堂，長江、黃河是穴旁的蝦鬚水，由登州、萊州延綿入海。」

南龍脈絡：長江和東海夾住中間的南條幹龍，尾部消盡在東海南部。它的龍脈從岷山開始，逐步曲折向西進行，又向南轉到雲南的地域，再越過夜郎，穿過桂嶺，到達零陵，這邊是九嶷山，又進入桂連，通過大庚嶺，從南雄出發，過兗州、邵武，抵達廣信穿行過徽州，向東延續成爲天園山，其中一支支脈成爲錢塘江，另一支脈分別進入海口，楊公說：「海門氣勢旺盛，連通福建和廣東，南龍和支龍相交接在一起，這本是海門的南方脈絡，主發財至富和文武百官的山脈交錯橫雜在中間。」其中一支龍脈起始於建康，一路直達江淮，一支從靈州發端扭頭奔向鄱陽湖邊，它的水源則是：湘水發源於永州零陵縣，到達洞庭湖，延伸進入長江。

廖氏云：「建康形勢洛陽同王氣，古云鍾蓋紫微垣局，南幹之盡也。」戰國楚威王時以其地有王氣。埋金以鎮之，故稱金陵。漢改曰「祚陵」，吳曰「建業」，晉曰「建康」。金陵，即今日之南京。

蘇伯衡謂劉迪簡云：「金陵地脈，自東南泝長江而西，數百里而止，其止也蜒蜿磅礴，既翕復張，中脊而下降為平衍，所謂土中，於是乎在西為雞籠覆舟諸山，又西為石頭城，而鍾山峙其東，大江迴抱，秦淮玄武湖，左右映帶，兩淮諸山，合遝內向，若委玉帛而朝焉。」

諸葛孔明謂：「鍾山龍蟠，石城虎踞，眞帝王都。」昔始皇見金陵有王氣，東遊以壓之，其後三國吳建都於此傳四世，東晉也建都在此傳十一世，歷百餘年。南朝宋、齊、梁、陳、南唐皆建都金陵，而年代皆不久，蓋以其雖合垣局，而垣氣多洩故爾。

楊公云：「長江環外有三結，垣前水中列垣中，已是帝王都，只是垣域氣多洩是也。」所以，明代至建文帝而祚易於成祖，遷都燕京。民國則至蔣介石建都於此而又遷於四川，再遷於臺灣，其中亦非無端也。

南龍之其次者有臨安，今浙江杭州。其龍脈自天目山分入錢塘而海門，有龕赭二山在其中，廖氏云：「大江之南天目峙，海門似天市，故臨安亦天市垣耳。」經云：「海門環合似天市，天目天池生侍衛，萬里飛來垣外抱，海外諸峰補垣氣。」宋高宗南遷建都於此，其國師傅少華伯通也有臨安行在表，謂其地只可駐蹕，不宜建都，不過偏安之地，且主奸相弄權，武臣多咎，後宋竟未能恢復，而奸相如秦檜、賈似道諸人迭出，皆操弄國柄，武臣多不善終，果符傅公之言。

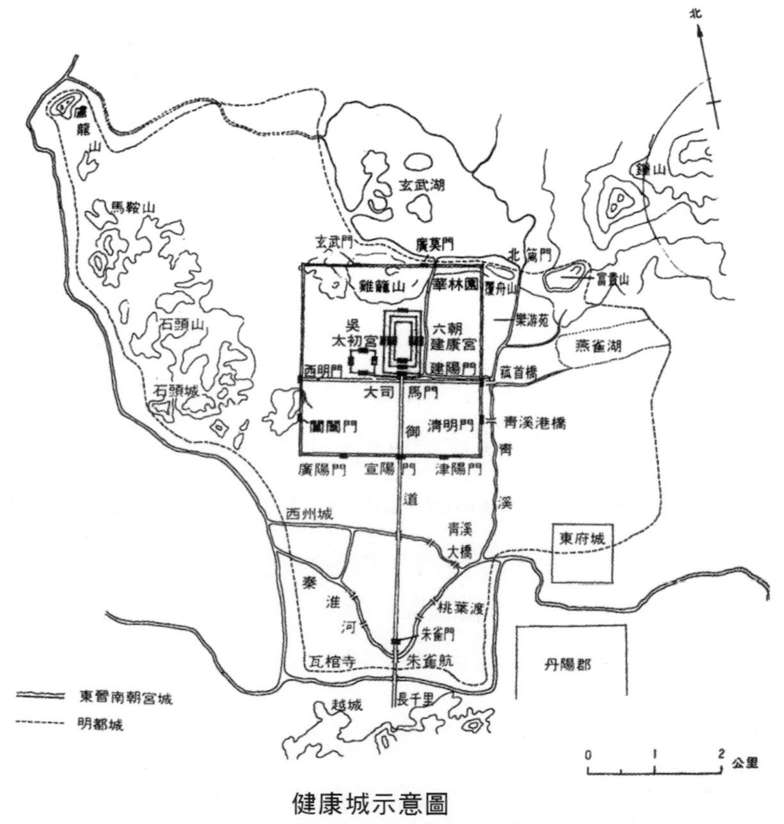

健康城示意圖

《古今圖書集成・堪輿部・樂郊私語》有一段明代國師劉基對南龍的闡述：「中國地脈俱從崑崙來，北龍、中龍人皆知之，唯南龍一支從峨嵋並江而東，竟不知其結局處，頃從通州泛海至此，乃知海鹽諸山是南龍盡處。……天目雖爲浙右鎭山，然勢猶未止，蜿蜒而來……於是以平松諸山爲龍，左抱以長江淮泗之水；右繞以浙江曹娥之水，率皆朝拱於此州，而後乘潮東出，前後以朝鮮、日本爲案，此南龍一最大地也。」

這就是說，南龍出自峨嵋，不是吐番以西，南龍渡海後，以朝鮮、日本爲朝拱的案山。

北龍的分佈行止

北龍脈絡：黃河和鴨綠江中間夾著的是北龍。延續到遼海河北的龍，是從崑崙山起止。一直到達白登縣以西。其中一支是壺口東嶽泰山。另一支向南伸展爲析城又扭頭向西成爲雷首，其次一枝成爲太行山，再次一支便是恒山，再次一支成爲燕然山，直至平灤碣石才停歇下來。《山經》說：「崑崙山延伸于闐便是顏山山脈，每條山脈都是戰爭之地，山脈綿延不斷，一直伸入沙漠瀚海北面。它的水源是山西的汾河，發源於管州絳州，一直東流到海。」

燕山，即今日之北京，以燕然山脈盡於此。昔昭王築黃金臺以招賢者，因又稱「金臺」。古冀州地，舜分冀東北爲幽州，故又謂之幽都。邱文莊公《太學衍義補》云：「處夏之時，天下分爲九州，冀州在中國之北，其北最廣，舜分冀爲幽並榮，故幽與並榮皆冀境地也。」

楊公云：「燕山最高，象天市。」其龍發崑崙之中脈，北幹之正結。綿亙數千里，至於興瀚海之玄，曲出九入貊，又萬餘里始至燕然山，以入中國爲「燕雲」（北京謂山前曰燕，大同謂山後曰雲）。復東行數百里，起之泰山，乃落平洋，方廣千餘里，遼東、遼西兩支關截，黃河前繞，鴨綠後纏，而陰恒、太行諸山，與海中諸島相應。近欒河、潮河、桑河、易河，並諸無名小水夾身，界限分明，以地理之法論之，其龍勢之長，垣局之美，是爲幹龍大盡，山水大會之地。

又按朱子語錄：「冀都天地間，好個大風水，山脈從雲中發來，前面黃河環繞，泰山聳左爲龍，華山聳右爲虎，嵩山爲前案，淮南諸山爲第二重案，江南五嶺諸山爲第三重案，故古今建都之地，皆莫過於冀都。」就朱子所謂風水之說觀之，謂無風以散之，有水以界之也。

北龍之次有平陽、蒲坂、安邑亦冀境。乃堯舜所都之地。按宋代大儒朱子曰：「河中地形極好，乃堯舜禹故都，今晉州河中府是也。左右多山，黃河繞之，嵩河列其前。」又曰：「河東河北皆繞太行山，堯舜禹所都，皆在太行山下。」又曰：「上黨太行山之極高處，平陽蒲坂山之盡頭。」又曰：「堯都中原，風水極佳，左河東太行諸山相繞，海島諸山亦皆相向。右河南繞直至泰山湊海。第二重自蜀中出湖南、出廬山諸山。第三重自五嶺至明越，又黑水之類自北纏繞至南海。此皆以其大形勢而言之。」

北京紫禁城

北京紫禁城的後山

天安門廣場

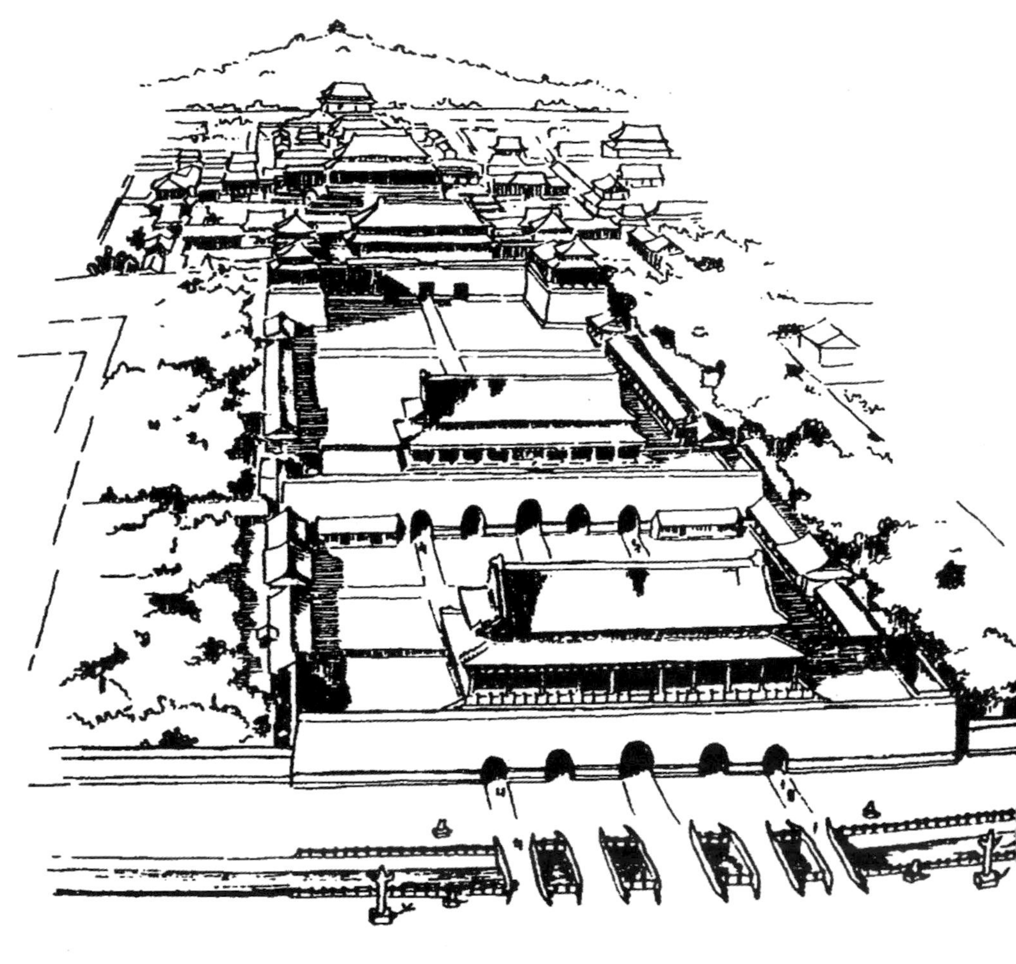

北京紫禁城鳥瞰圖

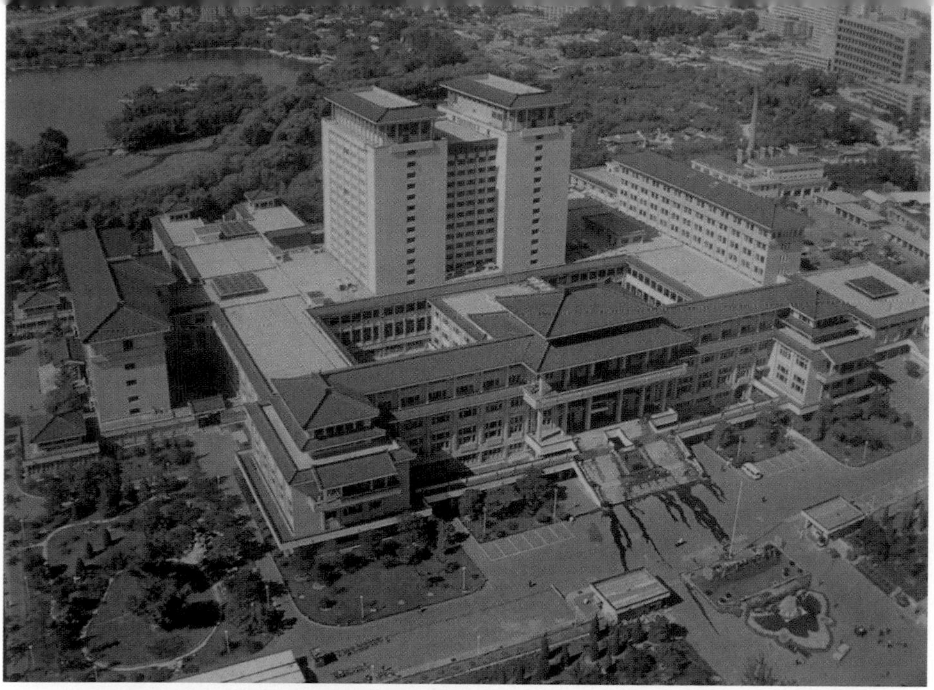

現代北京的經濟發展，建設突飛猛進

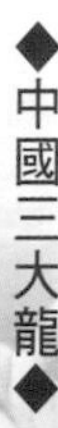

中龍的分佈與行止

西安市政府大門

中龍脈絡：黃河和長江，中間夾的是中龍，一直綿延到東方大海，黃河以南和長江以北，是中龍所在的地方。從西傾開始，經過甘肅西部伸守鳳翔，山脈綿延不斷一直到大散關，可以看到大好的河山橫佈中間，大纏大護直到函谷關，河水從黃河中流淌如同秀美的玉環，長安的一支山脈發源於熊耳，這便是中嶽嵩山。

從汴梁直到兗州是太嶽山，黃河處在北方，而長江在南，這兩條江水夾住中間地域，生氣一直不斷。在龍脈行青齊之時忽然聳起山峰，兗州和東嶽兩山橫立其間。龍脈分支的山巒非常靈秀。魯地上湧現了不少聖賢。還有一支龍脈到達登州和萊州地界。一支到達滄州直隸一帶。它產生的水源是濟水，發源於垣曲縣，流到溫縣境內時匯入了黃河，由從黃河南部流出，氾濫成柴河。又從東北方向直抵青州境內流入大海。漢水則到漢陽境內匯入長江。淮水至淮安匯入大海。

明繆希雍在《葬經翼》云：「關中者，天下之脊，中原之龍首也。冀州者，太行之正，中條之幹也。洛陽者，天地之中，中原之粹也。」

楊公云：「關中原是太微垣。」又曰：「長安落在垣宿中，蓋中幹之尊也。」中條幹龍稱：雍州，因豐鎬、鹹陽、長安，皆古之雍州地，通曰關陝，即今之陝西也。

張子微曰：「長安之龍起於橫山，其山皆黃石，綿亙八百餘里。不生草木。及至雍州之地，涇水出安定，在雍州之西，自西而南入渭水而北，是爲渭汭。渭水出鳥鼠同穴，而爲雍州之西山。至涇水所屬之地，則爲北維。此依山夾水，號爲天府之國。」

又曰：「秦都咸陽非長安，以宮屬渭，跨渭爲飛橋復道，以象天闕道而屬阿房。如驪山溫泉，又長安之枝龍也。長安之下，則有岐梁荊諸山爲托，灃涇溱沮河水界限爲衛。」蔡西山曰：「咸陽之地，龍合之玄格，前後左右諸山包護，此皆謂其風水之美也。」

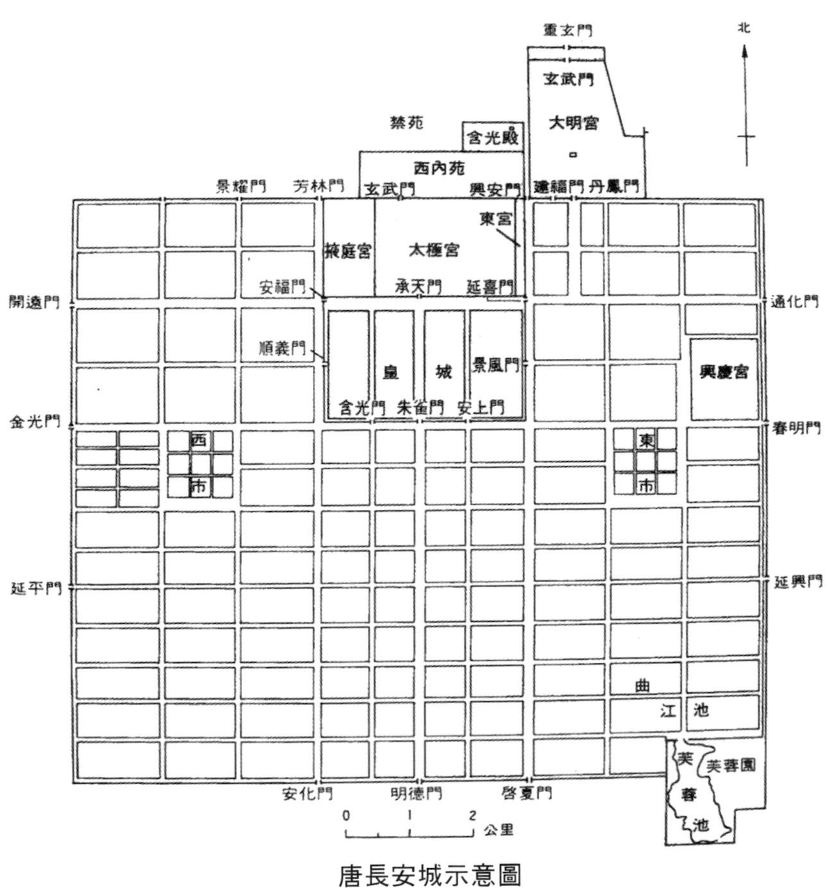

唐長安城示意圖

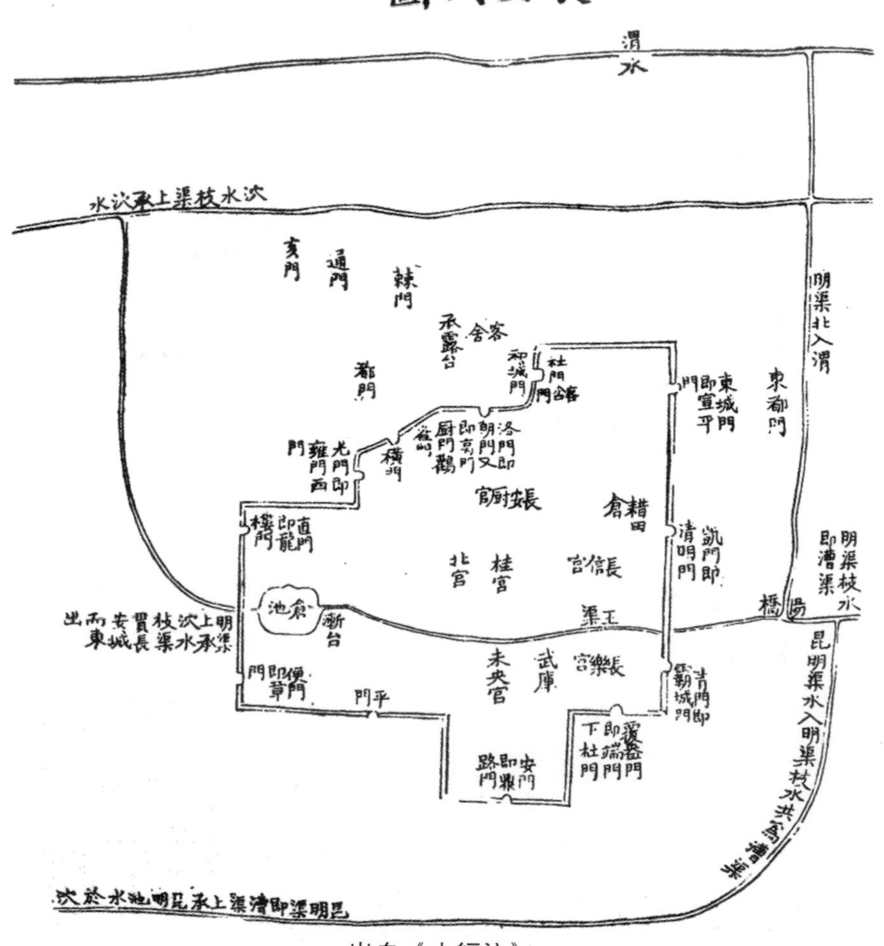

出自《水經注》

自文王都岐，徙豐，武王遷鎬京，成王實都於鎬，以據天下形勝，當西周全盛時，特往來朝諸侯於洛邑，至平王避犬戎始遷都洛陽，號日東周。則周日微弱，而雍州王氣爲秦得之。蓋秦先世有非子者善育馬，爲周孝王主馬，馬大蕃息，分土爲附庸，邑居秦，歷三世至秦仲始大，歷莊襄犬戎殺周王。襄公救周有功，封爲諸侯，賜以西周畿內八百里之地，秦即其地，日以強盛，兼併天下。

大抵雍州非特形勢險固，風水融美已也。且其水深土厚，民性質樸，易於從化，尤爲可嘉。朱子曰：「歧豐之地，文王用之，以興二南之化，知彼其忠且厚也。秦人用之，未幾而一變其俗尚氣概，先勇力，忘生輕死，悍然有招八州朝同列之氣，其故何哉，誠以雍州土厚水深，其民重厚質直，無鄭衛驕惰浮靡之習，以善導之，則易興起，而篤於仁義。以猛驅之，則其強毅果敢之資，亦足以強兵力農，而成富強之業焉。」

中龍之次有洛陽，即周營洛邑之地也。前値伊闕，後據邙山，左右澗，洛水貫其中，以象河漢，此紫微垣局也。張子微曰：「洛邑是飛龍格勢，腳手本分明，迎送卻從外假合，凡大地迎送皆取諸外而不取諸身，所謂本身腳手一屈曲縈迴，輒五、六十里，或七、八十里，故人不見其爲手足，況遠外迎送，其得見乎。此其平夷之地，一望無際，唯審其水源而後識之也。」

中龍之又其次者，有汴梁。其龍自熊耳至此，平坦萬里，大河在其北，淮河在其南，亦天苑垣也。五代梁、漢、晉、周，皆都於此，而年代不久。宋都之傳九帝，歷一百六十七年，而南遷臨安，是時汴梁在河之南，猶差可取。今河水沖決而在於河之北，無復當時風水形勝矣。中國之大幹龍，既如上述。

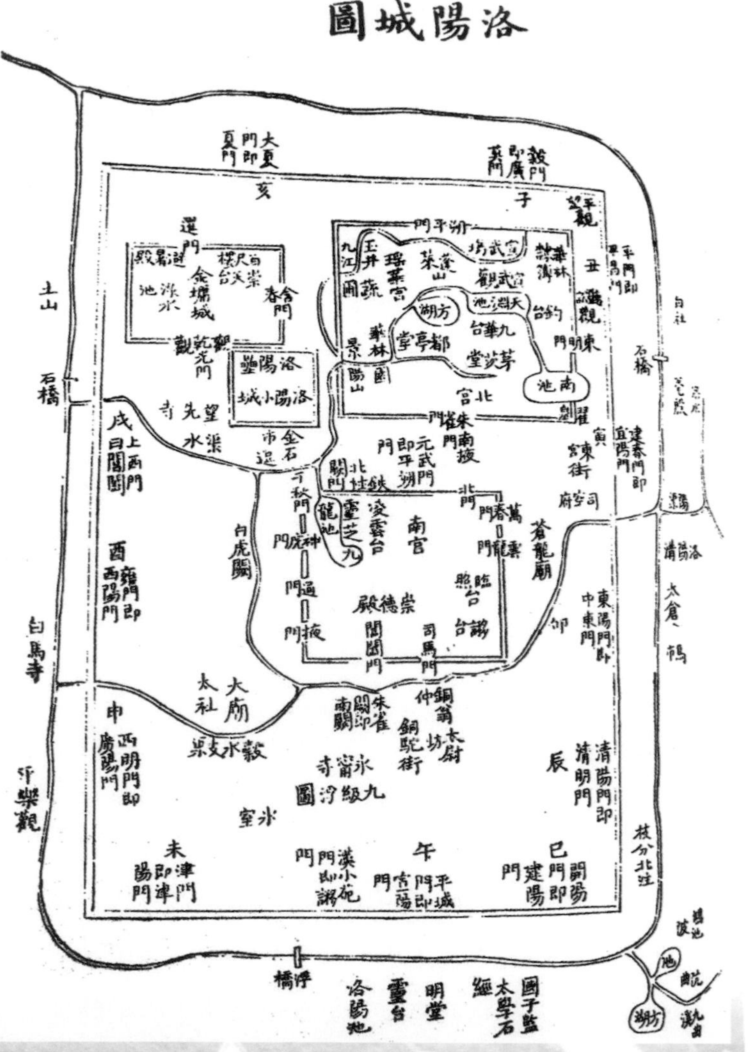

出自《水經注》

漢興後，以張良之議都於關中，傳十二帝歷二百一十四年。其後唐又都於此，傳十八帝歷二百六十九年。宋人亦常議都此而以橫山未入版圖，故都大梁。迨至宋、元以來河患頻仍，河堤沖激，水土保持不利，龍脈數經河穿壞，無復當時風水形勝矣。

歷代建都之地得正龍之所鍾而合星垣者，則傳代多歷久遠，非正龍而有合星垣者則隨建隨滅。自古以來堪輿家論及中國的龍脈，都以崑崙山爲天下的主山，由崑崙山分南北兩大幹龍，脈出八方而發源，其中有三支延伸在中國，有兩支向歐洲的方向而去，有兩支入西洋，向中國地區延伸的三條主龍，爲北、中及南龍所分，而中國文化發源的兩大水系黃河及長江則分居其中，中北龍結脈於北京，中龍結垣於長安、洛陽及汴梁，南龍則結於南京及杭州。歷代以來這些城市之所以被立爲國都，都有它的特殊風水地理條件存在。

南京總督府史行事歷

南京，有兩千四百多年的歷史古城，興亡相續，歷盡滄桑，公元三三三年，楚國置金陵於石頭山。公元二二九年，三國東吳遷都建業爲南京之始，而後東晉、宋、齊、梁、陳、南唐、明初、太平天國、中華民國，先後定都南京，史稱南京爲「六朝勝地」、「十代故都」，是「江南佳麗地，金陵帝王州」，建築群是在南京市長

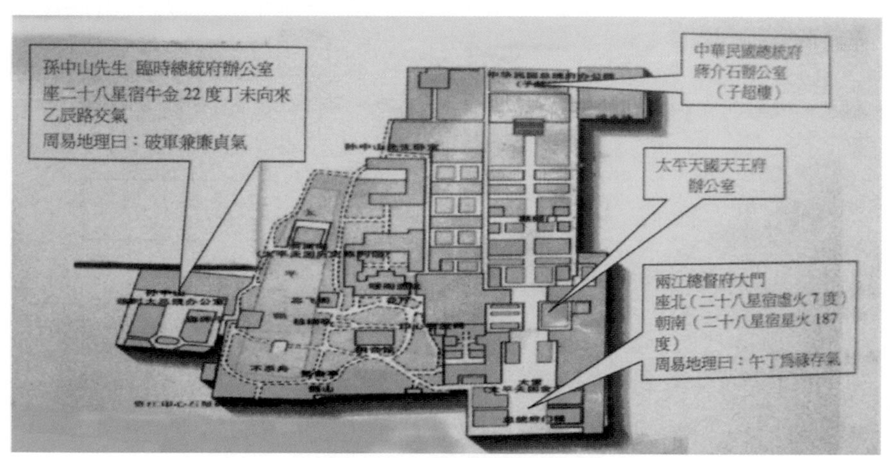

歷史古城－南京總統府

江路二九二號。

南京是蔣介石時期中華民國的總統府，位於南京市長江路二九二號，明朝時爲兩「漢王府」，清朝時爲「兩江總督府」，太平天國時代爲「天王府」，國民政府時爲「總統府」，開禧度坐二十八星宿虛火八度，向二十八星宿星火一八八度。

洪武年間金陵前後有兩漢王－陳理、沐英

洪武元年（1368年），朱元璋稱帝，國號「明」，封陳有諒舊部署陳理爲漢王，爲他蓋這座——漢王府。

洪武五年（1372年），陳理對軟禁生活不滿，口出怨言，遭到朱元璋的疑忌，以「不克全聯恩」爲罪名，被遣送去高麗安置，漢

王府暫時廢置。

洪武十年（1377年），朱元璋的養子沐英因驍勇善戰，平定雲南、貴州立下大功，被晉封西平侯，漢王府的西半部擴建爲侯第，沐英死後，追封爲「黔寧王」，改稱爲黔寧王府（朱元璋洪武初年，爲漢王「陳理」建造這座漢王府殿）。

清朝兩江總督署的興廢

清王朝入關奪得明王朝政權後，順治二年（1645年），清廷署江南、江西、河南三省總督駐江寧，即以沐英的黔寧王府爲總督府，江寧織造署在其東側。康熙年間，始定名爲兩江總督，爲綜治江蘇、安徽、江西三省軍政糧餉的一品大員。清朝又把這裡作爲兩江總督署，並把原漢王府的東側部，改爲江寧織造署，康熙皇帝六次巡視江南，五次均住在江南織造署。乾隆十六年，江中織造署擴建爲行宮，現在大院內的西花園爲基礎，向西北擴展，宮內亭臺樓閣，窗楹棟宇，雄偉秀麗，是當時江南第一行宮。

太平天國的天王府

1853年3月19日，太平軍攻佔南京，改南京爲天京，並定都於此，而後洪秀全在（今長江路292號）大興土木，擴建天朝宮殿，城周圍十餘里，亭、樓林立，氣勢壯觀，今日「總統府」的大廳即爲當年的天王府內金龍殿遺址。清朝順治二年（1645年）至辛亥革命（1911年）共有266年，歷任兩江總督共有123位，平均每位任期2年又2個月左右。

太平天國天王府

辛亥革命的總統府

1912年1月1日，辛亥革命總統府，孫中山爲第一任臨時大總統，1912年4月，孫中山辭去大總統職務，總統府改爲留守府，以黃興留守，同年6月留守府奉命取消，留守府壁爲江南都督府，程德全任都督。

孫中山臨時大總統府辦公室外景

北伐時五省聯軍總司令部

1925年5月20日，孫傳芳率軍進入南京督辦公署，以蘇、皖、贛、閩、浙五省聯軍爲統帥自居，號稱五省聯軍總司令兼江蘇司令。

從以上歷史典故而知南京有帝王都之磅礴氣勢，但正如風水大師楊公所云：「長江環外有三節，垣前水中到垣中，已是帝王都，只是因垣城氣多洩是也。」因此可知南京，古之爲金陵爲建業，雖垣局美，而氣多洩，只是龍之轉折駐蹕而已，因地理風水之應，而使歷代在南京建都之王朝都是歷盡滄桑的短命王朝，而無長立久安之朝代也。

中山陵園風景區

中山陵坐癸山丁向

中山陵

中山陵於1926年破土奠基，1929年6月1日孫中山移靈安葬，陵墓坐北朝南，依山而築，前臨平川，後擁青嶂，佈局嚴整，氣勢磅礡。整個陵墓建築呈警鐘形。包括牌坊，陵門、碑亭、祭堂、墓室等部分，全部建築縱向排列在同一條南北軸線上。1925年3月12日孫中山先生因肝癌逝世於北京，享年五十九歲（1925年3月15日大殮，19日移柩中央公園，4月2日移靈西山碧雲寺。1929年6月1日移靈南京中山陵，坐北朝南）。

中山陵來龍左右沒有起伏頓錯而下的砂山形成對穴區的環抱、拱衛、輔弼的形勢，謂之無左輔右弼，亦稱左右砂，或龍虎砂山。狀如牛角、蟬翼的亦稱蟬翼砂山。來龍和左右砂無呈人字形勢，地理曰：「龍無砂隨則孤，穴無砂護則寒。」隨、護、寒、孤，幾個字闡明了風吹，環抱無情的意象。中山陵穴區前中軸線上近沒有淺崗的山峰和遠對峰巒，風水上所謂之近案和遠朝，案如貴人幾席，可俯而憑也，朝如人臣面君，敬對而拱拜也。

國民政府成立

1927年4月18日，南京國民政府成立。

1988年，中國國務院決定作爲全國重點文物保護單位，從天王府遺址的基礎，連同原「總統府」在內的建築群（漢王府、天王府、總統府），現爲中國近代史博物館。可見南京古爲金陵，爲建業，雖垣局美而多洩，多洩則氣散，氣散則渙，渙則不立，此爲地理風水之應，而使南京帝都歷盡滄桑而多爲偏安轉折駐蹕之處，沒有能長立久安之期也。

鍾山

位於南京城東北鍾山，又名紫金山，山勢雄偉宛如龍蟠，主峰448公尺是南京最高點，風景區內蘊藏著明朝開國皇帝朱元璋墓陵及中華民國開國國父孫中山先生兩大偉人的陵寢，還有被朱元璋遷移的志公和尚墓園及朱元璋時代建築的無樑殿、 靈谷寺、靈谷塔，山區主峰有太子岩、劉基洞、紫金山天文臺。

南京紫金山乃江南四大名山之一，歷史上最早稱爲金陵山，漢代開始稱鍾山，東吳時一度稱蔣山。山上的岩石有一大半屬於紫紅色粉砂岩和頁岩，每當旭日當空陽光照耀，紫氣生光，在山峰間常有紫色雲彩飄蕩、瀰漫，紫金山因此得名。

三國時西蜀丞相諸葛亮出使東吳，登上石城遙望鍾山驚嘆說；「鍾山龍蟠、石城虎踞，帝王之宅也！」一語道破鍾山的險要形勢。

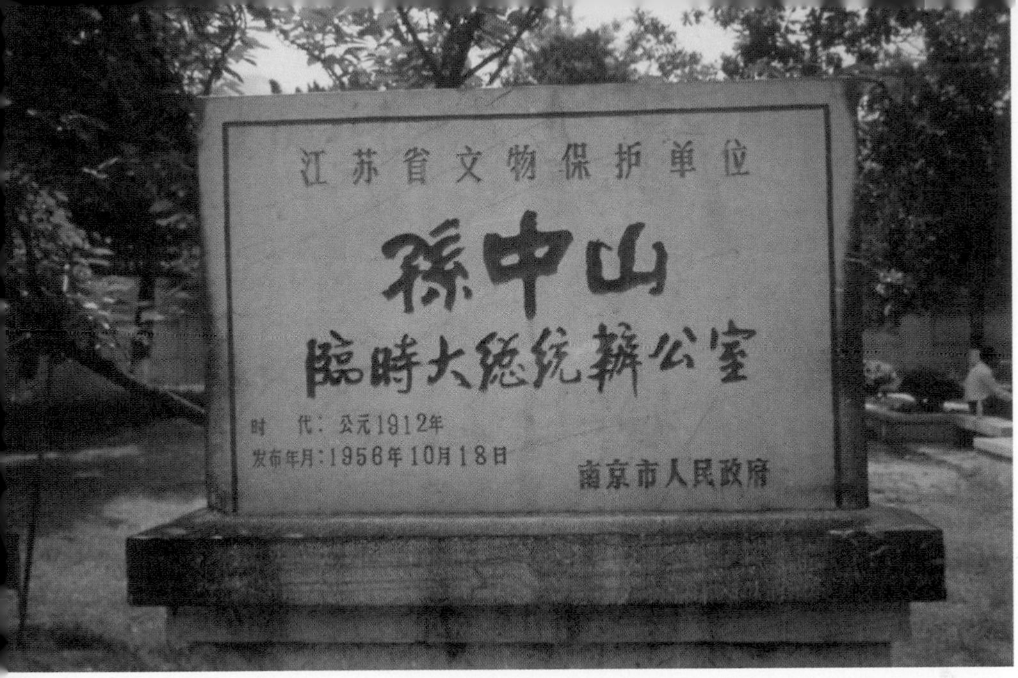

臨時大總統辦公室

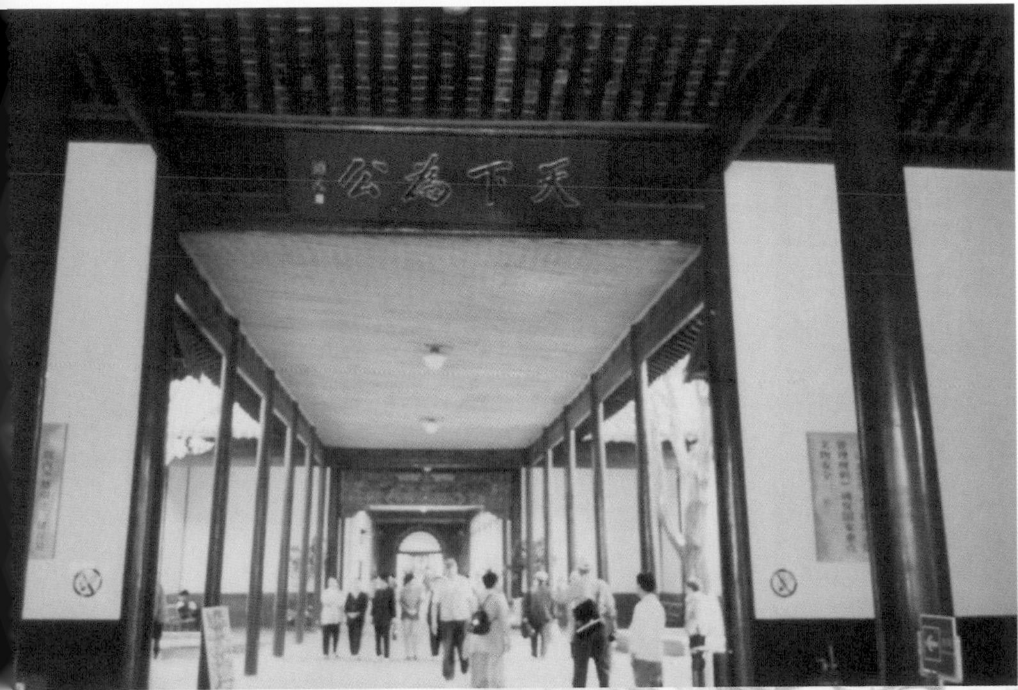

唐朝詩人李白（公元701～762年）多次漫遊金陵，留下不少詩篇，他在《金陵歌送別范宣》一詩中寫到「鍾山龍蟠走勢來，秀色黃分瀝陽樹。」

北宋王安石（公元1021～1086年）兩次出任神宗的宰相，實行變法，推行新政，遭到頑固派的阻撓和破壞，變法受挫失敗，罷相後隱居於鍾山。南麓有半山園。他經常騎小毛驢出沒於林間，讀書、吟唱、寫作，享受安逸閒適的生活以及坐禪的情趣。「澗水無聲繞竹流，竹西草木弄春柔。茅簷相對坐終日，一鳥不鳴山更幽。」王安石在離開金陵前往鎮江途中心中念念不忘鍾山的景物，詩曰：「京口瓜洲一水間，鍾山只隔數重山。春風又綠江南岸，明日何時照我還。」

（公元1336～1374年）明初著名詩人高后是吳中四傑之一，登雨花臺望大江詩曰：「大江來自萬山中，山勢盡與江東流，鍾山如龍獨西上，欲破巨浪乘長風。」

雖然有無數的詩人用詩歌來讚美鍾山獨特的景物，但最後被「愛江山又愛美人」的朱元璋看重這塊寶地。

明孝陵由前方往陵寢方向看的地局

朱元璋與明孝陵的故事

朱元璋當上皇帝之後與他的謀士江左文、宋濂、劉基、葉琛、陶安等人繼續謀求治國之道，朱元璋曾經混跡於佛門，對陰陽風水、天地神靈、生死輪迴有他自己的看法，而鍾山的地形又有那麼多的詩人讚美，諸葛亮先生一語道破的「龍穴」。六朝興亡的歷史使朱元璋懷抱與衆不同的心態，六朝歷經的改朝換代、骨肉之間的相殘，湧上他的心頭，使他心驚肉跳，更加認識鞏固大好江山的重要性，導致朱元璋於洪武九年（1376 年）開始籌建孝陵，愼重選定墓園址，他認爲墓地風水的好壞會直接關係帝業的承嗣，朱元璋請輔佐出席商量。據張岱《陶庵夢藝》記載；「鍾山有雲氣，浮浮冉冉紅紫間之，人言王氣，龍藏蛻焉。朱元璋與劉基、徐達、湯和定寢穴，各志其處藏袖中，三人合，穴遂定」。

建於明洪武年間，規模宏大，景象壯觀，周圍共45公里，現存有大金門、碑亭（四方城）、神道、碑殿、享殿、明樓和寶城等建築物，爲坐北朝南建築。

朱元璋爲建陵寢，相中鍾山獨龍阜玩珠峰這塊寶地。獨龍阜玩珠峰原是梁武帝厚葬神僧寶志的墓地。寶志禪師俗姓朱，名寶志，東陽鎮人。

梁武帝是虔誠的佛敎徒，尊寶誌爲師。一日，武帝與寶志登鍾山遊定林寺，寶誌手指獨龍阜說：「地爲陰宅，則永其后。」武帝問：「誰當之？」誌公說：「先行者當之。」天監十三年（公元514年）十二月，寶誌坐化於華林園佛堂無疾而終，享年九十七歲。武帝感其遺言，用二十萬銅錢買下獨龍阜葬之，同時興建開善寺。

朱元璋於洪武九年（1376 年）興建陵寢時，就逼使蔣山寺方丈及志公和尚墳墓由獨龍阜一拚搬遷紫霞洞南面。在動遷志公遺體時只見他屈膝盤坐荷花缸內，長髮披身，指甲纏腰，容貌如生，軍士役夫搬不動，這一奇怪的事件驚動了朱元璋，親臨墓地，並又再蔣山寺磕頭拜佛，求得一籤，籤文曰；「世界萬物各有主，一釐一毫君莫取。英雄豪傑自天生，也須步步循規矩。」朱元璋閱後領悟到得罪了大師，於是又賠罪又許願，答應爲大師重建寺院和寶塔，這才搬遷荷花缸志公遺體，新寺建成時，朱元璋題名爲「靈谷禪寺」，山門書「第一禪林」，原在獨龍阜的誌公墓、誌公塔和三絕碑一同遷移靈谷寺附近。

孝陵初步建成於洪武十四年（公元1381年）。第二年八月，皇后馬氏病死，終年五十一歲，九月馬氏葬入孝陵，諡作「孝慈皇后。」在馬皇后入孝陵的第二年又增建規模龐大的孝陵大殿，直至洪武三十一年（公元1398年）前後二十二年間孝陵不斷擴建完善。

洪武三十一年（公元1398年）閏五月初十日，辛勤勞累一生的朱元璋病亡了，享年七十一歲，葬入鍾山明孝陵。陵墓的附屬工程一直延續到永樂三年（公元1405年）豎立「大明孝陵神經德碑」爲止，前後共費時達三十年之久。

朱元璋墓陵詩

天爲帳幕地爲毯　　日月星辰伴我眠
夜間不敢伸長腿　　恐把山河一腳穿

明代，明孝陵被列爲禁區，一般人不准進入，孝陵周圍有一道「皇牆」，起自今中山門，經過衛橋、衛崗和靈谷寺，連同孝陵西面和北面的圍牆周長22.5公里，相當於京城城牆長度的三分之二。

孝陵建築、風格、規畫方面有其鮮明的特點，完全由地形和自然形勢完美結合，依山勢做迴轉曲折的佈置，負責孝陵的李新他對孝陵的設計獨特的風格，蘊厚含蓄，藏而不露，使人不能一目瞭然，引發「更上一層樓」的強烈欲望。站在祭殿的女兒牆邊向南眺望，正前方是南面梅花山的山尖。

朱元璋採用天象來設計皇宮、帝陵，是爲了表達「君權天授」的思想，尤其「北斗返駕、天地之車」是其「魂歸」的理想境界。朱元璋傳位給皇孫朱允炆（建文帝），遺囑大臣輔佐新皇帝，但不幸朱元璋葬入孝陵不足三年屍骨未寒，朱允炆就被他的叔父朱棣給趕下臺，下落不明。以上從明孝陵、中山陵堪輿地形來論斷兩個朝代，墓園建築一樣的方向，但不同樣的格局，明孝陵爲山下前有案山格局，左青龍、右白虎明顯突出。但中山陵建於山上，往前爲一望無際之格局，左青龍、右白虎不明顯突出，可見此地沒有護衛來相助，故而寫下了短暫的國民黨在此立國的句點。明孝陵、中山陵兩地形產生不同朝代政權的興衰。

論穴法之陰陽

風水論穴，也是一種譬喻，猶如人身之穴道，取穴必須要至精。取穴方法謂穴法，須總體權衡龍法、砂法、水法，故有所謂：「穴者，山水相交，陰陽融凝，情之所鍾處也。」

宇宙萬物有物之形必有影，有影必可見物之形，故形影不離，而影爲陰，物爲陽，故陰陽相隨。

宇宙有正電場，必有負電場，如電線須有正負電線並行，電燈須有正負電才會亮，故正負電並行亦是陰陽相隨。

有山則有水，有水則有山，山隨水行，水隨山轉，水界山住，山防水去，故水會即龍盡，水交則龍止，山爲陰，水爲陽，故山水相隨，即陰陽相隨。

有山則有脈，有脈則有山，山不離脈，脈不離山，山脈不離，而脈陽山陰，故爲陰陽相隨。

有脈則有氣，有氣則有脈，脈不離氣，氣不離脈，氣陽脈陰，而氣脈不離，則爲陰陽相隨。

有水始有氣，有氣必有水，氣隨水流，水流則氣流，水不離氣，氣不離水，而氣爲陽，水爲陰，氣水相隨，則爲陰陽相隨。

有土始有氣，有氣則有土，土不離氣，氣不離土，氣陽土陰，而土氣不離，則爲陰陽相隨。

有土始有穴，有穴則有土，穴不離土，土不離穴，土陽穴陰，而穴土不離，爲陰陽相隨。以上陰陽相隨之法是筆者得自於恩師邱老前輩的資料及教誨，特謹提出與有緣者共享。

因此從以上的陰陽相隨之法就可知，人們所處的地球是處處都有其平衡共生的規律，而人類要能將這種大自然的宇宙的光電信息、磁力信息、熱能信息，宇宙能的正負效應求得合理、和諧的安排與適應及改造，並順應其不變之法則，就可以得地靈人傑之應也。

微波輻射與風水龍脈的關係

風水講的是山環水抱，經曰:「氣乘風則散，界水則止。」古人聚之使不散,行之使有止,可見風水是講究水與氣，而氣藉風傳播。

古云：「龍若逢水穴方止，無水難斷去不窮。」由此可見山環水抱必得氣，而風水中所講的氣就相當於電磁波，超微粒子也是一種能量之磁力場，而山與樹木就相當於微波技術中的微波天線，因此微波在空間是直線傳播，而微波又類似光波，所以光波在空間也是直線傳播，而光波與微波遇到鏡子會折射，這就像用太陽聚焦做的太陽灶一樣，可透過拋物面的反射鏡而作爲聚焦，以用於接收或照射。而這種拋物面反射的外形就像一個巨大的鐵鍋。而氣之超微粒子、電磁波及能量場，也可透過這種如巨大鐵鍋的微波天線來傳導，而遇到障礙物就產生駐波及匹配元件。這種駐波或光電之微粒子經過傳導，遇水則被吸收，而被轉化成特殊強而有力的能量氣場。這就是風水對人所產生的好壞信息，而影響人的運勢之理也。

這就好像沒有生命的微波與人體氣場的微波粒子是源自於相同的本源，而人的耳朵、手掌、眼睛、肚臍等部位都是一個微波天線，因此大自然的形形色色及植物本來也都是一個完整無缺的綠色微波天線，這是一九七九年國外的科學研究中發現的宇宙背景。輻射即是微波的消息。一九九〇年科技雜誌發表了印度科學家發現香蕉樹不但可以提供香甜可口的香蕉以外，香蕉還是絕妙的微波天線。

古人按照了天人感應的道理而言人體是個小宇宙，而宇宙有微波，當然人亦有微波，而人體是一個開放系統故而時時刻刻都與浩瀚的宇宙進行微波能量的交換及更多的索取。這又與古代之天人合一之理相通、相應。而微波頻率有高低、有長短波，這就與中醫的十二正經及奇經八脈相通，也與風水地理之龍脈得氣而結穴之理亦同。發現了宇宙背景微波輻射的兩位美國科學家也榮獲諾貝爾獎，而中國之風水地理學不也是要我們利用自然改造自然、順應自然，包括了微波輻射在內的宇宙中的各種物質能量，使居住的環境與祖先的骨骸更符合了人體的生理需求與心理作用，而產生了福蔭之良好作用。

山向選擇最重朝案，尤其是秀應之山，如秀應之砂在左，則穴宜向左，秀應之砂在右，則穴宜向右，必以近案有情爲權衡。

古云：「既有生成之龍，必有生成之穴。」龍成則穴生，龍之餘氣而化砂水，明堂拱護自然與之相應，此天地陰陽五行之常態法則。若龍脈餘氣不眞，則砂水拱護必假，縱成美景有情，亦不過強以屈就，虛花假穴而已。是故地理眞法須以觀龍爲先，龍眞則穴眞，龍假則穴假，穴既爲假，造葬何來福蔭可言，故而龍到大盡之處必是被大江大河攔截無去處，方得龍住。故眞龍結穴以得水爲上，水爲山之血脈精，故需要水融則內氣衆，故而流來之水要屈曲繞抱，匯聚之水要澄清，流動之水要盤桓，山水翕集，四勢圍近有情，羅城周密，眞穴必於包裹擁護之中，是爲得水爲上而藏風聚氣之眞龍眞穴。

何謂眞龍得穴

尋龍的目的是爲了尋找有靈氣結作的眞龍，則是爲龍眞穴的，此正可以用於建造陰陽二宅的具體地點，這個地點就是穴。龍的生氣從龍的祖山起勢，一路經過剝換、過峽、頓跌、形體轉換、脫胎換骨，到了山水交會之所開屏落脈結穴，到頭必起五吉星峰爲應星，即受穴之山，就好像是枝繁葉茂的瓜果蔓開花、結果。

祖山是根，龍脈是幹，枝葉是護從侍衛，過峽是節，果柄是束氣，穴位就是果實。瓜果是瓜藤生氣之所結，穴位是龍之生氣凝聚的孔竅。

從古至今的風水先生皆認爲點穴是一件很難的事。三年尋龍，十年點穴。龍脈綿亙，穴場大者不過數十尺，點穴是堪輿中最關鍵的一環，穴點錯了則一切枉然。《玄女青囊海角經》卷三《點穴》云：「定穴之法如人之有竅，當細審陰陽，熟辨形勢，若差毫釐，謬諸千里，非唯無福蔭祐，抑且釀禍立至，可不愼歟！」

龍從祖山，也就是通常所說的「靠山」、「後山」或「玄武」。若仔細推之。不論結作窩、鉗、乳、突，入首氣壯，宛如龜蓋，外暈內暈，色澤鮮明，穴土五色，紅黃滋潤，天設地造，豐滿如珠。靈光一點，生長在應生的位置上，山勢有情，又有其他結作的條件相輔佐，眞穴乃結。

蔣平階《水龍經》：「夫相地要察來龍，點穴必認眞脈。」

《青囊海角經》：「點穴之法，如人之有竅，當細審陰陽，熟辨形勢，若差毫釐，謬之千里。」

就穴法而論，穴的選擇，關鍵在於「內氣萌生，外氣成形，內外相乘，風水自成」。生氣萌於內，形象成於外，即內氣萌生，言穴暖而生萬物也，外氣成形，言山川融結而成形象也。故而於點穴造作之前可於清晨太陽將出未出之時臨於穴場，而可得知穴心之地爲暖，故必周遭之處皆見有露水、露珠，而穴心之地卻乾乾無露珠之水濕氣，此爲筆者之經驗，提供有緣者參考。

考察富貴人家祖墳，有人已下葬而差失尺寸，子孫皆不發福；亦有先輩已下得眞穴，業已發富、發貴，後人妄覬其福，於其邊地附葬，不僅求福終不得其願，反而發凶，爲何也？

楊公云：「裁穴要知取水火，遠近高低皆不可。聚光若能得中正，火卻炎炎水傾墜。鑑取於水月中精，鑑必凹深取月明，其光圓聚方諸上，一點精光似水晶。太近光時水不滴，太遠光時亦不濕。只要當中取正光，頃刻之間水盈溢。陽燧取火亦復然，日光聚正卻生煙，莫令太近莫太遠，只要當中火即燃。若曾親自取水火，便識高低皆不可。日月在天幾萬里，陽燧方諸毫髮細，聚光回射當凹中，水火即從生聚起，要識裁穴亦如斩。穴聚前朝山水氣，來山既聚衆氣來，下了須臾百祥至。取水取火須自爲，方識陰陽論氣聚。」

千里來龍，到頭結穴，穴場的範圍大者不過是數百丈，小者一、二丈，而穴心只是咫尺之地，陽宅的穴場是一大片，而陰宅的穴位有時僅是一個數坪大的定點而已，一穴之間、數尺之內，龍脈眞氣融聚其間，不可過高、不可過低，不可偏左、不可偏右，不可太深、不可太淺，方得其妙。

也就是說點穴不能有半點馬虎，左右淺深，向首俱要合法，必須準確無誤，偏高、偏低、偏左、偏右而稍有差池，一移位便不是眞穴。《雪心賦》：「點穴猶如點艾，一毫千里，一指萬山。」此說與針灸治病取人體的穴位相似，基本要領就是取穴要準確，不能有絲毫的偏差。皆要合宜天地陰陽五行自然法則，或有少差，即失眞脈靈氣，縱是眞龍無益。

定穴之法，古今名師類別繁多，難以計數，又諸家之法皆各有其旨，各有其立論道理，終不離所謂五星、八卦、九星、窩鉗乳突、喝形定穴等諸法，但須以合宜實用爲是，不必強以爭說，其實各派皆有相傳研索之妙。

管氏地理指蒙，郭璞古本葬經內篇所載：「遠爲勢，近爲形，勢言其大者，形言其小者……，千尺爲勢，百尺爲形（而筆者認爲十尺爲穴）……」形全勢就者，氣之旺，而筆者認爲形全勢就氣旺，則爲眞龍佳穴也。

九星結穴方式各異。要根據來龍剝換的星峰，因龍制宜，根據不同形狀的靠山，在不同的位置去尋找穴位。

貪狼星，穴位結作在乳頭位置上。

巨門星，穴位結作在窩中。

武曲星，穴位結作在釵鉗位置上。

祿存和廉貞，穴位結作在「犁頭」位置上。

文曲星，低處結作在坪中，高處結作掌心裡。

破軍，穴位結作在象戈、象矛的脈上，或者兩邊有山護抱，或者前方有水橫流。

輔星，一般結作如同燕子的巢，如在高山則像是掛燈形；在平地就像是雞巢，即使是圓頭也有凹象。

富貴貧賤穴法

趙氏曰：「欲識富貴與貧賤，當於穴中仔細辨，先看來水與去水，次審龍形定的端。」

一、富穴

十個富穴九個窩，宛如大堂一暖閣。八面凹風都不見，金城水繞眠弓案。四圍八千俱豐盈，水聚天心更有情。入首氣壯龜盡形，富比陶朱塞上翁。

二、貴穴

十個貴穴九個高，氣度軒昂壓百僚。旗鼓貴人分左右，獅象禽星帶衙刀。眠弓案山齊胸下，臨官峰聳透雲霄。三吉六秀並天馬，貴如裴杜福滔滔。

三、貧穴

十個貧穴九無關，砂水飛直不彎環。頭仰斜流龍虎反，胎息孕育受風寒。木城淋頭並割腳，簸箕水去退空田。墳塋誤犯諸般煞，世代寒貧似範丹。

四、賤穴

十個賤穴九反弓，桃花射脅直相沖。子午卯酉為沐浴，抓裙舞袖探頭形。更有抱肩斜飛類，翻花扯拽假公卿。尤防離兌與巽位，砂水反背穢家聲。

千年失傳不傳之天心十字定穴秘法

凡眞穴必定左右各有龍虎，後有靠山、鬼樂、前有朝案、四山禽星相應纏護拱衛方成眞龍聚氣結穴正位，謂之「十字登對」或「天心十道」，若無見四山拱衛或四山不全則非爲眞穴，葬後當然貴氣不顯，終難成蔭。

明堂即穴前自然形成的緩坡或平地

十字定穴乃以四山相應取之正中處而點立穴位，不可脫前，不可落後，不可偏左，不可偏右，專以穴居十字登對爲美，此是最早古傳天心十字定穴眞法。

依龍、虎、靠山、朝案其交叉十字正中而爲定穴之處，取石灰或牽線做十字準則；復察龍行脈氣之強弱緩急，若來龍脈氣急則穴位向前移動一、二尺，脈氣緩則穴位向後移動一、二尺，脈氣不急不緩則定穴立中；脈氣右斜而來則穴位向左移動，脈氣左斜而來則穴位向右移動，脈氣直來則定穴立中。

風水學認爲穴場是龍水交會，眞氣顯露之所，「穴不虛立，必有所倚」，以龍證穴，以砂證穴，以水證穴，因形擬穴，全其天工，依其環護，務全其自然之勢，乃至如畫工丹青妙手，須是幾處濃，幾處淡，彼此掩映，方成佳景。

眞龍結穴，必登佐明確，龍穴大都結於山腰平緩處，必須左右有山環水抱，視野寬廣之勢。龍脈走到平原，稱「入首」，宜緩緩而隆，千里無垠，在平洋結穴處，乃沙崙、丘圯之地，因平原微高處，遙遠望之，猶如草蛇灰線一般，如果龍入首處陡急跌斷，必形成落差、斷崖、水如瀑洩，此爲凶地，凡遇大風大雨，地震必多崩陷，故曰：「末處須防水勢傾。」登佐不明，穴肯不眞。龍、砂、穴、水、向的選擇必須綜合權衡方可達到至眞、至善、至美。不管千里或萬里來龍，其穴場僅在數尺之間，而且眞龍結穴是爲天生自然而非人力之所能造作，故而形全勢其氣必旺，氣旺則龍必眞，而龍眞穴必眞，穴眞則龍虎砂拱護，龍虎砂眞則明堂水眞，案也眞，其向也眞，而向之眞必爲正穴、偏穴所共有而爲可移動裁剪之向，此外龍脈爲眞龍結穴必見有四山禽星相應，其法如下：

四山禽星相應法

一、以穴上化生腦爲後應。二、水到穴前三叉爲前應。如經云：「水到三叉細認蹤，但看金龍動不動。」三、以兩邊龍虎爲左右應，更須從大八字看氣脈之落脈，脈脊爲陰，脈仰爲陽，水暗爲陰，水明爲陽，而小八字下必見蝦鬚水之相會，爲雌雄交會，故立向要仔細辨十字天心，並以向之明暗、動靜爲法，陽者要取其暗，陰者要取其明，動者要取其靜，靜者要取其動，此爲陽來陰受，陰來陽受之法，至理至明。請讀者、有緣者多加思索其中奧妙。

古傳十種證穴方法

一、明堂證穴法

明堂，即穴前自然形成的緩坡或平地。楊公云：「立穴欲得明堂正。」又云：「眞氣聚處看明堂。」龍虎內爲小明堂，案山內爲中明堂，案山外朝山內爲大明堂。明堂端正、平緩、不偏斜，則明堂內必眞氣融融；若倒側、傾瀉，則眞氣不聚。

《明堂經》云：「斜巧正拙難可，優劣有情於我，是爲眞穴。」是皆明堂證穴之說也。小明堂宜緊湊，太空曠則氣散；中明堂和外明堂則宜寬敞，寬敞則氣勢宏大，所謂「明堂可容千軍萬馬」即指此。

小明堂在圓暈下如觸手可及最爲吉，如現場見有如此小明堂，平正可容人側臥，則眞穴居此。如誤扡則爲失穴。中明堂是龍虎裡，立穴要使相交會，否則失消納。大明堂在案山內，立穴要向融聚處爲眞。否則非唯失穴，恐結作皆假，故明堂定穴之法，不可忽視。

明堂端正、平緩、不偏斜，則必眞氣融結

二、朝案證穴法

穴近前橫抱之山叫做案山，案後之山叫做朝山。「古人一語値千金，高欲齊眉低應心。」案山宜端正緩平、高低適中，高度以平胸為宜，彎環抱穴為吉；朝山以秀麗端莊為要。《撼龍經》云：「眞龍倖穴難尋，唯有朝山識倖心。朝若高時高處下，朝若低時低處針。」

朝山高穴宜高，朝山低穴宜低，朝山近恐凌壓，穴必上聚，宜尋天穴。朝山遠則氣易散，穴必融結於低處，或就堂氣，或就下砂，宜尋地穴。秀應之砂在左，則穴宜向左；秀應之山在右，則穴宜向右。此其梗概也。指南《圓機歌》云：「秀應在左穴居左。秀應在右用右奇。」是皆朝山定穴之法。

朝山證穴之法，必以近案有情為主。遠朝之山雖秀麗，登對合法，固是全美，其外朝遠應之峰，雖不甚登對，亦不為礙。故或貪外朝遠秀，而失坐下穴場氣脈，則尤不可。蔡氏云：「秀峰當面，固是佳美。必不得已，當以近案為據，不可取外陽而棄近案也。」大抵天造地設之龍眞穴的，必是近案有情。

蘇紹典墓前面朝案秀麗甚合朝案證穴法

蘇紹典墓－臺南南一書局祖墳

南一書局的祖墳蘇紹典的墓地就是位於臺南縣楠西鄉密枝村。坐巳山亥向，周天一五一度水天需卦，內明堂出水子方，元辰水出癸方，外明堂水出辛方，一九九一年民國八十一年歲次辛未造。

南一書局創立於一九五六年，迄今屆滿四十八年，堪稱臺灣出版界難得之長青樹，原以出版各級學校參考用書暢銷全國，位居業界之龍頭。

三、水勢證穴法

水之所趨，龍之所止，故眞穴必衆水會聚而朝堂。《葬經》云：「得水爲上。」楊公云：「未看山先看水。」又云：「凡有眞龍與正穴，必有潮源水合聚。」橫過之水宜橫抱穴前，對朝之水宜九曲八彎而來。眞穴必然諸水聚會，或繞抱，或潮入，有此水勢，穴必在焉。

水勢證穴，水之所趨龍之所止，故眞穴必眾水會聚。

是以登山點穴，須看水勢。如水勢聚於左堂，水城弓抱在左方，則可知穴必居於左。若水勢歸聚於右堂，或水城弓抱在右邊，則知穴居右。

若正中水，或正中融注，或正中水城環抱有情，則知穴居中。若水來朝源遠流長，則明堂寬，穴亦在高處。或元辰水長，局勢為順水，則穴宜低。此皆依水勢定穴之大法。

水勢證穴：登山點穴須看水勢。如水勢聚於前，水城弓抱則吉。

四、樂山證穴法

穴後所枕托之山以應穴場之爲靠，爲穴場之屏障即是樂山。大凡有沒骨凹腦、側腦、板鞍、天財、橫龍等，結穴必要樂山爲枕靠，樂山在左穴在左，樂山在右穴在右，樂山居中穴在中，或成星體，如屏帳、華蓋、三臺、玉枕、簾幙、貴人、覆鍾、頓鼓等形爲貴。不拘本身山、客山、護從、翼蔽之山，或起峰巒，或尖、或圓、或方、或長、或高、或低、或大、或暗、或顯，唯要有此穴上見樂山者爲上。

樂山宜穴上可見，形喜尖、圓、方而秀麗。忌凌壓穴星，忌歪斜不正，或奇形怪狀。特別是横龍之局，無樂則無穴。樂山有特樂、借樂、虛樂之分，特樂最爲吉祥。

横龍格眞訣

此爲横龍結穴有樂無鬼之圖

此爲直結來龍作鬼樂圖

此爲横龍結穴有鬼無樂之圖

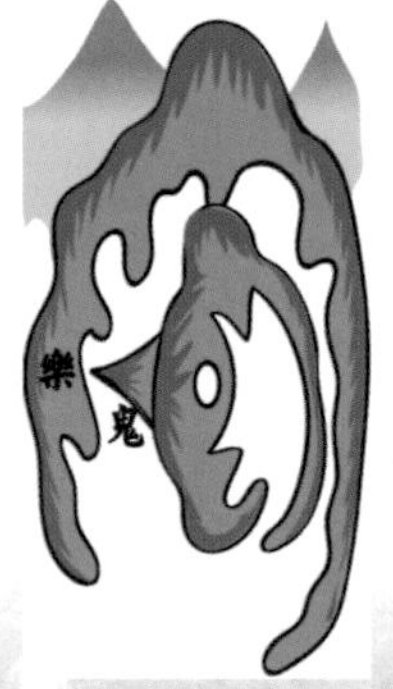

此爲横龍結穴有鬼樂兩全圖

訣云：橫龍結格，結穴全要鬼靠，樂山後峙爲吉地。何爲樂山？穴後托樂之山，正應穴場而靠爲樂山也，論樂山，取端聳任從遠近皆堪重，後面無樂認鬼阡，鬼須回就爲身用，橫龍出穴此爲先，撞背來龍不全，撥砂大略須熟此，勝似楊曾祖師親口傳。

樂山者，指穴後有高山障蔽其後，故曰樂也，形體要取端聳，不拘遠近或如員椅，或如屏帳井近時，只要團圞衛我身，此可知樂山好壞，而不拘遠近矣。

鬼山者，拖於穴後之山，訣云：主山氣盛，而發之爲鬼最忌太長，而劫奪我生氣，楊公元問君何以謂之鬼，主山背後撐者是也，但穴後須逢仰瓦，以其穴後之無鬼山，有鬼則穴自不仰瓦也，穴後有鬼，尖圓豐厚，以撐其本身，即對於樂山有無不必論也，橫落結穴方用鬼樂，若撞背來龍，則後龍即爲鬼樂也，古云橫落分明以鬼曜爲重要，直來不必費心機也，瞭解樂山其格有三種，一曰特樂，二曰借樂，三曰虛樂，特樂者遠遠特來，挺然貼在穴後，借樂者，橫障貼在穴後，虛樂者，低陷躲閃散亂，遠枕貼穴不著也，今略舉數圖，以明大概付與學者仔佃看。

鬼樂山吉格式

夫樂山者，在穴後應靠之山爲樂山，大凡沒骨凹腦、側腦、板鞍，天財，橫龍等，結穴必要樂山爲枕靠，樂山在左穴在左，樂山在右穴在右，樂山居中穴在中，或成星體，如屏帳、華蓋、三臺、玉枕、簾幙、貴人、覆鍾、頓鼓等形為貴。切忌高雄聳峙，凌狎嵯峨可畏之狀，當避立穴。訣云：「左高龍氣須歸右，右高穴尋左邊、莫把樂山同一概論，押山凶禍實難當。」列圖於下。

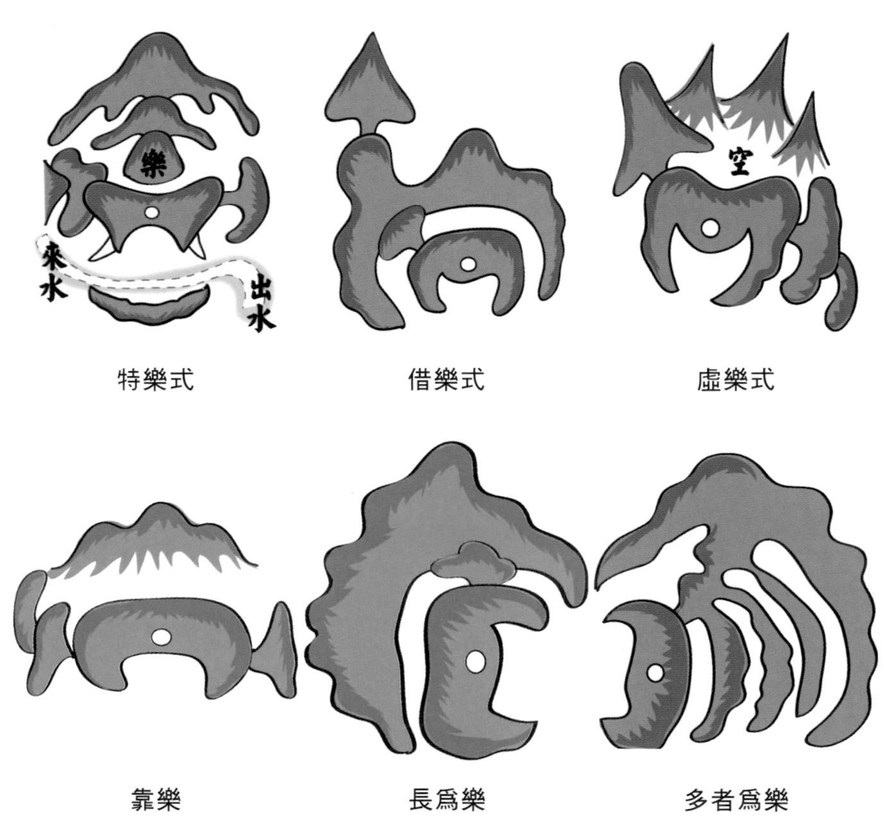

特樂式　借樂式　虛樂式

靠樂　長為樂　多者為樂

證穴之法，樂山在左，則穴居左。樂山在右，則穴居右。樂山居中，則穴在中。左右俱枕樂山，則必結雙穴，或結一穴居中。樂山近則依近，短則取長，少則枕多，以樂山而推穴，此爲一定不易之法。

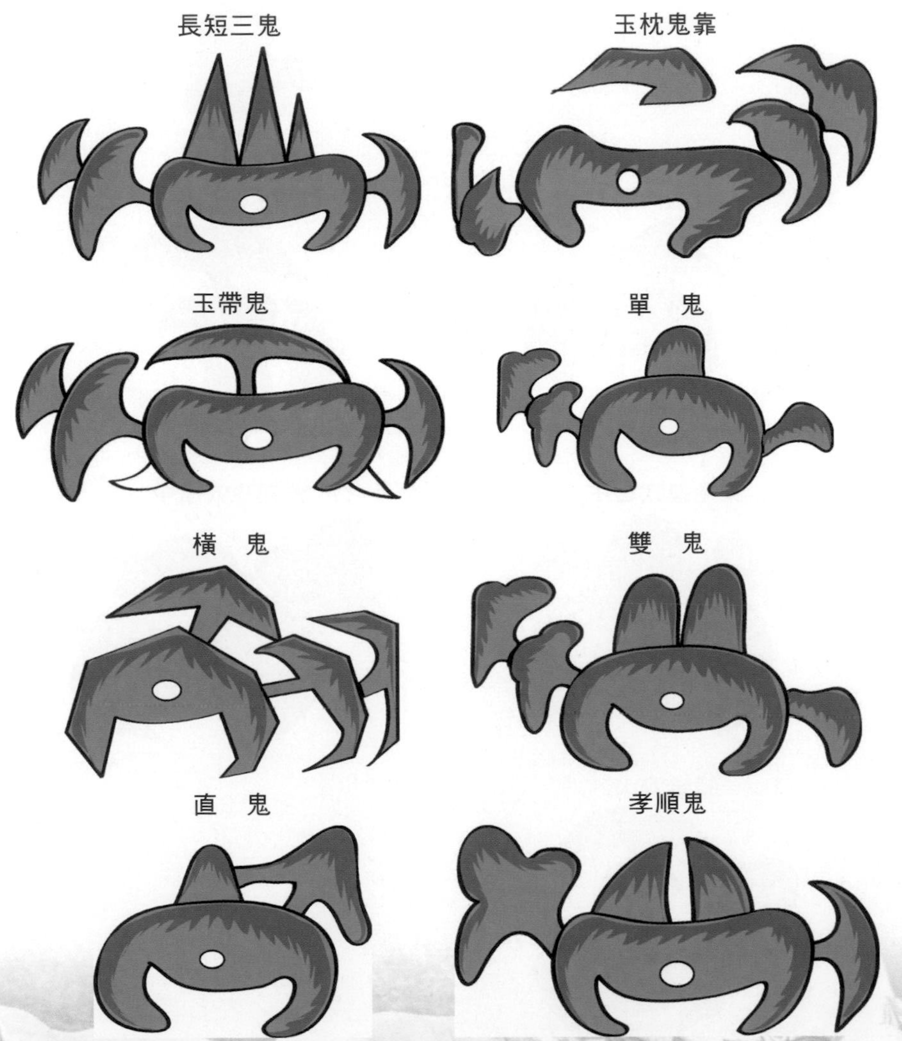

樂左穴右

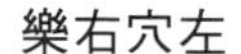

樂右穴左

樂有四穴居中

樂在中穴居中

樂兩邊穴居中

特樂穴山

五、鬼星證穴法

鬼星即穴後拖撐之山，橫落偏斜之穴，穴後必須有鬼星，鬼不抱身而散漫之地必不結穴。其直來撞背結穴者，則不必論鬼星。廖氏云：「橫龍出穴必要鬼，蓋橫龍偏斜之穴，後宮無鬼則空缺，而氣不融聚，故以鬼星證穴之法。」鬼在此止，穴在此住。鬼在彼生，穴後在彼處。鬼不抱身而散漫者，則不結穴。

是故鬼高則穴高，鬼低則穴低，鬼出於左穴居左，鬼出於右穴居右，所謂對鬼坐穴者，即鬼星證穴之法也。然鬼亦不可太長，太長則奪去穴場本身之眞氣，反而不吉。

鬼星者穴後相連之山也，有橫落偏斜之穴，必要鬼直來撞背結穴則不必忌論矣，訣云，穴有偏斜處，卻要借鬼山誕穴，楊公云，橫龍出穴必要鬼樂山宜後峙。

具圖於下：

鬼高壓穴

左撐鬼吉

鬼山破缺

右撐鬼吉

鬼山如扯洩

鬼多洩氣

六、龍虎證穴法

龍虎多重，重數越多其力量越大

穴左近前之山爲龍，穴右近前之山爲虎，統稱爲龍虎。范越鳳云：「龍強從龍，虎強從虎，皆龍虎之大法也。」龍宜略高，虎宜馴伏；右水來宜龍長，左水來宜虎長；龍虎是衛穴之山，龍虎應彎環抱穴而有情。

董德彰《秘訣》云：「觀龍虎住處，定穴之虛實。觀龍虎先後，定穴之左右。龍有力則倚左，虎有力則倚右。龍虎低則避風，就明堂扡地穴。龍虎高則避壓，捨明堂尋天穴。」

左單提則穴挨左，右單提則穴挨右，龍虎山高則穴亦高。龍虎山低則穴亦低，龍山有情穴在左。虎山有情穴在右。龍虎山皆有情，不高不低則穴居中。此皆龍虎證穴之要訣也。

七、纏護證穴法

眞穴之四周必定有重重之山有情纏護之，纏護越多重，穴中生氣越足，也就越能發貴。纏護之山應不遠不近、不即不離，有如僕人侍侯主人不敢遠離。

所謂纏護就指山環水抱，山水有情，龍穴的前後左右有很多重山水，但如果山水不抱龍穴而反背，就是無情之象，也就不是纏護。纏護者，如貴人之有奴隸也。奴隸爲之侍衛，不敢遠離於貴人之側，亦不敢近逼於貴人之身，是故有纏護證穴之法。

龍強虎弱房份不均

龍弱虎強房份不均

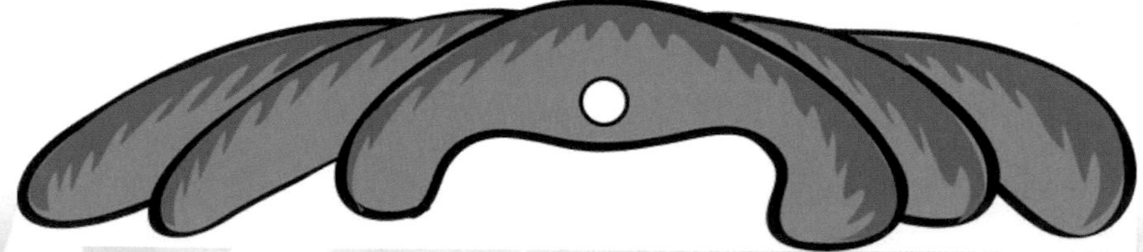
龍虎開展，氣不聚，穴不眞

纏護證穴：山水有情，龍穴的前後左右有很多重山水環抱

地理的訣竅，無非就是祖宗要挺拔，龍身要活動，一起一伏頓跌有力，要有纏護、迎送有情，脫卸要乾淨、嬌嫩，沒有煞氣，到頭星辰合體而相應，左灣右抱，朝山秀麗有情，明堂平正、水口交結，落脈陰陽分受分明，羅城周密，四方「纏護」無缺，如此就是富貴的大地。

八、氈唇證穴法

氈唇乃穴下餘氣之髮露，大者如被褥，爲氈，小者像嘴唇，即唇。眞龍結穴必有餘氣吐露而爲氈唇爲證，特別是橫龍結穴，無氈唇即無穴。氈唇登佐，爲天造地設之妙應，方爲眞結作。

氈唇證穴

楊公《龍經》云：「貴龍處有氈褥，氈褥之穴富貴局。問君氈褥如何認，穴下有坪如龜裙。譬如貴人有拜席，又如僧帽壇具伸。眞龍到穴有裀褥，便是拖龍也富足。」

故氈在此吐出，穴在此住，唇於此吐，穴於此拖，天造地設自然之應，無此即非眞結作。橫龍之穴，尤須認此氈唇，不可忽也。

九、天心十道證穴法

所謂天心十道，即穴之前後左右皆有山，叫四應登對、蓋照拱來。後有蓋山，前有照山，左右兩畔有夾耳之山，故以此證穴，四周沒有一位空缺，呈十字正對，是眞穴的標準格局。

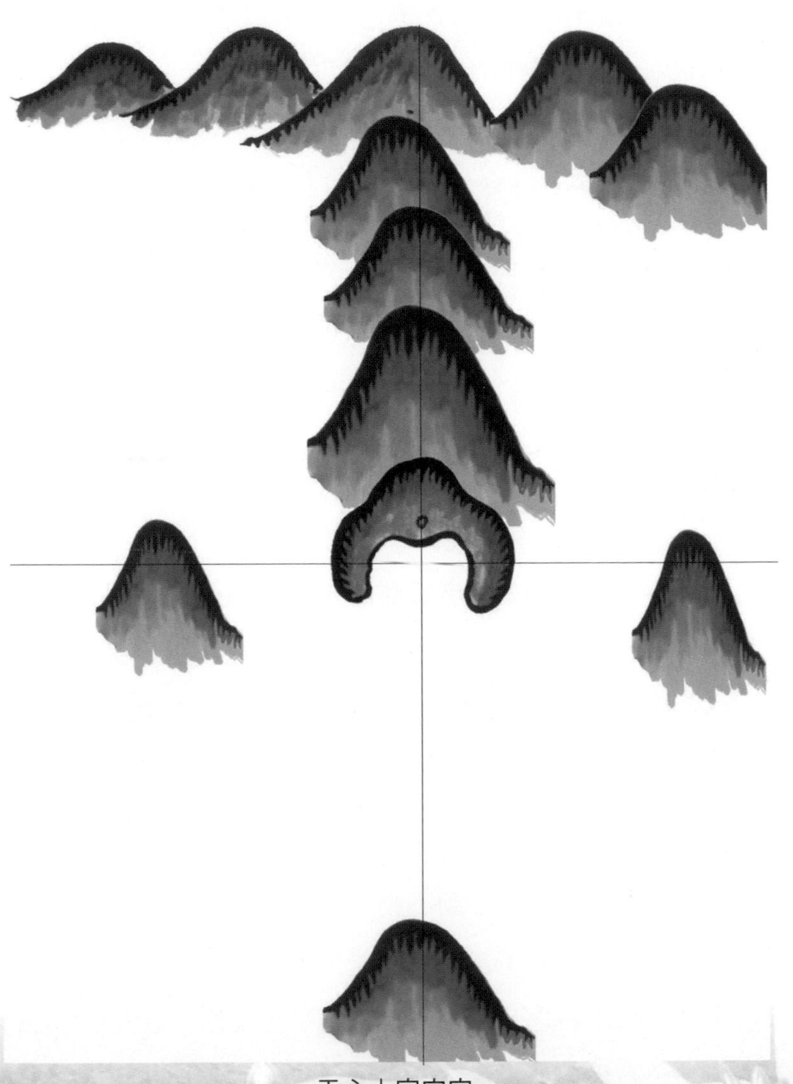

天心十字定穴

點穴之際，須宜詳審，勿使偏脫。纔有偏脫，即爲失穴，吉地變爲凶地。故左右夾耳之山，不可脫前，不可脫後。前後蓋照之山，不可偏左，不可偏右，如十字登對爲善。

十、分合證穴法

大凡點穴，先看大八字下有小八字，兩邊有蝦鬚水，送氣脈下來，交到三叉盡處必開口。即水之分合有序，辨認上分下合分曉，方知眞假。

有分無合，陰陽未交，其止無眞；有合無分，其來不眞，皆爲假穴。

《青囊序》：「楊公養老看雌雄，天下諸書對不同，先看金龍動不動，次察血脈認來龍。」雌雄乃對待之意，楊公當年得青囊之秘後，到了晚年悟出心得，瞭解天地萬物均是可以用陰陽對待的關係理論來推演，這個方法便是看雌雄法，自然是天下諸書對不同了。

「先看金龍動不動」，動不動，是什麼意思呢？動是生是活是當運，不動是死是靜是不當運，金龍是龍脈，是山龍，是水龍，是平洋龍，以巒頭法言之，就是先看巒頭是生氣脈，還是死氣脈，如山龍巒頭是頑石怪形滿山，四面空蕩風吹，平洋龍是一汪洋氣脈，是地理無高低支流，無生氣脈，則為不動，並以理氣之法而得知當運與否，以為推算應期之依據，而兩者併用以為決定有無地理之穴脈矣！

「次察血脈認來龍」，次，再來之意也；血者，水也，水脈，再來看水脈，三叉水彎環處含城門水口方向，以認來龍之方向，及是何龍來結穴以知其本宗，結穴之地必於三叉水之盡處。

平陽一凸一金盤搖珠穴

王天進祖墳原坐落近電塔處

平洋之地爲純陽，陽有餘而陰不足，故以突起爲貴，王天進祖墳——金盤採搖穴位於臺南新化挪拔林，大約是酉山卯向，水從離方來，出乾方。《五言金石》裡言及：「欲識平洋地，須分滿與空，撥水能歸庫，富貴世興隆，眞假龍何辨，穴突看分門，衆水歸一處，中高是眞形。」此地爲平陽龍，高中取其低，低中又取其高，亦即陰中有陽，陽中有陰，平陽一凸，形局如一圓盤，中間的平陽一凸或稱爲珠，故爲金盤採珠穴。

其後由於高壓電塔建於正前方嚴重破壞風水格局，已遷往他處。

尋龍點穴總結秘法大公開

學風水地理要多參明師，多考證古人所造作的格局，自己多累積經驗，多看地理書籍，以驗證舊墳作爲造新墳之經驗，並以先人造作爲借鏡。今筆者將所學、所驗、所參悟而得之點穴法則綜合如下以饗學者學習驗證：

一、山勢高昂，若前面逼壓，則穴往後處點。若後面逼壓，則穴往前處點。

二、左方高壓，則在右邊尋穴，右方高壓，則在左邊尋穴，若脈來平緩，其氣祥和，方可當正下點之。

三、至於平洋之地爲純陽，陽有餘而陰不足，故以突起爲貴。故平地不可點於窩處。高山不可點於突起之處。

四、來龍的山勢可以分陰陽，此爲人盡皆知，而在結穴的地方，則分爲少陰、少陽。少陰即在低窩之中，微微有隆起之處。少陽爲硬突之中，略爲平坦之處，須仔細觀察，其差別只在些許之間，而穴則點在陰陽交會之處。

五、凡點穴有的可點正中，有的只能點在偏側。如龍粗大峻急，煞氣十足，此時穴宜點在偏側，取稍平有情之處；當之正中而扡，必然禍不旋踵。

六、一般地師有一通病，即貪求大局，慕遠秀，常有貪求大地，遠景寬廣，一望無際正如畫餅充飢自娛，誤以爲明堂視野遼闊就是好地，其實明堂過於遼闊而一望無際，爲無關鎖，故氣必蕩，雖大而氣洩，風吹劫背，見之有瞬即敗絕者。

七、凡尋龍時，見群山圍繞，不堪容身，忽開面爲一平田廣野，局必在焉，穴必在其中矣。衆山峰中，都爲粗而雜的形態，就要於粗雜中求秀麗之處點穴。

八、凡過一鄉鎭，見有山水彎曲，水勢逆流而來者，便宜於此處尋穴，唯不可在逆流直沖之處尋穴，若遇到有「反弓」水，或山形反弓，則可能要在對面尋穴。

九、案眠而彎，環抱有情，則對彎處立穴，必以近案有情爲主，亦不可捨近而求遠，古有云：「千山萬水，不如眠弓一案。」就是說即使有遠方的千山萬水朝拜，不如在面前有一近的案山做揖朝拱。

十、立穴法若前面有一峰或是一案秀麗，則直對其峰，若是兩峰並列則向其中空處凹靜處立穴，萬萬不可在動處立穴。有三峰則向中間之峰之靜處立穴，或有云：「兩峰對空，三峰對中。」

十一、穴前明堂中正之處，謂之天心，水聚天心則吉，水破天心則凶，水聚者就是有水深而融聚於面前而靜，主主財。水破者，就是水流急而直過，或由前方直瀉而去，或斜或亂，皆謂之破局，立見敗退。

十二、水喜平而勢緩，最忌急流，水急流而直去必然立見退敗；急而曲，若合於元運亦主驟發驟歇。水若澄清，則多出聰俊之人，水污濁，則多出愚魯、貪婪之輩。

十三、穴必倚龍接脈而結是爲乘內氣，水必依水之來去匯聚之處爲納氣，是爲乘外氣，龍以龍運收山，向以水運納水，是爲山管山以主人丁，水管水以主財祿。但凡點穴立向，若陰遇陰爲純陰不長，而陽遇陽爲純陽不生，縱使是砂明水秀，朝案堂局漂亮，但若陰陽不交僅止於收外堂水之法，以立向消其來去而避其凶煞，但陰陽不交，如此焉能得大福哉！

十四、亦應以葬法之裁剪增補而定深淺扦葬之法，並避開純陰純陽之可葬不可葬，並考其陰陽生死緩急強弱以爲扦葬之依據。

正如古云：「扦葬之法至玄至妙，仙人亦難道盡其言，葬乘生氣，接脈乘氣，深淺得宜，用神自得。吉地凶葬與棄屍同，故凡扦葬得法必是吉昌出富貴人，扦葬失其法，必見災禍出賊人。」葬爲龍、穴、砂、水、向之結局，正如太上道德經言：「治大國，如烹小鮮。」應綜視全局，而面面俱到，色、香、味俱全方爲眞也。故而龍以活動翔舞生氣蓬勃，穴以三靜一動爲眞，砂以面穴有情爲眞，水以靜瀦彎抱有意爲眞，向以天眞自然不造作、不偏倚爲眞，葬以接脈乘氣爲眞，時以得天地日月星辰之光華爲準、爲福。

十五、古云：「山川寶地龍穴有靈而無主，葬人之骨骸爲得主，但其扦葬之時，亦應上乘天時，下應地脈龍穴生氣之地，以通人之骨骸及造作之妙。

以上證穴諸論，姑且就其常理而言之。又當活變，不可拘執。這些都是屬於一般性的論法，可以適應任何一派堪輿，或任何一種地形，甚至於不是專業人士、業餘人士，或者是半內行者、愛好堪輿者，都能在短時間內可以「左青龍」、「右白虎」的朗朗上口，出口成章如文人吟詩作對，唱詞而詠，但此說十分通俗化，印證起來也有某些徵驗，然而就是因為這些簡易的規範式的吟詩作對的吟詠這些普通的地理歌訣，卻對後世堪輿的影響很大，直到今日，此簡易通俗的砂法歌訣常常掛在這一行業的口頭語中，此是明師？是庸師？請慎思而明辨也！故今筆者也僅將所學、所驗、所參悟而得之法，公諸於此，以為同好之參習共研也。

論穴與砂之關係

「砂法」是宋代影響後代最顯著的一項，所謂的「砂」，也就是陽宅或陰宅結穴處四面八方所有的山勢形狀，或高低、或起伏、或山形秀麗、或聳直、或尖削、或山倚斜等等。又有一種名稱爲「砂頭」，是堪輿家對龍穴前後左右諸山的總稱。古時以砂子堆撥模擬，作爲傳授尋龍點穴的方法，故稱之。徐善繼《人子須知・砂法》：「夫砂者，穴之前後左右山也。……前朝、後樂、左龍、右虎、羅城、侍衛、水口諸山，與夫官、鬼、禽、曜，皆謂之砂。」坐山穴後的山稱爲「玄武砂」，坐山穴前的山稱爲「朱雀砂」，坐山穴前左邊的山稱爲「青龍砂」，坐山穴前右邊的山稱爲「白虎砂」。

因此可知穴場四周拱穴之山稱爲砂。

穴後之砂稱爲靠山、樂山、送龍山。

穴前之砂稱爲案山、朝山、迎龍山。

穴左之砂稱爲青龍山。

穴右之砂稱爲白虎山。

穴側之砂稱爲護衛山、侍衛山。

如此則可知穴與砂之關係，如賓與主之關係，亦如衆星之拱月，如忠僕之護主，如侍衛之隨於主人，如帝王將相之隨扈的朝迎護送，膝躬有情，故而得衆山之拱穴，是聚氣結穴藏風聚氣，羅城周密，八方不動之勢，方爲至尊、至高之眞穴，故而砂面若向穴方，是有情顧穴，是爲賓主眷念相敬迎送有情而甚歡，若是砂背向穴，是爲無情判穴，故若穴高於砂，則爲主壓僕奴，若穴低於砂，是爲奴欺主。

故砂法但看有情、無情，如陽砂須配陰穴，陰砂須配陽穴，是爲陰陽相配有情而眷顧，則其地必是眞穴，而穴眞其地必有相應。如萬物之共鳴，如銅山西崩，靈鐘東應，此爲同氣相應之理，如鶴鳴於山，其子和鳴，是爲共生共鳴，此爲砂法之至要，請讀者仔細斟酌必見其中之奧妙。

天門地戶之論法

以中國的山脈分佈，水勢大多由北方或西方流向東方，如黃河、長江等大河流，而傳統的三合院很多都是坐北朝南，假設穴場的水由西而來，流向東，則西方即爲天門方，宜開不宜閉，東方即爲地戶方，宜閉不宜開，東方爲青龍天門方，西方爲白虎地戶方，所以堪輿家常說：「天門宜開，地戶宜閉。」即是此理之延伸，又說：「最怕白虎昂頭，白虎抬頭則會傷人。」

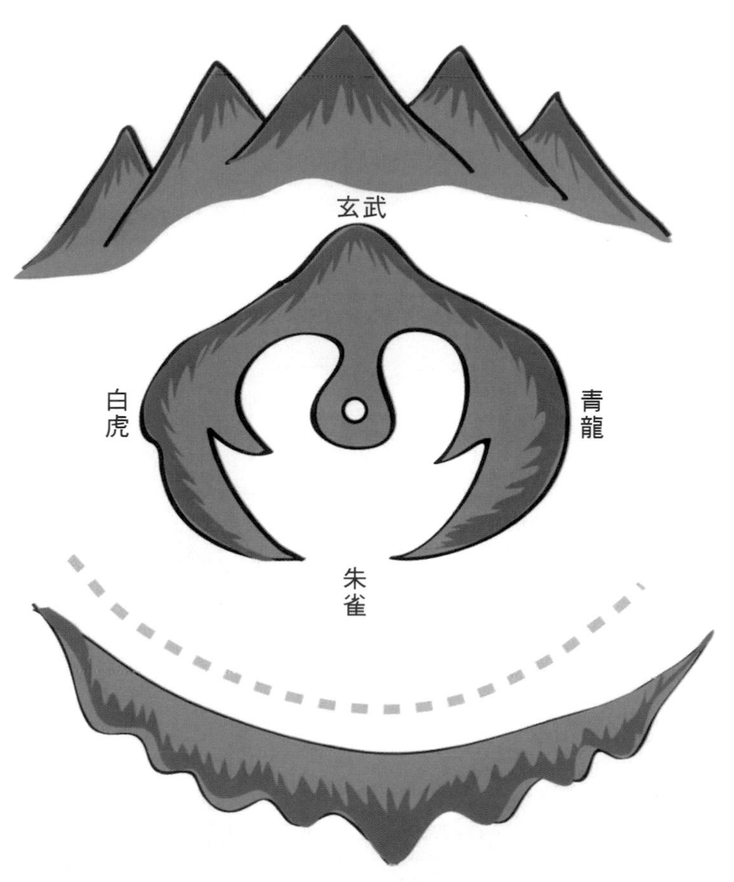

所以右方白虎不宜太高，左方青龍高昂爲地戶閉，則主生氣聚，再合於理氣運作，才可以使得主家財丁兩旺。

至於後世學堪輿者，不明龍、穴、砂、水、向是要配合整體論斷才能確定哪一方是天門，哪一方是地戶，「天門宜開，地戶宜閉」。

房法則：

「一子滿盤皆他管。二子左邊長房臨，前後右邊皆是小。此處偏枯已不均。三子分宮位，朝坐二房輪。六子排來三六右，四在孟前次第分。二房朝與案，五子主星憑。」

簡略的說，也就是坐山的左邊管一、四、七房，坐山的中央及前案管二、五、八房，坐山的右邊管三、六、九房。若只有一房，則統管全局。

論五星之形及穴法

地理原就以形家爲本，也就是以形察其理（形就是巒頭），自太極而分陰陽，陰陽生五行，五行生萬物，太極本爲無形，陰陽亦爲無形者，至於五行則有形象，在天成象，在地成形，水、火、金、木、土爲天上五星，其應在地則有水、火、金、木、土五種基本峰巒，此即爲山家之五行，尋龍求穴之法。五星爲正，九星爲變體。九星是指貪、巨、祿、文、廉、武、破、輔、弼。先賢取此，不過取其象之類化而已。五星形體，古人取象於直爲「木」，以火焰取象，於尖爲「火」，取方形爲「土」，以尖而圓爲「金」，以流動於曲爲「水」，凡山形尖銳者火，方正者土，光圓者金，曲動者水，但五星形不純者，謂之變格，其實九星也不外乎五星之形。

五星所喜所忌

五星所忌避者，不宜太肥、太瘦則凶，所喜者，金星之山喜圓淨而正，性定而不動則吉，山若平圓、破碎、尖斜則凶，木星之山喜聳秀而直，山勢直硬、清秀吉，歪斜散漫、破碎臃腫凶，水星之山喜活發而動，山勢橫波層疊爲吉，懶垣散漫、蕩然不收爲凶，火星之山喜雄健而明，山勢峭峻焰動，山頂尖焰如削爲吉，峻嶒破碎，反逆惡陋爲凶，土星之山喜方正而厚，山勢渾厚高大雄壯，平正聳立爲吉，臃腫、破陷、圓角軟怯爲凶。

先賢廖金精則將砂分爲富砂、貴砂、賤砂三類，肥圓、方正者爲富砂，清奇、秀麗者爲貴砂，欹斜、破碎者爲賤砂，這也是判斷砂的方法，最爲簡潔而明瞭。

木星穴

木星秉東方生氣之精，而結穴甚多者莫過於木星，此要在東北二方爲得地。

立木穴　仰面人形穴

眠木乳穴　眠木窩穴

立木穴：一名天穴，一名顧門穴，一名照天蜡蠋穴，總要來水清眞，至此已是穴場，而此山下面又無結作，唯頂上開窩腳下氣永並無走竄，又要在四方環抱中方眞。

坐木穴：一名臍穴，一名天花穴，一名花心穴，一名將車大坐穴。凡花卉、瓜果、玉尺、玉鞭、一切木器人形俱是木星所結，而人之臍乳凡有窩實處皆可扦葬，但鬼曜可無而帳幙斷不可少，否則

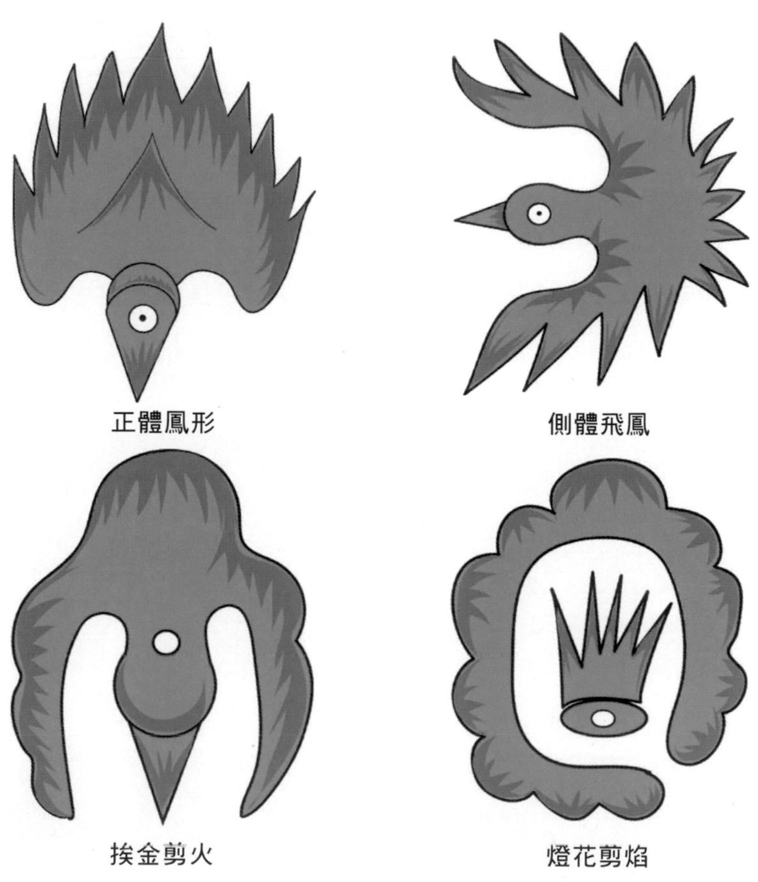
正體鳳形　側體飛鳳　挨金剪火　燈花剪焰

假矣。

火星穴：凡火結穴甚少，火星烈焰太旺，多不結穴或挨金剪火，或有水土制洩必要脫盡火氣方可阡葬。凡曜氣旗槍，文筆牙刀、飛禽俱是火星所結，若剪裁得法發達最速。若剪裁不得法而成氣焰超旺，又不能制洩殺氣，則凶禍立見。

土星穴：紙土無化氣多不結穴，其結穴必依金星名，依子穴列圖於下：

方土開大窩，無突又無乳中卻氣騰騰是爲茵褥穴。凡土星形象，多爲倉爲庫爲玉屏爲玉案，爲金箱爲玉印，爲舖毯，爲展蓆，爲飛詔，爲赦文，爲連城，總以居於中央，或艮坤二方，不受剋制爲得地。

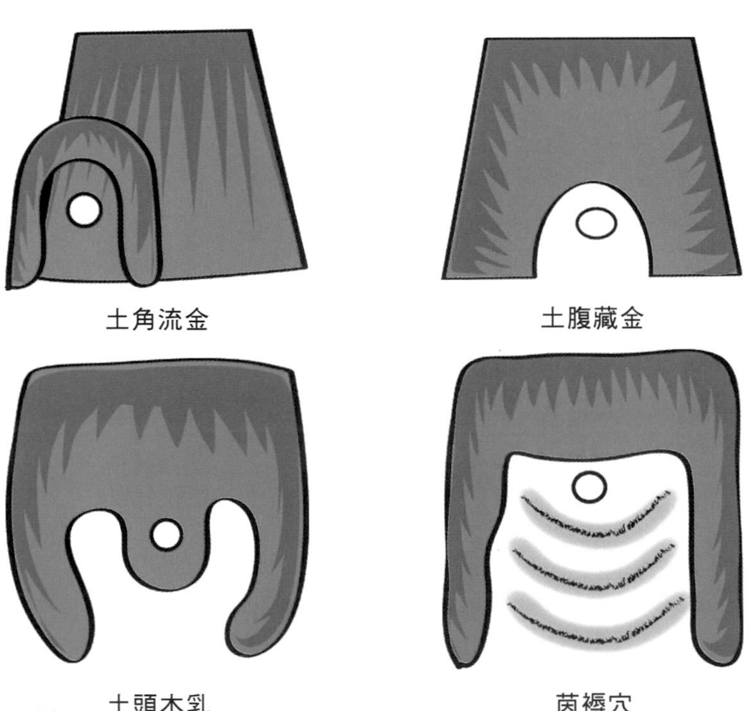

金星穴

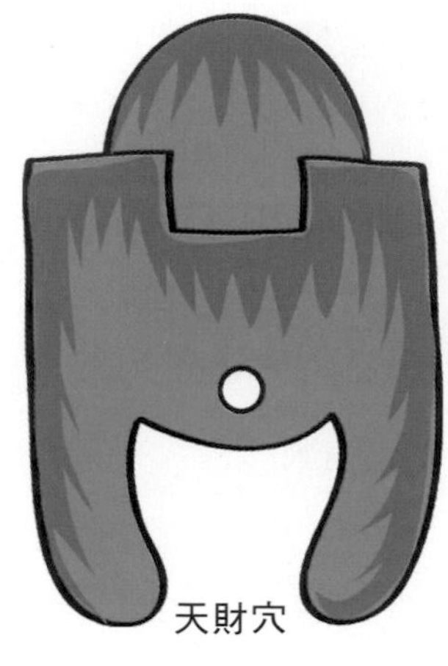
天財穴

金星剛硬必開窩口處方可扦葬，在上曰天穴，在中曰人穴，在下曰地穴，凡金星穴結地之形，或如獅、如象、如虎、如月，爲鑼，爲蛾眉，爲金鐘，爲玉斧，爲金錢，爲仰螺，爲天馬等類俱是金星，總以不受火剋而居金土方者爲得地。

股窩穴

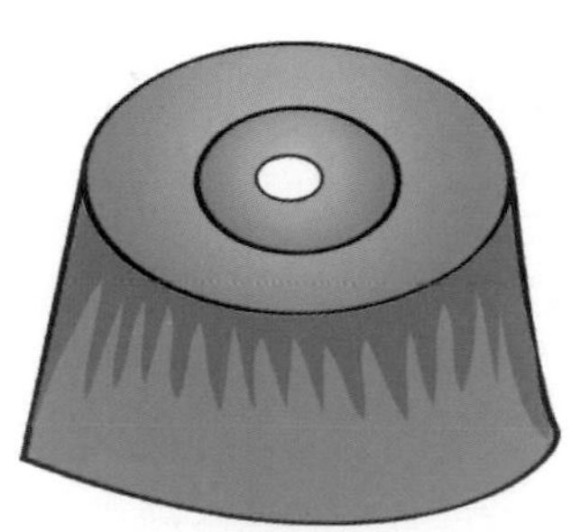
頂窩穴

挨金傍木穴

窩中穴

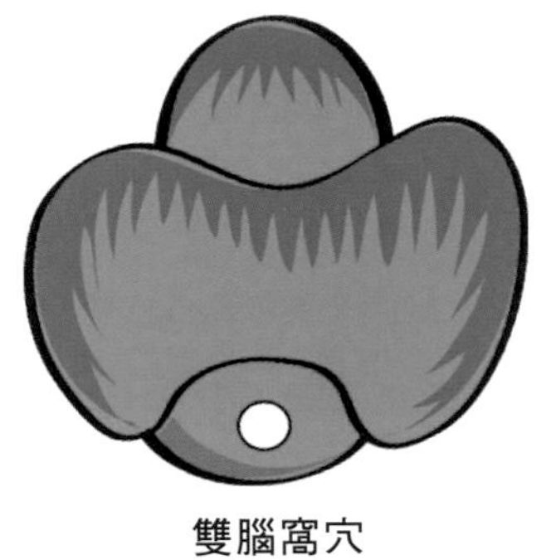

雙腦窩穴

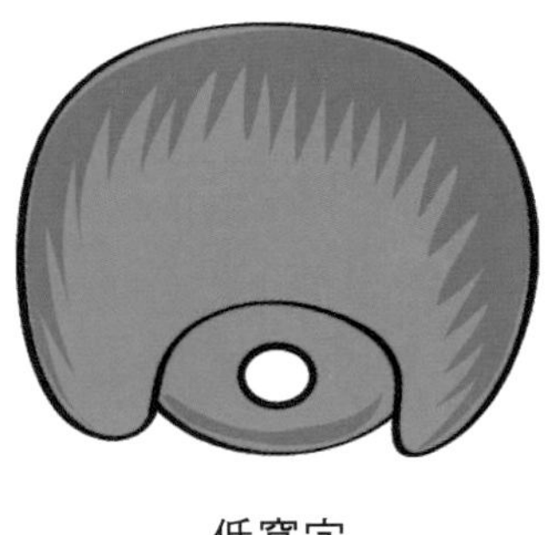

低窩穴

水星穴

水星柔弱不能自結，或挨金而結穴，是傍母也，或倚木而結穴，是倚子也以居西北方爲得地，水星變化莫測或爲祥雲，爲錦被，爲霞帔，爲風幡，爲梅花，爲荷葉，然總以近金木者方有眞氣，以上五星結穴總以居生方，或本方爲地，唯火星不可使其太旺，恐有自焚厥屍之虞，學者愼之嚴加注意。

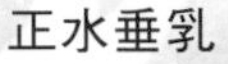

正水垂乳

蕩水含珠

梅花穴　飛帛仙帶

祥雲捧日　弦月穴

九星星體

貪狼星屬木：其形如出土之筍、頂斜腳斜者為破面、頂正腳直者為乘龍、頂雖正而腳尖利者為帶劍、橫看是頂、側視是峰、若欹斜則不吉。

文曲星屬水：故不失水體、多孤單、生枝如延蜓、如驚蛇、如鵝頸、如破網，凡山無文曲則不剝換，故山與平地皆有文曲星以為剝換之機，故文曲星又號情星，主遊蕩淫慾，生離也。

武曲星屬金：形似覆鐘釜、幷堆谷之類；又如破廚櫃、身形臃腫、前頭走出如雞伸頸、嶺上下來如象鼻、一高一下腳不尖、作穴乳頭出富貴。

右弼星屬水：不起巒頭、隱隱在平地，如展席鋪氈、蓋水潤下、多在平陽。

左輔星屬金：故不失金巒頭、來龍與武曲分宗、多在過脈處、其體如飽凸、前高後低似小毬；後大前小、駝峰如兩腳並行去。

廉貞星屬火：一名紅旂星、巒頭尖而粗大醜惡、石稜層磊落、只可作龍祖、多起龍寶殿，若開張如梳齒、如掛破衣、如傘、如展旂之類。

祿存星屬土：故不失土體、蓋不得其正而生手足、全無取捨、如撚拳、如豬屎節、如棺材、如頓鼓、如瓜瓠；前得吉秀之峰為吉，又如螃蟹、蜘蛛之狀。

破軍星屬金：故不失金巒頭、不得其正、生火枝如破傘、腳多斜飛、或如走旂之類。

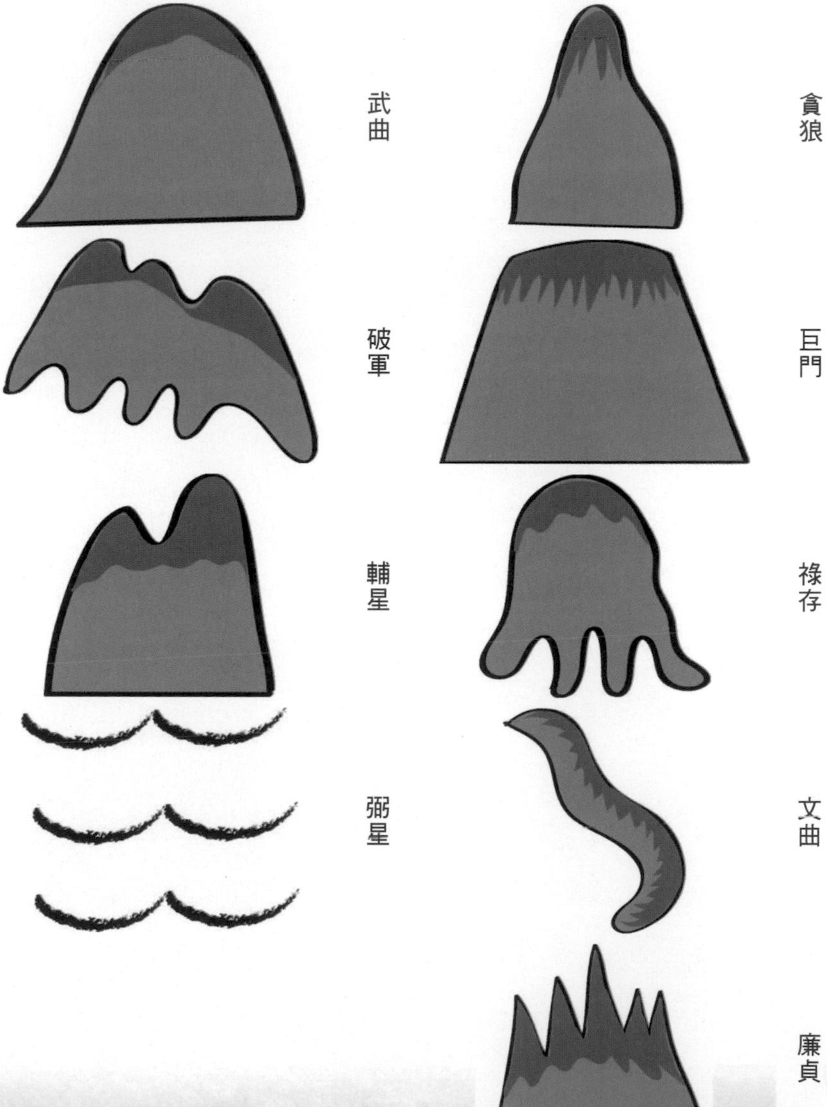

貪狼

巨門

祿存

文曲

廉貞

武曲

破軍

輔星

弼星

金星

木形帶火

土星

火形建築物

火形山

火形建築物

巨門

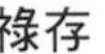

祿存

貪狼

貪狼

破軍

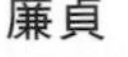

廉貞

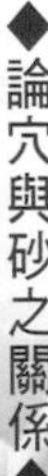

論五星連珠

金、木、水、火、土，五星之山串連而不相間，爲連珠相聯，如火生土，土生金，金生水，水生木之循環相生無間隔，爲五星連珠。

連珠者的力量極大，堪輿家稱之爲至尊至貴，主出王侯將相，逆生主出貴，位極人臣。

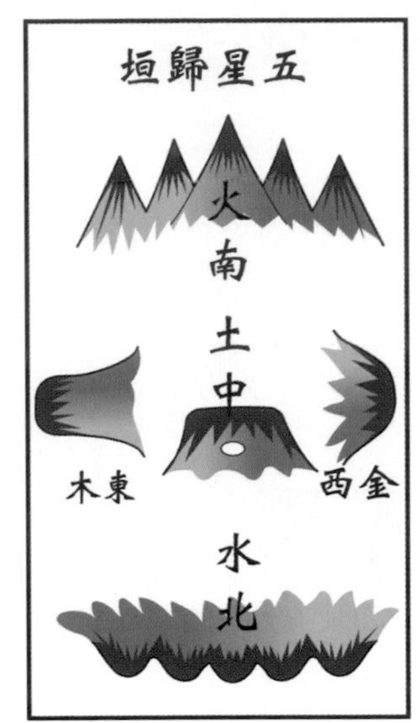

若順剋主弒君犯上

五星歸垣，一名五氣朝元，至貴格，水帳於北，火聳於南，木立於東，金侍於西，土居中結穴，登局看之，四面相等，各得立，乃天造地設上應天星，下合方位，至尊至貴之格。

砂之吉凶區別

《地理正宗》砂法訣

驗地吉凶並無他，土隨而起見於砂，訣云：「人若識得須眞識，斷人禍福始無差，砂以形有至道，古人砂法已微妙，圓秀迎向吉之徵，曾向人家墳上看，催官貴人空自傳，是誰悟得擒拿法，向首龍身本局察，三吉六秀共推詳，許他富貴即便發，因此註爲看砂經，砂法於今始得眞，君若不信墳頭試，一砂得位亦驚人。」

砂的吉凶，首辨於形，次則審其情，情與形俱妙，則爲吉砂。「吉砂」多半是成方、成圓、成尖、成正，「凶砂」多半是破、碎、斜、側，這是以砂形來分吉凶。

如何辨其形

如旗、鼓、樓臺、御殿、玉帶、金魚、劍印、倉庫，屛几、天馬、文筆之類，爲吉。如掀裙舞袖、破衣、側面、抱肩、獻花、探頭之類，爲凶。

如何審其情

光華秀麗，向我、迎我、侍我、衛我，是有情，斜側、醜惡、背我、逼我，爲無情。古人論砂法至爲詳細，其要旨不過以上形與情兩者而已。

至於理氣撥砂則有多種法則，有龍山起貴人之訣，有向首起貴人之訣，又有臨官驛馬之訣，三吉六秀之訣，得地得位之訣，以上諸法，不必一一皆符合，然美砂所在，不爲龍山之貴，即爲向首之貴，不爲玉堂之貴，即係臨官之貴，秀氣所鍾，又爲龍向得力之地，即爲好地，故有秀麗之峰，則有如穩操勝券。

砂法圖式

臨穴場時，以羅盤格之，雖有好砂疊出，如落休囚不當運之方，又非祿貴之所，則此砂對我毫無關係，比如虛銜沒有掌權之官，無所事事，虛有其表，豈能拔我之才華，故而富貴與我必然無緣，或者是擦身而過，雖有好砂而不合於形局、理法，或不當運，有等於無，故不能發。

所以看砂當諸法一一辨識清楚，認清每一種局之眞僞，登穴時將羅經格定水口，看來水於何字，出水於何方，是某龍某字入首，其玉堂貴係何方，臨官貴在何方，其方有美砂，即認水立一向以收之，如龍上不合取用，亦認水立向。

或以撥砂法，爲向上之臨官驛馬，皆爲得法如此作用，貴人方爲我用，如貴人方之砂形象親切光華，山情水意，則大地大發，小地小發，其神妙玄微之處，有不可難以盡述之妙也。

列砂法圖式如下

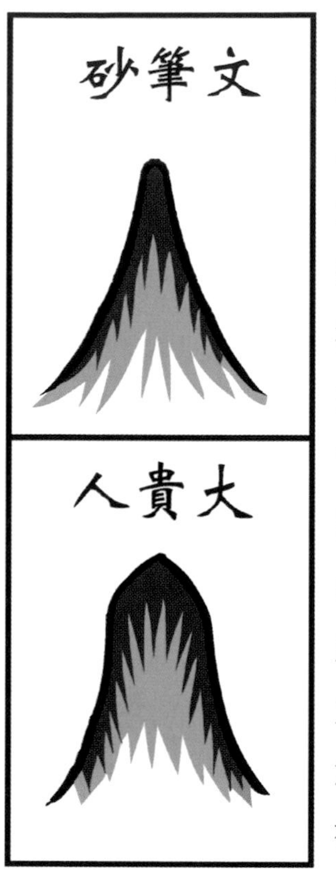

文筆砂：文筆者，為貴人所用之物，不得其人亦無所用，唯居臨官方，則為眞貴人，或來龍上之貴人，或向上貴人，或坐山貴人，或驛馬貴人，或三吉六秀貴人，其最效者，唯巽上文峰居六秀薦元之方，又木火相生之地，如立壬山丙向，水出丁方，丙向之丙為火，火之長生在寅，到巽方是為臨官，巽為向上臨官貴，如巽巳峰上有廟或亭閣，名為赤蛇繞印，因巳為蛇，而壬為坐山，壬之貴在卯（天魁）巳（天鉞），故又為太乙貴人之地，得之謂之貴人秉筆，主出文人，故天下之文昌閣，悉居於巽方，即此意也。其餘文筆，皆算美砂，但不及巽方之神妙。

大貴人：木星高聳，望之秀麗，凡貴人砂，皆是木星；凡文筆砂，皆是火星，宜遠在天表。上格龍，主文章貴顯；中格龍，主有文名不貴顯；下格龍，主僧道清高之人，藝術家、畫家、工巧之人。

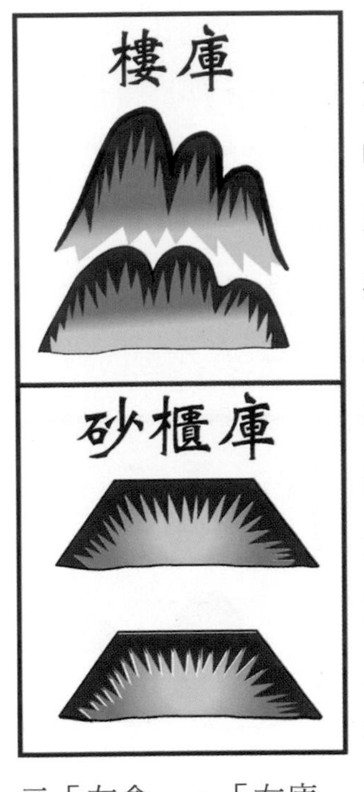

庫櫃砂：庫櫃二星主富，如居於水口方，守水口則主發富極爲準驗，是何原因呢？如水口方爲格局之墓庫，庫櫃在此，可以說是得其位，其中最妙者，莫過於艮方，與星宮比合，因辰、戌、丑、未四庫皆屬土，艮亦爲土，而艮方又爲天市垣，掌福祿之所。合庫櫃得位得地，在南方丙午丁若有庫櫃砂，爲火土相生，立向合局則大發富貴，如居祿位，主發橫財。因丙之祿位在巳方，丁之祿位在午，主居向上之祿位，又得庫櫃砂，又得星宮相生，主發橫財最準。論砂法時常有言及「帶倉」、「帶庫」，或云「左倉」、「右庫」，但倉形與庫形不同，「倉」形肥澤而高，「庫」則稍狹稍低，而皆爲土星所結。再者，小而清秀，面形方正，即爲「金箱」，「櫃」形則較金箱砂稍肥略大。

「樓」則偏於火形，大多是在土形的「庫」之上，火能生土，火爲祿，土爲財，主貴，爲大臣。凡庫櫃砂，宜逆水飽滿，若來水瘦而見洩是爲客村熗，上格龍古代主戶部司財稅之官，現代則爲財政部門，掌管財務。中格龍，主經商致富。下格龍，主衣食溫飽，守倉庫之職。論天馬：馬者，言其行之速也，其山形很像馬，所以稱爲「天馬」，天馬可以作爲催官、催貴之用，巳酉丑在亥，申子辰在寅，寅午戌居申，亥卯未居巳，有此四馬之一，即爲得位，用本局立向名爲眞馬最有力，在南方爲胭脂馬，在北方爲烏騅馬，在西方爲白驄馬，在東方爲青驄馬，若丙午丁有天馬山，因午爲馬，名爲得位。更要注意凡有馬山，馬宜在前，貴人宜在後，若馬山前有小山峰，馬山在後，此爲「馬夫」，不能算做貴人。

天馬：稱爲天馬者，雙峰峙立，一高一低，而以天爲名者，高聳清秀，遠貼天表，生在午方爲最貴，上格龍，主出大顯貴之官。中格龍，主五馬專城。下格龍，主走卒牧馬。

交馳馬：雙峰兩兩，如兩馬相馳奔走之狀，一馬左高右低，或一馬右高左低，生成此形為合格，上格龍，主兄弟叔侄聯登科第。中格龍，主富冠鄉邑。下格龍，主一生奔波勞碌。

帶甲馬：馬山之上帶有摺痕黑石，如戰馬身上披著鎧甲，最好要有旗、鼓、諸砂相應則更吉，上格龍，主出大將，專權征伐，邊疆立功。中格龍，主出偏將有功，下格龍，主神壇廟宇，香火威靈。

出使馬：馬山之下拖出尖利之砂，多有遠行之象，故名之為出使馬，上格龍，主出使外國有功榮顯。中格龍，主大富多僕馬。下格龍，主遠離他鄉，或出木匠，利於遠行。

勒馬回頭：天馬山下有轉腳也，若有旗鼓砂相應，主出武官有汗馬功勞，威名遠震，上格龍，主出使邊疆，威武烜赫。中格龍，主大富多僕馬。下格龍，主牧馬販馬，旅遊業之類。

台北紗帽山

紗帽撲頭席帽砂

三者皆是貴器，紗帽土星形，其形式如紗帽，撲頭席帽乃盛朝之物，大小官員皆必用之，故主發貴，但要得方位爲是。

紗帽砂生乾亥方，因乾爲首，爲官，爲高貴，紗帽戴在頭上主發大貴，生坤方，星宮比合亦吉，生巽方，爲文人遇紗帽，大發科甲，生乙方，爲天官賜福，乙爲天官星，生南方，火土相生，貴居極品，若生在休囚之方則減力。故紗帽砂在臨官或冠帶位爲上吉。

紗帽山：方山紗帽，狀元封誥，有此山形主貴。

合形樸頭：合形樸頭的山形，是有比較低的土星在前，後面有小土星山略為高聳，兩山相合，在對面看來，好像一頂樸頭形式，有此山形，亦主發福。但發之力稍減，不及別種形之貴。

樸頭：樸頭者，低小土星中高，而兩旁局低，其形似樸頭，又有一等土星開一邊肩者，也稱為樸頭，樸頭非上朝面君不敢戴，所以很貴重，墳穴前有此砂需要端正，不歪不斜，不破碎，主貴。廖氏所謂為樸頭匣，凡墳前面生有此等砂山形者，多是大貴之地，上格龍，主出王侯，列王公候極品世享爵祿。中格龍，名望功臣，富貴聲名。下格龍，主富，旺盛大富。

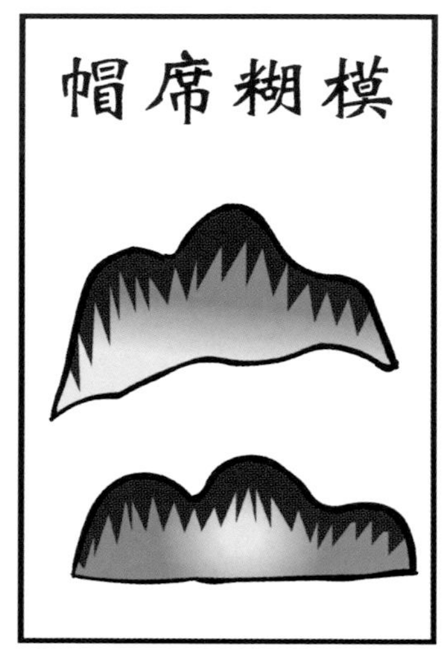

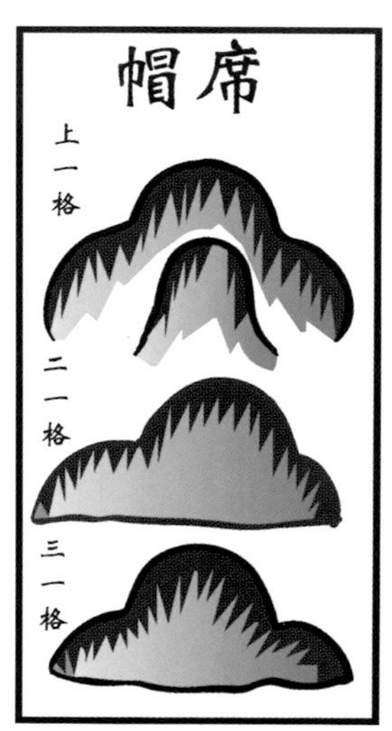

席帽：臺星之變格，需要均勻清秀，不破碎，分三格式樣，上一格，有貴者勝，二一格低小雜職，三一格則大貴，上格龍，主升朝侍從之臣。中格龍，主出府州縣官。下格龍，主出僧道。

模糊席帽：圓頂不起，或尖而歪斜，或走足者皆是，好龍格主出歲貢，這種砂法，大略分二格，上一格主爲官不正，無治才決斷，下一格主更略一疇。上格龍，主出佐二之官，不至正堂。中格龍，主出雜職小官。下格龍，主出道士。

印合砂：指墳前得位之處，或山上廟宇樓閣，或水口中之大石，皆論印合砂。在巳方名爲赤蛇繞印，在申方爲猿猴捧印，在亥方爲元豬拱印，在寅方爲白虎掛印，又印要居水口，四面皆水爲吉。此爲印得印色，而浮於水面，因水如印色。

水中有印星

印爲貴人之符信，非貴人不敢用，故官貴之方，得此名貴人帶印，最利科甲，貴格。書云：「印浮水面，煥乎其有文章。」或居左或居右，在龍虎砂之外，名爲後帶印，必臨水乃眞，水爲印色，或有砂石亦可也，砂石屬金，金能生水，亦爲印色，又需要藏秘處，因用印多在內堂之故。

蛾眉砂：蛾眉者，彎秀美麗，形如蛾之眉也，此砂列於前，水之環抱可知蛾眉砂起，女必清貴，故曰：「蛾眉一案女作宮妃。」或位合臨官，或合三吉六秀，必出女貴，上格龍，主出宮妃。中格龍，主出美女，且發女兒、媳婦。下格龍，出女秀媚，但有紅顏薄命之恨，或出梨園唱戲子弟。

蛾眉文星者：形狀如半月，光彩秀媚纖巧也，尤喜兩角均勻，端正清秀，忌臃腫破爛，一邊高或一邊低，歪斜不正。上格龍，主文章，有名望，出狀元神童，出女子主爲宮妃。中格龍，主人清秀，唯官位不顯。下格龍，主出女貌美而貧，且有風聲，及閨門不正之人。

旗鼓者：一種兵器也，左有旗右有鼓，武將兵權催陣鼓，出陣旗身領將軍，或龍上或過峽，或穴場得此砂者，主出武將，最利發科甲最速，更得星峰貴秀，主出文武全才出將入相，貴居極品。

狀元旗者：生成爲木星之形，排列身是水形之體，山腳又開面，尤喜文筆臺、蓋砂來相助，上格龍，主出大魁天下。中格龍，主發魁，解元出身，官居閫外，女柄男權。下格龍，文名遠播而無貴。

頓旗者：乃生成火星高聳而飛揚，山形雄偉氣勢軒昂，腳雖飛揚而不反亂，上格龍，主大將專征伐，掌生殺大權。中格龍，主總制三邊功勛。下格龍，主軍卒兵快。

頓鼓者：生形是金星體聳立，高大雄猛如頓鼓狀。上格龍，主出將軍及藩臣節使。中格龍，主富而好音樂。下格龍，主神廟靈跡，鼓樂之人。

招軍旗者：旗形高大，衆腳飛揚，有一帶纏繞如招動者爲合格，有甲馬頓鼓相應，上格龍，主義兵，爲開國功臣，世享爵祿。中格龍，主義勇保障。下格龍，主出草寇，神廟軍卒。

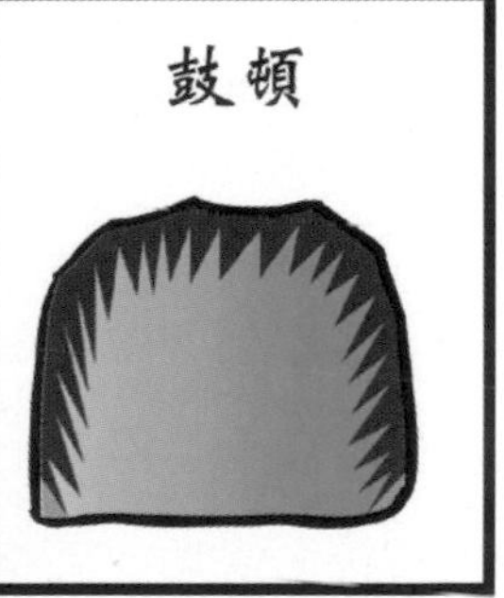

得勝旗者：旗悠揚卓立，大勢逆水向內，身頭似文旗而山腳舒展光彩，喜頓鼓牙槍相應，上格龍，主輔國元勛，名垂後世，世承恩寵。中格龍，主職掌元戎，武功受寵。下格龍，主當兵入伍，爲軍人得功。

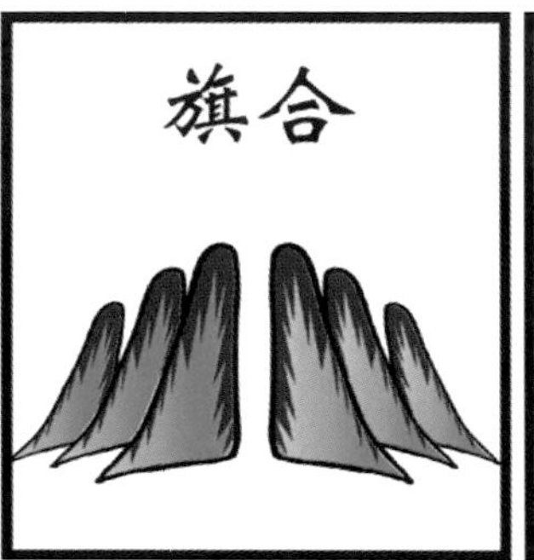

戰旗者：卓立竣直，有威武之形象，多生成品字或八字，此品字格也，有鼓鎗相應尤貴，上格龍，主出將入相，統制諸軍。中格龍，主軍官統領兵卒。下格龍，主出軍卒，上陣爭戰。

合旗者：乃兩腳相向，而中間開，要高低大小相稱，高立尊嚴，或正對穴前，或兩峙水口爲門戶皆主貴，上格龍，主位居五府，出鎮諸將，節制數省。中格龍，主爲武職。下格龍，主出盜賊。

帶旗馬者：馬山之下有如火焰閃動之砂，如同軍旗飛動，馬旗在一山者爲合格，上格龍，主元戎總兵，專節鉞主功勛。中格龍，主將校名武功。下格龍，主草寇大盜或神廟。

賊旗者：其形尖射破爛歪斜醜惡，或兼有黑石巉岩，若在水口，而在穴間看不見者則吉。上格龍，主大將專征伐，不忠，難免滅族。中格龍，主常遭盜寇劫殺。下格龍，主凶賊劫殺之人。

降旗者：塌地破碎，順水焰動而飛走也，頭身大勢向內，而旗腳向外者爲敗旗，頭身大勢向外，而屍山在下者爲降旗。上格龍，主爲將領兵戰敗，而降賊人。中格龍，主爲賊頭，終於降滅。下格龍，主爲寇盜滅絕。

敗旗者：生形亦倒地，塌地破碎，差勝於降旗者，以其因逆水也，其應驗禍福，與上圖賊旗、降旗稍同一樣。

論朝山與案山

朝山者：明堂之前、案砂之後所能見到的所有山頭、山體的統稱。訣云：「近而小者稱案山，高大而遠者稱朝山。」

朝山須有情朝拱爲吉，無情向穴者，雖峻秀也終是無用之物。迢迢遠來，兩水夾送，特來獻秀，拜伏朝拱者乃上格之朝山。雖可見尖峰秀麗，但大勢直去無情者，乃爲下等之朝山。朝案與穴場關係，有如賓主相對；穴場本身靠山，爲主砂，其餘朝與案砂體均爲客砂，客砂距離穴場越遠，產生應發年份需時越遲。

所謂案山，亦即穴前朱雀方與墳地相對而立之小山或山脊，亦稱賓山，或說距離墓穴對面最近的山，叫做案山。理想的案山要豐滿而闊度，高應齊眉，低應心，穴有近案則穴場周密而無空曠之嫌。又不宜高聳尖峰、勢大逼促，案山近逼，即是賓欺主，葬後子孫前途有難展之憂。如近案之山豐滿而端正，又見外朝秀麗之山峰一重高一重，一層遠一層，乃爲美好之地。

案山宜秀氣、伏貼而有情向穴，忌斜走、反背、粗惡。案山高低以平胸爲宜，高低大小與穴相稱。形如玉幾、橫琴、眠弓、橫帶、倒笏、按劍、席帽、娥眉、三臺、天馬、龜蛇、金箱、玉印、書架、書簡、硯臺、方桌、筆架者都屬吉案，總之案砂以端正圓巧、秀麗光彩、抱穴有情為吉。若順水斜飛、走竄，或向穴尖射，形狀臃腫粗頑、破碎、崩塌、歪斜不正、背穴而無情就不是吉案。沒有案山的穴，必須龍虎交固方為吉，否則亦非吉地。

經云：「一案遮百醜」，就是說有的山腳可能有粗陋尖射等弊病，穴場對面有朝山，或有案山遮擋，則穴中見不到其沖射，則免受其害。

《雪心賦》云：「千仞不如平地一堆，外鎖千重不若眠弓一案。」明堂忌傾瀉，傾瀉則氣散，前有案山，不怕明堂深萬丈，一案橫攔，則可氣聚。故地理家云：「眞龍藏跡穴難尋，唯有案山證穴心。」

劉基《堪輿漫興》關論案詩說：「前面有案值千金，遠喜齊眉近應心。案若不來為曠蕩，兒孫破敗禍相侵。案山順水本非良，過穴灣環大吉昌。若有外砂來接應，萬代兒孫姓名香。外山作案亦堪求，關抱元辰氣不流。縱有穴情無近案，顛沛流離走他州。」

朝山、案山要形勢端正，如賓主相對，眷戀有情，若果從穴場看見朝與案的側面，主應子孫易受人欺詐。前案見砂腳如芭蕉，或如祿存火砂腳，主應火燒家門。案山或朝山見開口如羊蹄或尖射，主官非口舌。至於形狀如覆釜或筆架、橫幾，左右兼有旗鼓相當，品列三峰，應發科甲顯貴。朝山若見石煞、怪石，如在南方，恐有瞎眼之人。壅腫、傾斜，小心婦女難產墮胎，若果案山或朝山，見瀑布或潺水長年流出，如不合於元運，多主頑疾纏身。由此可見，案山是非常重要。天下有不見朝山之美地，但罕見沒有案山的佳穴。

山形秀麗，朝案合於形氣，造作合乎理法

人工造作的水局，用馬達抽水逆朝而來，並融瀦於堂前

來路曲折有情，羅城緊密，藏風聚氣

案山

案山者，也就是穴前之砂，內以收龍穴之氣，外以擋沖射之水。訣云：「高與眉齊，低與心應，不可挨左，不可挨右，乃爲眞案。」從穴場中心點看，案山最高不可超過眉毛，最低處不可低過心，超過眉毛即被認爲是高壓，賓欺主，就是手下員工不聽指揮，老闆會做得得辛苦，故案山太高不吉。如太低，而且低過心，則爲渙散不收，不聚氣，必然資財難聚。

書云：「伸手摸著案，積錢千萬貫。」又云：「外秀千重，不若眠弓一案。」伸手摸著案，意指案山有情，很貼近穴場，富而且貴，最利科甲，何者有案，即知有文人官貴。故而風水之案者，如官人辦公之案桌也。

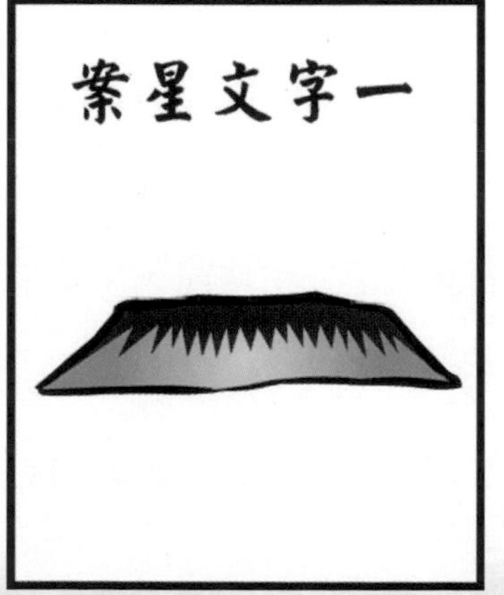

一字文星案：一如倒地木星，要清秀端正，上格龍，主魁，清貴。下格龍，主虛譽徒隆，空有文章不能顯貴。訣云：「一字文星案，科甲綿綿見。」凡墳穴前有此砂皆主吉。

玉帶案：橫木星灣抱，又有金魚以應之者，云玉帶金魚，或帶在旁或帶首，或有石、有墩阜，形如金魚狀。上格龍，主出一品貴顯。訣云：「玉帶環抱富貴立朝。」

玉几案：書云：「砂如玉几，尊貴無比。」玉几案抱身最好，若有貴人作朝，峰巒圓正，而玉几抱穴亦吉。上格龍，主大貴位至三公。中格龍，主一方重臣。下格龍，主出僧道。

眠弓案者：生形如射箭之弓，睡眠於穴前，亦曰飛蛾文星，訣云：「案若眠弓富貴重重。」上格龍，主出博學，名滿天下。中格龍，主能文博記，隨波逐流，和氣同俗。下格龍，能文多藝，亦主飄蕩。

先弓砂：先弓者，玄武方之坐山延伸到前方，先到之砂回環有情，彎曲如弓。

左先弓長房發達，右先弓小房先發，兩者俱主發達，但要不高

不低，高與眉齊，低與心應。

切不可犯捶胸壓煞，生形太高爲壓煞，砂頭尖形向穴爲捶胸，主凶，若有先弓砂，主富貴雙全，出孝子賢孫，忠良輔國。

朝拜砂：朝山有三，正朝、斜朝、橫朝。

此逆水而來於穴前見不到來水

橫朝者：「如倒地木星樣，橫到穴前，如大小排班，集來朝列，對我皆有情則吉。」

砂犯椎胸長亡
妻子形傷

正朝者：特為此穴迢迢而來，至穴前自高而下，中立一峰，兩邊小峰恰如人相揖之狀，又名進寶山，出大貴發大財。如水來於穴前看不見更佳。

橫朝者：如倒地木星樣，橫列穴前，如大小排班，集來朝列，對我皆有情則吉。

斜朝者：斜過到穴前稍停一下而去，亦有即止者，又稱為偽朝者，縱有尖峰秀麗，望其大勢直去無情，故曰為斜朝、偽朝，不及朝拜、橫朝二格。

羅星砂：星者，星象；羅者，羅列於地，書云：「禽星塞水口，身處翰林，獸星塞水口，侍衛獨尊，文禽武獸，服制各別也。」其他如龜、鶴、葉、劍、日月、五星、天乙、太乙、金箱、玉印、旗鼓、倉庫、游魚、飛鳳、華表、捍門，諸般物象羅列於水口，使水不能遽去，如直流而去要之玄屈曲，九曲、環抱、顧戀，凡此俱爲大富大貴之地。

進田筆者：凡穴前生有倒地尖砂，如其形順水而下者，名爲退田筆，主田園賣盡無存。如逆水而上者，名爲進田筆，主年年買增田產皆吉，不論左右龍虎砂上生來，或外砂湊來，總要逆水爲貴，若近穴生有此逆水砂，主寅葬卯發，上格、中格、下格三龍皆吉。

抱肩砂：生形大山欹側，外有小山居傍，如人相抱狀，或又有後山轉腳來抱前山。上格龍，主富貴而多誹聞、內亂。中格龍，男濫女淫，醜名遠播。下格龍，主爲娼，出妓女。

貴人上殿當朝名官

蛾眉福星富貴遐齡

左執笏御史出
右執笏中丞出

貴人榜官科甲反掌

龍樓鳳閣朝臣疊出

三臺列前富貴綿綿

拜伏作案為官為宦

帳下貴人內閣名臣

山如筆架弟兄齊發

侍讀侍講國恩至渥

玉堂金馬文臣使者

五峰峨峨五子登科

三定三筆
公出峰現

挨文嶙頓
生士峋筆

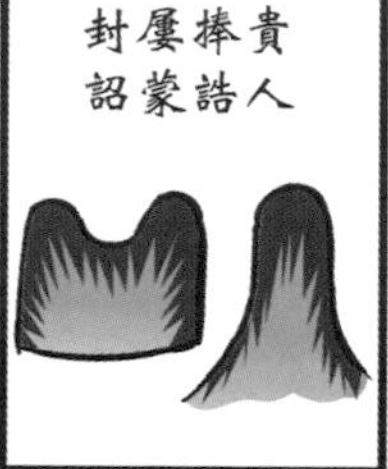
封屢捧貴
詔蒙誥人

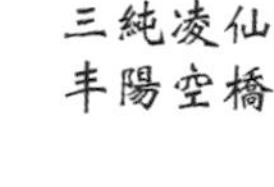
三純凌仙
丰陽空橋

金穩三砂
階步臺有

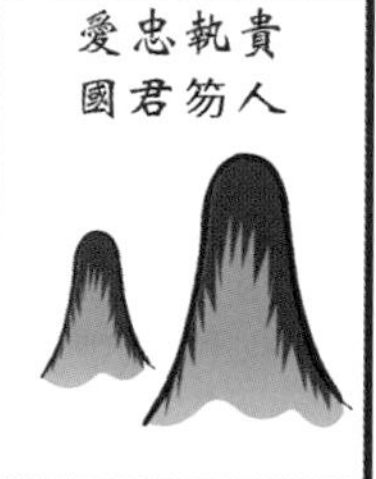
愛忠執貴
國君笏人

即國展砂
到恩誥如

秀正喜頭筆宰
吉比案出案相

聯兄雙貴
翩弟薦人

皇婚開誥
家姻花輔

狀會插案
元魁天外

詞文文天
林士星花

大貴人木星高大秀麗不尖主貴顯

天馬貴人要高馬低主速發出文武兼全人

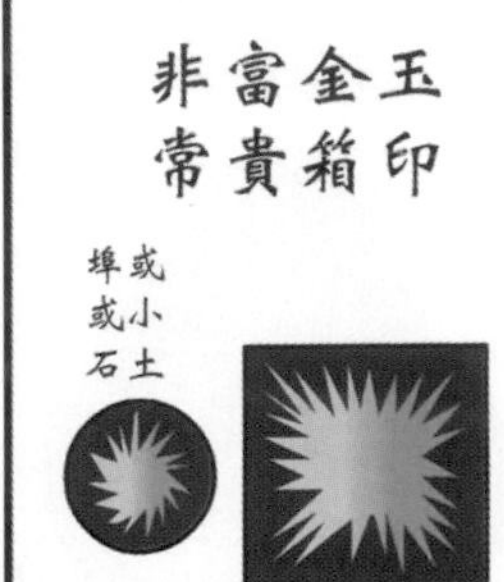
玉印金箱富貴非常
或小土埠或石

有簾有幞富貴雙全
幞

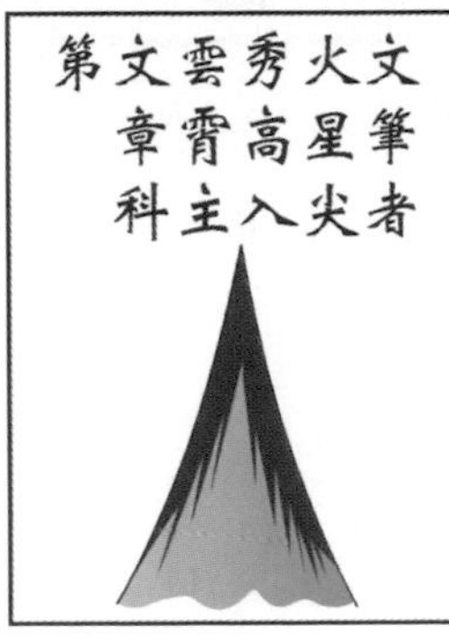
文筆者火星尖秀高入雲霄主文章科第

大貴人木星高大秀麗不尖主貴顯

大小貴人一峰低一小峰高大者是也主父子兄弟貴顯

降節砂本佛道家神仙之具其形有似於採切面作正案陽宅陰地有此不吉

掀裙者：一山有數腳飛開，如人抓裙子狀，上一格單主女多誹聞，下一格男女皆淫慾。上格龍，主富而淫。中格龍，主淫亂濁富。下格龍，主婦人好淫，爲娼，男子主濫淫漂蕩。

獻花砂：山形如兩腳分開，中間有水坑，專主婦人淫濫，縱有大富大貴之地，如武則天，亦不免淫慾風聲，上格龍，主富貴婦人淫濫。中格龍，主出淫婦。下格龍，主特種營業。

攢懷者：此砂歪斜尖利，抱一小山，主抱養人子，或以淫慾無子孫，上格龍，主抱養他人之子。中格龍，主內中淫亂不潔。下格龍，主男女淫奔，及勞瘵怪病，但左右抱養得眞則吉。

毬杖者：有從高山生下出腳為杖者，有從山脈落下斷在平地者，但需要有球，木山高聳端嚴，可為將軍則妙，主吉，上格龍，主壽考榮貴。中格龍，主富貴良善。下格龍，主殘疾、墮胎、患眼疾。

提籮者：如乞丐提籮之形，在穴上見之主不吉，上格龍，雖出富貴，不免有瘋癲之人。中格龍，主出僧道沿街化緣。下格龍，主出乞丐。

刺面砂者：生形有亂石參差附於山面上，望之如用針刺面，用藥貼在面上之狀，若尖員相射，又主殺戮，上格龍，主軍配殺戮陣亡。

以上吉凶砂法，不過略舉數式，以便學者參考，但砂法雖多，不外五星，有千形萬狀，唯是五星之正變倚貼，學者以五行生剋制化及陰陽消長之理推之即合，訣云：「識得面前砂，斷人禍福總無差。」

論水法之吉凶

有山必有水，大地之勢，土與水合而爲一丸，土是地之起處，水是地之空處，水者，山之配，兩山之中必有水，兩水之中必有山，所以有一龍所行止之處，必有兩水界之，龍長則大江、大河相夾而送；龍小則小澗、小溪相夾而迎。

水行則龍行，水合則龍止，地理家向來以水明來龍，而龍以界水而止，看水之停匯、轉折、盤桓、交會、來去如何就可以知道龍的止處，「龍非水送，則無以明其來；穴非水界，則無以明其止。」蓋外氣橫形，內氣止生，是龍穴又賴水爲證應。

故郭氏曰：「得水爲上。」廖氏曰：「尋龍點穴須仔細，先須觀水勢。」皆言水之當重，與龍穴均也。水者，龍之血脈也。《葬書》：「以水爲外氣，也有其特殊的看法。」

楊公訣云：「未看山先看水，有山無水休尋地。」管子：「水者，地之血氣，筋脈之通流者。」故曰：「水其聚財也。」

地理家謂：「山管人丁、水管財。」水有大小，有遠近，有深淺。觀其形勢，察其情性，而吉凶取捨有定見矣。然其大旨，不過來者，欲其屈曲。橫者，欲其遶抱。去者，欲其盤桓。而匯聚者，欲其悠揚囊注融灌澄清。登穴見之不直衝，不斜撇，不峻急，不湍激，不反跳翻弓，不傾瀉陡跌，不射不牽，不割不穿，而有情顧穴；環遶纏抱，戀戀不捨。

西山蔡文節云：「兩水之中必有山。故水會，即龍盡。水交，則龍止。水飛走，即生氣散；水融注，則內氣聚。此自然之理也。」嘗觀輕水地區，多禿與癭（頸上腫瘤）人。重水地區，多與（雙足殘）人。甘水地區，多好與美人。辛水地區，多疽（癰瘡）與痤（面皰）人。苦水地區，多（足殘）與傴（駝背）人。是知水能移人形體、性情如此。且水深處，民多富；水淺處，民多貧。水聚處，民多穩；水散處，民多離。是知水之關禍福又如此。故凡審定龍脈好壞及山脈的長遠，辨別山脈的大小興衰，須以水源而定之。

即使不懂地理的人也可以體會到「水深處，民多富；水淺處，民多貧。」世界各主要城市，都是在水深之處，並且一定是有許多大小河流匯集之處。水土保持做得不好，或者水淺，或者是高山峻嶺缺水之處，則經濟發展常受限，故民多貧。這正與現代的水文地質學之學理不謀而合，地球因億萬年來的演變，因山川河流、自然地貌、地下水脈和地質構造的不同，而產生了各種不同的山川水流、水質、土質、岩層結構，而其中又有各種不同的有機和無機的化學元素，而這些元素會對人體產生有益及有害的影響，因此常因地貌、水流、水質的不同就產生哪些地方的人特別長壽，有些地方的人容易患病或早逝，更有些地方出美女等等……這些都與當地的水文地質條件有著密不可分的關係，由此可見水對人的影響是何其大。

論水之發源

統觀水之流域，水之源遠流長者，則氣脈亦長，水流形成之玄曲折流動者，其龍脈所結之大都市亦多，因水一曲則氣為之一蓄，再有水以交會來分雌雄，交會越多，生氣越足，必結為名勝、繁華之地。如長江下游之上海，黃河下游之孔林，運河下游之天津，皆是其沿岸，水之交會所結之勝地名區，都會重鎮之多可以說是不勝枚舉。

天下半島之地多主出神聖之人，半島也就是三面環水，一面通陸地，水脈迴環往復有一種秀靈之氣，磅礡而鍾毓於人，在此之地常可以看到誕生聖哲之士，孔子生於山東半島，釋迦文佛生於印度半島，耶穌及穆罕默德生於阿拉伯半島。道雖不同而釋迦之冥心絕俗，耶穌之捨身救世，皆成一堅苦卓絕之行，與孔子之樂天知命、過化存神並立於世，因而得億兆人之信。

論水口之吉凶

水口者，也就是水的去處。水口有遠近大小。龍大則大關大鎖而遠。龍小則小關小鎖而近。有自龍脈本身餘氣發出而作水口者。

明代蔣平階在《水龍經》中指出識別、鑑別龍脈之生氣關鍵在於望水，云：「氣者水之母，水者氣之止，氣行則水隨之而行，水止則氣隨之而止，子母同情，水氣相逐也，夫溢於地外而有跡者爲水，行於地中而無形者爲氣。」由此可知水與氣如中醫表裡之分而同用，此乃造化之妙用也。

故而察地中之氣的趨向，即可知水的來去也，因此可知龍之行走必有水輔，氣止必有水界，此即爲水氣之關係。

明代風水大師廖希雍在葬經中指出：「凡尋龍點穴者，應當以山川之草木來辨別、認識龍之生氣，凡山紫氣如蓋，蒼茵若浮，雲蒸靄靄，四時彌留，皮無崩蝕，色澤油油，草木繁茂，流泉甘冽，土香而膩，石潤而明，如是者，氣方鍾而來休，即必有龍脈於此蹕駐而結穴也。若雲氣不騰，色澤暗淡，崩摧破裂，石枯土燥，草木凋零，水泉乾涸，如是者，非山崗之斷絕於据鑿，則生氣之行乎他方也。」

因此可知水可滋潤山川草木，而萬物得水必見有欣欣向榮的蓬勃生機，此時就是生態環境的一切表現在外的最佳、最好之動態，因此風水家提倡在有生氣的地方修建城鎮之房屋或修築祖先之墳，或人之生基，這叫作葬乘生氣，或居乘生旺氣，因只有得到水之滋潤萬物才會有生氣，而植物才會欣欣向榮，人類也才會健康長壽。傳光武帝之宅靠近白水，取龍虎白水之義，而山東曲阜孔子之宅，地基泰山之下，洙泗二水交流之處，此乃爲平原得水之貴佳格，故而孔子之子孫福祚綿遠，幾千年不絕，而江西龍虎山張道陵之宅有青龍白虎盤踞之勢，如毛澤東在湖南韶山等等都是風水寶地之最佳見證。

有本身雖無，以外纏之砂作水口者。大抵不若以從山爲佳。兩山相會合爲關，中有小山爲鎖，或兩山環合重疊，交牙對峙。

而其形如旗鼓，如日月、如捍門、如華表、如北辰爲都會禁地，都是得到了很好的水源。

如獅象臥虎，出王侯公卿之尊。

如金印羅星，出翰苑清高魁元之地。

如龜鶴龍蛇者，爲神仙佛道之宮。

且古人扦建州邑，有取於水者。如吉水縣兩水交流，狀吉文字。大抵風水之法，得水爲上，故北京萬水朝宗，金陵長江特朝，而爲帝都之大。三吳富甲天下，而有太湖，震澤巨浸，東魯大海外盪，與夫三楚江漢夾會，洞庭融注，西江彭蠡集灌。而越之紹甯枕臺嘉湖。閩之福興泉漳。廣之廣惠潮海等處。皆以得水而人才淵藪矣。

水口之羅星

水口之旗

中國主要城市山水格局

臺北

臺北市位居臺灣的北部，屬於亞熱帶氣候區，全年溫暖，年平均溫度23.5度，四周環山，綠樹掩映，蘊含許多珍貴的自然資源，總面積爲271平方公里，周圍衛星都市環繞，包括淡水、三重、板橋、中和、永和、新店、汐止……等，使得臺北市的經濟、生活、文化、娛樂等機能更加完備；預計於高鐵通車後，全島北、中、南生活圈之連結僅需90分鐘，更使全島北、中、南之生活圈整合至一個半小時的行程中，將使得產業、資本、人員與資訊均可迅速跨界流動迅速，蘊藏無限商機與發展潛力。

臺北市位於亞洲大陸東南沿海、太平洋西岸，北臨日本、琉球群島，南接菲律賓群島，正居於東亞島弧之中央位置，是亞太地區海、空運交通要道，在亞太地區八大主要機場間，臺北的平均航行時間最短，可見位置之優越。

臺北盆地也是山水聚會之處，基隆河自汐止以下蜿蜒迤邐呈九曲朝拜入堂，新店溪自曲尺一路下來也是迴繞蜿蜒，至臺北形成雙重水口，一在基隆河經圓山橋地點，圓山飯店是小龍的頭，圓山動物園舊址是龜形小丘，是爲龜蛇鎮水口，其次是大屯山像一隻象

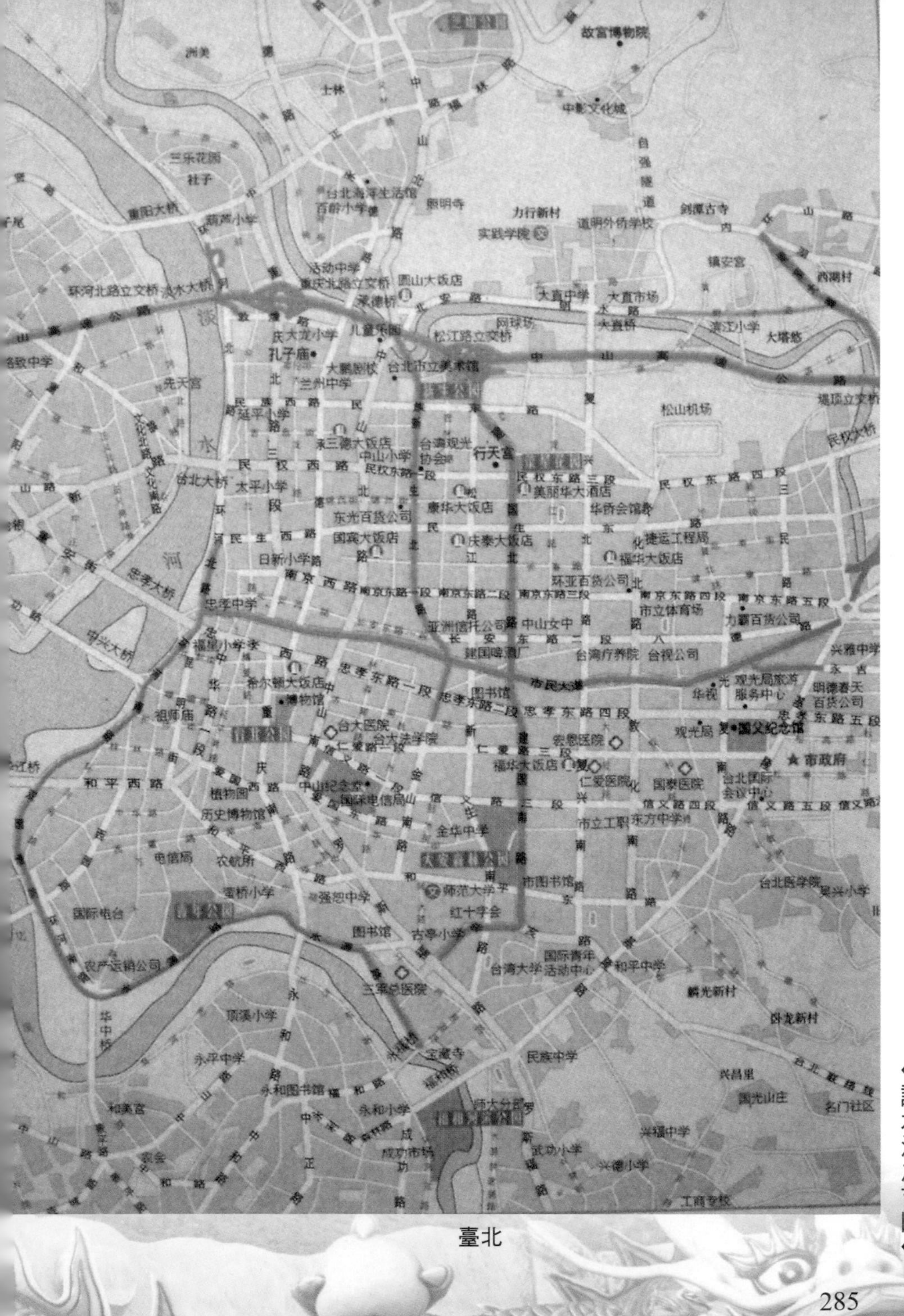
故宫博物院
洲美
士林
中影文化城
三乐花园
社子
台北海洋生活馆
百龄小学
照明寺
力行新村
自强隧道
剑潭古寺
道明外侨学校
实践学院
重阳大桥
葫芦小学
镇安宫
西湖村
活动中学
圆山大饭店
环河北路立交桥
淡水大桥
重庆北路立交桥
承德桥
大直中学
大直市场
大直桥
网球场
松江路立交桥
滨江小学
大塔悠
庆大龙小学
儿童乐园
孔子庙
大鹏剧校
台北市立美术馆
先天宫
兰州中学
松山机场
堤顶立交桥
延平小学
民权大桥
永三德大饭店
台湾观光协会
行天宫
中山小学
台北大桥
太平小学
民权东路三段
民权东路四段
美丽华大酒店
华侨会馆
东光百货公司
康华大饭店
国宾大饭店
庆泰大饭店
捷运工程局
福华大饭店
日新小学
环亚百货公司
南京西路
南京东路四段
南京东路五段
市立体育场
忠孝大桥
忠孝中学
亚洲信托公司
中山女中
力霸百货公司
中兴大桥
福星小学
建国啤酒厂
台湾疗养院
台视公司
兴雅中学
希尔顿大饭店
忠孝东路一段
忠孝东路四段
市民大道
观光局旅游服务中心
华视
明德春天百货公司
博物馆
图书馆
祖师庙
台大医院
台大法学院
观光局
国父纪念馆
忠孝东路五段
安恩医院
市政府
福华大饭店
仁爱医院
国泰医院
台北国际会议中心
和平西路
植物园
中山纪念堂
国际电信局
信义路四段
信义路五段
历史博物馆
市立工职
东方中学
金华中学
电信局
农航所
大安森林公园
市图书馆
台北医学院
吴兴小学
莒桥小学
强恕中学
师范大学
国际电台
红十字会
图书馆
古亭小学
农产运销公司
台湾大学
国际青年活动中心
和平中学
三军总医院
麟光新村
华中桥
顶溪小学
卧龙新村
永福桥
宝藏寺
民族中学
永平中学
兴昌里
永和图书馆
福和桥
国光山庄
永和小学
师大分部
名门社区
和美宫
兴福中学
成功市场
武功小学
兴德小学
工商专校

臺北

頭，其長鼻直伸入淡水河吸水，觀音山投射入地所結如一隻伏地金獅，形成獅象把水口。

地書云，中國的山川龍脈，皆發源於崑崙山，崑崙山位於新疆與西藏及印度之間，山高八千六百一十一公尺，爲世界第二高山，層巒疊嶂，上透霄漢，該山分南北二大幹，而脈出八方，除北大幹阿爾泰山系入蒙古等處，天山系至新疆，而延入蘇俄及西歐各國外，南大幹則由陰山系、南嶺系、秦嶺系，入中國遍佈各省，世稱「崑崙山五龍出脈，二龍至歐洲，三龍入中國」正謂此也。臺北市是中國三大幹龍南幹龍東脈的盡結，亦爲紫微垣局，而有王者氣象。

北京

北京簡稱京，是中華人民共和國的首都，是中國政治、經濟、文化中心。其氣候爲典型的大陸季風性氣候，四季分明，春季乾燥多風，夏季炎熱多雨，秋季天高氣爽，冬季寒冷少雪。北京是世界歷史文化名城和古都之一。早在七十萬年前，北京周口店地區就出現了原始人群居之部落－北京人。北京建城歷史已有兩千多年，最初見之記載的名字爲薊，西元前1045年成爲薊、燕等諸侯國的都城。

自西元前221年秦始皇統一中國以來，一直是中國北方重鎮和地方中心，西元938年以來先後爲遼陪都、金上都、元大都、明清國都。1949年10月1日正式定爲中華人民共和國首都。北京位於華北平原西北邊緣，市中心位於北緯39度，東經116度。全市面積一萬六千多平方公里，北京地理位置得天獨厚，自古以來就有：「北枕居庸，西峙太行，東連山海關，南俯中原」之說。北京市境處於華北平原與太行山脈、燕山山脈的交接部位。東距渤海150公里。

雄踞華北大平原北端。北京的西、北和東北，群山環繞，東南是緩緩向渤海傾斜的大平原。北京平原的海拔高度在200公尺，山地一般海拔1000～1500公尺，與河北交界的東靈山海拔2303公尺，爲北京市最高峰。境內貫穿五大河，主要是東部的潮白河、北運河，西部的永定河和拒馬河。北京的地勢是西北高、東南低。西部是太行山東北餘脈的西山，北部是燕山山脈的軍都山，兩山在南口關溝相交，形成一個向東南展開的半圓形大山彎，人們稱之爲「北京彎」，它所圍繞的小平原即爲北京小平原。綜觀北京地形，依山襟海，形勢雄偉。誠如古人所言：「幽州之地，左環滄海，右擁太行，北枕居庸，南襟河濟，誠天府之國。」

北京得此地理風水之最佳條件，氣勢磅礡，形勢雄偉，巍巍昂揚，如龍之蜿蜒擺首，如王者獨冠群倫於天下，得上海爲右虎砂，朝鮮爲左砂，又成中明堂，日本爲遠朝侍於前，形成中可容億軍萬馬於焉。

南京

南京古城，江蘇省府，江南重鎮，以省政府爲中心，歷史淵遠流長，文化光輝燦爛，從湯山古人類文明到六朝文化、明清文化、民國文化乃至當代文化，南京有 2500 年的建城史，歷史上先後有十個朝代在此建都。幾千年的歷史文化留給這座城市的是俯拾皆是的歷史遺跡。

其東為紫金山，東北為玄武湖公園，長江由南京北經西北、西向南流，從地圖地形結合八卦理氣方位及巒頭之勢可斷定整個南京是東南方位經濟最發達。秦淮河水由東、東南、南，經西南由市西流入長江，因為整個東南巽位為水纏繞澆潤，木得水生，其次是西南坤位，其見秦淮河水、莫愁湖水為財，南方也較發達，南方火見秦淮河水成水火既濟之勢。而其西北、西、面見水，洩氣太過，故而未能藏其風，聚其氣，而納其水勢，以為藏風聚氣消砂納水，而使南京城作為歷史上江南政治、經濟、文化中心的重鎮，雖為八個王朝的都城，但終都為短命王朝，此為風水地理之影響乎？是天意乎？是人為乎？

長江是中國最大的浩蕩水脈，它的流程越遠，所攜帶的地氣也就越發旺盛，南京的地理位置剛好處在長江下游和中國三大幹龍之一和南方幹龍盡頭的交匯之處，北臨長江，城北有玄武湖，城西有莫愁湖，四周群山環繞首尾相連，西面為象山、老虎山、獅子山、八字山、清涼山，南面有牛首山、岩山、黃龍山，東面有鍾山、靈山、青龍山，北面有烏龍山、燕子磯、幕府山。所謂：「襟帶長江而與天下都會。」

蘇州

蘇州的聞名是與經濟的發展分不開的，「上有天堂，下有蘇杭。」蘇州地屬北亞熱帶季風區，氣候溫和濕潤。

有2500年歷史的蘇州古城，地處長江三角洲東南部，西南瀕臨太湖，北依長江，東接上海，西連無錫，南鄰嘉興、湖州，滬寧鐵路東西橫越，京杭運河南北縱貫。河湖交織，江海通連。山明水秀，物產富饒，風物雄麗，人文薈萃，素稱魚米之鄉、絲綢之府、園林之都，歷來經濟繁榮，文化昌盛。

杭州

浙江省省會杭州市。浙江省地處中國東南沿海長江三角洲的南翼，與中國最大的城市上海相鄰。「人間天堂」杭州是中國六大古都之一，義大利旅行家馬可波羅稱之爲「世界上最富麗堂皇的城市」，市內有風光秀麗的西湖、佛教聖地靈隱寺及六和塔等景觀，市郊有史前良渚文化遺址等古蹟。

杭州有著江、河、湖、山交融的自然環境。市內有錢塘江、東苕溪、京杭大運河、蕭紹運河和上塘河等江河。錢塘江水系包括新安江、富春江。新安江水庫是中國東部沿海地區最大的水庫，庫區面積570多平方公里，蓄水量達178億立方米，庫區內有大小島嶼1078個，故又稱「千島湖」。杭州市中心的西湖，南北長3.3公里，東西寬2.8公里，水面面積5.66平方公里。西湖與錢塘江溝通後，每天引入錢塘江水約30萬立方米。市西南部的主要山脈爲天目山、白際山、千里崗山，東南部爲龍門山。臨安市西部與安徽省交界的清涼峰。

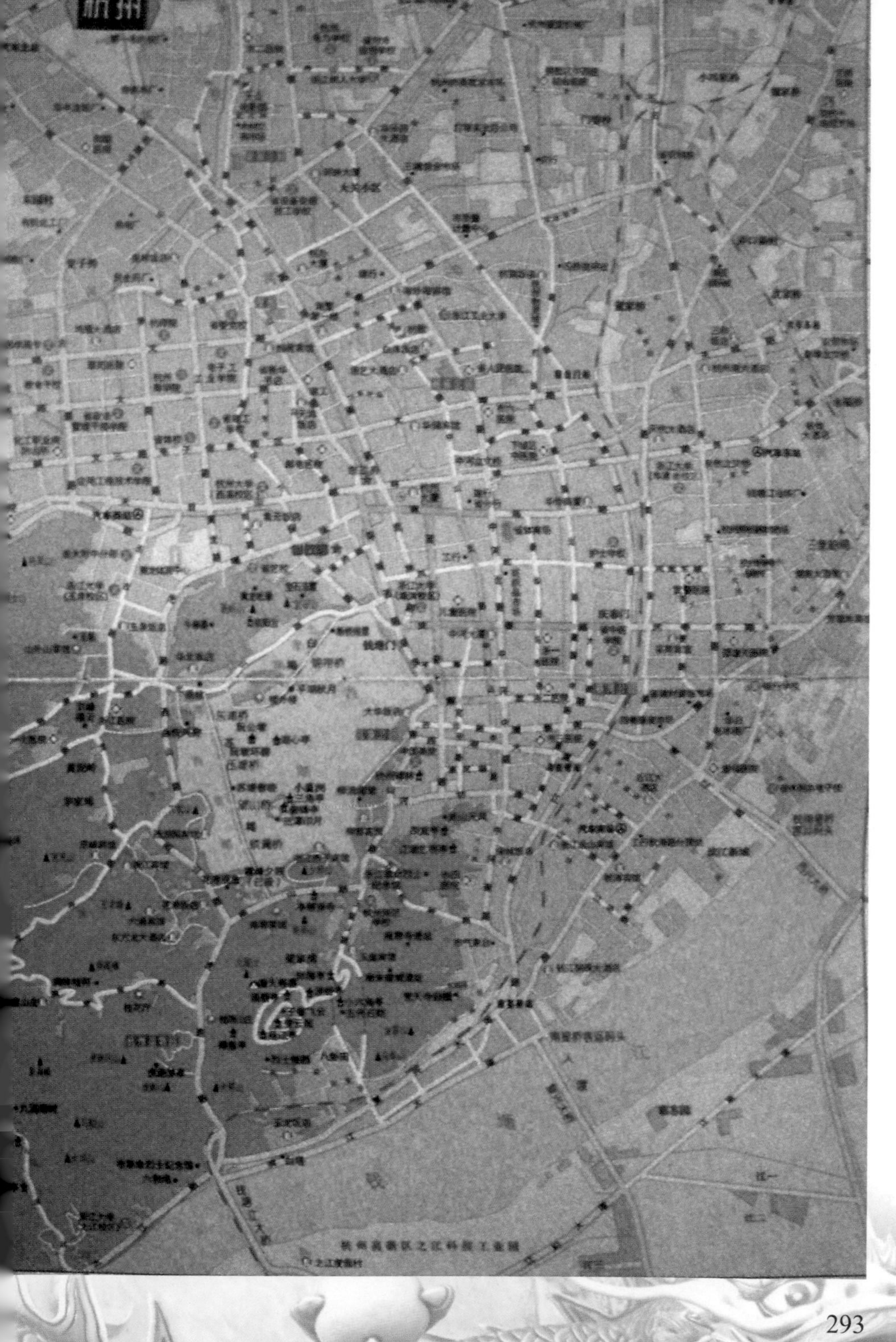
杭州

泉州

泉州是「海上絲綢之路」的起點，國務院首批公佈的24個歷史文化名城之一，泉州刺桐港早在唐代就是中國四大外貿港口之一，在宋、元時期與埃及亞歷山大港齊名被譽爲東方第一大港。泉州人文薈萃，文化昌盛，素有「海濱鄒魯」之譽，中西文化長期在這裡交流彙聚。

泉州市地形呈E型，地處福建省東南部、臺灣海峽西岸，東西寬153公里，南北長157公里。北與福州及莆田市接壤，南與經濟特區廈門市相接，西與三明市、漳州市爲鄰，東與臺灣省隔水相望，離臺灣最近的地方，僅距97海哩。全市土地面積11220.5平方公里。泉州市依山面海，境內山巒起伏，丘陵、河谷、盆地錯落其間。泉州海岸線曲折蜿蜒，總長約421公里，占福建省海岸線的12.7%，沿岸有4個港灣和14個港口。

開封

開封位居華北大北原與豫西山地丘陵交接處。附近一馬平川，無限曠野，地勢平坦，河流縱橫，湖泊星羅棋布，氣候溫暖潮濕，有利於農業和交通的發展。自古是中國重要的經濟區，農業、工商業比較發達；南北寬約92公里，東西長約126公里，總面積6444平方公里，其中市區面積359平方公里。東距亞歐大陸橋東端的港口城市連雲港500公里，西距省會鄭州72公里，南望平疇，北依黃河，在中國版圖上處於豫東大平原的中心部位。

開封扼黃淮間交通咽喉，自古爲四戰之地。但因其附近無山可恃，自然無險可守，一旦有事就會四面楚歌，八方受敵，與長安、洛陽的形勢迥然。

開封位於長安、洛陽之東，有方便的水運交通條件。後周當

時，開封被稱爲「四水貫都」，有汴、惠民、五丈和金水四河貫穿全城，形成了一個龐大的水路交通網。交通的發達，使得各地商賈雲集。開封的商業繁榮，經濟發展，城市人口達百萬以上。金兵南下滅亡了北宋，汴京城遭到極大破壞。金朝雖以開封爲南京，但由於戰亂運河漕運中斷和湮塞。開封城失去了賴以生存的水路交通，很快就衰落 下去。另外，黃河水患也是開封衰落的自然原因。

洛陽

洛陽歷史悠久，從中國第一個王朝夏朝起，先後有商、西周、東周、東漢、曹魏、西晉、北魏、隋、唐、後梁、後唐、後晉等13個王朝在此建都，歷時1529年，是中國建都最早、歷時最長、朝代最多的古都。歷史上曾先後6次進入世界大城市之列。洛陽位於河南省西部，古稱豫州，素有「居天下之中」、「九州腹地」之稱，是華夏文明的重要發祥地之一，因地處洛河之陽而得名。是國務院首批公佈的歷史文化名城和中國七大古都之一。

看盡朝代更迭，貴爲長期以來的京城所在地，又是花王牡丹的盛產地。洛陽位於河南省西部，橫跨黃河中游的南岸，往東距離省會鄭州124公里，往西距離古都西安385公里，東西長約179公里，南北寬約168公里。境內山川縱橫，地勢西南高而東北低，西依秦嶺，南與平頂山、南陽鬱山、荊紫山等多座山脈相連一氣，北爲太

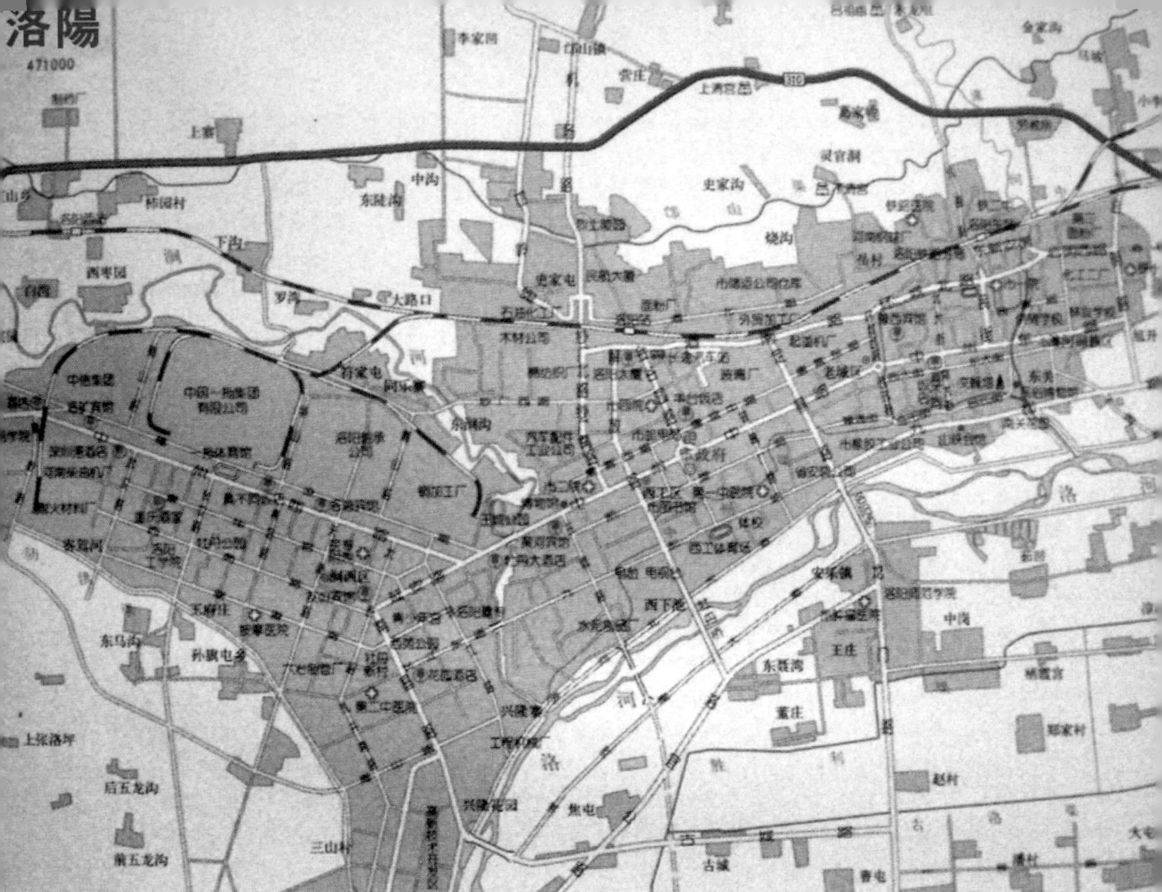

平山丘陵，中部則爲伊河、洛河盆地，全境之內山區及丘陵面積占了總面積之90%之多，海拔介於132～2192公尺之間。山區之外，河渠密佈亦是一大特色，黃河、淮河、長江三大水系大小支流貫流其間。

桂林

桂林市地處南嶺山系的西南部，湘桂走廊南端，平均海拔150公尺，北、東北面與湖南省交界，西、西南面與柳州地區相連，南、東南面與梧州市、賀州市相連，毗鄰廣東省。桂林市轄秀峰、

桂林

汽车总站
北门客车队
凤凰山
马鞍山
芙蓉山
虞山桥
猫儿山
肖家
六狮洲
鸡公山
庙山
仙鹤峰
滩头
牛角岩
蜈蚣山
狮子山
二人民医院
桂湖饭店
黄莺岩
骝马山
独秀峰
西峰
观音峰
伏波山
屏风山
观音山
医学院
西山公园
桂林王城
解放路
解放桥
白岩山
自由路
天玑峰
羊角山
市政府
天枢峰
民航售票处
辅星山
枯牛山
八桂饭店
龙隐路
吊箩山
舍利塔
七星公园
望城岗
桂林汽车总站
桂林站
桂林大酒店
凯悦饭店
外贸宾馆
翠竹路
上海路
漓江路
桂林啤酒厂
七星大酒店
漓苑酒店
旅游专科学校
螺蛳山
黑山
十二中
塔山
穿山
岩溶研究所
象山公园
穿山公园
大头山
斗鸡山
王家里
龙头山
莫家里
桂林卫生检疫所
樟木
东边村
铜鼓山
馒头山
肛肠医院
风筝山
大乐塘
牛王山
瓦窑村
净瓶山大桥
国家山
牛角山
野狗山
公路中专
瓦窑
桂林南站
八中
电厂

象山、七星、疊彩、雁山，是華僑旅遊經濟區六城區和靈川、興安、全州、臨桂、陽朔、平樂、荔浦、龍勝、永福、恭城、資源、灌陽十二縣，桂林市行政區域總面積27809平方公里。屬典型的喀斯特岩溶地貌，遍佈全市的石灰岩經億萬年的風化浸蝕，形成了千峰環立，一水抱城，桂林境內河流密佈，有灕江、湘江、洛青江、潯江、資江五條江，另有集雨面積在100平方公里以上的支流六十五條，平均總水量403.81億立方米，河流落差大，水利資源豐富。洞奇石美的獨特景觀，這裡的山，平地拔起，千姿百態；灕江的水，蜿蜒曲折，明潔如鏡；被世人美譽爲「桂林山水甲天下」。

長沙

長沙市位於湖南省東部偏北，湘江下游和長瀏盆地西緣。東鄰江西省宜春地區和萍鄉市，南接株洲、湘潭兩市，西連婁底、益陽兩市，北抵岳陽、益陽兩市。東西長約230公里，南北寬約88公里。長沙港沿湘江經洞庭湖入長江，可通江達海。全市港區自然岸線長95公里。800噸船舶可四季通航，4～9月可通航2000噸貨輪。

長沙西臨湘江，東瞰臨湘山；嶽麓爲屏，湘江爲帶，水陸洲浮碧江心，瀏陽河曲繞城外，崗巒疊替，湖泊星羅，城郭錯落其間，是一座典型的山水城市。

長沙
岳麓山风景名胜区
长沙电视塔
禹王碑
麓山寺
爱晚亭
黄兴墓
蔡锷墓
岳麓书院
云麓宫
高新技术
产业开发区
湘江一桥
湘江二桥
湘江三桥
省博物馆
马王堆汉墓
长沙革命公墓
西汉
长沙墓
二十中
十七中
十五中
三十七中
二十六中

長沙地區流入湘江的支流有15條，最大的是瀏陽河。瀏陽河發源於大圍山，全長234公里，十曲九彎，終流不絕，匯聚湘江。兩岸青山翠枝。《山經》說：「如果是眞正的龍脈結成的眞正穴位，那麼龍脈的生氣交匯的地方，必須有正脈，垂直降落，微小迷濛的河水分別在左右兩邊，好像日月一樣的砂山分居在兩肩之上，砂山兜轉，護衛回環，夾鋪，有的一重，有的二重，有的四重、五重，雙雙向前兜繞，明堂收斂氣息，這樣的地方才是眞正的地脈。」

廣州

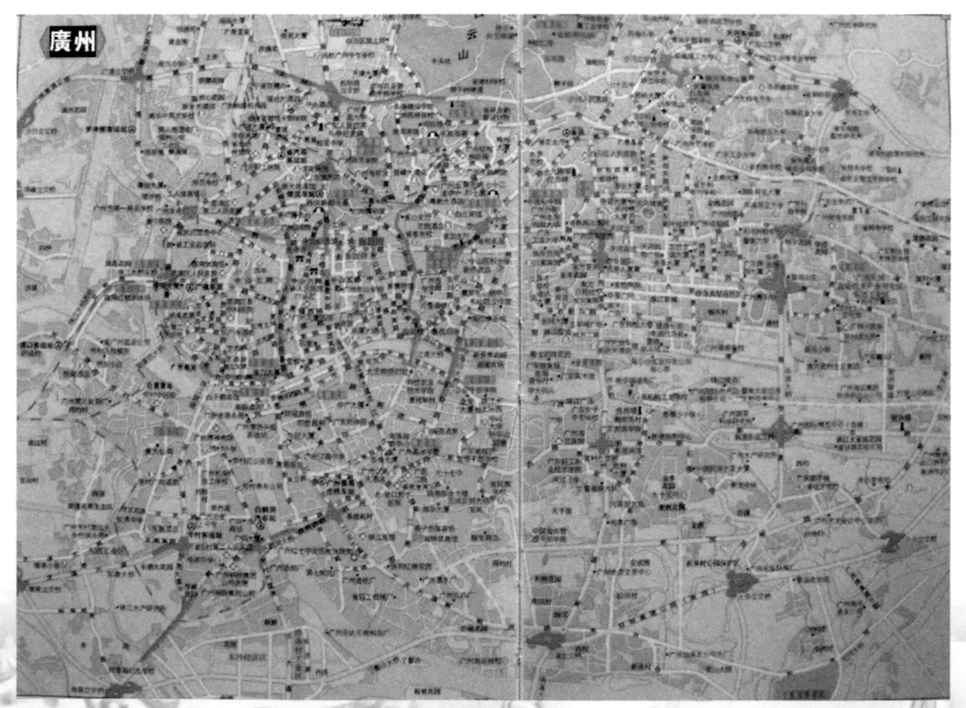

廣東省的省會，政治、經濟、科技、教育和文化中心，中國南方最大的海濱城市。

廣州地處中國大陸南部，廣東省中南部，珠江三角洲北緣。廣州瀕臨南海，鄰近香港特別行政區和澳門特別行政區，是中國通往世界的南大門。經過國家地質礦產部門多次考察，證實在廣州市帽峰山的洞旗峰到穗豐村一帶，蘊藏著一條綿延30多公里的礦泉水帶。

廣州屬丘陵地帶。地勢東北高，西南低，北部和東北部是山區，中部是丘陵、臺地，南部是珠江三角洲沖積平原。中國的第三大河－珠江從廣州市中心穿流而過整個市區，水脈密集如網路，是靈氣所鍾之城市。

西安

古代稱爲鎬京、長安，它是中國著名的古都。西安是一座具有三千餘年文明史的都市，在這塊古老的土地上，曾經發生過無數影響深遠的歷史事件。西元前約十一世紀，周文王在灃河西岸建立豐京，武王繼位後伐紂滅商建立西周王朝，並在灃河東岸建都鎬京，開創了西安長期作爲中國古代政治、經濟、文化中心的歷史地位。西周以豐、鎬爲都，秦以咸陽爲都，均在西安附近。西漢、新、西

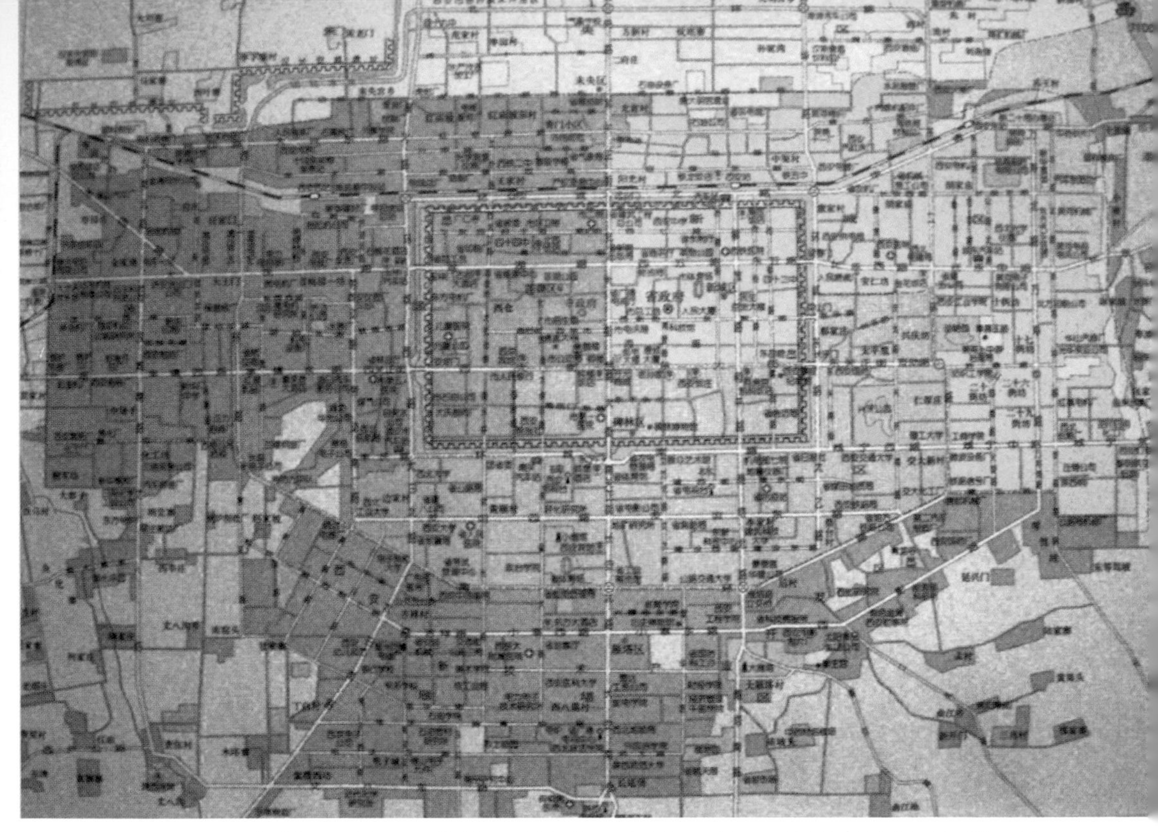

晉、前趙、前秦、後秦、西魏、北周、隋、唐都在西安建都。東漢、曹魏、後唐都在西安建有陪都。

隋朝時在原來的長安城東南另建新城，長安新城南對終南山及子午線，北臨渭水，東有滻、灞二水，城西一片平原。宮城在城市中部偏北，宮殿坐北朝南，「南面稱王」晌明而治天下，當時稱爲大興城。

唐代改大興城爲長安，並且增修宮殿。唐朝皇帝認爲隋朝的宮城建築所處地勢偏低，於是在東北龍首原高阜上新建大明宮，城內修建了興慶宮。整個長安城佈局工整，它以南北禦道-朱雀大街爲中軸線，東西兩邊各有54個坊和一個市，表現出對稱美。長安城的格局對北京城的建築形式是有影響的，日本的奈良和京都也是仿照長安城興建。

歷代統治者之所以看中了西安，這與西安的地理形勢有關。西安地處關中平原，南阻秦嶺，北濱渭河，氣候溫和，土地肥沃。

《史記・留侯世家》記載著漢代張良對西安的讚譽：「夫關中左崤、函，右隴、蜀，沃野千里，南有巴蜀之饒，北有胡苑之利，阻三面而守，獨以一面東制諸侯。諸侯安定，河、渭漕挽天下，西給京師；諸侯有變，順流而下，足以委輸，此所謂金城千進，天府之國也。」

上海

上海是中國最大的經濟中心城市，也是國際著名的貿易港口城市。上海在中國的經濟發展中具有極其重要的地位。全國最大的綜合性工業城市，也是全國重要的科技中心、貿易中心、金融和資訊中心。 上海地理位置優越，是中國的內外交通運輸樞紐。

上海簡稱滬，別稱申。位於北緯31度14分，東經121度29分。北界長江，東瀕東海，南臨杭州灣，西接江蘇、浙江兩省。地處南北海岸線中心，長江三角洲東緣，長江由此入海，交通便利，腹地寬闊，地理位置優越。全市東西寬約100公里，南北長約120公里。

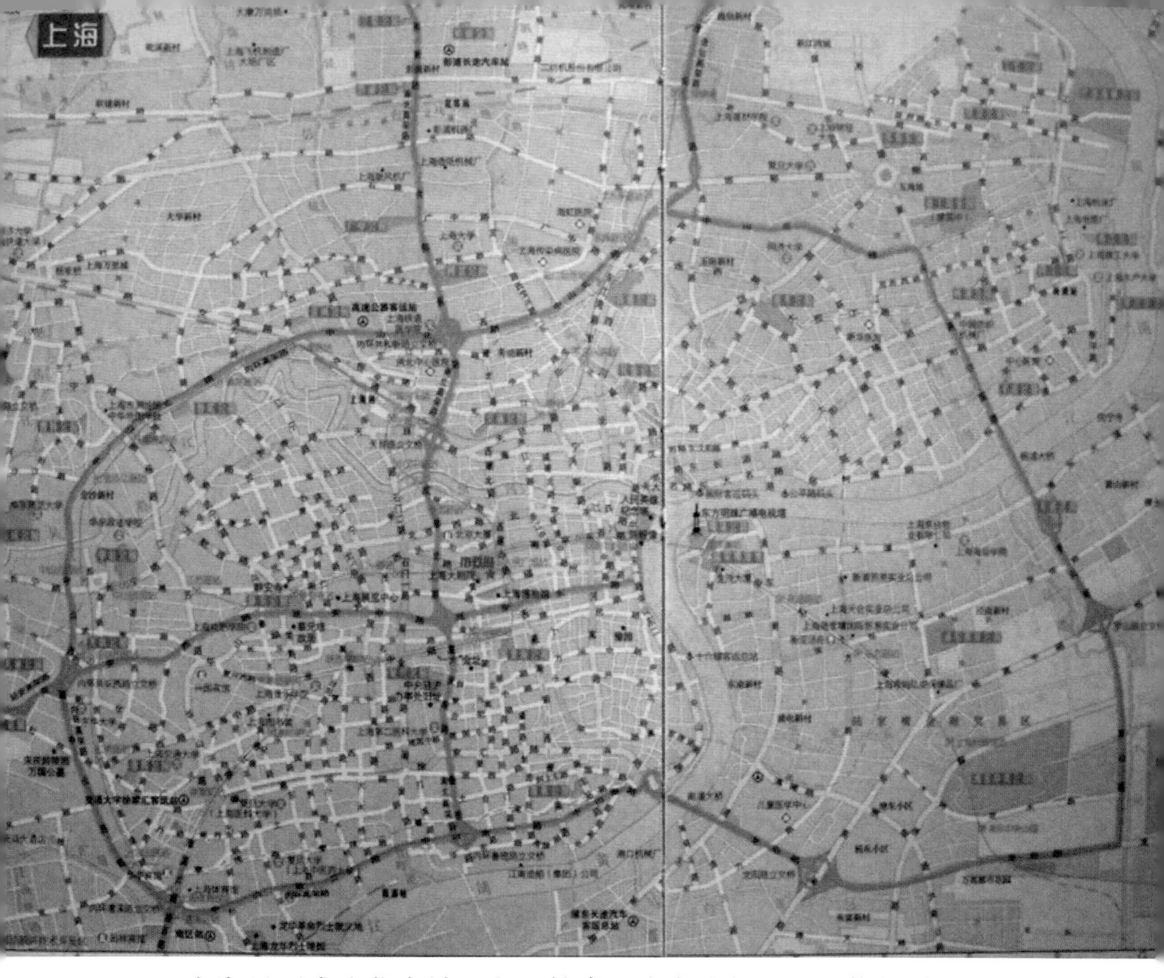

上海是歷史文化名城，有70餘處國家和市級重點文物保護單位，是上海具有鮮明特色的區域文化的最好展示；上海還是萬國建築博覽城，外灘風格各異的建築群及近年新建的千姿百態的新建築，引起了海內外建築界的矚目。

上海市大部分地區位於坦蕩低平的長江三角洲平原的東南端，水網密佈，西南部散見小山丘，平均海拔高度約四公尺。境內轄有中國第三大島崇明島以及長興、橫沙等島嶼，黃浦江及其支流蘇州河流經市區。

境內水網交織，湖蕩衆多。主要河流和湖泊有長江河口段、黃浦江、吳淞江（蘇州河）和澱山湖等。長江流經本市北部，接納黃浦江後，東流入海。江口呈喇叭形向外展寬，最寬處達 80 公里。黃浦江源於澱山湖的澱峰，上溯連通太湖，貫穿上海市區，在吳淞口匯入長江，全長 113.4 公里。下游流經市區的江段約 39 公里。上海由商而興，因商立市，從上海的地理位置可以印證到一點，能夠成爲一個國際化的都市，整個地區一定是水脈密集，網狀分佈，而且水脈必是呈環抱狀或有許多水的交會。

南昌

江西省地處中國東南部的長江中下游，是當今中國經濟最爲發達的長江三角洲和珠江三角洲腹地，承接沿海與內陸的中心地帶。全省生態環境良好，森林覆蓋率高達 59.7%，居全國前列；江西素有「魚米之鄉」的美譽，境內有大小河流 2400 餘條，水網密佈，鄱陽湖爲中國最大淡水湖、世界最大的候鳥棲息地；礦產資源豐富，銅、鎢、鈾、鉭、稀土被譽爲江西省的「五朵金花」。

南昌是江西省省會，氣候溫暖，雨量充沛，無霜期長，屬亞熱帶氣候，京九線上唯一的省會城市。南昌地勢平坦，水資源豐富，數百個大小湖泊星羅棋佈。水路可通長江各口岸，京九線、浙贛線、皖贛線、向樂線在此交匯。現代化交通網絡使南昌與沿海發達城市緊密相連，鋪設了通往世界各地的快捷方式。

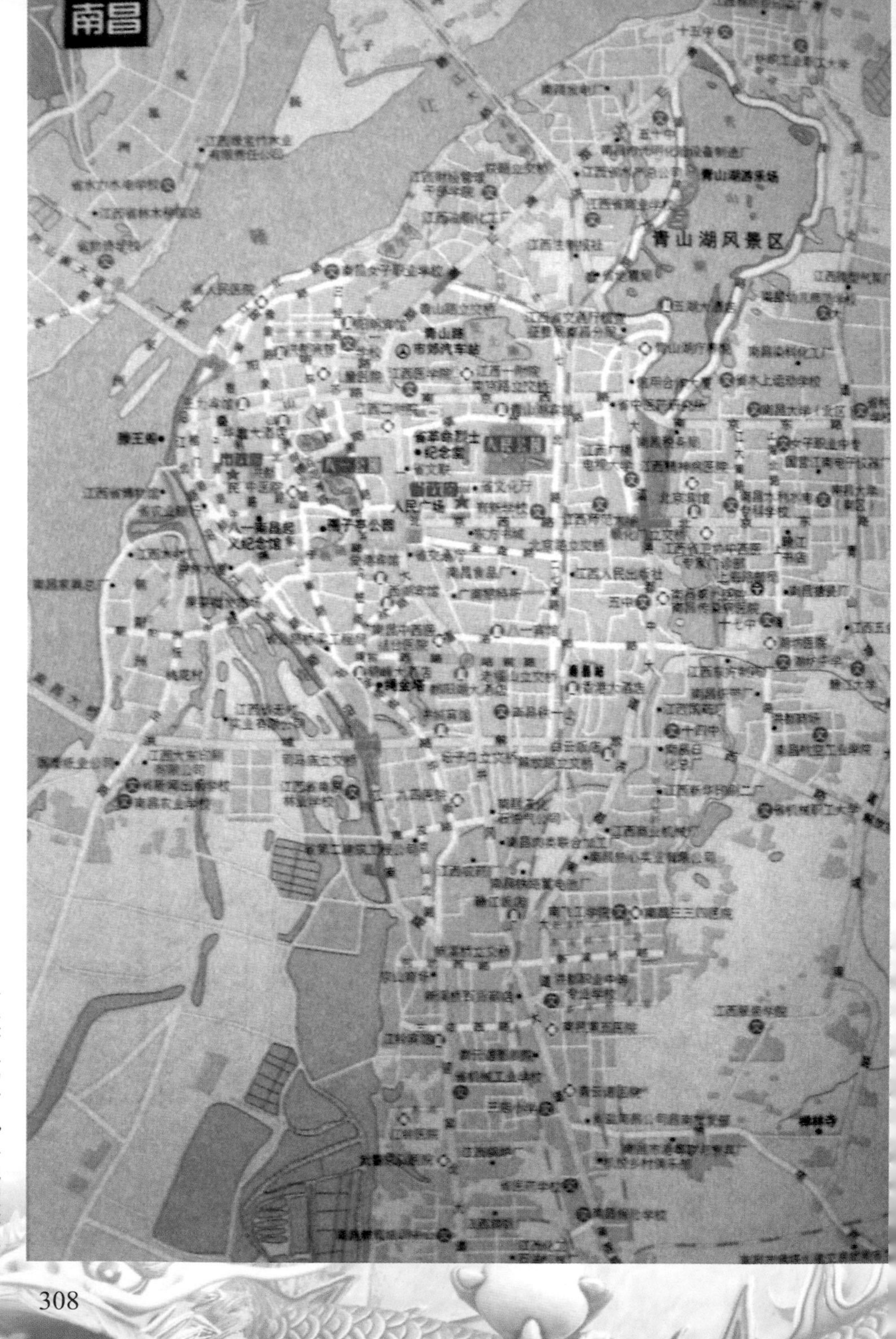
南昌
青山湖风景区
滕王阁
省革命烈士纪念馆
八一南昌起义纪念馆
人民广场
省政府
孺子亭公园
绳金塔
市郊汽车站
青山路
十五中
五十中
十四中
五中
十七中

武漢

武漢簡稱漢，是湖北省的省會，中國六大中心城市之一，華中地區的最大都市。位置居中，承東啓西、接南轉北、吸引四面、輻射八方，具有傳導和中繼作用，理應在中部崛起中有所作爲，成爲促進中部地區崛起的戰略支點城市。武漢如何在「中部崛起」中發揮戰略支點作用，已成爲政府和廣大市民侃侃而談的話題。

武漢處於江漢平原東部，東與黃岡、鄂州、大冶接壤，南與咸寧、嘉魚、洪湖相連，西與仙桃、漢川毗鄰，北與孝感、紅安、麻城相接，是長江中游與其最大的支流漢水交匯處，形似一隻自西向東的彩蝶。長江與漢水將武漢分爲漢口、漢陽以及武昌等三部分，形成武漢三鎮隔江鼎立的格局。武漢地形以平原爲主，丘陵爲輔，且市內湖泊、塘堰衆多。武漢市臨江傍水，四周湖泊星羅棋佈，河港交織，水資源相當豐富，以長江爲幹流構成龐大的水網，總水域面積2187平方公里，占城市面積的25.6%。在中國經濟地理中，武漢處於優越的中心位置。水、陸交通十分發達，自古就有「九省通衢」的美稱。

重慶

重慶是一座具有悠久歷史、燦爛文化和光榮革命傳統的名城。由於地理、自然等方面的原因，重慶自古就是巴渝地區的政治、軍事、經濟中心，因境內嘉陵江古稱「渝水」，故簡稱「渝」。

重慶是長江上游重要的交通樞紐和內河口岸。重慶轄區主要分佈在長江沿線，東臨湖北、湖南，南接貴州，西靠四川，北連陝西。重慶幅員遼闊，域內江河縱橫，峰巒疊翠。北有大巴山，東有巫山，東南有武陵山，南有大婁山，地形大勢由南北向長江河谷傾斜，起伏較大。地貌以丘陵、山地爲主，坡地面積較大，成層性明顯，分佈著典型的石林、峰林、溶洞、峽谷等喀斯特景觀。

主要河流有長江、嘉陵江、烏江、涪江、綦江、大寧河等。長江幹流自西向東橫貫全境，流程長達665公里，橫穿巫山三個背斜，形成著名的瞿塘峽、巫峽、西陵峽，即舉世聞名的長江三峽。嘉陵江自西北而來，三折入長江，有瀝鼻峽、溫塘峽、觀音峽，即嘉陵江小三峽。以丘陵、低山爲主，平均海拔爲400公尺。地勢從南北兩面向長江谷傾斜，起伏較大，多呈現「一山一嶺，一山一槽二嶺」的形貌。地質多爲喀斯特地貌構造，因而溶洞、溫泉，峽谷、關隘多。重慶市區坐落在長江與嘉陵江交匯處，三面環水，一面靠山，依水傍山，層迭而上，旣以江城著稱，又以山城揚名。

銀川

千年古城銀川是寧夏回族自治區首府，又名鳳凰城，有寧夏明珠、「塞上江南」之譽，西倚賀蘭山，東臨黃河，爲寧夏全區政治、經濟、文化和交通中心。居民有回、漢、滿等。地勢平坦、開闊，由西南向東北逐漸傾斜。平原地區平均海拔1000～1117公尺。沃野百里，溝渠縱橫，是西北有名的「魚米之鄉」。

西元十一世紀初，銀川即爲西夏國都城。西依賀蘭山，東臨黃河，位於黃河上游的寧夏平原中部。黃河自南向北流經市境東界，過境長度78.4公里，年平均過境流量315億立方米。銀川現已形成了穆斯林風情、西夏歷史文化、戈壁荒漠奇景、塞上江南自然景觀、回族穆斯林風情五大特色，並正逐步成爲中國西部風光獨特的旅遊勝地。

風水之法，得水爲上，故世界之大城市皆是衆水交叉，水勢曲折有情，融注、會聚或環抱。

風水之法，得水爲上，故世界之大城市皆是衆水交叉，水勢曲折有情，融注、會聚或環抱。如以下各大城市

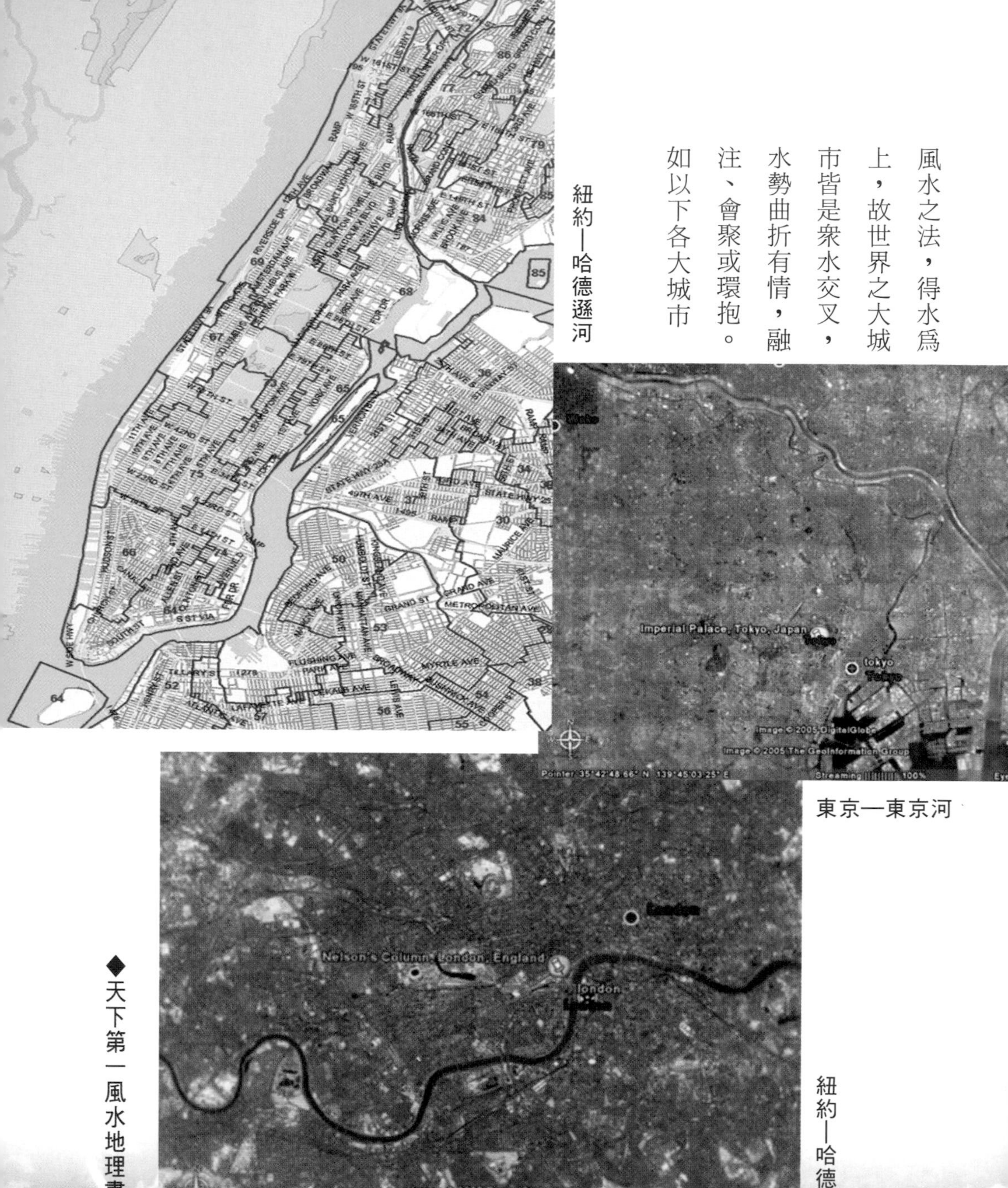

紐約—哈德遜河

東京—東京河

紐約—哈德遜河

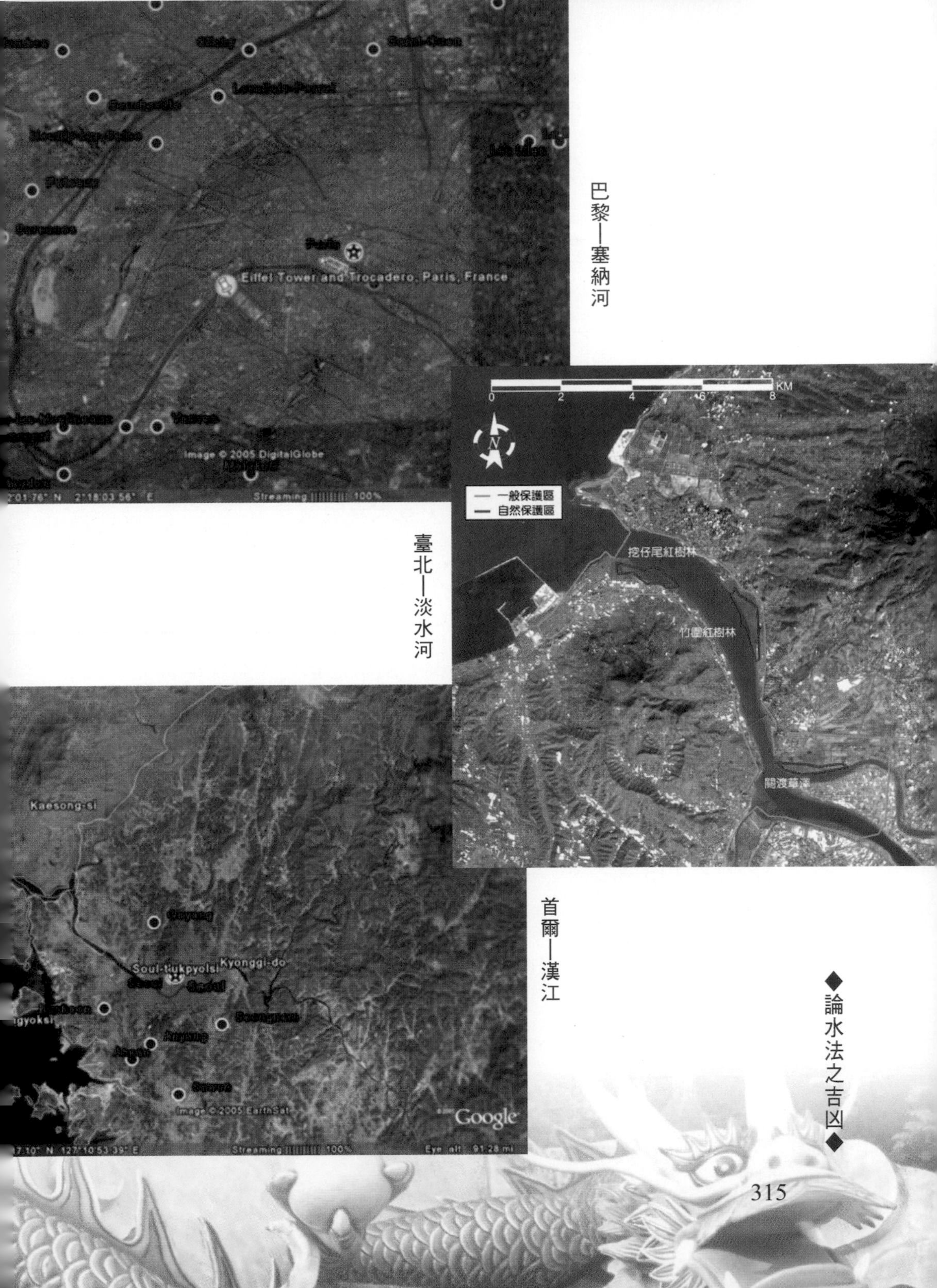

巴黎—塞納河

臺北—淡水河

首爾—漢江

入山問水口，登穴看明堂

因此自一里、二里，以至數十里或百里，來水、山脈的層數越多，經由山脈層層關瑣，則龍脈的力量就越大，立穴於山谷，因爲山谷多狹窄，最難得的是有好明堂。立穴於平陽，因平陽多空曠，最難的就是水口有關攔交瑣。水口乃爲吉地結穴之門戶，有最大的利害關係，故說：「入山問水口，登穴看明堂。」

水勢之吉以聚氣爲貴。不能凝聚而水勢太大爲凶地，如古書上說：「大則蕩胸，而內氣不收必至敗絕。」就是說水勢也不能太大，過大則反而是散氣，即氣不聚，風水是講究「藏風聚氣」，水勢太大則違反了這個原則。所以如果是汪洋巨水宜處於外明堂，以穴中不見爲美。

大抵水瀉則財不聚，水反則情他顧，水割則山無餘氣，水斜則下砂寬遠，田源之水一級低一級而來者爲「倉板水」，一級低一級而去者爲「捲簾水」。凡論水城的原則，不問江河、溪澗、溝渠、坑洫。大抵以抱身、彎曲、有情，爲吉；斜側、反跳、無情，爲凶。

論朝水之吉凶

朝水者，是爲穴前的來水，原則上水勢以來朝爲吉，不過若當穴見水急湍，而且是直接沖射而來，湍怒有聲，即使是來朝的水，也要論爲「凶水」。若當穴見水灣曲而入，悠揚有情、深緩則爲「吉水」。所以不可以爲穴前來朝水就論爲吉，口訣云：「當面直沖朝入，子嗣貧寒，若水經過九曲轉折而後朝入明堂，當朝爲宰相。」又訣云：「大水洋洋當面朝，當代出官僚。」又曰：「朝水一勺能救貧。」

論去水之吉凶

去水者，在穴前見流出去之水，此水極凶，廖氏云：「第一莫下去水地，立見退家計，但看其小勢雖去，而大勢逆回方可言吉，又看其小水去，大勢又順，絕無融結，主敗絕不可索觀。」

水出去只要有關攔，切忌直去無山關攔，大抵穴前見流出去之水，多主初年就敗，錢財不聚。凡去水之地，合於形局理氣，要發福也比較晚。但若穴前緊夾不見去水亦可發貴。

風水之法，得水爲上，此爲水庫之下方，水直去無關攔，故氣不聚。立宅安墳主不聚財。

論元辰水之吉凶

元辰水，穴內龍虎砂之前，最近處的合襟水，不論是乾流、水流，都稱之爲元辰水，切忌傾瀉而下，龍氣則洩，必須左右有砂山摺回攔截爲美。

元辰水當心直出，也不可說元辰水直出一定是凶，若能得外面之山轉首來橫攔，使水流能得之玄屈曲得之反吉。若元辰水向前直流而去，局勢寬闊不收，則眞氣不聚，這裡必然不是眞正結穴之地，就不必枉費時間在此找地。

故凡龍眞穴的，元辰水直出之地，皆是不利初代，大多是先凶後吉，必須到前面之砂包欄離穴場不遠，就有摺回之砂，而且必須流年走到砂攔水截之處，方可發財祿。

列圖如下：

此爲聚水局，下砂有水壩關攔，水勢集聚。

此爲水口方有大樓鎮鎖，亦可論爲「羅星守水口」。

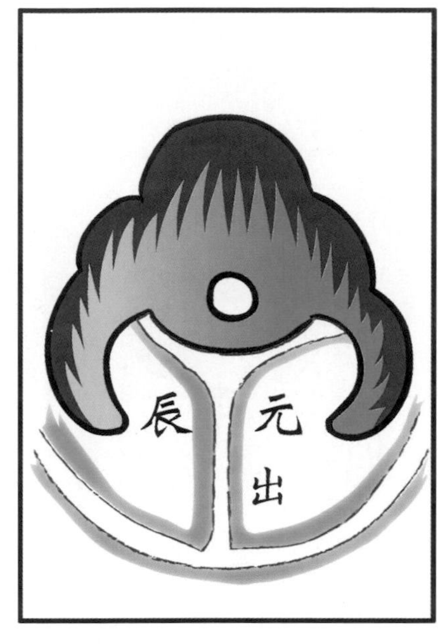

元辰水吉式：此元辰水由穴前直出，本為不利，但有外水橫攔截住，乃為吉水，但主不利初代，發福會比較遲一些。

元辰水吉式：此元辰水由穴前之玄屈曲節節關攔而流出，乃為吉水，葬後主初年亦發達大吉，為至美之水局。

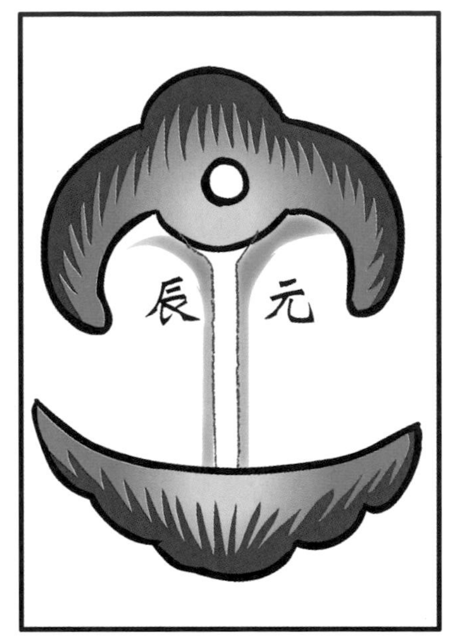

元辰水吉式：此元辰水由穴前直出，而前又有外山橫攔，截塞，亦乃吉格，但主葬後不利初代。

元辰水凶式：此元辰水由穴前直出傾瀉，無山無水橫攔，生成此形不結地，無用處，極凶之格式也，直入爲沖心水皆凶。

論天心水

天心水者，乃是墳前明堂正中處，倘若有水融聚，謂之「水聚天心」，主發富顯貴，訣云：「水聚天心，孰不知其富貴，若墳前有水穿堂直過，或直來直去，謂之『水破天心』，主財不聚，人丁稀弱，且水既直穿龍氣，必不聚不可尋地，求穴，主財散人微。」

賦云：「爲人無子者，只因水破天心是也，故天心之水宜聚，而不宜散，要彎曲而不宜直牽。」又有一說，界水淋流墳頭，亦謂之水破天心，亦主無子，或者葬後人離財散，此二者皆凶，要注意細察，不可忽視，受害不淺，學者愼之。

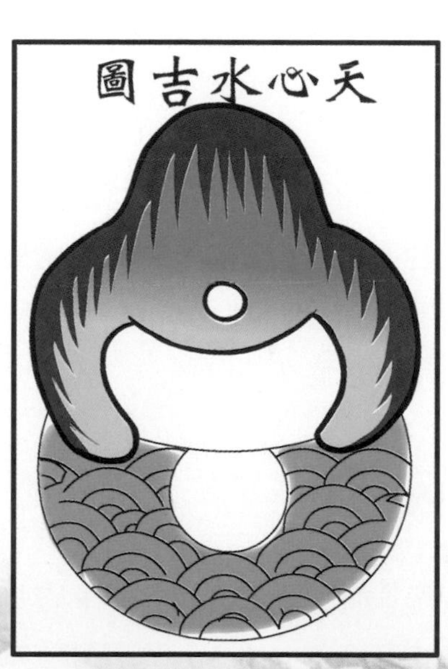

此水聚天心，主發富貴最吉之格式

此爲「水破天心」：主人丁離散，破財之格也，若水從穴前直流入爲沖穴心，也主凶。

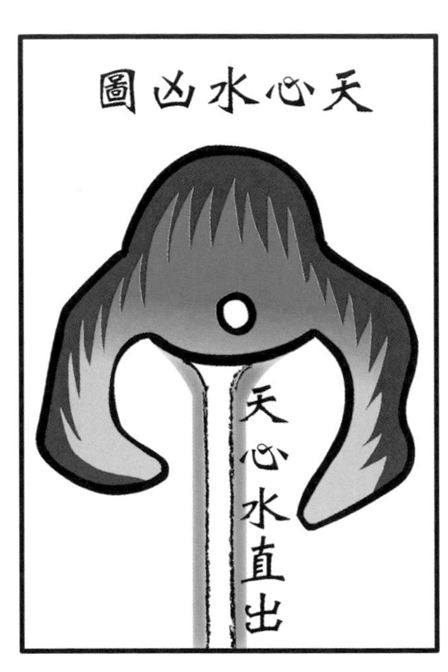

祿儲水

何爲祿儲水？水之融注，如祿之儲積也，或在穴前，或在穴後，或在穴之左右，或在水口間，有深瀦融聚之龍潭、湖池、沼塘子，窟洞等皆是也，或諸水聚會皆爲祿儲水，但要深大不涸竭爲美，主厚祿主儲積大富悠久不替。

論泉水之吉凶

嘉泉者，其味甘甜，其色清瑩，其氣香也，亦曰甘泉，澄之越清，混之難濁，春夏不盈，秋冬不乾，暑涼寒暖，四時瑩徹，此泉水最美，陰宅墳地近之，有此水乃龍氣之旺，迸裂不禁者，大富貴，地方有此應亦名眞應水，陽宅房子有此嘉泉，居民飲之富貴長壽，一方多慶。

冷漿泉

冷漿泉者，味淡色澤，其氣腥也，亦曰泥水泉，不可灌溉，不能飲，不宜炊煮，或有雨則盈，雨霽則乾，或春、夏溢流，秋、冬枯乾皆不吉，乃龍氣弱，陰陽宅近之最凶，不可誤認為眞應水而葬墳也，陽宅有此水飲之非但無富貴，主瘟病腫勞弱，久則絕滅。

醴泉

醴泉不必尋地，又有漏泉，乃點滴滲漏，乃龍氣之弱不可求穴。

冷泉

冷泉者，清流冷冽，乃受極陰之氣，絕不能融結造化也，訣云：「漏泉、冷泉、濺泉、紅泉等，對子乳中及明堂，皆不宜有此水，若有之主漏病怪病，因洩氣家儲無有是也。」

龍湫泉

龍湫者，孕育蛟龍之屈也，或旱歲祈禱則應者，此泉多出大山亢陰之所，爲鬼魅邪精之多，不可求地尋穴。

瀑布泉

瀑布泉者，山岩上流水飛奔石壁之下，如擲布之形狀，穴前見之，或如孝簾，或如垂淚，或如白刃等狀，皆主不吉，又或有聲如轟雷槌鼓，如哭泣悲聲等，尤爲不祥，又有幽奇岩洞，飛瀑如珍珠簾者，亦只主仙釋清高，但不可以求穴，扦葬主孤。

諸泉論

以上諸泉，唯嘉泉爲吉，餘皆非宜，對於醴泉、湯泉、銅泉，龍湫泉則氣鍾於泉者，紅泉氣鍾於礦，其餘不好之泉，乃氣虛弱，皆無融結，不必追尋。

論水形勢

墳前之水形勢不同，致其所應吉凶亦異：

其吉者有朝懷、聚面、盪胸、拱背、入口，及九曲、腰帶、倉板、融瀦、迴流、暗拱、鳴珂等十二式。

其凶式有瀑面、沖心、射脇、果衣頭、牽鼻、穿臂、反身、割腳、漏腮、淋頭、交劍、捲簾、流泥、斜撇、反跳、分流、漏槽、形殺十八形式。

水隨山轉，山停則水聚，山環則水抱，入山要尋水口，登穴則看明堂。水來處爲天門，若水來不見源流即來水寬大，謂天門開；水去處爲地戶，水去之處窄小而不見去水者，謂地戶閉。水本爲財，天門開則財來，地戶閉則財取之不竭。

水局名稱雖然繁多，大多以形狀、功用、作用、結果等等而命名。然觀察其取名，不外乎可依「形」與「勢」而分類，依「形」則可分五大水局，依「勢」則可分交、織、鎖、結、穿、割、箭、射等八類。

巒頭五大水局之解說

在古書裡水局之名稱繁多，然若以水流之形狀及來去水之位置、作用等而分類，則可約略將其歸納成五種水局即：朝水局、順水局、橫水局、聚水局、旱龍局，雖有五局各自不同，而只要是龍眞穴的，皆主富貴發福，唯發福之年快慢有別，如合於元運，朝水局發福最速，順水局則不利初年，發福較遲。分別說明如下。

一、朝水局之吉凶

又稱逆水局，或朝懷水，朝水即穴之前當面對朝來水，此水爲吉，乃因風水之法得水爲上，墳穴前當面水朝，此水來朝，如聚懷中，合於理氣，即葬即發，若再靜深如釜，光耀若鏡，則易發更速，主朝貧暮富，寅葬卯發。即謂：「逆砂一尺可致富，朝水一杓能救貧。」然朝水不但發財而已，且能致貴。楊筠松云：「大水洋洋對面朝，列土更分茅。」《青烏》云：「大水洋朝，無上之貴。」但水固以特來當面朝穴爲吉，但仍要細認水之形態方可定其吉凶，若水直、急、衝、射、湍急有聲則反而爲凶，必也屈曲悠揚深緩方爲合法，《雪心賦》云：「交、鎖、結、織爲四吉。」即是此理。

王永慶之祖墳

王永慶之祖墳一欲得大地要先得明師

王永慶祖墳在臺北近郊的觀音山下，淡水河岸獅子頭山，古稱羊稠口之地，其形如獅，是爲金獅坐北斗之佳穴寶地。於民國四十六年歲次丁酉年由曾子南老前輩主庚，穴後正坐觀音山，高聳秀麗，峻拔入雲霄，是爲本穴之少祖山，正是少祖高峻秀麗必蔭人富貴長壽。

佳城坐三元艮爲山卦，先天卦氣爲六水是爲南北父母卦，後天卦運爲一，動用第三爻，向上爲三元兌爲澤之卦，先天卦氣爲四金，爲南北父母卦，後天卦運爲一，內明堂水出周天143度，三元山天大畜之卦，先天卦氣爲六水，後天卦運爲四，是爲江西地元龍，兩側有王永慶題字。

本佳城得淡水河與基隆河逆水並交匯來朝，正是逆水朝堂準發富貴如雷。

前方有淡水河於辰巽方來水，是爲庚辰三元地天泰之卦，先天卦氣爲一水，爲南北父母卦，後天卦運爲九，左方有基隆河從乙方來水，並於淡水河交會之後水出左方而去，水消之位是在三元壬寅天火同人卦之位，先天卦氣爲九金，後天卦運爲七，爲江東人元龍，出水口是爲消砂納水藏風聚氣之局。

因此可知王氏之祖墳是最佳、最妙天造地設之裁剪，卦內八卦不出位，代代出人尊貴，向水流歸一路行，到處聲名揚。由此可知欲得大地要先得明師。

王永慶祖籍福建省安溪縣，1917年1月18日生於臺北縣新店。其父王長庚以種茶爲生，生活頗爲艱辛。十五歲王永慶小學畢業到茶園當雜工，後又於小米店做學徒。第二年以借來的二百元作爲創業資金開一家小米店。五〇年初台灣工業局推出一系列工業發展計畫，其中包括美國援助興建石化工業基本原料——聚氯乙烯。王永

佳城兩側王永慶題字

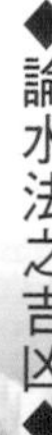

慶大膽接手當時這是無人看好的產業，成立臺灣塑膠工業股份有限公司，即「臺塑」，並把發展觸角伸向海外。根據臺灣《天下雜誌》近年對全國2000家大企業實力的調查，擁有近七萬員工、近3800億新臺幣營收的臺塑集團已經躍居臺灣各企業集團的龍頭老大。臺塑集團六輕廠完工後，乙烯產量將超過日本、南韓，居亞洲第一，躋身全球十大廠之列。王永慶善於把握時機，所投資事業不僅在國內創造許多第一與奇蹟，在中國大陸也發展迅速。九〇年代以來在中國大陸各地建立以石化原料加工爲主的三十多家企業與大型發電廠，而且投資新的石化、汽車、鋼鐵、物流、醫療等重要產業。

淡水河與基隆河交會

二、順水局之吉凶

順水局又稱去水局，即穴前之明堂見水直去即是，此水極凶帶破。《堪輿漫興》云：「順水之局穴要低，有砂交鎖始堪爲，面前若見滔滔去，縱是龍眞亦禍危。」唐廖金精云：「第一莫下去水地，扦下立見退家計。」即指此水。就算朝水局，若水欲朝，亦必屈曲悠緩，不可急射、直射方爲吉，若水到穴前而反去形成去水局，有似於「背城水」，則其凶尤甚，可見去水局爲禍之烈。

順水局爲凶旣明，但若山勢周密來龍豪壯長遠，力量宏大，四勢周密，水口交結，亦即龍眞穴正，砂勢關收交固，即前案之出水口見有交鎖之山，使水九曲旋繞轉折緩緩而出，則此穴根基穩固，縱見水去亦因根基穩固，形成小勢雖去大勢欲回，得此形勢則雖順水亦可用。而主此穴之主事者初年退敗不利，古書云：「賣盡田園始爲官。」一般而言，順水局發福必遲，若兩砂不收，前案不關。砂水皆順去必敗無疑。若嘗用人工高築案山，此乃以後天補先天之不足，亦可用以趨吉避凶，端在活用而已。

此為順水局，水勢曲旋緩緩而出，砂勢關收，水口交鎖

三、橫水局之吉凶

即龍之結穴，水於穴前左來，流於右去，或水於穴前右來，流於左去，右來或左去，實則此種流法對於穴地之吉凶有一定之理氣法則。即不論何種水流，皆喜「天門開，地戶閉」。即來水之處寬闊，且在穴前之明堂集聚，若集聚廣深則財大，集聚窄淺則財小。

水口為水出之處，猶如人之門戶，水出之處需地戶閉，即下砂逆收形成關鎖。若天門開再加有龍虎兩砂相對關鎖，而使水流緊密，隱而不見，即地戶緊閉，則為上吉貴地。

若其他「理氣」再配合無差，造作之日課得七政天星奇門之法，造作裁剪得宜，則吉上加吉；反之則爲凶。若來水在穴前明堂形成聚水抱弓有如玉帶束腰；是爲腰帶水或金城水，大吉，但若下砂無力，水流直去無阻，或反弓過穴前明堂反而不利。

此爲橫水局，若堂前水勢集聚廣深則財大，集聚窄淺則財小。

此爲棋水局

四、聚水局之吉凶

聚水者，水得儲聚之謂，乃諸水融聚於穴前之明堂有深潭、池沼或湖泊。聚水宜澄清而深且爲活水，終年不乾涸爲佳，若再遇龍虎兩砂貼身緊抱則更佳。

《雪心賦》云：「水聚天心，孰不知其富貴。」因水本動，其妙在於靜中，聚則靜矣，靜則悠深，水聚則氣亦聚。融瀦，無來無去，爲水法之上格。水爲財，湖泊池沼之水，四季不涸，融注深凝，再配上龍眞穴的，財祿自然豐足。

楊筠松云：「水朝不若水聚集。」

聚水局，水融聚於穴前明堂，此爲人工造作之水局

吳氏云：「一潭深水注穴前，不見來源與去源，億萬資財無足資，貴入朝堂代有傳。」

梁氏云：「湖有千年不涸之水，家有千年不散之財。」

皆指此聚水局而言，故此局若再合於玄空理氣，並得七政天星奇門擇日之最高法門，且地師造作裁剪得宜，則既富且貴，綿遠榮盛。

五、旱龍局之吉凶

旱龍局又稱無水局，即穴前無水。穴地結於山坡、高崗之上或深山之中，而此高山平坡，大抵皆無汪洋之水，若按「山管人丁，水管財」之定義，則此穴豈能發福？然古今之明師取「無水」入局者，必以該地四周之山圍繞但不宜過高，來龍帶倉或庫，前有明堂形成掌心窩狀，形成將附近乾流集聚之狀，則雖不見水亦能富貴。此穴必要山勢清秀盤據，若三陽逼窄穴，穴前無掌心窩者，則不取。先賢云：「一點眞原，即爲發富、發貴之根本。」穴前若無水，而有周圍山勢環繞有如彎曲五指形成掌心如鍋底者即可類水，此類水即一點眞原，妙在取虛不取實之意。或穴高在半山，必然無水可見者居多，故不可過於執著，山谷以藏風爲貴，穴場只要乘得生氣，能藏風聚氣，發達即快，何必拘泥於有水、無水。

諸水之形勢

水局之名稱繁多，《葬經》：「水本動，妙在靜中。」《雪心賦》云：「交、鎖、織、結爲四吉。」又云：「穿、割、箭、射爲四凶。」則可將上述諸種不同水流名稱，除了上節依水之「形」分五大水局外，尚可依水之「勢」作劃分。

如《地理人子須知》云：「夫穴前之水，形勢不同，致其所應吉凶亦異。故觀水之法，莫先於此。其吉者，有朝懷、聚面、盪胸、拱背、九曲、腰帶、倉板、融瀦、迴流、暗拱、鳴珂。其凶者，有瀑面、衝心、射脅、裹頭、牽鼻、穿臂、反身、割腳、漏腮、淋頭，及交劍、捲簾、流泥、斜撤、反挑、分流、漏槽、刑殺等形，不可不辨。」

諸水之形勢列圖於下，以便學者參考：

朝懷水者，其來水當面流來，而對墳穴朝來也主吉，即所謂：「逆砂一尺可致富，朝水一杓能救貧。」此水聚懷中，靜深如釜，光耀若鏡，易發最速，主朝貧暮富。不但發財而能致貴，楊公云：「大水洋洋對面朝，列土更分茅。」《青烏》云：「大水洋朝，無上之貴。」

衛身水者，龍脈奇異，忽於湖水中突起墩埠，結爲形穴。穴之

前後左右，皆汪洋巨水，如孤月沉江，江豚拜浪，蓮花出水，皆以水爲護衛，水旣瀦融，不溢出也不會乾涸，水旣澄靜而不流，比遠遠流來之水反而更有形勝之勢，並且是風藏氣聚水靜衛者。此局若得地師再合於玄空理氣，並得七政天星奇門三元卦氣卦運擇日之最高法門，且造作裁剪得宜，是爲吉上加吉。

聚面水者，乃是四面諸水融聚流歸於穴前明堂。《雪心賦》云：「水聚天心，孰不知其富貴。」因爲水性本爲動態，而此妙在水處於靜態中。水氣聚則靜，靜則悠深融瀦，無來無去，爲水法中之上格。此局若得地師造作合乎玄空理氣，並得七政天星奇門三元卦氣卦運擇日之最高法門，且造作裁剪得宜，發福必然久遠。

盪胸水者，乃是水勢浩盪而來，奔流於穴前，其勢頗有近於聚面水，但以諸水團聚而言，衆水聚來，自小而大，如囊之聚物，主極富。盪左則長房富，盪右則幼房富，至驗。盪胸水是爲穴勢低小者，若來水形勢洶湧，則反不能盛受，氣太強反而散其生氣，凡祖墳有此水法主凶。

拱背水者，乃是前面來水流遶穴後而去，有此水法即爲「水纏玄武」，賦云：「發福悠長，定是水纏玄武。」又曰：「拱背水皆主吉。」發福悠長，定是水纏玄武，主富貴綿遠，因水能聚龍之氣。水纏玄武尤勝於山纏玄武。

融瀦水者，有深塘注水而聚其間，而看不出其出水口，在現場而莫知其來去，不拘左右或面前，墳穴前有此水法，主大富顯貴，而且發達長久，若龍穴眞的而有此吉水，前面之砂即或不靜亦無大妨礙，有訣云：「前案若亂雜，但求積水爲奇。」

梅花湖

梅花湖

宜蘭梅花湖，爲融瀦水，有深塘注水而聚其間，景色秀麗。

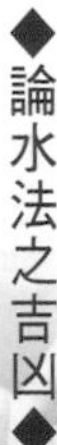

腰帶水者，以水過穴環抱，如束帶於面前。名曰腰帶水，又名「金城水」，此水最吉。水不亂彎，彎則氣全，主顯貴鼎盛。但不可將「裹頭水」之割腳認為是腰帶水，須留心注意，慎之，因此種水法，不小心會誤認。大抵腰帶水有氈唇可資分辨。

倉板水者，為田源之特朝，亦同於「御街水」，以其田坵平坦，分級形狀如御街，主貴有資財，富冠鄉邦，此水最吉，董德彰云：「不衝、不割、無穿射，唯有田水來朝，勝過海水來朝。」此言田朝之至美也。

迴流水，穴前之去水旋轉逆迴。《葬經》云：「揚揚悠悠，顧我欲留。」又曰：「瀦而後洩。」皆迴流水，前必有深潭，而又有石山攔截，水勢就必會逆迴，如欲去而復回之意，有此水法最吉最美也。

迴流格：此地形在蘇州，地名雙石灣，係董德彰下，課云：「長子離家十八年，回來要買貳千田。」葬後果應其言奇哉，具圖以便學者參考。

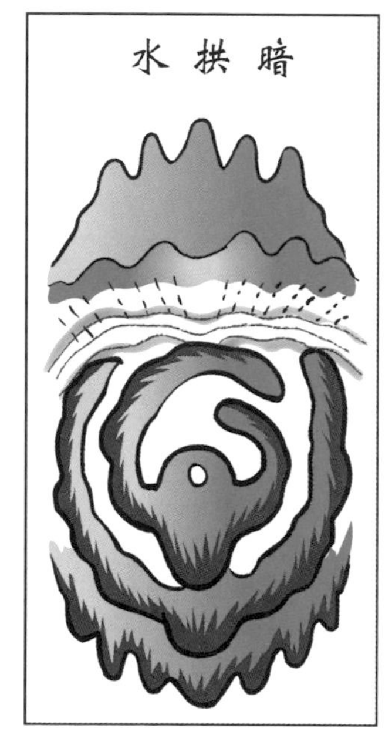

暗拱水者，在穴前望之不見水，出墳堂外則又可見之者，而且是水在砂之外，或朝、或抱、或聚，皆謂之暗拱，經云：「也有眞龍無朝水，只看朝山爲近侍，朝水案外暗循環，此穴亦非中下地。」諺云：「明朝不如暗拱。」水勢明朝恐或帶殺，而暗拱有情，亦可得吉應。

鳴珂水者，水入田窟，或入石竅，滴瀝有聲，如鳴珂。或如銅壺滴漏，或如打鼓之聲，皆吉。卜氏云：「鼕鼕洞洞，響而亮者，爲吉。」張子微云：「別有一般名打鼓，鼕鼕闐闐，如擂鼓。」此水主貴，但請仔細詳聽,不可有悲切、悽楚之聲，否則又凶矣。學者愼之。

入口水者，乃水流經上堂而到穴前有逆砂攔收之。若水勢縱美而不到堂，或到堂而無攔收，皆未盡善，故必以入口爲貴，水在口內，嚥之可下，吸之即入。若遇此水，主發福最快。但下砂應宜長出收水，而水勢至此必小而去，因此有此水是不可以作反背論之。

九曲水者，屈曲之玄之水也，彎曲如之字而到穴前，亦名爲「御街水」。訣云：「直號天心曲御街。」此水極吉，主大富貴。卜氏云：「九曲入明堂，當朝宰相。」又云：「一歲九遷，定是水流九曲。」遷者，爲升遷之意。

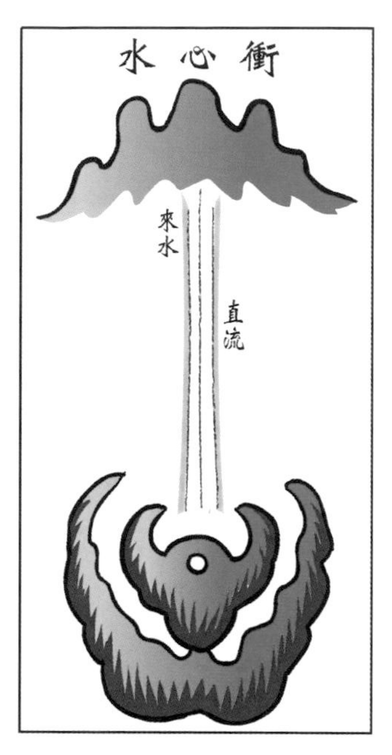

以下諸圖皆係水法之凶式，列之於下：

瀑面水者，大略因墳堂穴星太低小，而來水又大，水勢看之太雄壯，此種水法爲欺主也，廖氏云：「欺是洋朝勢大雄，穴小最爲凶。」墳堂有此水法主不旺人丁，子息貧寒。學者宜細心斟酌，又有一種看法，若墳堂後面有高山襯，托生有靠山，則又不避忌。

衝心水者，急流直撞入穴場懷中，也可稱之爲「水破天心」。雖有一說稱爲特朝，實則直射。陶公云：「當面朝入，子息貧寒。」就是指這種水法。凡論水雖欲特朝主吉，亦必屈曲悠緩，亦不可急射、直射，流渦而來墳堂主人凶。

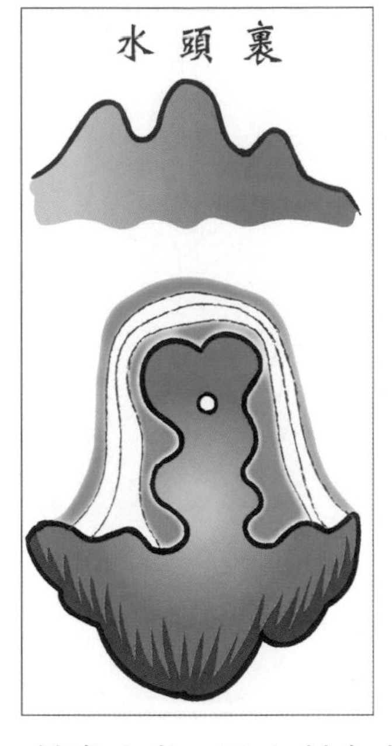

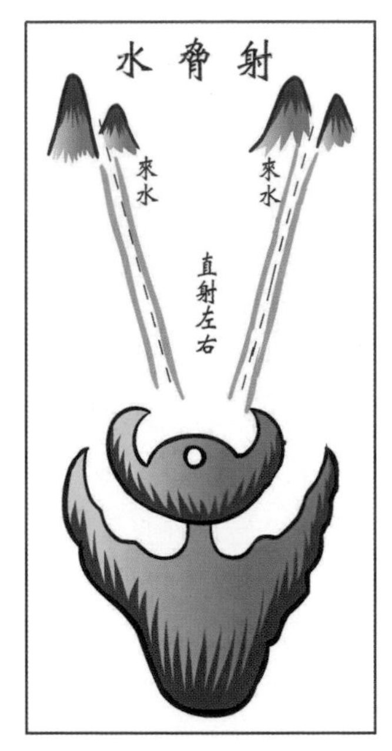

射脅水者，乃水射左右兩脅。水直來曰「射」，橫來則曰「穿」，皆主凶，亦主橫死、殺傷、陣亡、刑獄。左應長房，右應幼位。吳公云：「大凡水貴灣環，最怕衝心射脅。」

裹頭水者，即裹頭城水，乃因龍弱孤寒，墳堂穴場無餘氣吐唇，故水貼腳、洗割，主招瘟疫、多病，貧寒孤弱不振。

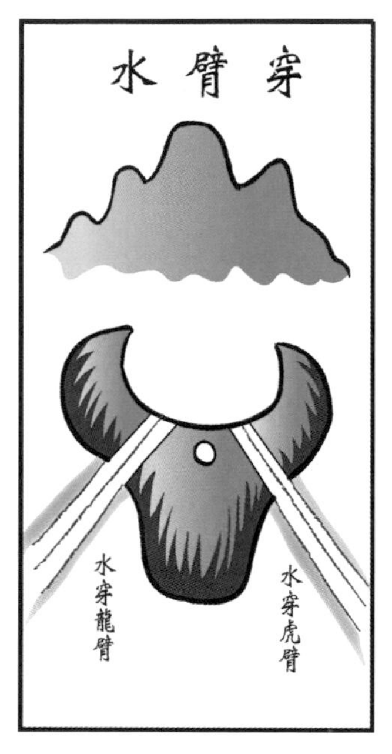

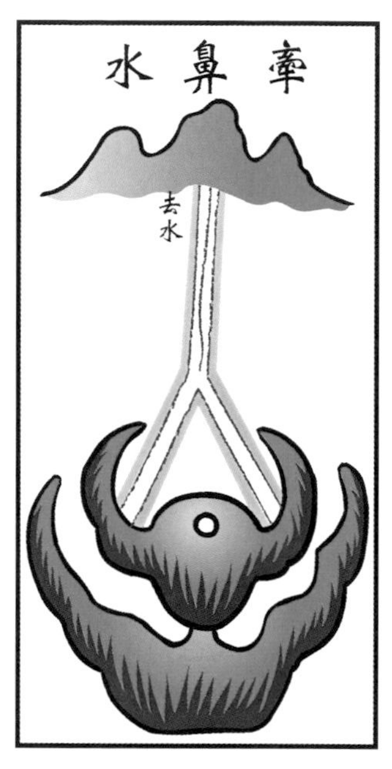

牽鼻水者，穴兩旁之元辰小水，當面斜牽而出，一向無攔，眞去直流而去，謂之「牽動土牛」。葬之，主退田敗產，冷破損財，及主少亡，孤寡不振。屢見破財傷丁，滿壙皆水，腐骨、爛棺者，皆牽鼻之為禍也。

穿臂水者，穴之左右被水穿洗。久之形成坑洞路陷，皆主不吉。穿左之青龍方謂之「穿龍臂」，禍應長房。穿右之白虎方，謂之「穿虎眼」，禍應少房。主痼疾、意外、血光、孤寡、自縊。

反身水者，水到穴前不過堂反身斜側流去，有似於「背城水」，也就是說水沒有過穴之中心線。來水沒有經過穴場之中軸線，謂之陰陽不交媾，不論來水或者是去水，皆主不吉，葬後主傾家蕩產。

割腳水者，穴無餘氣，而水割扣近腳。若是龍眞穴的，則必有氈有唇，絕不會有水來割腳之事。如水來扣腳、洗割，便可即斷言，此地非爲眞穴，乃爲上面坡度急陡之情勢。主貧寒孤苦，久而絕滅。若爲仰高上聚之穴又不可拘泥。

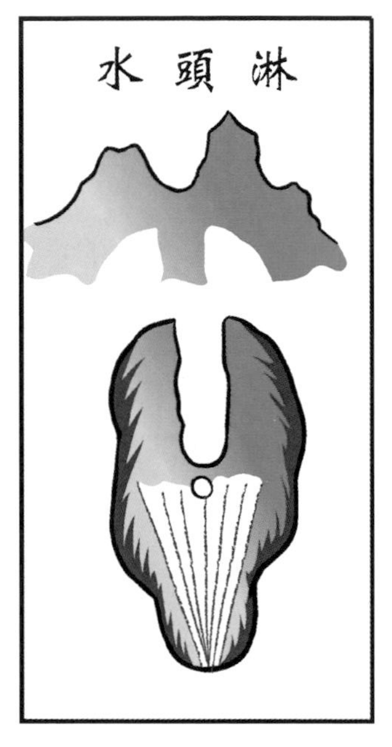

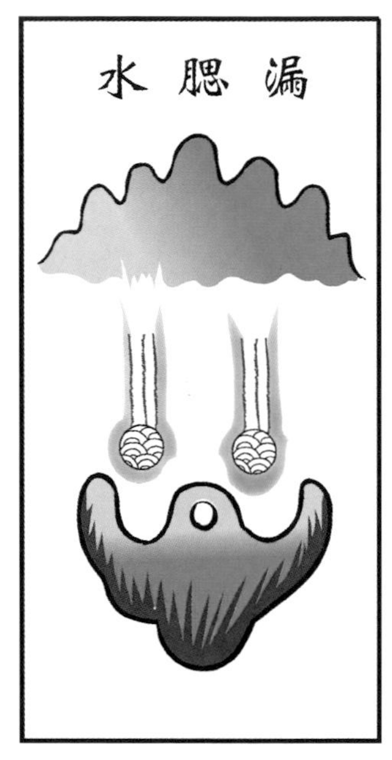

漏腮水者，墳穴之兩旁生出泉水，或有小塘，出水異常的清冷且長流而去，與平常水不同，或只有一邊生泉，皆為漏腮水。此乃漏氣之龍，全無融結，葬後主家業退。但亦有眞應龍水，味甘美異常，而不冷，春、夏不溢，秋、冬不乾，且不見流出，終年皆如此，也要善加分別。

淋頭水者，穴上必然無脈氣，而水由上而下如小瀑布以淋墓頭。水原以分界龍脈，今水勢淋頭而下，則無氣脈可知。葬之不久而人丁逐漸不旺，久致絕嗣，要切實注意分辨清楚，不可大意。

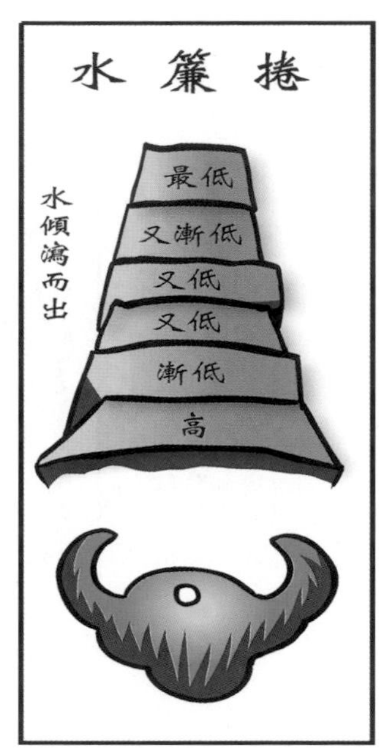

交劍水者，墳堂穴場有兩水相交，不論來水或去水，只要相交者即是，凡龍氣盡頭，必有交劍水以界之，此爲脈窮氣絕之處，不可於此點地。經云：「二水相交，穴受風。」主大凶，意外頻出。

捲簾水者，穴前之水一層一層往前漸漸低下而流去。卜氏云：「捲簾水現，入舍塡房。」此水非常不利，主賣盡家產，少亡孤寡，流離他鄉，又主寡母坐家中，招人入舍，久則人丁漸至離散。點地之時要留心注意，如有外山數里外包來攔住，或有大水遠遠逆朝而入，則主初代不利，後代發福，學者要留心瞭解，依整體地形而斷，不可刻板行事。

元辰水直出外山欄格，詹氏祖地：

還有一等地形，來龍脈氣極旺，落穴亦眞，而生成卻是捲簾水，安溪詹氏父子出御使祖地皆是此格，此地在普江縣南四十里，地名畫馬，未葬時有一鉗記云：「畫馬東青蛇，出水拜蜈蚣。」來龍甚遠，將入首星峰卓秀，橫開大帳，帳中出脈，重重包裹百數十里外，衆山團聚，唯主山將做穴處元辰水直流數里，所幸兩邊有纏護，隨著水勢數里之後山峰回頭，故葬後僅初年不利，而後則科甲連連，一門鼎盛，詹公源登成化乙丑進士，雲南道御史，子偲亭公登嘉靖乙丑進士，雲南道御史。

飛流水者，墳堂穴前之水傾流淌出而去，砂又隨水而飛去者是也，楊公云：「一水去二水去，衆水奔流一齊去，山山隨水不回頭，失井離鄉無救助。」墳穴有此水法大凶，無法補救，一見此則不宜尋地。

斜撇水者，水流來不到堂，偏歪斜撇而去。或逆來斜去，或順來斜去，皆是與穴無情，故凶。卜氏云：「登穴見一水之斜流，退官、失職。」是此水法。

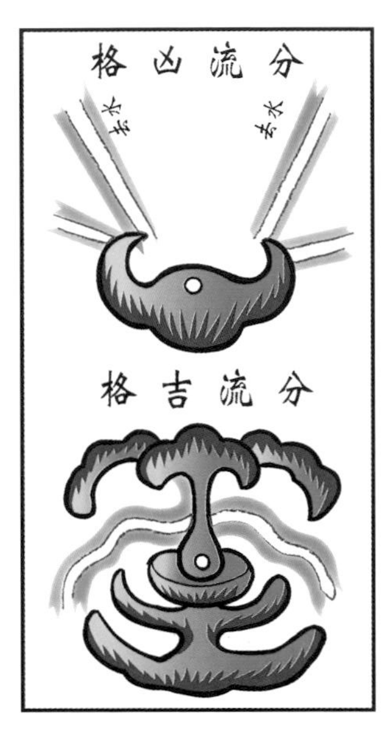

反挑水者，即反身背城也，又名反弓水，此水極凶，主桃花，身邊多小人，或官司纏身、生離、悖逆、離鄉發展。楊公云：「水纏過穴又反跳，反挑不値半文錢。」故不宜於此尋地，或可觀察在反挑水的對面是否能尋到好地，因爲反挑水的對面即是環抱水。

分流水者，穴前無掌心般小堂，水無合襟，水似分八字而流出。水旣分流，龍則不住氣，其無結作可知。卜氏云：「兒孫忤逆，面前八字水流。」。細心斟酌唯騎龍穴雖不拘此水，卻重重攔截關鎖，看不出來水勢由何處分去，而且又要四面山峰周密夾從，是爲穴的龍眞，故不忌。

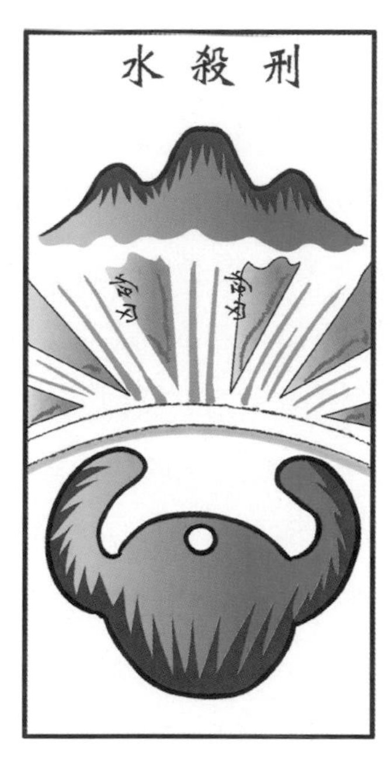

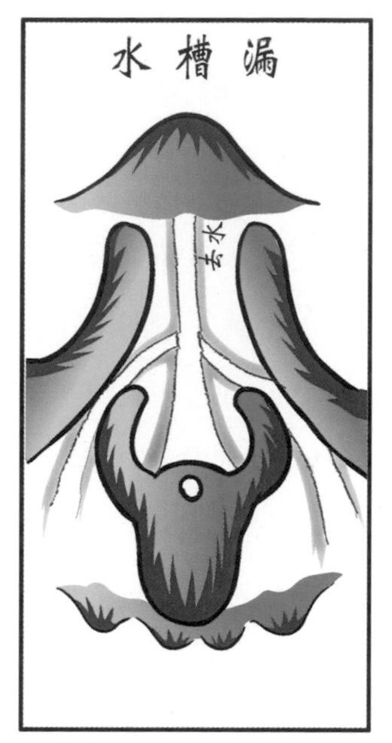

漏槽水者，穴前之地形有陷下，如深淵，水則直傾如入深槽中。不管前方是有水或無水，皆稱之爲「漏槽」，葬後主傾家蕩產。若果是眞龍結爲釵、鉗穴，雖有漏槽，穴下定生有唇毬餘氣可證，不可誤認爲漏槽。

刑殺水者，亂水交流。有一水必有一砂，水送砂尖，或當面眞射，或順水斜飛，皆謂之「刑殺」，輕則敗產離鄉，重則殺戮、軍配、陣亡、遭凶而死。說明吉凶砂勢甚多，難以盡述，以上數圖，可以供學者研究作爲參考，能瞭解水法之要。

水法吉凶總論

綜論水來源到堂，應以水之來源深長有情，並龍氣生旺為佳，若來水短淺，龍氣亦短，則發福不遠大，若水繞過穴前即背向而走，謂之反跳，亦即水不到堂，此水一文不值。若水到堂而無下無關攔收水，謂之不入口，若水入懷而背向穴者，謂之反抱，此水一發便衰。若有逆水於案山之砂外，或朝或抱或聚，於穴前雖看不見，亦可作到堂論，稱為暗拱水，這種水往往是在大地結穴有之，此水比明朝更好，諺云：「明朝不如暗拱，蓋明朝恐或帶殺，而暗拱有情不害其為吉耳。」山管人丁，水管財，故水是財源，收得合法好水到堂，可以救貧致富，衣食無虞。若水口再配合得當，則可致貴。

水既到堂，必有去處，其出水之處謂之水口，水口必要彎環屈曲，之玄深聚，不沖、不射、不割、不穿，而又不帶凶煞者，方為上吉，切忌穿割箭射、傾瀉直流而出。水口附近，若再有羅星、華表、日月等鎮守，使其眞氣內聚，則必更發富貴。水之巒頭形勢，取用合法，小者可以使家族朝貧暮富，大則可以作為興邦立國之地。若水來，能纏玄武（後）、親朱雀（前）、繞青龍（左）、包白虎者（右），即為護龍蔭穴水，若再加上此水澄清寧靜、屈曲交流、纏綿相聚、來去合於理氣諸法，則為上上之美穴，若水出現濁流湍急，水聲悲鳴，則必定凶多吉少。

若以興邦立國，京師擇地，則需衆水朝宗有情，四方匯聚，諸如金陵長江特朝，方爲帝都之大。至若方位吉凶，雖云：「其間又有方位吉凶之辨，固不必盡拘，亦烏可盡棄。宜於穴法中依繩墨以消納之，控制之，斯爲盡善。」《地理人子須知》：亦無摒除理氣之法，仍言應宜於穴法中依繩墨以消納之，控制之，「斯爲盡善。」

此爲地師造作裁剪之法，若又配合奇門遁甲、七政天星擇吉秘法，再以三元玄空卦氣理氣法合之，則必可趨吉避凶，進而福蔭子孫於無形中。

論明堂吉凶

明堂者，天子之堂，向明而治，百官考積之所，聚天下朝獻之所歸也，地理家以墳穴前之地，藉此名爲明堂，又以山聚水歸，其象殆相彷彿，此乃明堂庂來由也，然對明堂有二之分別，有內明堂，外明堂，二者不可一概而論，訣云，凡山勢來緩平平結穴，龍虎山環抱，近案當前，則稱爲內明堂，對於內明堂不可太寬大，太過寬大曠蕩，則不藏風聚氣，又不宜太窄小，狹小則氣局促，局促則穴不貴顯，需要寬窄大小適當，方圓合格，又不潮濕、不歪斜，不有流泉滴瀝，不有圓峰山內抱，不生惡石在內，此乃內明堂之美好也。凡山勢來急垂下結穴，龍虎二山與穴相登，前案在遠，則稱爲外明堂，對於外明堂，必須兩邊寬展，不可太窄小，要四山圍繞，不見空缺，又見外水曲折，遠遠朝來，此乃外明堂之美好也，凡大富貴地，必結內外明堂，內明堂欲其要團聚，不宜寬闊，外明堂要開闊，不宜逼窄，因爲內堂寬則氣不融聚，外堂窄則局不開，故《龍子經》云：「伸手摸著案，稅錢千萬貫。」此論內明堂之宜緊也，明堂經云明堂方廣，可容萬馬，王侯陵寢，雄霸天下，千騎簇立，其平處如紙，或如鍋底，能在數百人，此論外明堂之宜寬也，訣云：「內外明堂分兩般，內宜團聚外宜寬，二堂具備三陽足，此地當知代有高官，此卻確實之論也，世人不遇明師口訣，不懂內外明堂之分辯，大多貪大局以寬闊爲貴，而不知內寬眞氣不聚，安有結作。」故凡好地必須龍虎山內，有內堂團聚，收拾元辰，或有低小近案或有橫攔之砂，以關束內氣，然後外面又生有寬闊之外堂，羅列遠秀乃爲全美，此內外明堂，不可不分辨並瞭解清楚，對於局勢之大小，又當以龍論之，如千里來龍結作自有千里規模，而小之龍結局必小，切不可貪大局勢，如果墳穴低明堂近，又寬大，又生有洫胸水，葬後主消滅敗絕，或又有穴高明堂遠，亦主難發，訣云：「若是穴高明堂遠，只要有城轉，莫固此樣便疑心，龍住乃爲眞，絕結大抵明堂，要平正開展團聚朝抱者爲吉，切忌陡瀉、破碎、室塞、反背者爲凶，諸家形象不必拘難以盡述，總結唯以有情於我乃爲貴耳。」

今略舉數圖於下，以便學者參考，明堂吉式圖列下：

交鎖明堂吉式

交鎖明堂吉式

何爲交鎖明堂，墳堂穴前兩邊之砂水交叉重鎖者是也，經云：「明堂要如衣領，有左紐、右紐方爲貴，或是山腳與田隴，如此關欄眞可喜。」又云：「衆水聚處是明堂，左右交牙鎖眞氣，此種明堂最吉，主出鉅富顯貴。」

遠抱明堂吉式

遠抱者，乃堂氣遠抱於墳堂穴前者也，明堂遠抱，使水城顧全身，生成灣曲水法，誠有可取，訣云：「內堂遠發達極速，外堂遠富貴長久。」楊公云：「明堂水曲遠之遠，屈曲向穴前灣，之玄曲折如帶對面抱來是也。」

融聚者，墳前明堂之水融瀦囊聚穴前者也，墳堂前有此水法主至貴，訣云水在天心孰，不知其富貴，楊公云：「明堂如掌心，家富斗量金。」又云明堂如鍋底富貴人難比。」大略皆生有融聚之水法耳，故主富，有此明堂水法主吉。

平坦者，乃明堂中開展平正，又無雜亂、壅塞之礙也，墳堂穴前生有此明堂最吉，楊公云：「眞氣聚處看明堂，明堂裡面要平陽。」明堂經云：「其平如紙，公相基址。」此皆論明堂要平則吉之意也。

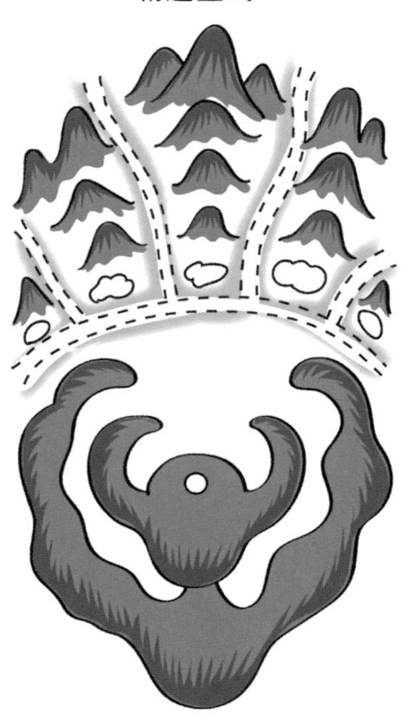

朝進者，乃特朝之水汪洋萬頃朝入，流淌來對墳堂穴前者是也，墳堂有此水法，主發大富，田連阡陌，位極人臣，滿門鼎盛，且主易發財祿，又主朝貧暮富，至極之吉。

廣聚者，衆山、衆水之團聚，流歸一處者是也，經云：「若懷萬寶而晏息，若具萬膳而潔齊。」此皆言明堂內，百物具備之意，此明堂之至貴也，一水來處自有一砂送來，但流水淌來，最忌砂頭，不可尖射，若砂尖射，又爲劫煞主大凶，學者須細心斟酌，不可貪大勢而誤會也。此爲地師必備之眼力，精明而靈通。

寬暢堂式

大會堂式

寬暢者，明堂中開廣明暢不窄小，不逼塞者是也，墳堂穴堂生有此堂局至貴最吉，因此不可以曠野空闊不周固者，認爲是寬暢堂式，大抵寬暢堂式，亦必要內堂緊小，方爲合局。學者注意斟酌分清，不可大意誤會，明堂吉格甚多，豈止此圖，大抵明堂之吉，舉目之間形勢自然可愛，氣象自然開展，所謂：「可以心悟，而不可以形容盡述者也，智者察之斯爲妙矣。」故學者不可拘泥刻板，只要細心領會，自然明白矣。

劫殺明堂凶式

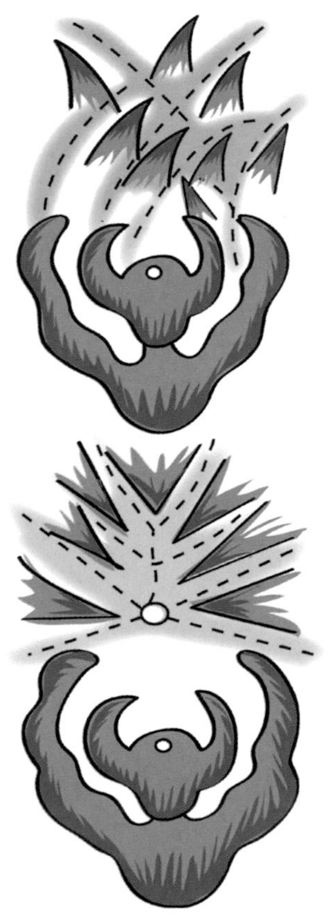

何爲大會堂式，因爲來龍來到盡頭處，衆水歸堂如萬邦之納貢，如百寶之來朝，故名曰大會堂也，墳堂穴前，有此大會水法，主貴至王侯，富可敵國，楊公云：「四龍大會必有大地，需要來龍諸山，自百里外來到此處，就再不有去的地方，才爲大盡，方稱爲大會是也。」此又與廣聚明堂不同，因爲廣聚者，唯有山水團聚，會合重疊而已，不有衆山，來龍大盡之會合之形勢，學者須細心斟酌，不要誤會，認作大會或廣聚，需要分清，一一瞭解，否則誤己誤人。

以下論明堂凶格，何爲劫殺明堂，乃明堂中有砂生成尖嘴，有順水對墳堂穴中射來者是也，凡墳堂穴前生有此尖砂順水皆不可用，因爲明堂乃諸水聚處需要平正，若有尖砂順水則主退才、離鄉、軍死，有尖砂射穴，則主刑殺、陣亡、惡死、大凶，訣云：「劫砂照破全無地，順水斜飛無躲避，若有尖射入穴來，忤逆刑戮須切記，墳堂穴前有此砂水，形勢皆爲勢殺者是也。」

傾倒明堂三種格式

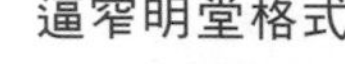

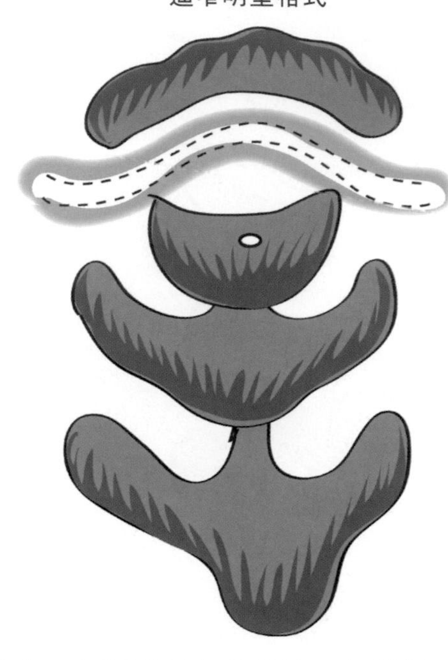

傾倒者，明堂水傾，龍虎二山順隨而去者是也，此種堂局最有虧損。斷訣云：「明堂傾倒休誇穴好。」訣云：「若是堂傾無落聚，有穴終須棄故傾倒明堂，縱有龍穴亦須棄之不要。」董氏云：「明堂第一嫌傾倒傾倒有砂隨水走，賣盡田園走外鄉，更主兒孫多壽夭。」即此種傾倒明堂者是也。

逼窄者，乃案山逼近墳堂，穴前堂局窄小者是也，此種堂局，若龍眞穴的，僅可小康，亦主出人頑濁兇狠無足取也，楊公云：「明堂逼窄人少通融。而人凶狠。」廖氏云：「逼窄生人必蠢愣，猥猥更貪慳，心性最小氣。」即此種明堂是也。

反背明堂格式

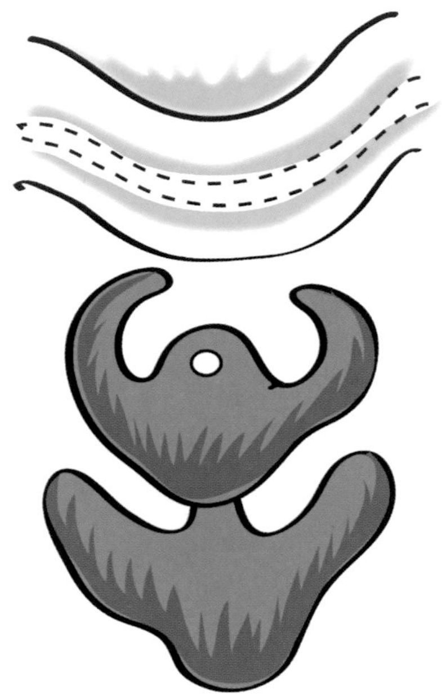

窒塞明堂格式

反背者，悖逆之象也，當穴最宜生成弓形來彎抱，如反走突拗而成反背形故主大凶，爲奴欺主之象。如誤葬之，主出逆妻拗子，悖戾之奴，百無一成，皆是此種堂局也。

窒塞者，明堂有小山墩阜突塞，而不開展者是也，葬之主出人頑愚，楊公云：「出人短小氣量狹，只謂明堂案山逼。」吳公云：「明堂塞人凶惡是也。」因爲穴前宜開展，若逼窄有墩阜當前逼塞，不但出人頑濁，又主產難目疾抱養塡房，若兩官齊到有一小山阜或小墩居中，又主兄弟不義，雖有貴地，若有墩阜前塞者，需要開展舒暢方可用，否則大凶，學者愼之。

破碎明堂格式

偏側明堂格式

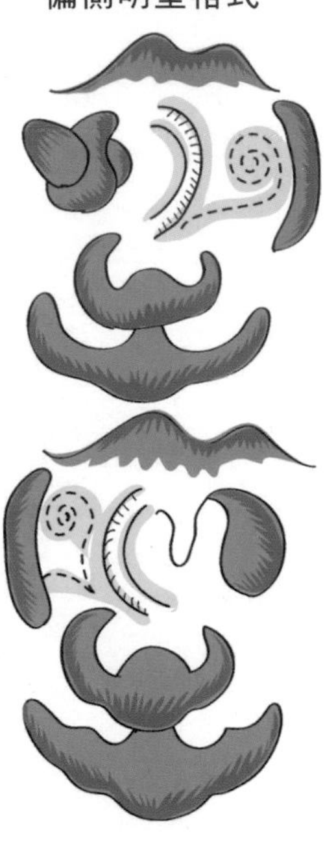

破碎者，明堂中或突或有窟坑，或有尖砂尖石而不淨者是也，葬之主百事無成，禍盜疊出，家道不順意，又主出少亡孤寡，主出招圖賴人命，橫事禍來，退敗事業，墳堂穴前，有此等明堂最爲不吉，主至極大凶，無用處矣。

偏側者，明堂局勢傾側偏於一邊，或一邊高一邊低，不平正者是也，訣云：「側勢斜來向一邊，妻子不團圓，斜是欹從穴前過，歲又長生禍。」說明每年中都會發生車禍患事，此種明堂大凶不吉，不可用也。

陡瀉明堂格式

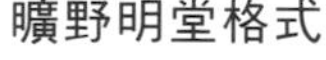

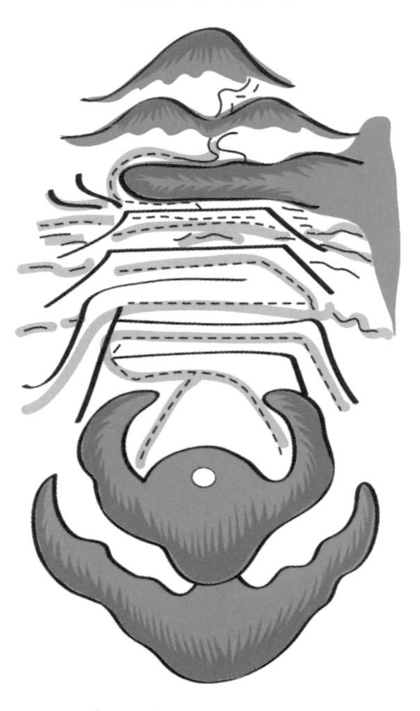

陡瀉者，壙堂穴前地勢峻急也，壙前稍有平勢，漸漸離壙堂則漸低又峻急者是也，此種明堂極凶，葬之主損人丁，不得善終，出飛禍招惡死，不但退敗產業而已，縱是眞龍好穴，亦要敗後始發達，訣云：「傾瀉明堂不可安穴，前陡峻不彎環，縱是能發福，賣盡由園始出官。」即是此種明堂也。

曠野者，穴前一望蕩然不有關攔者是也，訣云：「明堂容萬馬最忌不可曠而野。」經云：「有人識得明堂法，五旦年中一監生，結時須看小明堂，氣止水交方是穴。」此明吉凶明堂圖式綱領，學者細心研究，自然精益求精，可觸類而推可也。

論十二倒杖法

若有地龍眞脈正穴美，也須造藏深淺得宜，才得生氣發越，使主家發福、發貴，若穴宜深而葬淺，則龍脈眞氣棺下而過，或穴宜淺而葬深，則龍脈眞氣棺上浮游，葬後難顯福蔭納吉。故古傳之造葬放棺皆有一定深淺界定，此地師須詳熟知之也。

倒杖是有關立穴放棺的準則，其目的是要求葬法必要配合斟酌入首星辰脈絡行止之勢，順適其情，不違其理，使前後左右合乎天然。倒杖類別有：

順杖：凡龍勢懶緩、脈微屈曲，就用順杖，正對入脈，捶中順來之勢以放棺。

逆杖：凡龍勢雄長、氣脈急硬，就用逆杖，以避其鋒氣。

此外，又有縮杖、綴杖、穿杖、離杖、沒杖、對杖、開杖、截杖、頓杖、犯杖等，都是講如何處理穴位與來脈的關係，以爲造葬放棺之準則。

大凡高峻雄偉之山勢合宜淺葬，低凹仰緩、山勢合宜深葬，平洋之地則適合陽宅，穴位纏護低凹者宜深葬，山體來脈瘦者宜深葬，山體來脈豐腴者宜淺葬，堂水遠者宜深葬，堂水近者宜淺葬，砂近者宜淺葬，砂遠者宜深葬，過峽脈高者宜淺葬，過峽脈低者宜深葬，脈急氣浮者宜淺葬於突穴，脈緩氣沉者宜深葬於呑穴，龍虎砂短者宜葬呑穴，龍虎砂長者宜葬吐穴，山勢穴形大者宜做大墳，山勢穴形小者宜做小墳。

尋龍點穴諸家立說各有道理，而一登山頭，滿山遍地是高丘低陵，滿山都有人造墳，有如霧中觀花，是故，在一個山頭內多見造葬落墳，因此縱是眞龍正脈結穴或立相同之坐山，相同的分金，葬法有異，其對於後代子孫承福納蔭之力有天壤之別，造葬立穴坐山深淺有誤，則子孫必也難納福蔭，此理不可不知。

據記載，十二倒杖法乃爲唐代地理師楊筠松依據歷來證穴諸法整彙而集成。楊公云：

「認穴之法，以細審星辰，看其蹤跡，切記交襟明堂取穴，要看微茫，認其來歷，入路分明，方可裁截；正脈取斜，斜脈取正，橫脈取直，直脈取曲，急脈取緩，緩脈取鬥，雙脈取短，單脈取實，散脈取聚，傷脈取饒，硬脈取軟，軟脈取硬，脈正取中，脈斜取側，脈不離棺，棺不離脈，高不露風，低不脫脈，陰來陽受，陽來陰受，順中取逆，逆中取順，饒龍減虎，更有強弱，十二杖法，依法裁截。」

此爲倒杖用法原文部分截錄載記，其基本圖式有十二種，可供學人參考。

順杖

山脈緩緩而來，龍行穩重渾厚，脈情透遁，穴承來脈正氣，不急不緩，砂體纏護適切，穴正不偏不移，能順著彎曲的山脈，則宜十字順杖落穴。若龍賤而脈氣四竄不聚，則順杖落穴難發福祿。

逆杖

來龍轉向，逆接脈氣受穴（穴向祖山），雖祖山高聳秀實，行度頓跌蜿蜒，如龍勢雄強，氣脈急硬，脈氣當朝而直來，故須避其煞而葬吐，落穴必須偏側而下，並且對山宜遠朝遙立爲美，衆水交結，明堂平正，四獸成備，發福迅速。若對山近逼，反成奴欺主象，葬後子孫運勢難伸。

縮杖

四山高聳挺立而雄偉，纏護秀麗、環抱本山，低纏而脈短，打開百會湊緊，蓋送拂頂關脈，葬之使之乘氣。砂水關鎖緊密，則脈氣必聚於峰頂突氈開窩成局，要四獸全備，並不孤露，最宜天庭頂腦正處落穴。此穴又稱「天螺穴」或「百會穴」，並且巒峰近聚、山坡陡峻，故墳不宜作大，忌一眼而望盡，山上有墳方吉（墳大顯見則成孤山落穴），此爲縮葬法。

開杖

龍行直衝，一脈直下，穿心出帳、直來直受，又明堂砂體不能相襯得宜，則須避開前後奔竄帶煞之氣，當於來脈兩旁不脫離脈氣之處落穴以減其強勢。「開杖」與「逆杖」幾乎相似，逆杖之山是直沖而不帶煞，開杖之山是帶煞，開杖關鍵在於「明堂」局勢，若明堂秀實、拱護有情，則可依逆杖稍偏避煞氣即可。

穿杖

地形砂石太多，地勢又急瀉，形仰口小用穿杖。如瘦體削木，氣脈淺促，龍脈斜受旁來，直來橫結、橫來直結，更得四山纏衛均衡、堂局端正秀實、龍虎彎抱、砂水關鎖顧穴有情，取宛宛之中，鑿孔穿入，則宜順乎脈氣而決以十字落穴。

綴杖

綴者，縫補、接合之意。因來龍勢強脈急，就山麓低緩處頂脈實粘，故曰綴，氣勢急遽雄偉，脈氣強勁直撞、將盡而未盡，故落穴須低承偏受而不脫脈，以截接其欲離而未離之氣；穴高則龍急脈竄，難脫威猛煞氣。

削直勁氣的山壁，當然不宜在削直的山壁立穴，只好稍離三尺，緩其悍急，使其沖和，謂之脫煞，故應於山之尾處立穴。

離杖

離者，脫離、衝出之意。來龍脈氣急遽雄偉、氣勢強勁直衝難停，有如蟬之脫殼，將盡而未盡，一入平坦之地就不再有山峰，至此即可避其高壓，更又見有前衝鋪氈起突剝換，方可聚氣結穴而止，故必於其平坦突處落穴爲吉，方能納集祥瑞脈氣，但須得四山纏護有情、朝案秀實、砂水關鎖緊密者方可用離杖；若見脫脈急則旺氣未平，必主災禍。而前有吊頸吐舌，則成煞氣太多而不能用。

沒杖

這裡指的是入棺的這一面山，山形呈肥大狀，如肥乳頑金，氣脈微茫，脈氣急落，如此就要潛伏大開深窩聚氣，並且取氣沉於窩底之內氣，穴地中心低窪、四面揚起高出，乃成自然天成藏風聚氣之地，故於其窩處引動氣脈登對落穴最佳。

對杖

蓋居高則峻急，處卑則微軟，乃於高低相代之所，來龍端正，脈氣穩健，平分緩急，剛柔相濟，中心順勢結穴，並且纏護砂體有情環顧，亦可謂龍眞穴正，但地平坦浮，形勢似無明顯窩鉗乳突可取爲界據，故依四勢爲憑而用天心十道以定落穴之正處。

截杖

截者，裁剪去除之意。於山腰之平坡處，龍氣旺盛，直衝奔竄而不止、有餘而不盡，行至氈唇起突更往前又吐長舌，形若吊頸刎命之狀；雖為餘氣發越所生，以其吐舌帶有煞氣藏潛，氣脈不住，直卸前去，於稍停弱緩之處，四證有情之所，求覓微窩，隨脈騎截，依法造作，必須截斷並以氈唇後節裁而為落穴扦葬之處。

犯杖

審觀穴地四山高聳、來龍脈氣雄偉、玄武碩大、砂體秀實有情環顧，獨見融結之地卻顯柔弱低小，如鳥嘴形，最忌在嘴上立穴，情勢逼促，壓穴欺主，古人名之曰犯杖，實主凶災，不宜取。

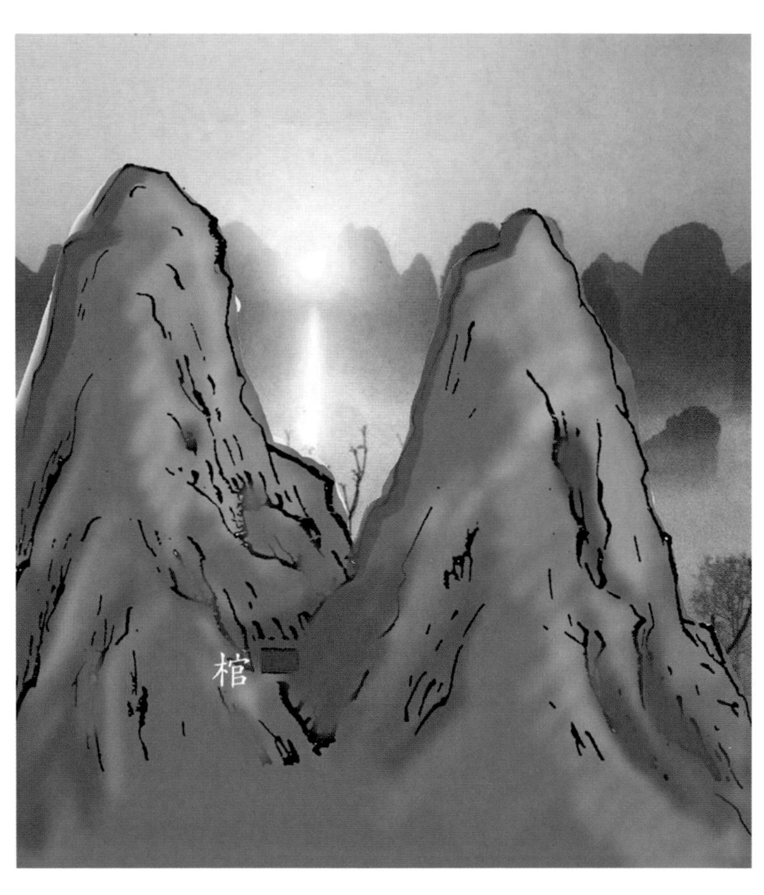

頓杖

頓者，堆積疊高之意。穴地前方與左右地勢均稱豐厚飽滿，來脈之穴後低陷凹下，兩山之間湊得很緊，而中間幾乎沒有平坡軟地，故須積運他方客土彌補修整，以納受龍脈生氣，唯洩散脈氣行度，必難以收納，頗有孤獨之感。

后土與土地公的源由

后土

每見墳堂前皆有龍神與后土之碑，故特於本節以述后土之原由以供學者參考。考「后土」一詞本義，應以女神爲是。因「后」字的初義是指女性。在甲骨文與金文中，「后」字是女人的形狀，有的還帶有明顯的雙乳（乳房）。《王國維遺書・殷卜辭所見先公先王續考》：「后字皆從女或從母、從子，象產子之形。」所以有人認爲「后」字的初義就是全族之尊母。在古代只知其母、不知其父的上古母系社會中生育了本族全部子孫的高母，乃是理所當然的領袖和權威，而其名稱就是「后」。

「土」字從字義說，《釋名・擇天》：「土，吐也，能吐生萬物也。」所以生人者稱母，生萬物之母，可稱「土」。照古人的說法叫「地爲母」（《後漢書・隗囂傳》）。用今天的話來說；「大地是我們的母親」。「后土」原來是指大地母親之神－地母。后土自初民社會所祭的「地母」神演化而來。因爲地能植五穀，五穀由野生培植爲人工生產，是由婦女創造的，在女性中心社會時代，即稱地母爲后土。

土地公

「土」字表示從地面上突起來一堆土。《說文》認爲：「地之吐生萬物者也。」這是引伸義，古人極爲敬重土，有了土就有農業，有了農業就有了衣食。故人們將這種堆起來的土看成神，並向它祭獻。

土地公，俗稱土地神、土地爺，配偶則稱土地婆、土地奶奶。中國遠古的社神源自於土地崇拜。原始的土地神崇拜是對土地的自然屬性及其對社會生活的影響力的崇拜，最初的土地神——社神，與後來的土地神——土地公和土地婆是大不相同的。

社神之稱「社」者何義？《說文解字》第一句上云：社，地主也，從示『土』。意思是說「社」爲土地之主，土神。學法上從「示」（神主）、從「土」，這是個會意字。「示」字，甲骨文作表桌石、靈石。原始初民把一豎一橫的石塊架疊成石桌形，擬作神像，立在部落中心當作神來膜拜，稱爲桌石、靈石，這種桌石在中國和西北歐各地均有出土，這種「靈石崇拜」的風俗習慣在中國奴隸社會和封建社會裡長期存在，石敢當就是個典型例證。至今中國各地村、社、里、巷常見蓋有一平方公尺左右的土地廟，裡面放上兩塊上小下大貌似人形（或刻成人形）的石塊，充作社公、社婆，這就是遠古靈石的崇拜。

后土與土地公

土地之神在常視墓地格局大小而產生樣式的變化，當然也表現出主家當時的氣勢

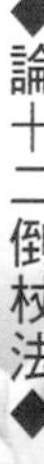

商周時期，是以「示」字作「神」字用的。因「石桌」立於土上，又是原始宗教膜拜的對象，後來便以「示」、「土」兩個獨立字合為「社」字，會意為「土地之神」，也作祭神之處，社神便是土地之神。正如《考經援神契》所說：「社者，土地之神，能生五穀。社者，五穀之總神。土地廣博不可遍敬，故封土為社而祀之，以報功也。」

人文初祖——軒轅黃帝

黃帝是中國民族的共祖，古史中的黃帝，羼入了很多傳說成分，所以司馬遷在《五帝本紀》已明言：「百家言黃帝，其文不雅馴，縉紳之士難言之。」據《國語・晉語》：「昔少典娶於有蟜氏，生炎帝、黃帝，黃帝以姬水成，炎帝以姜水成，成而異德，故黃帝為姬，炎帝為姜。」可見他們兩人是兩個區域之領袖，其時代約在西元前2700～2600年間，黃帝姓公孫氏，生於軒轅之丘，故曰軒轅氏，都於有熊，亦曰有熊氏。

軒轅氏乃繼神農氏之微而興起，敗炎帝於阪泉，與蚩尤大戰於涿鹿之野，並北逐葷粥，諸侯乃尊之為天子。因他大都活動於黃土地帶，土色黃故稱黃帝。在位百年而崩。相傳文字、曆法、算數、宮室、器用、衣服、貨幣之制皆始於黃帝時代。

《帝王世紀》：「元妃西陵氏女，曰縲祖……次妃，方雷氏女……次妃，彤漁氏女……次妃，嫫母……。可見黃帝娶妻四人。《國語·晉語》：「黃帝之子二十五宗，其得姓者十四人，爲十二姓：姬、酉、祁、己、滕、箴、任、荀、僖、姞、儇、依是也。」經過幾千年歷史發展到今天，全球海內外擁有萬餘多個姓氏，都是炎黃的子孫。

天下第一陵——黃陵

位於陝西省黃陵縣城北橋山之巔，稱天下第一陵。軒轅廟、黃帝陵在今之陝西省黃陵縣橋山，是一個地靈人傑、環境幽美又神聖之地，是歷代帝王與現今炎黃子孫拜祖謁陵之所，並歌頌其偉大功績，而「黃帝崩，葬橋山」，可見此處之環境、地勢必定異於一般，更能繁衍衆多子孫，因黃帝陵在橋山頭（地處「龍舌」中心位置，恰似龍口含珍珠，稱「龍珠在頷」），而軒轅廟在橋山山脈尾（地處龍尾，稱迴龍顧祖）黃陵勝境，馳名中外，橋山攬勝，意境無窮，而且有龍、虎、龜、鳳瑞祥的山勢，形神兼備，四周而圍，因此造就五千年民族文化，爲天下炎黃子孫尋根祭祖共同朝拜的聖地，眞是「千里之遙不怕苦，愼終追遠朝拜來」。

盤龍崗——迴龍顧祖

黃帝陵——中華民族人文始祖聖地，稱天下第一陵。俗言：「入山尋水口，登穴看明堂。」在進入黃陵縣路途中，看見山脈兩邊如獅、象把水口，中間更有一山阻擋，防止內中眞氣洩出，堪輿將其稱爲「金鎖關」，內中必藏眞龍，果然正是天下第一陵之聖地橋山——黃帝陵。

人文初祖廟

黃帝陵寢居於海拔九四四公尺的龍脈之上，後有山頭（盤龍崗）爲靠，以東有龍灣，西有鳳嶺，並以印臺山（案山）爲屏障，山下更有沮河由西北來，繞前而過向東南，形成橋山三面環水，玉帶（沮河）繞金城，黃帝陵居北面南，偏東32度（兌卦）而且群山重疊拱抱，東西對稱，山山環顧，左衛右護，天衣無縫。山嶺古柏參天，古柏有八萬二千餘株，除天然生長之外，自唐至北宋以來，大部分爲人工栽植至今，樹齡均在千年以上。

橋山如一條盤繞的巨龍（見附圖），龍尾起自石山村，龍身與龍頭盤繞而上即盤龍崗，巨龍仰首窺天，龍之下頷延地面，北高南低向前伸出，龍口大張，漢武仙臺猶如龍舌捲曲向上，黃帝陵正居處龍舌中心位置，宛如龍口含龍珠，稱爲「龍珠在頷」。更奇者在高仰之龍頭兩側，各有一棵活著而無葉之千年以上古柏，恰似頭角，當地人稱之爲「龍角柏」。而龍灣與鳳嶺恰似龍之前肢向東西伸展，因此橋山之狀如盤龍騰空而游。而印臺山之山脈延伸有如一隻臥虎，虎尾在黃陵縣西四、五公里處有老虎尾巴村，南山爲虎頭，前肢在虎頭前東西平分，東肢爪爲印臺山，西肢爪爲黃城塔，虎頭平臥與橋山龍頭相望，形成盤龍臥虎之天下第一聖地。

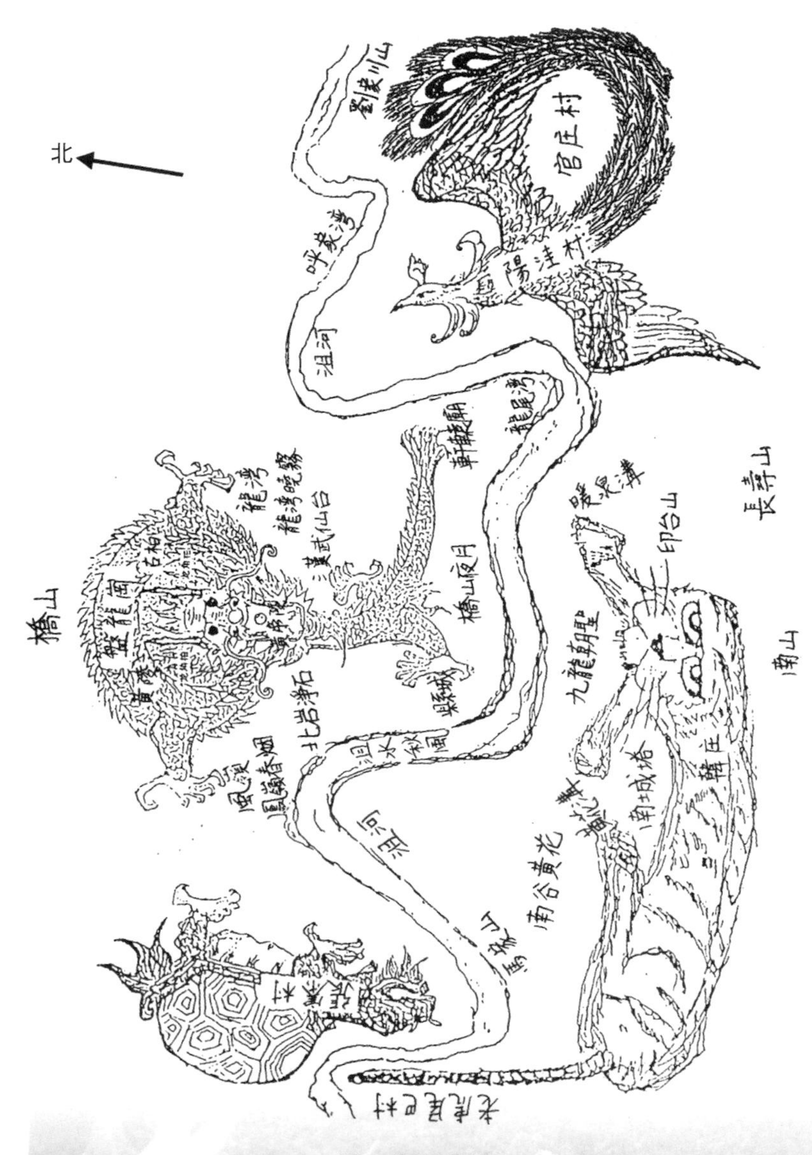

橋山龍脈全景

龍脈——藏風聚氣

黃陵縣以西地勢較高，有一張家寨村，其山脈延伸形狀猶似一隻萬年龜，歷千載之滄桑，回首翹望盤龍崗。東邊陽洼村與官庄村之山脈形成似鳳展翅欲飛，頭俯地，尾迤拖長鳴之狀。龍為四靈之長，虎爲獸中之王，龜爲甲蟲之首，鳳爲百鳥之魁；黃帝陵背有盤龍崗，面對臥虎山，東有鳳長鳴，西臨萬年龜。瑞祥之物，層層而護衛，確實是一地靈人傑、人文薈萃之風水寶地。

據廟前碑文記載，黃帝廟建於漢代，唐代置黃帝廟於橋山西麓。宋太祖開寶五年（公元 968 年）移建於橋山東麓，就是現今之廟址了。其坐北向南偏西 18 度，三元風地觀卦，同樣以印臺山（案山）爲屏障，左右護砂亦層層包圍，只是廟後無靠，應子孫不以祖業，而向外發展，成爲一個大民族，因此亦是歷代祭拜之廟。

中國人民喜愛山水，更將其以吉祥之動物爲名稱，因此有龍、虎、龜、鳳祥瑞之山勢，其實只不過是山脈之變化而產生之形體，以立向看前方出唇、有案山筆架爲潮滿之局，並有沮水之過堂如環帶腰水，水去不知何方，正如地書云：「不見來源與去水，億萬資

財不足誇，貴人朝堂代代傳。」左、右。前方環山有力似糧倉，賓砂簇擁如文武百官侯列之氣勢，其地氣孕育了優秀、刻苦耐勞、勤儉奮發的優秀民族。

軒轅廟全景

黃帝陵與黃帝廟地局之美，而且綿延、優秀，眞是一大美局，有龍、虎、龜、鳳四周而圍成黃陵聖境，可說是山環水抱，形如八卦，猶似太極，自然之景觀，意境變化無窮；站在橋山之巔，黃陵前陵區全景盡收眼底。

據縣志及現有的石碑記載，橋山黃帝陵墓早再殷商時代就有祭祀活動。那時，沒有「陵墓」二字之稱，只叫「墳」。戰國時，秦國強大，區域不斷擴大，墳也有了等級區別。秦穆公、秦惠公時，規定天子死後稱陵，庶民死後只能叫墓。秦統一六國後，規定「墓設陵園」。漢代又規定「居陵旁立廟」。而漢代爲了祭祀方便在橋山西麓建造了軒轅廟。

唐太宗李世明於貞觀元年（公元627年）在長安東宮賢德殿即位，同年開始重修軒轅廟黃帝陵，歷經兩年施工，大歷七年陵廟正式竣工。

乾陵－唐高宗和武則天合葬墓

乾陵

乾陵——唐高宗和武則天合葬墓

西安是十朝古都，古代帝王陵墓甚多，乾陵位於陝西省乾縣城北的梁山，西安以西八十公里，乾縣城北六公里的梁山上，是唐高宗李治和女皇帝武則天的合葬墓陵。是古代中國歷史上唯一的一座男女皇帝合葬墓。乾陵以山爲陵，依梁山而建坐北朝南，始建於西元683年，歷時23年建成，占地218公頃。圍牆周長40公里，四門環繞。

梁山有三峰：北峰最高，海拔1047.9公尺，高宗和武則天兩帝的合葬墓就在此峰中。南面兩峰較低，東西對峙，中間夾著司馬道，其形狀如女人之雙乳，故而這兩峰取名叫「乳峰」。

乾陵隨著山勢來建造，氣勢雄偉，是唐代十八個陵墓中所獨見的。乾陵保存較完整，至今還未被發掘。遺留到現在的地面設置，主要是一些石刻，包括述聖記碑、無字碑、六十一蕃臣像等。

無字碑豎立在乾陵南門，是唐中宗把武則天葬在這裡時立的。爲什麼碑上空無一字呢？這裡有兩個說法。

唐中宗是高宗的第三個兒子。中宗的兩位兄長先後遭到武則天的殺害，高宗死後，中宗登上帝位，只做了兩個月皇帝，就被武則天奪去權力，二十二年後，在大臣的協助下，才重登帝位。因此，有說中宗在立碑時不知如何題字，要是題讚頌武后的字，他心有不甘；要是批評，則違反兒子對母親應有的態度，於是唯有什麼都不寫，留待後人去評價了。這是一個說法。

另一個說法是武則天臨死時吩咐只要立碑不要刻字。她要把自己的功勞和過失留給後人去評定。

唐高宗李治登基不久就派舅父長孫無忌爲自己尋找一塊墓地，一日，長孫無忌巡視到梁山，見此山形氣勢雄偉、壯觀挺拔，梁山共有三峰，北峰最高，東南、西南兩峰次之，梁山東有烏水與九嵕山相望，西方是漆水，與安敬山、岐山相連，南方望去渭水，再往南則是秦嶺，烏水、漆水在山前相會，圍住穴場龍氣，周圍風景秀

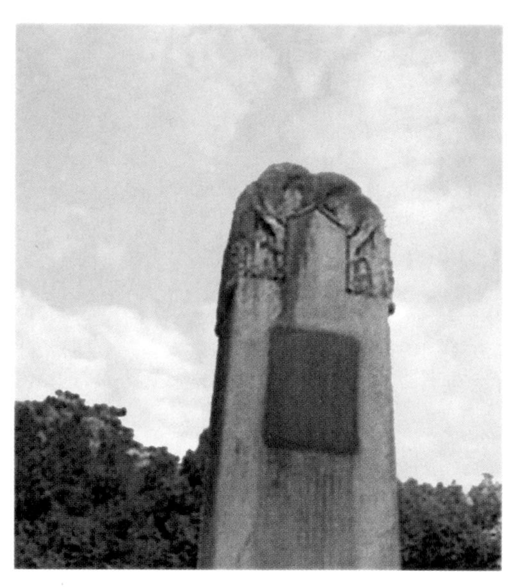

無字碑圖

麗，長孫無忌認爲此乃是一塊風水寶地，遂建議定高宗陵址於此。

長孫無忌選址之後回京稟報高宗，袁天綱聽說後極力反對，於是對高宗說道：「梁山從外表看好像是一塊風水寶地，但細看並不盡然，梁山只是周代龍脈之尾，尾氣無力必衰，主治國無力。

再者，梁山北峰最高，前有兩峰似女乳狀，整座梁山似少婦般，陛下選陵於此，恐從此若如女子，或爲女人所控。

武則天的親信將此消息回報，武氏素有野心，聽後大喜，晚上就在高宗的耳邊極盡狐媚，高宗陵址就此定於梁山。

果不其然的造就了武則天的專政，成爲中國歷史上唯一的女皇帝，此是風水地理之孕育所成乎？亦是時勢造成乎？亦是武則天之命乎？或是唐朝之國祚乎？

乾陵北峰有兩峰似女乳狀

高宗晚年患頭風眩病，目不能視，難以操持政務，武則天便協助高宗裁決政事，逐漸掌握朝政，稱「天后」，朝廷內外稱他們爲「二聖」。公元 683 年高宗死於洛陽貞觀殿，葬於乾陵，武則天突破太后不能臨朝稱制的慣例，先後廢中宗、睿宗，自稱皇帝，改國號爲周，成爲中國歷史上的唯一的女皇帝。後來的一切發展都如袁天綱的預言，後世的帝王也都從唐高宗選址的失誤中吸取了經驗和教訓。

宋朝理學家朱熹簡介

朱熹，字元晦，一字仲晦，號晦庵，晚號晦翁，婺源人，僑居建州（今建陽）。紹興進士，朱熹歷仕高、孝、光、寧四朝。居崇安時，興辦書院有武夷山的「紫陽書院」又稱「武夷精舍」，又創草堂於建陽雲谷，自稱雲谷老人，晚年卜築於建陽之考亭，作滄州精舍，自稱滄州病叟，又號遯翁，白鹿洞書院位於江西廬山五老峰下，唐朝李渤與李涉兄弟隱居於此洞，蓄白鹿以自娛因此得名爲白鹿洞。宋太平興國三年（978年）知州周述奏稱廬山白鹿洞有學徒數百人，請賜九經書肄習之，太宗下詔准許。仁宗皇祐五年（1053年）孫琛又廣建學館十間，到了南宋孝宗淳熙年間，南康守「朱熹」加以重建，並奏請朝庭頒賜國子監經書，於是白鹿洞之名益大彰。

自南宋以來七、八百年間，中國教育可以說受朱子師道的影響最深、最大。他繼承了孔子之大道，處處以身作則，教人「格物致知，實踐居敬」。他不僅是宋朝的一位學而不厭、誨人不倦的偉大教師，同時一生在儒學上的貢獻，或有學者稱之爲孔子以後的第一人了。

朱熹遠祖早年居於山東，唐僖宗廣明年間，因黃巢之亂，朱氏再往南遷。北宋宜和五年（1123年）朱松（朱熹父親）授政和縣尉，這年中秋舉家入閩居政和縣，朱氏這次入閩共有七人（朱松父母、妻、兩個弟弟、兩個妹妹）。兩年後朱松的父親朱森即去世，「貧不能歸，因葬其邑」。朱松定居福建建州（今建甌）遂爲建人。

朱熹誕生於福建省尤溪縣城南鄭義館舍，宋高宗建炎（1130年）九月十五日午時，朱子的一生，從十九歲登進士，到七十一歲去世，這五十多年中，做官的時候共爲十四年；唯因時逢衰亂，奸佞當道，或辭不就，或就亦無從遂其志。他在政治上的遭遇眞可說是不幸。然而他在教育上的成就，卻是震爍千古，值得人們無限的景仰。

朱熹晚年定居建陽考亭，成爲考亭朱氏始祖，其後裔稱爲考亭或紫陽朱氏。朱熹生有三子，老大朱塾、老二朱埜、老三朱在（詳細請看族譜明細表）。朱熹於慶元六年（1200年）去逝，二房朱埜在於朱熹去世後第十年去世。南宋寶慶三年（1227年），朱熹子孫開始從建陽考亭遷出，而大房朱鑒在三叔的輔佐下，舉家遷居建安（今建甌），而從族譜裡面我們可以證明風水利害關係，前往武夷山及建陽黃坑聽起當地朱氏族人言明書院、墓園都是朱熹先前所規畫，朱熹後代子孫名字也以陰陽五行作爲輩分，如熹下面有火，第一代有土，第二代有金，第三代有水，第四代木，第五代又生火，從這裡可以發現朱熹眞是一位理學家（火生土、土生金、金生水、水生木、木又生火），墓園及書院詳細情形請看本書圖片說明。

武夷經舍

位於武夷山地區朱熹早期所建的「武夷經舍」又叫「紫陽書院」，座甲山庚向兼寅申，三元座雷火豐卦，先天卦氣八木，後天卦運六。周易地理法曰：「地盤立向庚申五五兼，交氣為破軍氣。」書院「破軍氣」水來應，產生下代學生不能發揮功課，老師教學產生壓迫感大。

武夷經舍古蹟

武夷經舍古蹟

武夷經舍遺址全景

武夷宮（原武夷道觀）現改爲朱熹紀念館，周天座22度向202度，三元座風雷益先天卦氣爲二火，後天卦運爲九，周易地理曰：「武曲氣來水最吉昌。」應產生下代子弟能爲道觀發揚光大。

朱熹墓園

朱熹生前為自己所找的墓園立戍山辰向三〇〇度。三元坐水山蹇卦，先天卦氣七火，後天卦運為二運卦氣，立向來路交氣為武曲氣，武曲氣水來最吉昌，但惜大忌水漂漂流出去，小子人財退莫當。主後代子孫退財又往外遷移之象，亦應證了朱熹子孫往外遷徙及少發富之象。

朱熹墓園往前看的全景

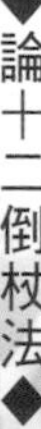

張姓簡介

張姓在中國有一億多之人口，是爲百姓之冠，而張姓起源出自姬姓。據新唐書宰相世系表、中華姓氏淵源載：黃帝子少昊青陽氏第五子名揮，爲弓正，始製弓矢，子孫賜姓張氏。周宣王時卿士張仲，其後裔仕晉爲大夫，至三家分晉，張開地相韓，其孫子房（良）爲漢留文成侯，裔孫魏太山太守張岱，自河內徙清河，其族最盛。

【堂號】

張姓堂號有：清河、南陽、吳郡、安定、敦煌、武威、范陽、犍爲、沛國、梁國、中山、汲郡、河內、高平（以上係郡號，共計十四；張氏圖譜列載有四十三）、百忍、金鑑。以清河爲最著。

德遠堂

福建省南靖縣書洋鄉田螺坑，張氏宗祠大門前兩旁的「石旗杆」這是張氏子孫光宗耀祖的標誌。石旗杆上頭有文筆表示子孫是文官，上頭有石獅或石虎表示子孫是武狀元標誌。

福建省南靖縣書洋鄉田螺坑張氏子孫光宗耀祖的標誌「石旗杆」

張氏宗祠「德遠堂」，坐正甲山庚向

德遠堂有牆圍但沒有開中門，由右邊丁未門進入， 周易地理曰：武曲兼輔弼兩氣進入，地局又佳。

德遠堂前面共有十八支石旗杆。詩曰：甲木參天紫氣千輔座，庚金透地奇峰六秀朝。

德遠堂前面奇峰山

德遠堂右邊白虎山高度適當

德遠堂宗祠右前方是張氏族人的圓土樓住宅

泉州晉江張氏宗祠

張氏宗祠虎門入口

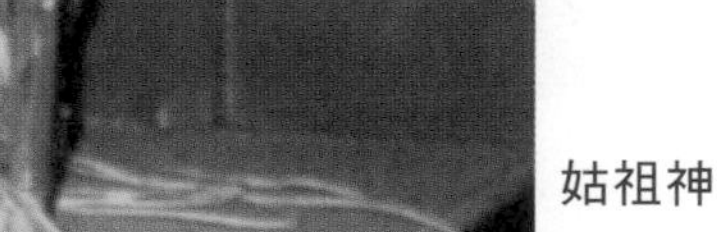

姑祖神位

晉江張氏宗祠是延魯公派宗祠，甲山庚向，三元坐離爲火，先天卦氣三木後天卦運一運卦，沒有開中門，由左右龍虎進入，裡面張氏子孫有進士、探花、魁元、會魁、大學士、匾額滿堂，讓筆者最納悶的是最後這一殿，供奉的是晉江張氏族人「第六世祖姑神位」，打破了河洛人姑婆不入宗祠的慣例，爲什麼，請讀者自己去猜吧！

張氏「太尉堂」正門

張氏太尉堂供奉威武輔應上將軍，原先祠堂規模不大，現在太尉堂係南宋紹興二十五年重建，1991年再次重修完整，宗祠座坤，向為艮寅5.5分金，三元坐澤水困，先天卦氣四金，後天卦運八運卦，立向艮寅為艮虎「八曜煞」，故而漳浦張氏族人祖籍地現今只有張坤茂、張順水兩戶人家，祖籍張氏族人大多往外發展，成功後才有回鄉祭祖。

漳浦張氏太尉堂全景

大鵬展翅穴——觀音山凌雲禪寺得大鵬展翅之龍穴而香火鼎盛

觀音山位於臺灣北端，淡水、八里和五股間，東濱淡水河與淡水小鎮相望，西臨林口臺地，北望無垠海洋，南接臺北盆地。從樹林、新莊或淡水遠眺觀音山，峰稜連接，彷彿一幅莊嚴的觀世音側面像，若從圓山天文臺上遠觀，則又如仰躺曲膝的觀音。

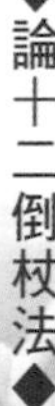

遠眺觀音山全景

約兩百萬年前第四紀更新世時，經數次火山噴發活動而成。火山噴發的原因可能是由於菲律賓海板塊碰撞歐亞板塊，隱沒至其下方所引起的火山作用。觀音山火山主體是一座中央噴發之錐狀火山，錐體半徑約1 公里，噴發中心在觀音山主峰之東南方。

觀音山凌雲禪寺——大鵬展翅穴

觀音山總共由十八座連峰所構成，山嶺陡峻。主峰硬漢嶺海拔高度 608.9 公尺，爲本區之最高點，周邊秀麗的十八連峰，是著名的登山健行地點，以此爲中心，向四方逐漸降低，而觀音山凌雲禪寺正位於距觀音山主峰南方約 800 公尺之一座獨立山峰南面。凌雲禪寺附近一帶峰頭林立，懸崖峭壁，地形險峻。

一九九二年九月九日凌晨時分，凌雲禪寺後方山坡，重達數千噸以上的大小石塊，突然自山頂直衝入後殿，因衝擊力量極大，造成後殿樑柱折斷、外牆開裂等現象，寺方人員表示，在此數年前亦曾發生同樣的落石壓毀後殿的事件，但規模較小，凌雲禪寺所在地形為一崖錐地形，崖錐是由過去所掉落的岩塊逐漸累積加高而成，凌雲禪寺位於峭壁之下方，與峰頂高差約200 公尺。凌雲禪寺即建於此崖錐之中段部分。禪寺上方崖錐坡度甚陡，平均達35度斜坡長度達200公尺以上，後山過於陡峭，有高壓的現象。

凌雲禪寺位於峭壁之下方，與峰頂高落差約兩百公尺。

凌雲禪寺原建於宣統元年，現今之廟貌則為新建，坐癸向丁，由遠方山下望之，以形喝穴，此穴形成似一隻大鵬鳥，振開雙翅翱翔於觀音山上，凌雲禪寺正在大鵬鳥的鳥頭下，大鵬鳥的雙翅為龍虎砂，護衛有情，廟中祀奉之千手千眼金身觀音，莊嚴肅穆、香火鼎盛。寺廟臨崖而建，山色清淨，居高臨下，展望絕佳。

廟中祀奉千手千眼金身觀音，莊嚴肅穆、香火鼎盛。

佛經中的風水術

一般人都認爲命運有一定的安排，人都處在三界五行中，每人的相貌都具足五行。臉瘦身高，屬於木形。頭尖下巴寬，屬於火形。面方色黃，屬於土形。面白屬於金形，面黑而肥屬於水形。或有人說，修道人就不在此數中，修道人不要問《易經》。佛教講：「超出三界外，不在五行中。」心正神聚，定則生慧，以道度人，以德化人，至誠感人，歸道時，自知時至，向大家告別，含笑歸空，這是橫豎三界的不二法門。

《金剛經》：「凡所有相，皆是虛妄。」法性是遠離一切名字相、言說相、離一切相，超乎宇宙時空，而衆生執迷於各種現象，執著於現象界的一切，是很難徹見生命的本質。先天地萬物，不生不滅。天地萬物由五行所成，而法性卻非由五行所限定。證得法性，即證得法性身。此法性身乃金剛不壞之身。

古希臘哲學家認爲：宇宙是由地、水、火、風、精氣、元氣等原素構成，中國、古天竺也有如此的看法。佛教承襲部分古婆羅門（Brahmana）文化，認爲宇宙有四大元素：地、水、火、風，稱爲「四大皆空」。

而易經之學術思想則認爲宇宙皆涵蓋在天地定位，山澤通氣，雷風相薄，水火不相射的八大元素現象，即天、地、雷、風、山、澤、水、火之中而生生不息。

佛教不講究風水嗎？

常會聽到佛教人士說：「佛教是不講風水，不信命的。」許多佛教人士都認爲風水是迷信，但不知道這樣的觀念是如何起源？是哪一位佛教前輩開示出來的？而這些是眞的嗎？

請詳細看筆者一一道來：

佛教自古以來是不是眞的不信，也不講究風水呢？就請看以下詳釋自可分明也！

有很多佛教界的大師級人物，原本就懂得一些風水或者精研風水術，要建廟的時候，爲了道場的平安、法門興旺，一定會詳加注意風水巒頭之形象氣勢之原則性，而作爲吉祥興旺的佈局。

但佛教也有某些大師平常認爲風水是迷信，甚或說佛教不講究風水，但到有一天所謂的因緣成熟，要蓋大廟的時候，都會請專家堪察，並且一定要尋找最理想的「風水寶地」。找最理想的「風水寶地」之後，當然心生歡喜，寺廟所在地是如何如何的了得，也能對信徒左青龍，右白虎的說出一番道理，廟址是非常的符合風水原則，至於對外發言，則還是說他不相信風水。這眞是非常奇怪又荒謬的現象！

有些出家人這種口是心非或口非心是的作法是值得商榷和探討的，因出家人本是不會也不可打妄語的，您說對嗎？據筆者多年的堪察經驗，不管是陽宅、陰宅、機關、住家、佛教、道教或其他宗教的寺廟，以正宗三合、三元地理的巒頭、理氣來論斷吉凶，其結論是一樣的，但是要能「超出三界外，不在五行中，」。是聖人的境界，修道未成，未達究竟位，還是凡夫，而凡夫俗子及未證道之人必然會受到五行的影響。

多數的寺廟都合乎風水一圖爲高雄佛光山

汐止慈航堂一朝案秀麗

汐止慈航堂之朝案

佛教密宗的風水觀

唐密不空法師於《宿曜經》以爲空、風、火、水、地，逆其次第，配於東、西、南、北、中；青、赤、黃、白、黑，採即事而眞之意，且依本覺下轉之本有胎藏界十因之義。

善無畏於《尊勝軌》以地、水、火、風、空，順其次第，配於東、西、南、北、中。依不空之將「五行」代入「五方」，以地大爲中央大日如來，中央屬「土」，是發心之位；以北方爲不空成就如來，北方爲壬、癸、亥、子、丑屬「水」，是發心之位，由

「乾」與「艮」統之；以空大爲東方阿閦如來，東方甲、乙、寅、卯、辰屬「木」，爲方便究竟之位，由「艮」與「巽」統之；以火大爲南方寶生如來，南方丙、丁、巳、午、未屬「火」，爲成菩提之位，由「巽」與「坤」統之；以風大爲西方阿彌陀如來，西方爲庚、辛、申、酉、戌屬「金」，是爲涅槃之位，由「坤」與「乾」統之。

唐朝文成公主八十種五行算來建佛寺

唐朝文成公主依據中原的八十種五行算觀察法來建佛寺，以鎮

西藏不達拉宮

壓惡劣風水，於《西藏王臣記》一書也寫說：「文成公主依據中原的《八十種五行算觀察法》來細推，觀察雪域西藏的地形，儼若羅剎女仰臥的形狀。娥壙湖恰是羅剎女的心臟……她進而繼續觀察那周圍的地理，發現周圍的地理是功德和過患兼有。」

功德方面

東方地形像豎起的燈柱；南方地形像寶塔；西方地形像在曼遮（圓形的壇供）上安放一螺杯的形狀；北方地形像盛開的蓮花。特別是還有四座聖山，在其環繞的山脈中，那梁正澎迦山像一把寶傘，瑪仲山像條金魚，凍喀山岩像朶蓮花，其山陰的積冰又像白螺，仲贊山像一寶瓶，裕巴山像吉祥結，澎迦山像一寶幢，帳普山岩像一寶輪等，共爲八吉祥相。此外，迦喀山、須巴山梁、惹喀山岩、爵姆色山等是金、銀、銅、鐵等四大寶藏。還有東面的達枷凍峨瑪（意爲笑面虎下區）、南面的裕住章翹（意爲青龍淨水）、西面的嘉底布凍（意爲雞雛面）、北面的汝白拔喀（意爲龜行磐石）等。總而言之，天如八輻輪相，地像八瓣蓮花。在這種殊勝的地形上面修建寺廟是會圓滿功德的。

過患方面

東方的切瑪山（沙山）形像羅剎女的陰部，南方的地形如蠍子抓食，西方的岩形如魔鬼巡視，北方的直達梁多地方一帶的山形，如象群的戰陣，東南界爲凶神遊地，西南界是惡鬼聚處，北方是部多（魔鬼名）的臥處。此外，還有貢巴山形像摩竭魚（即大鱷魚）吸引和吞食螺狀，朗峨迦（意爲天門開處）的窄狹天空，像一把利劍，薩峨迦（地門開處）的地形像一豬鼻等，都是惡劣的風水。

鎮壓這些惡劣風水的方法是：首先由松贊王同兩妃一起來到吉學地區梁正村的拔邦喀（聖地）修（鎮伏）法，他們修到發現有靈感的象徵後，隨即做了那鎮壓羅剎魔女的肢體和其他魔怪的肢節的事項。

即是在羅剎魔女的地形上面，在魔女的左肩上建察珠寺，在右足上建彰丈寺，在右肩上建嘎察寺，在左足上建仲巴江寺等，這是鎮壓四邊的四大寺。又在魔女的右肘建貢波布曲寺，在左肘上建脫扎空廳寺，在右膝上建絳眞格杰寺（慈雲宏善寺），在左膝上建江扎冬哲寺等，這是再鎮壓的四大寺。進而又在魔女的左掌心上建康隆壙度母寺，在其左足心上建壩卓杰曲寺，又在察日區建智慧度母寺，在昌巴區建弄倫寺（鎮風寺）等，以上是鎮壓左右兩翼的各寺。

如上所說，在其餘的一些惡劣風水的地面上，分別建築了佛塔、石獅、大自在天像、大鵬、白螺等來改變風水。據說從此以後，隨即塡平湖面，在其上修建佛殿，把中原和尼泊爾迎來的諸佛、菩薩像，都供奉在那佛殿裡。從此，佛教也隨之興盛起來，直到後來的藏王叔姪諸王朝的各個時代，各寺廟的僧伽大衆，和顯密的說修事業，仍然是興盛不衰，這是建佛寺鎮壓惡劣風水的實例。

古代高僧大德五明具足

無論高僧弘法或古德行腳都必須具備良好的常識，才能遠途跋涉到異域。古代中外高僧能除病、療疾以自利利人，又能「堪天」、「觀象」者甚多。東晉《名德沙門題目》評論高僧于法開，說他「才辯縱橫，以數術弘教」，既行醫治病，又「堪天」、「觀象」、「卜算吉凶」；既懂「醫方明」又通「工巧明」。因爲受到西域高僧的指導，中國歷史上的高僧道安、僧范、僧化等都精通天文、七曜之學；曇影、道穆、肖吉、衛元嵩等人精通術數之學。諸如《高僧傳》、《宋高僧傳》中對通「曆算」之高僧記之甚詳：

東漢安世高通七曜、五行之象、風角雲物之占、推步盈縮悉窮其變，擅於醫學針脈，並兼通風水地理之術。

西晉道安法師陰陽、算數皆能通。

東晉于法開以「數術」弘教。

魏時法時「善學四韋陀論，天文圖讖，莫不核綜」。

被南燕朝慕容德封爲「東齊王」的僧朗擅長「占候」觀氣象。

孫吳康僧會綜涉「天文」、「圖緯」、「占卜」。

後秦鳩摩羅什「陰陽」、「星算」莫不畢盡。

劉宋求那跋陀羅於「天文」、「書算」、「醫方」、「咒術」靡不該博。

劉宋僧含篤志「天文」、「算術」。

北齊僧范洞曉「七曜」、「九章」」。

北齊道辯偏解「數術」。

隋法遠「算曆」、「五行」洞幽其致。

北周僧人元嵩通陰陽曆算。

唐玄宗時，一行禪師詳究「陰陽」、「讖緯」、「算術」。

唐穆宗時，惟良解「天文規律」。

清僧方專長天文、曆算、醫學、地理而無所不精。

規畫天臺國清寺的智者大師，更是一位通曉「度量」、「測算」的建築家。

天下名山僧居多

自古以來，中國佛教寺院的選址常以群山環抱、溪水充沛、景緻優雅為主，以慎選「山環水抱，必有大發。」實際上許多上等好地理都被寺廟佔據，故從古到今皆云：「天下名山僧居多。」吉地建造寺院是每一位建寺者的深願。如果談漢傳佛教建築，卻不具備中國「地理風水」的常識，這似乎未能把中國建築的精神表現出來，同時也有點違心之論。

曹溪南華寺

虛雲和尚與曹溪南華寺

虛雲和尚寫《重興曹溪南華寺記》：「萬曆二十八年，庚子秋。憨公清山始入山重興祖庭，意欲塡築龍潭，統一各家方位，糾正山向。越時八載，工程及半，以魔事去，後雖重來，不久示寂。」「寺後橫山是象牙，乃本寺之主靠山。」

「自憨山挑培以後，歷次修繕者，不審山脈，削去靠山，使飛錫橋直衝寺後，形成洗背水，此一忌也；

龍潭之右小崗形似象鼻，係寺內之白虎山，挖斷數處，包圍不密缺乏遮蔽，此二忌也；外往算溪路之山坳，破缺多處，正當北風，又無叢林掩護，此三忌也；

寺之前後靠山不正，舊日頭入山門，即在現今西邊大樟樹林內，中有深坑。如現今曹溪門前，墓地坵陵起伏，穢積亂藏，坎坷寓目，幽明不安，此四忌也；

雲海樓下之井，名羅漢井，在舊天王殿西邊，井右有一高坡，逶迤達天王殿門口，成爲白虎捶胸格，此五忌也；

寺後大山，雖號雙峰，其實太弱。更因寺之坐靠，不依正主，以凹窪爲背，是以子孫日漸衰弱，雲至曹溪，房分只有五家，其數不上十人，不居寺內，各攜家眷，住於村莊，耕植牧畜，無殊俗類。

虛雲和尚九十三歲　攝於鼓山湧泉寺

虛雲和尚一百二十歲

虛雲和尚法相

獨於其肉身所在道場，區區咫尺之地，輒不及百年而即中落者，雖曰人謀之不臧，但亦未嘗非地形之失利。相其陰陽，觀其流泉，岩虛語哉！雲察勘既竟，商諸李公，先定山場，以圖展布。」

曹溪南華寺是禪宗六祖肉身成道道場，經憨山大師整修七百多年後，竟然淪落如此地步，若非民國三十年冬，再經虛雲老和尚重修，可能蒙塵消失了。可憐後代禪師獨標「無我、無心、融於大自然、配合大自然、不見形式」。忽視世間有形，卻無法照顧後代子孫，嗚乎哀哉！爲了重修祖庭，虛雲老和尚乃「預期十事」，次第進行，其中：

一、更改河流以避凶煞，幸一夜之間雷雨大作，水漲平堤，改反弓水爲一字案，莫非神助，否則將無法促成。

二、更正山向以成主題，外闢廣場，栽種樹木，綠蔭翳天，白雲覆地，望之儼然一清淨道場。

三、培添後面靠山主以免坐空，及築高左右護山以成大場局，中鑿蓮池，以爲象鼻之吸水處也。

四、新建殿堂以式莊嚴，其方向以坐癸丑向丁未，癸丁八度兼丑未線，是爲風雷益之位，將與寶林門同一方向，既協定星，復觀大壯，堂堂正正，煒然巨觀，外像象王之居，中施獅子之座。均顯示禪門開悟者虛老精到之處，非不學者所能知悉。

曹溪南華寺大雄寶殿

曹溪南華寺

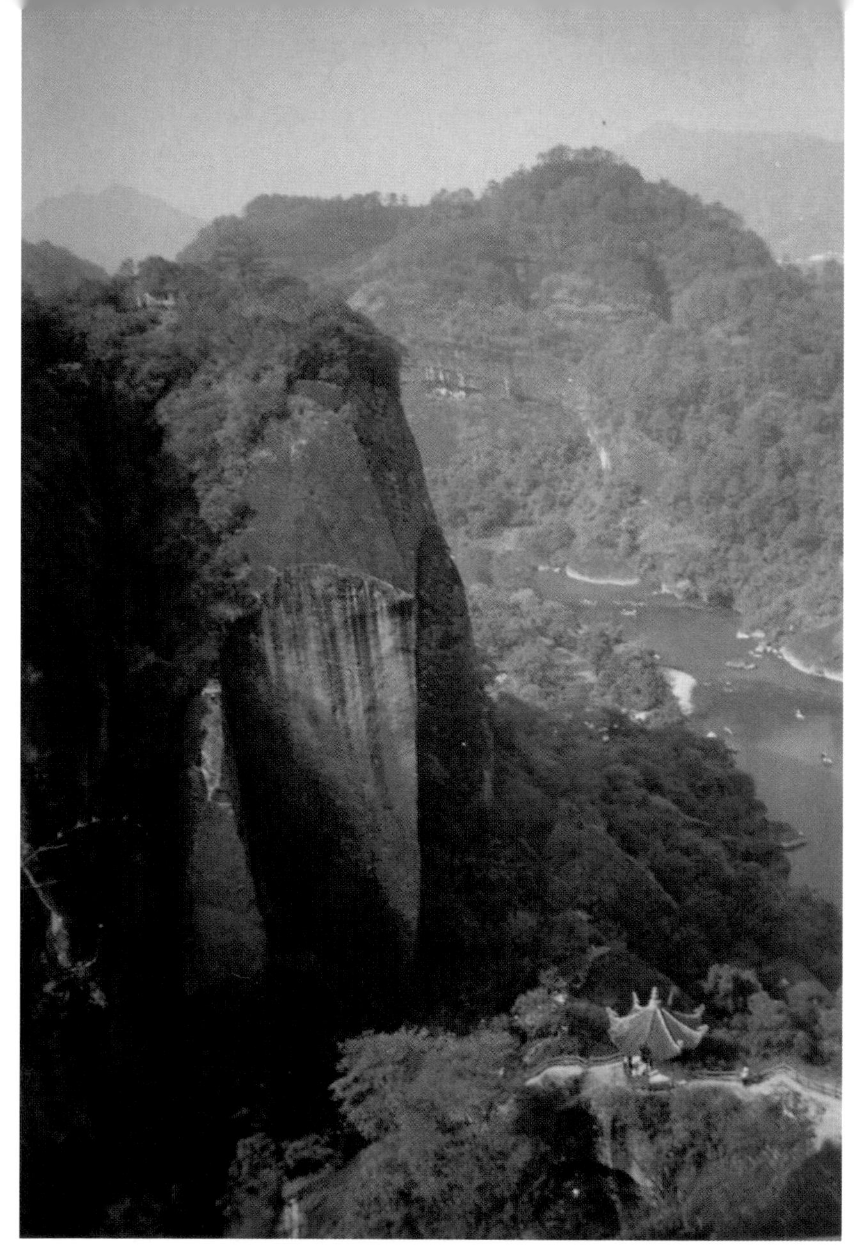

民國三十八年，虛雲老和尚一百十歲，回雲門裝修全堂聖像。雲門寺前經虛老「審地爲基，配合山川形勢，燮理陰陽風水，更正山向，重奠地基，蕩掃榛蕪，大興土木，廣造梵宇，歷時九年。

中央大雄寶殿坐西北向東南，辛山乙向，正對觀音嶺，案山佳勝，諸峰羅列，並有大小旗山，形成貴人拱衛之象，全寺梵宇稱合整個天然局勢，後座穩靠，前面開展，左右擁護，凶煞盡避，吉向全收。」

又虛雲老和尚對鼓山蓮公老人圓寂入塔法語曰：「擇地於白雲峰下，石鼓山中，靈祖留下，爲古寺基，名曰華嚴，華上湧出無縫浮圖，八面錦繡，最妙第一，亥山巳向，兼乾丁亥分金，四界分明，護神圍繞，今朝奉蓮公老人居此勝幢，一切時中，吉祥如意！」由此可知虛雲老和尚亦再再不忘兼顧風水地理，作爲奉塔之參考。

在古代佛經也曾出現有二十八宿的說法，如西晉竺法護譯《舍頭諫太子二十八宿經》、唐善無畏譯《阿吒薄俱元帥大將上佛陀羅尼經修行儀軌》、唐不空譯《文殊師利菩薩及諸仙所說吉凶時日善惡宿曜經》、唐一行禪師所撰《宿曜儀軌》等等，都述及北斗七星、二十八宿，顯然佛教在古時皆已受易學、道教推崇斗宿星神的影響，可知漢地的密宗佛經已經是融合了中土文化。

佛教大藏經大正新脩大正藏經第十八冊No.911裡有《建立曼荼羅及揀擇地法》，上都大興善寺沙門慧琳依諸大乘經集，第十八冊No.910載有《梵天擇地法》，「建立曼荼羅」就是「建立道場」或

「設壇」的意思。

《梵天擇地法》提出四十二種擇地的方法。「擇地」是佛經所用詞，其實與風水的古代名詞「相地術」相同。直接指出「持咒仙人」在山中會感應到梵天及天龍八部，他們講究修行地點的選擇，為曼荼羅不得其地，以此法多不成，也能避免在修行中會遇到障礙。此經指出選擇正確的修行地點，建立曼荼羅，在這裡修行就能如意而法成，若是沒有找到好地點，修行者就白白的消磨時光。可見風水寶地的重要性，以及古時佛教對風水寶地的重視。以下就將佛經中的四十二種風水寶地選擇法，用白話語意與原文對照方式列出，並詮釋之，以饗讀者。並讓大眾知道佛教還是講究風水地理之相地術，而勿聽信有些自認為是大師的所謂「佛教不講風水」之違心論。

《梵天擇地法》四十二種擇地法語譯

【原文】第一：入山石窟中深，四面有石，中心有土，如人掃地處，此是聖人成道之處。地中心有異花出，其地第一，此作壇持咒，定得感諸如來，應持戒比丘得此地法，非持戒不得於此地，慎之。

第一：進入山中石窟深處，若看到四方皆是有石頭，但在石頭中心處衍生有清淨的土壤，好像有人打掃過，這就是聖人成道的大好地方。如果這塊地的中心再生出奇異的花草，此爲第一等的風水寶地。在這裡設壇持咒一定能感應到諸佛如來。而這個大好風水寶地必須是持五戒的出家人才可以在此修行，沒有持五戒的人不適合在此修行，這要特別的謹愼。

【原文】第二：深山有大蟲及獅子猛獸坐處，其地無草生處，必是聖人坐處，諸獸並是護塔之神，此地作壇，法事立成。貧道開黃五年，入廣州深山有此地，准前法受持，乃有一人，身作金色著白衣，大神身長三丈已來，貧道驚怕，其人報云：「吾是大佛頂之神，今見汝坐福地，感吾身現，來受汝法。

第二：深山中如果有老虎、獅子等猛獸經常出沒的地方或山洞，那裡如果又不生草木，必定是聖人的坐處，這些野獸都有其與生俱來的靈感，而知此地是風水寶地，故而常在此出入，因此這些野獸都是護法神，如果在這裡設壇修法，必能成功。貧道在開黃五年，發現廣州深山裡有此種風水寶地，貧道便用此方法持咒，沒想到出現一位身長三丈的大神，上披金色白衣，乍時有些驚嚇，神人說：「我是大佛頂之神，今天看見你坐在此福地修行，受到感應所以在此現身，特別來請益有關修道的法門。」

【原文】第三：入山高頂上，見有大石，其清如磨處，見人影現，此石聖人吉祥之石，取白茅為席，坐西北角誦咒作法，剋成就，非持戒比丘不得坐。

第三：在高山頂上，見有大石頭，表面光滑平坦如磨過的樣子，如鏡子一樣可以照出人的影像，這是聖人吉祥之石。可以取白茅草舖成席，坐在西北角誦咒作法修行，能夠剋期取證。未持五戒之比丘則不宜坐此地修行。

【原文】 第四：山中四面有草木樹林，中心無物，淨如人掃地，作壇必成就。

第四：山中四面皆是草木樹林，中心地區沒有任何障礙物，如同有人清掃過一樣的乾淨，此地設壇修行必有大成就。

【原文】第五：山中見有五色石，青黃赤白黑各在本，此是聖人學道處，此地必是勝，作壇四天王自至。

第五：山中出現青、黃、紅、白、黑色等五色石頭，此地是聖人學道的地方，是殊勝的風水寶地，在此設壇修法，會感應四大天王降臨。

【原文】第六：入山中見蛇頭上有角盤石，蛇臥處無草，見人來即起去，此作壇最妙。

第六：山中看見蛇頭上長角，又蛇身盤於石頭，蛇臥的地方草木不生，見有人來蛇便離去，在此地設壇修行最爲殊勝難得。

【原文】第七：山中見有白鹿臥在地，四面一丈已來無草木，

此地亦堪作壇。

第七：山中看見有白鹿臥於地，方圓四周一丈之內沒有草木，此地也適合設壇修法。

【原文】第八：山中見有白鹿，臥處四面無草木，見此相貌，並是作壇之地。

第八：山中看見白鹿臥處，四面沒有草木，這種地形，也是設壇修行的好地方。

【原文】第九：山中有人身長一丈餘，著黑色衣，面有四目，坐於石上，其石上清明見人面像，比丘上必成。

第九：山中有人身高一丈多，穿著黑色衣服，面有四個眼睛，坐於石頭上，石頭表面光滑清明像鏡子般能照出人像，比丘在此地修行必有大成就。

【原文】第十：山中有白頭老翁，眉鬢皆白，目送其行處，地皆不生草木，此地堪作壇，有草木不堪。

第十：山中有白髮老翁，眉毛鬢毛全白了，眼睛看他走過的地方，地上都草木不生，此地就可以設壇，如果有草木生長，就不適合。

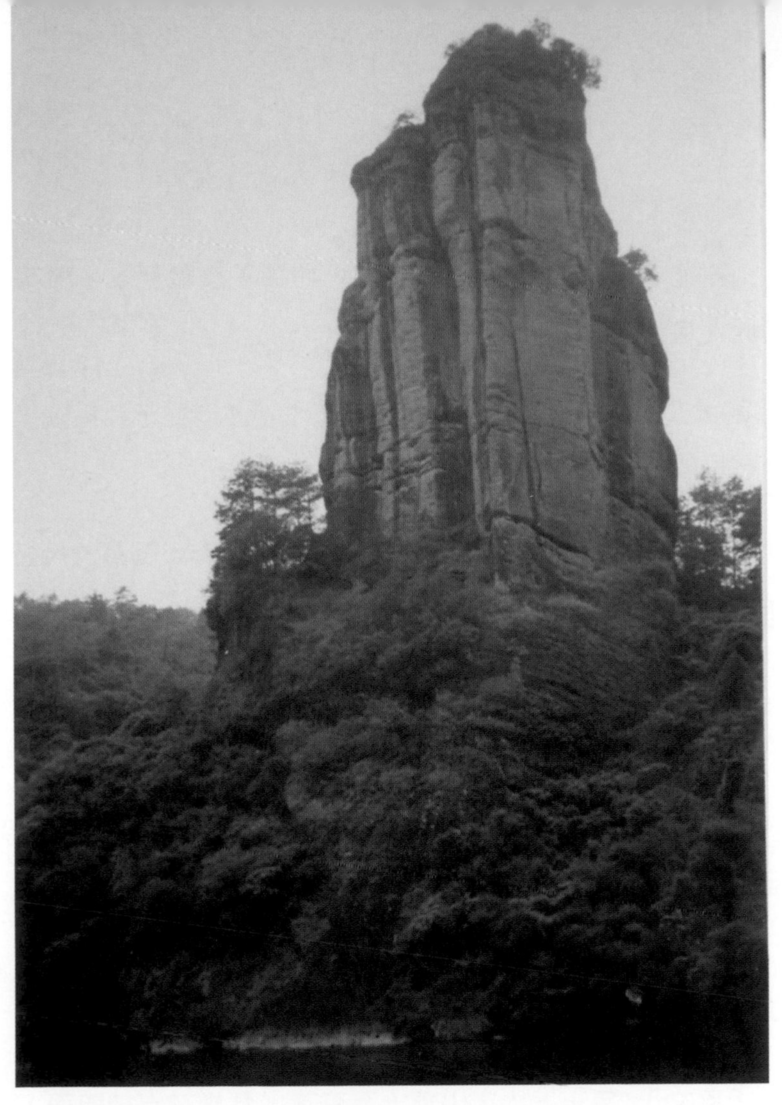

【原文】第十一：山中見有石，或土裡有五色雲出，非陰雨時見，此處必是聖人坐處，作壇妙。

第十一：山中若見到石頭，或下方出現有如五色雲彩的土，又不在陰雨的時候也會出現，此處必是聖人所坐的地方，在此地設壇修行最爲殊勝。

【原文】 第十二：山中有石室，內獅子及猛獸居，無草木生者，此地堪作壇。

第十二：山中有石室，裡面不生草木，並有獅子及猛獸居住，此地可以設壇。

【原文】 第十三：山中有平處無草，其地有人腳跡一尺已來，堪作壇。

第十三：山中有平坦的地方，而且不長草，此地有人的腳跡一尺多長，此地可以設壇。

【原文】第十四：入山谷，見有草在地生，每似人坐上，其草頭低屈者，其堪。

第十四：進入山谷，看見地上生長的草，形狀好像人坐過似的，草頭都被坐低屈了，此地堪用，可以作爲設壇修行之地。

【原文】 第十五：入山頂上及平下，見異花出於四面，中心可有八尺已來空地，其處妙。

第十五：來到山頂上比較平坦的地方，看見四面生長奇花異草，中心地有八尺多是空地，這個地方非常好。

【原文】 第十六：山中見有花出處，但是聖人坐處無間，春

夏秋冬，皆有異花出現，但有出華異於眾花，其地妙。

第十六：看見山中長花的地方，這是聖人經常在此地打坐修行的好地方，而且是春、夏、秋、冬四季都有異花出現，更有長出異於衆花的奇妙花朵出現，這種地方非常好。

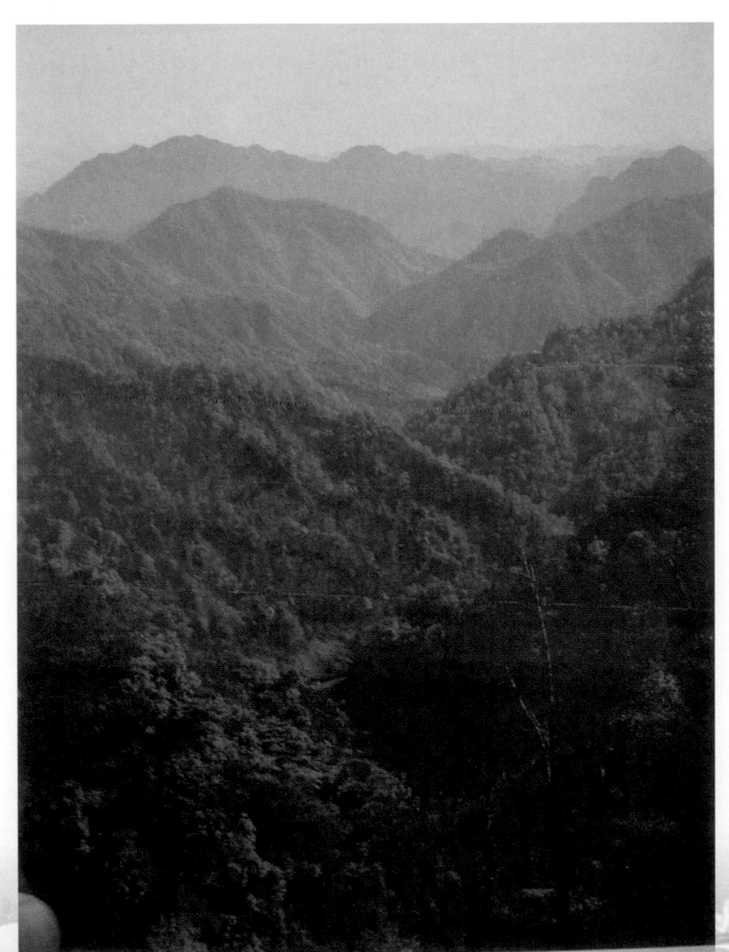

【原文】 第十七：山中持咒，見地上有白光出，四面無草，此地妙。

第十七：如果在山中修行持咒時，看見地上有白光出現，四面沒有長草，這個地方非常好。

【原文】 第十八：山中非時見有香氣，地亦似有煙出，此地妙。

第十八：山中不時出現有香氣，地底好像也有煙氣會冒出，這裡的風水地理很好。

西藏密宗曼荼羅

【原文】 第十九：山中有五色光，從地出或從石出，視其處，出處妙。

第十九：山中出現有五色光，有的從地底出現，有的從石頭中出現，看其出現的地方，此地很好，是非常特殊的地方。

【原文】 第二十：山中見有孔雀鳥或諸鳥，銜草及雜花來投著，其地堪，是聖人所出處妙。

第二十：山中可以看見有孔雀或諸鳥，銜著草及雜花來投到地上，這種地形是聖人出入的地方，這是可以善加運用的好地方。

【原文】 第二十一：山中有五色土處，至明日平旦，看五色光出，此地堪。

第二十一：山中出現有五色土的地方，早晨起來能看到五色光出現，此地理吉祥，可以善加利用。

【原文】第二十二：山中見有白鶴四箇，對坐處無草，此是結壇地。

第二十二：山中看見四隻白鶴，牠們對坐的地方不長草，這裡是結壇修法的好地方。

【原文】 第二十三：山中見雙樹相對，中間有狀如人形，其

地堪。

第二十三：山中看見兩棵樹相對，中間有狀如人形，此地可用。

【原文】 第二十四：山中見黃牛或白牛在地臥，其地無草生，似人掃處，其地堪。

第二十四：山中看見黃牛或白牛臥在地上，地面雜草不生，好像有人掃過般，這種地理可用。

【原文】第二十五：山中有石打作鐘聲，其處堪。

第二十五：山中有石頭，相互撞擊會發出如鐘聲，此地可以用。

【原文】第二十六：山見有窟，中相若喚無響者妙，即有響者非。

第二十六：山中發現有洞窟，在裡面發聲而不產生回音者，是好地方，若有回音就不是好地方。

【原文】第二十七：山中有寺觀，其地平旦，日未出時，看五色光者，堪。

第二十七：山中有佛寺或道觀，其地平坦，清晨太陽將出未出的時候，能看見五色光者，此地可用。

【原文】第二十八：山中見有神人著天衣，當所出處，堪。

第二十八：山中看見有神人穿著天衣，視其所出現的地方，可用。

【原文】第二十九：：山中有土，如蟻子聚高五尺以來，其堪。

第二十九：山中有土堆，好像螞蟻堆聚而成，高五尺多，此地可以用。

【原文】第三十：山中見石或土如龍形狀，或地上似如畫處，堪。

第三十：山中有石頭或地形如龍的形狀，或者地上好像畫一般，可以用。

【原文】第三十一：山中見有仙人或帶角之人獸，視其所出之地，堪。

第三十一：山中看見仙人或帶有角的人或獸，看祂們出現的地方，可用。

【原文】第三十二：非時非處，見有光忽然出，或有犯其火，或有香氣，此是羅漢得道之地，堪。

第三十二：不定時不定處，經常有光芒出現，或是出現火花，或是出現香氣，這裡是羅漢得道的地方，可用。

【原文】第三十三：若入寺舍，及在俗人家作壇，百倍千倍不及山中，欲救眾生，終須擇地，寺上伽藍穿地深二尺，其內得骨者必不堪，得瓦石者仍，埋七寶於地內，然始得用。

地內未曾安肩窨及雞犬臥處

第三十三：如果進到寺院或者在俗人家中設壇修行，百倍千倍比不上在山中修行，要想救度衆生，最後一定要選擇風水好的地點。寺廟中伽藍穿入地下深二尺，在地下挖到骨骸者，此地必不能用，挖到瓦石者也是一樣不能用，必須見埋有七寶於地內之後，才能使用。

【原文】 第三十四：穿地深三尺，得少許異物或寶，即名上地，堪。

第三十四：挖地深三尺，挖到少許異物或寶物，就是好地方，可用。

密宗紅教祖師——蓮華生大士閉關地

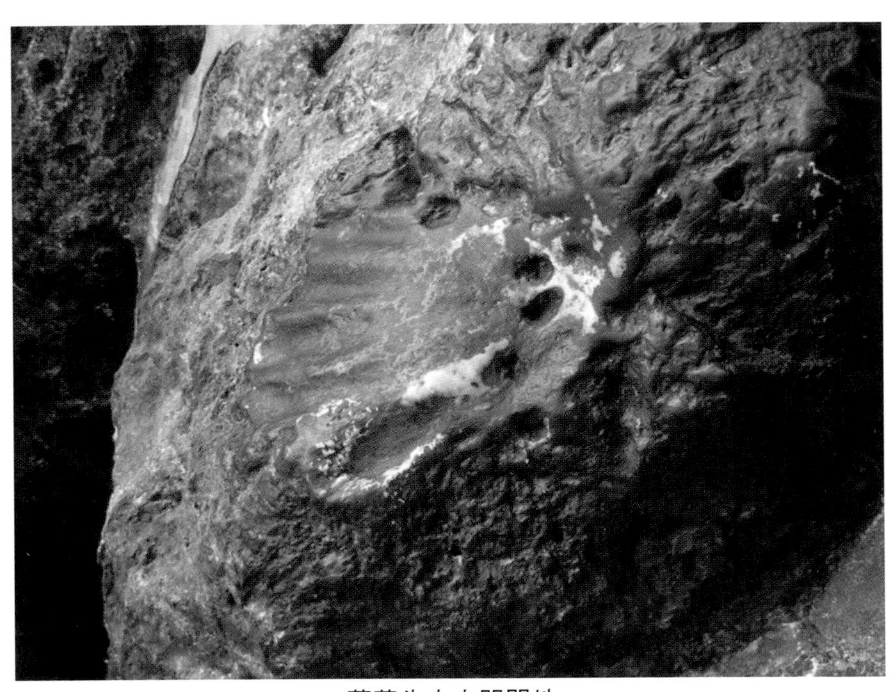

蓮華生大士閉關地

相傳蓮華生大士出關時在洞口擊了一掌以試功力，結果在石壁上留下手印至今。

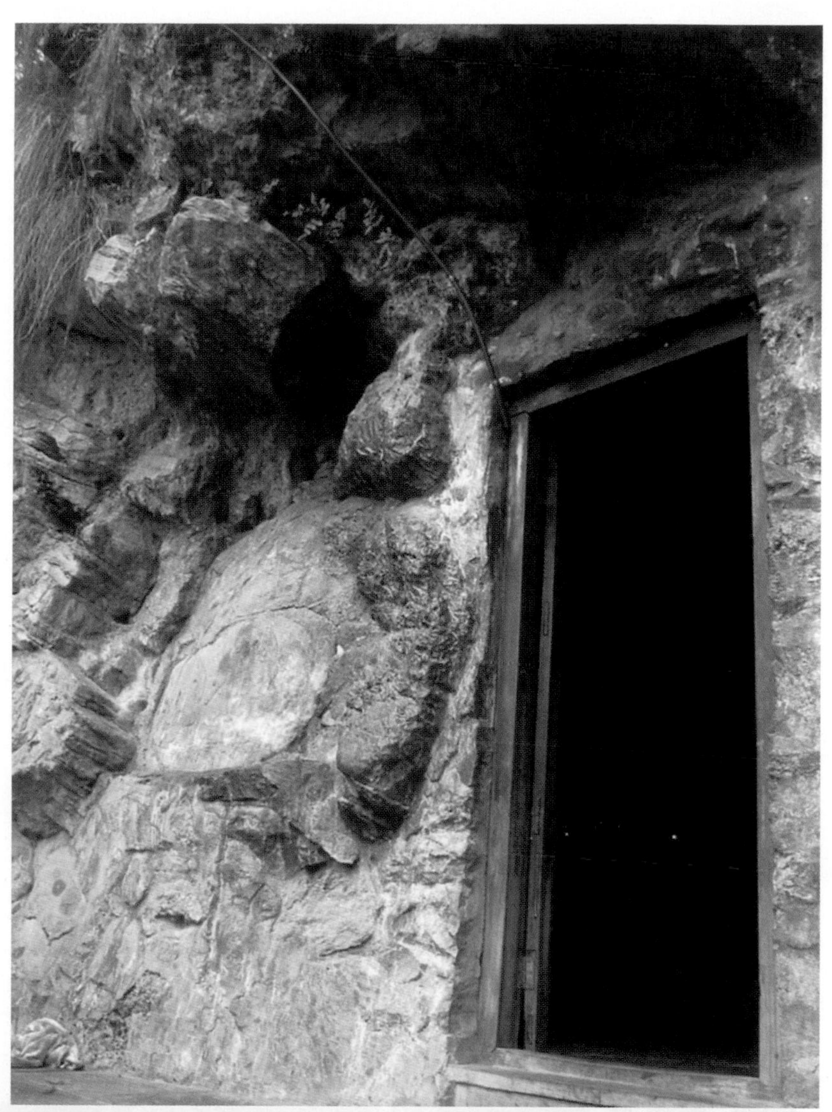

藏傳佛教的始祖蓮華生大士(Guru Rinpoche, Pema Sambhava, Pema Jung-ney)是寧瑪派（俗稱紅教）創教祖師。曾在印度、尼泊爾等地修行閉關，此處爲蓮華生大士曾經閉關的山洞入口，至今仍在，已成爲旅遊聖地。

【原文】第三十五：穿地深二尺，地內無物者作壇，其地內所取之土，淨擇去，和香末實築。

第三十五：挖地深二尺，地底下都沒有雜物者，可以設壇，在其地下挖到的土壤，並選擇乾淨的土，和著香末可以用於建築。

【原文】第三十六：地內不曾有人居止眠臥處，此地堪。

第三十六：地底下不曾有人在那裡居止眠臥的地方，此地可用。

【原文】第三十七：地內未曾安窟窖，及雞犬臥處，堪。

第三十七：地底下未曾安窟窖，或是飼養雞犬，此地可用。

【原文】第三十八：五更看地內氣候，有黑光不堪，自外光出者堪。

第三十八：五更時候看地內的氣機，如果出現黑光，此地就不能用，如果有自內而外出現祥光的，就可以用。

【原文】第三十九：若在俗家作壇，多不如法，致有損傷，咒師彼此皆無利益，直須結界不須作壇，貧道驗之曾有損失。

第三十九：如果在一般信眾家裡設壇，大多很難完全如法，以致常會有過失，咒師彼此也沒有利益，故只要結界不須設壇，貧道曾經查驗之，的確有損失。

西藏密宗唐卡

【原文】第四十：若是須結壇，令病人清淨，每日澡浴，著新淨衣，別在一室內坐，咒師依前擇地作壇，專心稱名為誦法，病人不令壇內得見，若將病人於壇內，並損咒師。

第四十：如果必須結壇，必須令病人先清洗乾淨，每天要澡浴，穿新乾淨的衣服，在另一個房間內。咒師依前面所言擇地設壇，專心稱名為之持誦法要，不可讓壇內的人看得到病人，如果將病人置於壇內，也會損咒師。

【原文】 第四十一：若是轉持戒比丘誦咒作壇，百千勝於俗人，若擇地得一作壇之後，其地劫災起時，其地不壞。

第四十一：如果是禮請持五戒的比丘設壇誦咒，效果勝於一般俗人千百倍，如果擇地而且設壇之後，那個地方在劫末災起時，這個地方不會受損害。

【原文】第四十二：若作水壇，不須作簡擇得上勝地，若不得其地，終無成益。

第四十二：如果是設水壇，也要選擇最好的地方，如果找不到此種地方，結果是不會有成效的。

臺灣佛教聖地——佛光山

南臺灣的佛教聖地佛光山，二〇〇五年一月十六日舉行第七任住持晉山升座大典，儀式中有來自世界各地的宗教界人士，以及近萬名信衆前往觀禮。由於佛光山這次的新任住持是由內部選舉產生，因此可以說爲臺灣佛教界寫下「世代交替」的新歷史。

在星雲法師的監交下，四十一歲的心培法師接下傳承法寶，正式成爲新任的佛光山住持。

佛光山大雄寶殿坐子山午向

佛光山這一次的新任住持，是二○○四年九月透過內部宗務委員會依照選舉程序所選出的。由於目前臺灣的佛教有六大宗派，多數仍處於開山宗長首任任期中，因此佛光山的這場住持交接儀式，可以說為臺灣佛教界寫下世代交替的新歷史。有來自世界各地的宗教界人士前往祝賀，佛光山的這場新舊住持交接典禮更是吸引上萬名信眾到場觀禮。

大雄寶殿

不二門

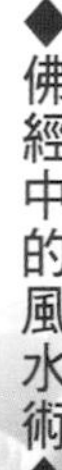

佛光山以人間佛教爲宗風，樹立「以教育培養人才，以文化弘揚佛法，以慈善福利社會，以共修淨化人心。」四大宗旨，致力於推動佛教教育、文化、慈善、弘法事業，先後在世界各地創建了兩百餘所分院、道場，其中的西來寺、南天寺、南華寺分別成爲北美、澳洲、非洲的第一大佛寺；又創辦了多所美術館、出版社、書局，建起了雲水醫院、佛教學院、智光中學、普門中學，在美國創辦了西來大學，在臺灣創辦了佛光大學、南華大學；並成立「大慈育幼院」、「佛光精舍」、「慈悲基金會」以收容孤苦兒童和老人，從事急難救濟等社會福利事業。佛光山編纂有《佛光大藏經》、《佛光大辭典》、《中國佛教經典寶藏精選白話版》等書籍，並運用現代科技出版佛光大辭典光碟版，創建佛光衛星電視臺、佛光山網際網路中心。根據星雲的構想，佛光山已形成了自己獨特的體系，被稱之爲「佛光山派」。

一九六七年星雲大師選中位於高雄大樹鄉的一片荊棘叢生的荒嶺籌創佛光山。親自繪製藍圖，帶領信衆披荊斬棘，一九七一年四月十一日萬佛大悲殿落成暨萬尊觀音聖像開光，爲佛光山第一座殿堂。內政部部長徐慶鐘蒞臨剪綵，計有十萬人參加慶典。

大悲殿

大悲殿

精通風水地理的星雲大師

佛光山第一座殿堂大悲殿坐壬山兼亥，周天三百四十度，易經三元坐卦爲風地觀卦，先天卦氣二火，後天卦運二運卦，爲中央落脈，來龍氣勢磅礡，前有白虎砂橫攔爲案，星雲大師出生於一九二七年七月歲次丁卯年，故而可見山向與本命合局，由此可見星雲大師本人也略有涉獵堪輿知識，而佛光山的佈局是先天地理形勢充分的配合人事，如今佛光山開山三十九年，已成爲一座集宗教、文化、教育、慈善、觀光於一體的世界知名佛教聖地。

佛光山的山門出口由白虎方延伸為案，作為鎖住龍氣的重要屏障。

放生池於前方，精巧的佈局，龍氣凝集，是為人工佈局之水聚天心格局。

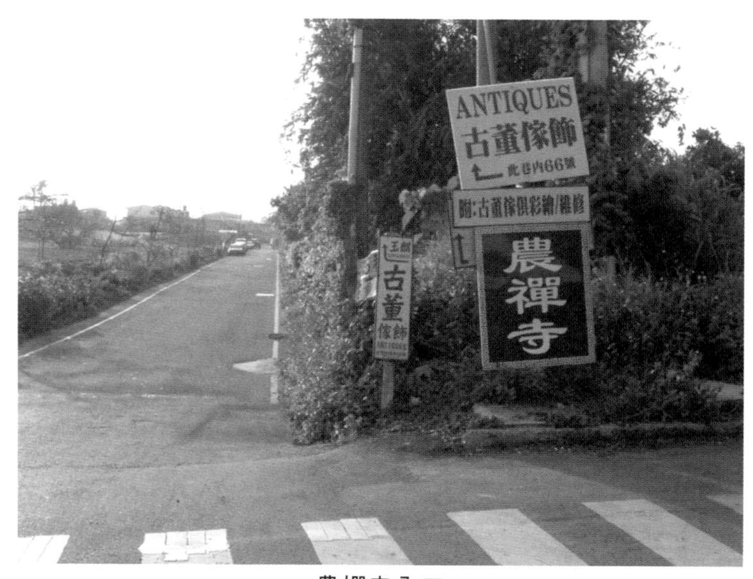

農禪寺入口

法鼓山農禪寺

聖嚴法師是農家子弟的文學博士，是一位實修、實學的教育家，更是一位集人本、人文、人道主義於一身的佛教弘法大師。曾獲選為「四百年來臺灣最具影響力的五十位人士」之一的聖嚴法師，自喻為「風雪中的行腳僧」，回顧其一生，其實充滿了顛沛流離、考驗與轉折。

「佛法這麼好，知道的人這麼少，誤解的人這麼多。」因為在這樣單純的信念下，聖嚴法師創辦了法鼓山。

法師自幼體弱多病，狼山出家後，歷經經懺、軍旅生涯，而後終能再度出家，不論閉關苦修、日本留學、美國弘法，或是開創法鼓山……總是在無路中找出路，在艱辛中見悲願，在堅毅中見禪慧，因此生命對他而言，就是一場實踐佛法的歷程。

法師於高雄美濃山區潛修六年，勤研經藏，並完成九種著作，奠定日後弘揚佛法的基石。爲了提高佛教地位及僧衆素質，聖嚴法師以四十歲之齡，毅然決然留學日本東京立正大學深造。在短短的六年之間，他完成了文學碩士及博士的學位。取得博士學位後，即奔波於美臺兩地弘揚佛法，更以其稟承的臨濟及曹洞兩系法脈，至世界各地指導禪修，接引無數東西方人士。爲了以現代人的語言和觀點普傳佛法，法師在極其忙碌的行程中，仍不忘著書寫作，至今已出版超過一百本書籍。

原大門正前卯方巷沖

原大門上高壓電

農禪寺講經說法

聖嚴法師自身學養淵博，創立「中華佛學研究所」、「法鼓大學」，培養高等研究人才，近年來多次與科技、藝術、文化等領域之精英人士展開對談，乃至與不同教派、不同宗教進行合作，其寬闊的胸襟與國際化的視野，深獲海內外各界的肯定。法鼓山就在聖嚴法師的帶領下，立足臺灣，以漢傳佛教爲根本，不斷朝國際化、多元化的目標邁進。

講究風水堪輿的聖嚴法師

農禪寺原來的坐向是酉山卯向，正前方的卯方有巷沖，加上明堂狹窄，雖然是宏法利生的事業，亦難免受到許多阻礙與限制，發展不易。一方面也是風水地理不佳所致。

農禪寺改變坐向後全景

因此以合理的猜測農禪寺應該是經過堪輿的考量，設計更改以後，大門轉向北方，並於大殿的前面加蓋停車場，也是作爲內明堂，於是主體建築方向變爲坐午兼丁向子癸，易經三元坐天風姤卦

內明堂的水池

，先天卦氣為九金，後天卦運為八運卦。明堂為原來的巷沖，一轉而為諸山聚繞，加上內明堂的水池，以及中明堂的風水輪，真可謂衆水朝拱、生氣聚合。這是佛教寺廟以人工佈局來改變風水的最佳驗證。

楊公云：「明堂如掌心，家富斗量金。」又云：「明堂如鍋底，富貴人難比。」大略皆主有融聚之水法耳，故主富，有此明堂水法主吉。

中明堂的水池

右前青龍方有七星山系綿延而來的紗帽山

左白虎方出水口爲觀音山

農禪寺正前方有大屯山系為案以及寬廣之明堂

凡大富貴之地必結內外明堂，不宜逼窄，明堂開闊則心胸寬廣，聖嚴法師留學日本，弘法美國並進出大陸、歐美各地，眞正身體力行「讀萬卷書，行萬里路」，從年譜又得知法師能不畫地自限，不但和南傳、藏傳佛教有所接觸，甚至和基督教、天主教等宗教也展開交流，眼光識器異於凡人。

好地必須龍虎砂內有內堂團聚，或有低小近案，或有橫攔之砂以關束內氣，然後外面又有寬闊之外堂，羅列遠秀乃為全美，四山圍繞，不見空缺，外水曲折，遠遠朝來，此乃來龍來到盡頭處，衆水歸堂如萬邦納貢，如百寶之來朝，這是透過人工之風水改造成功的極佳案例之一。

金面山聖德寶塔——將軍點兵穴

大溪景色堪稱爲世外桃源，金面山聖德寶塔即坐落桃園縣大溪鎭美華里，於此靈山秀水之地，天造地設的自然景觀，得天獨厚的地理條件，正是目前一般寶塔所難以比擬的，是北臺灣數一數二的風水寶地。

金面山聖德寶塔背面靠近「慈湖」、「頭寮」，前面正是「鴻禧高爾夫球場」，登臨穴場遠眺，其視野之遼闊，令人心曠神怡。並見明堂清雅秀麗而端莊且案山如觸手可及。經云：「伸手摸著案，必主速發如雷，可發財富千萬貫。」

並見蜿蜒之馬路曲折繞山一路牽連而上，於案前山下停車場如吐唇之狀，正是如地理家所言：「體態剛強腳下貴，舖氈褥如拜氈。」由金面山聖德寶塔之上往下而望，是爲金星成人字形落脈展肩開面，其形成威武而肅穆端嚴，有絃有稜，有如大將軍之披風，但見肩背圓厚，如將軍貴人當面而立，但見層層之左青龍，右白

金面山聖德寶塔牌樓

虎，前呼後擁而纏送有情，有踴躍不追之勢，且見中小明堂砂峰層層環衛，有如歸降朝拱之情。有如將軍臨臺點兵不可一世之恢宏氣勢，而從前山之中明堂眺望，遠朝之山更是有如天梯而步步高升，成一字文星案之磅礡氣勢。更而可得知是爲陽陰和諧，文武兼備之佳穴。正是如地書之所云：「穴上者看分金之圓厚，穴下者看托起之兜唇。穴旁（寶塔下之路）有腮角之蕩開，穴腳看微茫之合水，後以束咽爲的。」

金面山聖德寶塔落脈結穴圖

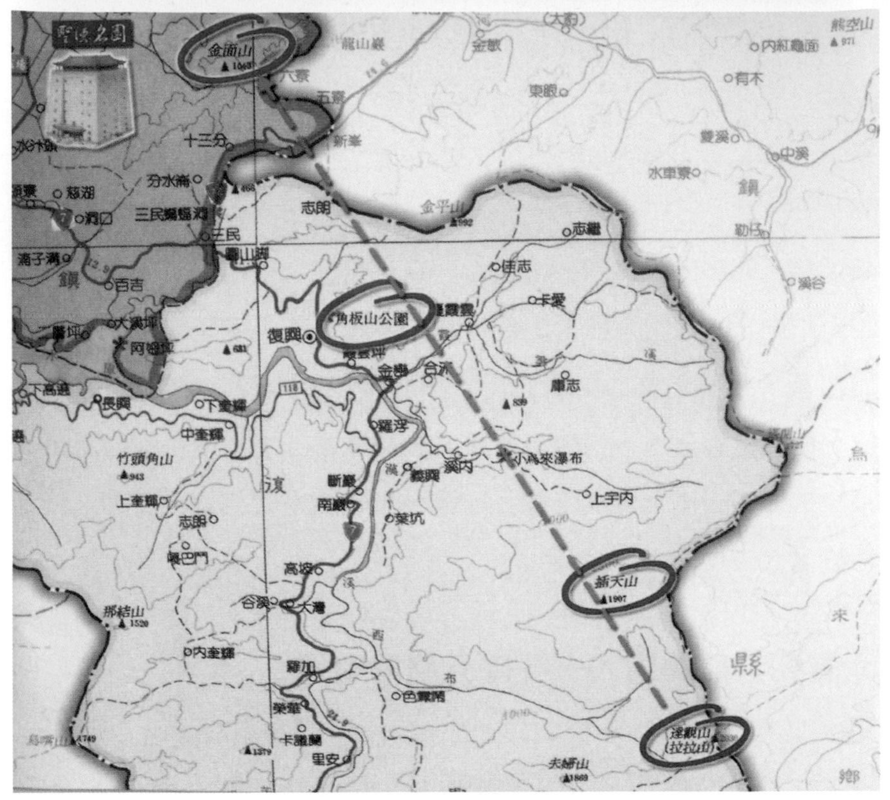

本龍穴地理位置來龍圖示

金面山之後山有過峽而束咽至本穴場成金星落脈，前以爐底爲眞，從上往下望，停車場之吐唇如拜氈，而剝換脫煞而成如爐底之凹，並見群峰之崗有如兵卒之朝拜將帥，肅立當前以達迎送有情之姿，是爲靜中帶動，動中見靜之態勢，而陽中有陰、陰中有陽，正是內以毬圓唇托爲憑，外以天心十道爲準，左右周迴，有如城郭羅城周密，八方不動，千山萬水遮攔，此是眞龍結穴處，明堂寬大容萬馬，富貴聲名傳天下，明堂層層如步天梯，富貴發達出三公，朝案一字文星狀，兒孫代代朱衣排。

據聞有某位少將之祖先進金於此，不久即榮升爲中將，本園的來龍由中央山脈，經拉拉山、角板山、金面山辭樓下殿，迢迢而來，蜂腰鶴膝，束氣過脈，開面展肩，結作金星落脈，吐唇結穴為乙山辛向，以玄空六法論之為八運之當運卦氣，明堂案山層層重疊如帳幕，水勢之玄曲折不見出水口，水若起氣之血脈，筋脈之通流，而龍得水之送，但卻不見其去，故地書云：「龍得水之送，而不見來源與去流，億萬資財不足誇，貴人朝堂代代傳。」實乃天造地設之大吉地。

元寶朝金龍湧泉穴—石碇五路財神廟

石碇五路財神廟

元寶於本廟之前案橫拱，是爲祥瑞而聚萬財之象徵。

財乃養命之泉源，金錢雖不是萬能的，但無錢則是萬萬不能，因此談起「發財」大家眼睛都會馬上亮起來，中國人尤其對發財這個字眼特別敏銳，與人見面第一句話常會問起：「目前在哪裡發財？」開春的第一句話也是「恭喜發財！」財神爺是掌管天下四方的財庫，每個人都希望財神爺降臨到我家，本篇爲引起讀者興趣，就以財神廟爲主題作介紹，以陽宅的理論而言，廟宇的格局氣勢如果合於堪輿的巒頭理氣，尤其是合於形局的財神廟，必能所求如意。

此為本廟案山，堂局緊密，左右龍虎護衛，氣象萬千

緊臨於臺北的聚寶山林、元寶福山中，坐落於臺北縣石碇鄉永定村大湖格路二十之一號，習稱為石碇五路財神廟。坐西朝東，酉山卯向，三元坐地水師卦，先天卦氣為一水，後天卦運為七運卦。

從元寶山逆水朝堂，水聚三叉

五路財神廟面朝山形如元寶的元寶福山，巍峨峻拔，特達尊

貴，由東而西的辭樓下殿，起伏頓跌，重障疊翠的來朝迎此金龍湧泉寶穴靈山聖山，正是「元寶特朝金龍湧泉寶穴」，財神瑞氣郁郁金光閃閃，而南臨龜山迴龍，若馬馳騁，東閃西趨，曲折活動，砂迴峰環，有如生龍奔海之勢，更如氣迴九轉之鈞，一路帶倉帶庫的北接金山麗水，齊眺而前迎後送，佳氣分明的貫穿氣勢滂渤的東北海角，前有十八重溪之玄曲折有情的環抱本廟，如玉帶環腰，眞是「水城環抱發富貴」。

在這高山流水，鬱木蒼蒼，山峰旋迴合抱而藏風聚氣，堂局左右龍虎端正，羅城周密，水繞砂抱，四畔齊整，落脈分明，氣象萬千，再就前案，逆水朝堂，其案如元寶於前案橫拱本廟，是為祥瑞而聚萬財之象徵，而武曲金星豐滿雄壯為落脈入首結穴，地心活龍脈而又得天獨厚聖水泉湧而出，眞是大富大貴的人間仙境，身歷其境令人安祥娛目、心曠神怡，這就是元寶朝金龍湧泉穴的石碇財神廟。當年建廟動土時，曾有令人匪夷所思的神蹟、吉兆出現，從本金龍寶穴之穴心活脈中不斷的湧出天靈性的活龍聖泉水，許昭男大師依夢中財神爺之神喻而於廟後加以整飾成為「財龍聖仙水」之景象，使天賜之龍泉聖水從金龍口中泉湧而出，源源滾滾、綿綿不斷，雖乾旱亦不歇涸，財神爺喻令此為「財龍聖水」，象徵財源順暢，錢水活絡，永遠利市；如取此「財龍聖仙水」置於家中財位，或者放置於生旺方的魚缸內，則有財源滾滾、財脈永存之感應，取回泡茶則甘飴清甜，如合藥則又可保平安而減少病痛。

入首武曲金星豐滿雄壯爲靠山

金龍寶穴活脈中湧出活龍聖泉水

廟前左側碩大的元寶形金紙爐，有「招財進寶，黃金萬兩」吉祥字樣，更神奇的是當善男信女每在燒金紙時，從兩側庫門可以透視前面元寶山，在熾烈的火燄中看見元寶正象徵著越燒越發、越強、越旺，產生旺盛的奮鬥進取精神。而使人財源旺

盛，進而得到招財進寶之祥瑞侑侑佳氣。廟前左側為北方，經本人指點，北方屬水，有觀世音菩薩持寶瓶倒水，元寶形金紙爐屬火，達成水火既濟之功。

五路財神廟雖然初期廟貌巍峨壯麗，但仍猶有待進行第二期、第三期之擴建工程，預計需要龐大經費，以目前的堂局論斷，廟開中門、廟前停車場為內明堂，地勢傾斜太快，從中門望去，則水勢往前傾瀉，而且內明堂與中明堂之出水不合乎三元奇門理氣之法，陽宅以水路論財，此為本廟地理條件不足之處。如遇流年太歲沖動或填實之年，必當主破財、投資失利或耗損，而導致官非接踵而來。

從中門望去則水勢往前傾瀉

再者，本廟坐酉山卯向，元寶山卯水來，是爲桃花水如上圖，如是一般住家不喜桃花水，主易有桃花之事件及官非的發生，所幸是爲寺廟可免此之訛。故卯水來與青龍方丑水會合，流歸於白虎方辰位出水，而寺廟有桃花水且爲逆朝爲吉，本廟目前有「向神借錢求發財錢」、「財龍聖水、引水發財」、「補財庫」、「五路財神聚寶盆」等特殊求財服務，逆朝卯水與環抱丑水會局，再經水壩關攔，即所謂：「天門開，地戶閉。」此爲天造地設自然形成地理靈動力之奧妙，也應了山不在高，有仙則名，水不在深，有龍則靈，山明水秀，地靈人傑，洞天福地，神人居之則萬應萬靈，眞是福人居福地，福地居福人，天佑有德、有福而居之也，實亦爲不多見的好地理。

廟前環抱水，出水方有小水壩關攔，合於城門訣

論山之不可葬

石山不可葬

山之不可葬者有五，出自於晉代郭璞所撰寫的《葬書》，是指五種不利於安葬的山形地勢。

一、氣以生合爲貴，而童山不可葬。童山是一種砂石粗頑之地，土質氣脈枯槁，不能生潤草木，沒有生氣，故不能葬。

二、氣因形來，而斷山不可葬。山土之地氣因爲山頭的連綿起伏行進，而帶動地氣前來蓄聚，倘若地脈受到開挖或雷擊等受到的破損，從而引起立穴之山與主脈分斷，龍氣被截，致使生氣界斷，爲不吉之地。

三、氣因土行，而石山不可葬。立穴之處要是石多且焦頑者，具有火重、麻燥、肅煞之氣，易引致後人性情殘暴、頑疾，故不可葬。

石山

斷山

過山

獨山

局外砂水無情

四、氣以勢立，而過山不可葬。過山不可葬因穴結在橫龍處，氣脈尚在前行中，尚沒停蓄，是爲無情，易退產傷人，大凶之地，故不可葬。

五、氣以龍會，而獨山不可葬。由於獨山附近並無群山或界水的護衛山伴隨，生氣未能融集只單山孤露，顯得冷漠無情。

論平洋風水之不可葬

一、雖有吉水朝來，而出口多者難定消水，此爲精氣分散之所，不葬。

砂水無情

二、平洋內局如雕刻，而局外砂水無情者，是人力所爲，無氣之地，不葬。

三、平洋一望無際並無結咽束氣者，龍穴不清乃戀及地也，不葬。

四、平洋雖有界水，而左牽右掣者，乃劫龍之大凶之地也，不葬。

五、平洋而片片段段者，來無針線者，是水口浮砂也，不葬。

六、平洋穴前缺唇者，此乃無氣，故外無餘氣也，不葬。

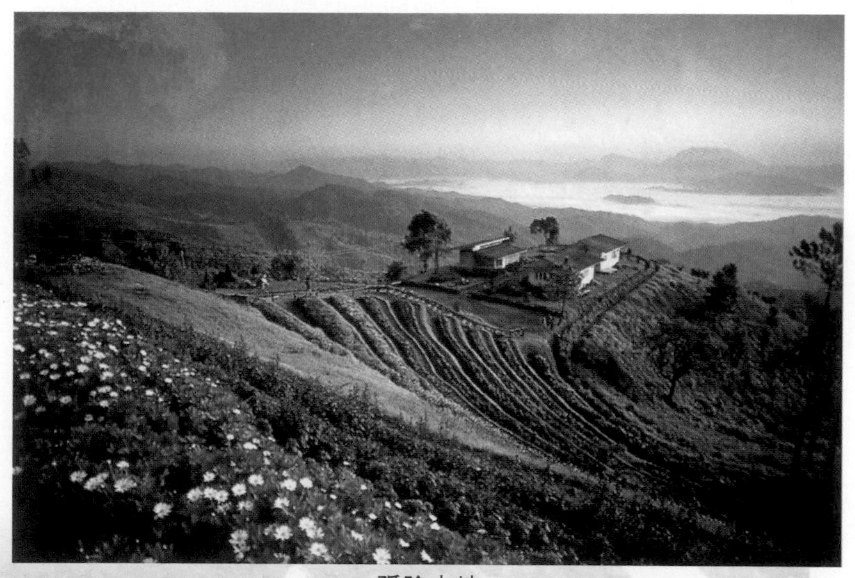

孤陰之地

七、平洋凡起一凸，前有氈傍無護砂者，乃孤陰之地也，不葬。

八、平洋龍稱水，水不稱龍，此乃陰陽不配地也，不葬。

九、平洋而土散，或已開掘池塘，不葬。

十、平洋像山高獨陽或草木不生之地，不葬。

十一、平洋窯灶治爐多者，人居稠密者，不葬。

十二、平洋曾爲戰場者，四大散者謂生氣不聚，不葬。

十三、平洋尖焰者煞太重，局前水直硬無情者，不葬。

十四、平洋而神前佛後，陰靈不安，不葬。

山勢傾斜不葬

山勢環抱則爲吉地

堂前水融聚，則氣聚，吉地

神前佛後不葬

高壓

人爲因素所致造葬弊端

其他尚有許多人爲的因素，因造作不當的原因而影響到後代子孫不利，或有發凶的情形，無法一一陳述，以下列舉在一般公墓比較常見的弊端供學者作參考。

尖射

反背

高壓電太近

造作太高影響後面

孤高

立向水直出不合巒頭，不利子孫財運

有枯樹或者是茂盛的樹木太近皆爲不宜

造作雙重墓碑是爲不吉，輕則敗財，重則傷人

解開蔭屍之謎

筆者從事堪輿工作二十多年，由於經驗的累積，讓我體會到山川地形都有靈氣，然而「骸骨本有主無靈，骨骸不安子孫寒。」這兩句話是先人所留下來的名言，筆者在前已提及此與現今科學論證不謀而合，子孫要將祖先骨骸埋葬時要注意山川地形，好的墓地像得到好的環境，能使子孫家業代代流芳萬世，兄弟、妯娌和睦，步出社會中庸、老實、腳踏實地作爲有用之人才，筆者走遍臺灣、大陸、新加坡、馬來西亞、菲律賓、東南亞各地方墓園，如亂葬崗、示範公墓、私家墓園印證風水之好壞，本書限於編排關係，只列蔭屍部分供讀者參考。

蔭屍墳墓影響後代子孫

一、車禍事故。

二、官司纏身。

三、兄弟、妯娌不和睦。

四、親屬多得怪病，如腫瘤、肝癌。

五、子孫不孝，犯桃花致敗財。

六、異想天開或有用之人才不得善終。

印證蔭屍墳墓

蔭屍

一、惡性八煞向或八煞黃泉水來，「蔭溼屍」就是埋在地下的屍體，八年、十年完好無損，頭髮、指甲還會成長，衣物不腐爛。

二、良性八煞向或良性八煞黃泉水，「蔭乾屍」埋在地下的屍體像晒乾的肉體沒有水分，嘴巴張開。（見照片）。

蔭屍有兩種：一為乾屍，一為濕屍。乾屍為良性八煞，濕屍為惡性八煞，前頁照片為乾屍，上圖照片為蔭屍墳墓，坐乙卯周天九十七度，向酉辛五五度分金，三元坐山澤損卦。

周易地理曰：「貪狼氣」，但酉辛是良性八煞，墳墓開中門又放輔弼水。

墳墓主人是臺灣省各姓淵源研究會、第四屆理事長林添福先生家父，經鑑定後證實蔭屍，選定良時吉日開棺處理，處理方法有三：

一、遷棺。

二、火化。

三、用米酒、硫磺、符咒放入屍體以便早日腐化，再次撿骨處理。

昔賢風水家曰：「陰宅五不祥。」

一、墳墓無故自陷。

二、墳墓草木無故忽然枯死。

三、家中男女淫亂風聲，六畜死絕。

四、男女忤逆、顛狂、竊盜。

五、刑傷人口婦人不孕，家財耗散，官事不休，宜速遷之。

蔭屍墳墓見證談—林添福先生談蔭屍

家父逝世於民國八十年七月十一日，享壽八十五歲，當時聘請鑽研三合擇日師爲家父擇地及安葬吉課。入殮庚午日己時，埋葬癸未日未時，墓地吉穴座乙向辛兼卯三分正針丁卯分金。

在民國八十五年十月上旬爲改造祖塔之土地公，聘請鑽研周易地理蕭木通先生擇良辰吉日，時爲十月一日，土地公改造後順便請蕭老師到家父墓前觀察一番，木通兄一看就說：按照你父親的先命用此分金是蔭屍，又出水口方向不對，子孫財守不住等等，木通兄解說後我的心裡非常難安，在不平衡的心情下，內心一直想這件事應及早處理，二來擬試探蕭老師所研究的周易哲學準確度，於是擇吉日於十月十日爲家父開棺準備撿骨，哪知開棺時才發現家父頭殼部分被乾皮包住，身體無腐爛，即所謂乾屍，但是良性的（如照片）。在無法撿骨之下用米酒及水、青葉等等原地掩埋，經過十個月後於民國八十六年八月二十日吉時再次開棺撿骨，完成後於八月二十四日午時奉送家父骨骸進入祖塔安奉。

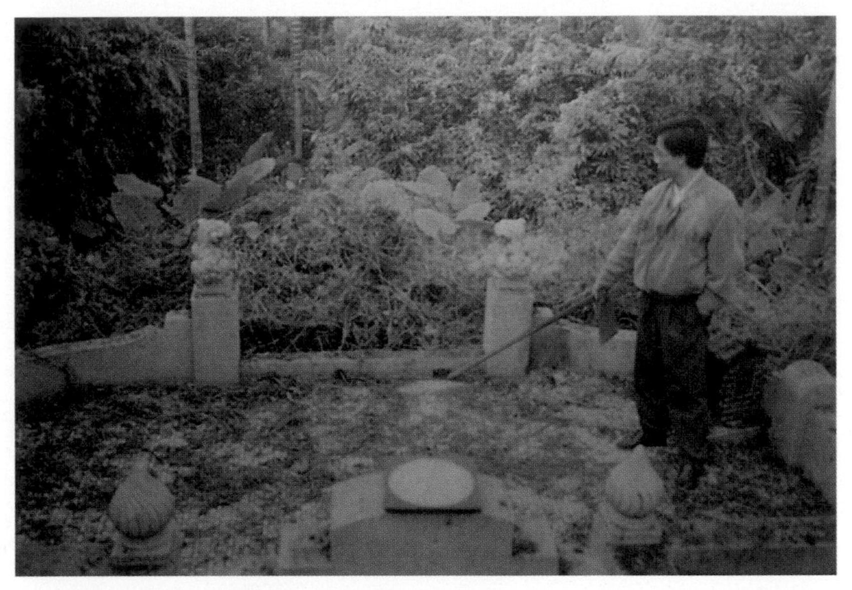

蕭老師所研究周易哲學確實有他的一套，可證明堪輿並不非俗易之事，我本人的思想在這次家父的墳墓撿骨習俗裡得到了深深的感受，堪輿的深奧並非一般人所能瞭解，據我所知蕭老師爲了要解開堪輿的神秘，經歷兩年公墓管理員親身體驗，一一印證墳墓對下代子孫的興旺衰敗影響盛大，但願將來蕭老師能爲我們下代子孫帶來幸福。

臺灣省各姓淵源研究學會第四屆理事長

林添福筆

民國八十八年歲次己卯年之秋

從墓碑色澤、墳墓周圍狀況判斷家運吉凶

一、案山不見青翠見土石破碎，多破損山形，家運起伏不定。

二、青龍白虎不護穴，向外而去，家人多紛爭。

三、墳旁有草木繁衍，而墳頂不長草，主白蟻滿棺。

四、青龍低白虎高，婦欺夫。

五、墓碑前傾，夫妻失和，重者異離。

六、墓前明堂龜裂，家人有胃疾。

七、后土碑大墓碑小，爲奴欺主。

八、墓碑中間變色，呈色或黑色，主翻棺，仙命骨頭擠在一起。

九、墓碑呈青胎，家人易風濕病。

十、墳上獨生青苔，而墳之四旁皆無者，主泉水滿棺。

十一、墓碑呈黑色，家運退敗。

十二、墓碑呈金黃或微紅，家運正隆。

十三、墓碑龜裂，家人遭意外事件或客死他鄉。

十四、墓前花瓶內有水、死蟲，家人易失聰。

十五、青龍斷失男丁，白虎斷損女人。

十六、青龍方有枯樹不利男丁，白虎方有枯樹不利女人。

十七、扦葬過高之穴，則氣散，砂不能護穴，主生白蟻；扦葬過低之穴，則必潮濕，主入水。

十八、墓旁種植樹木太近，數量過多，樹根粗大產生樹根穿棺，主子孫多病痛。

十九、墓碑上方色澤黯淡表示氣已散。代表子孫運程不順或是頭部有疾病。

二十、墓碑的中間到下方色澤變爲黯淡，則子孫的腹部、腳部容易有疾病。

廿一、若墓碑倒陷或已經埋在土裡，則後代子孫家庭不和，容易產生精神方面疾病。

廿二、墳墓的墓龜下陷者，因墳內棺木腐化所致，其子孫會有久年病、血光、損財等現象。

廿三、墳墓上方有高大的樹木，整個墳地幾乎被樹葉遮蓋者，子孫會有長年久病無法治癒或筋骨受傷等現象。

廿四、墳墓旁邊種植鮮豔花朵競放，或是墳墓上生長出花朵者，子孫犯桃花、風流。

廿五、近墳墓處有高大建築物高壓或尖射者，後代子孫運程不順，被人欺壓或官訟是非多。

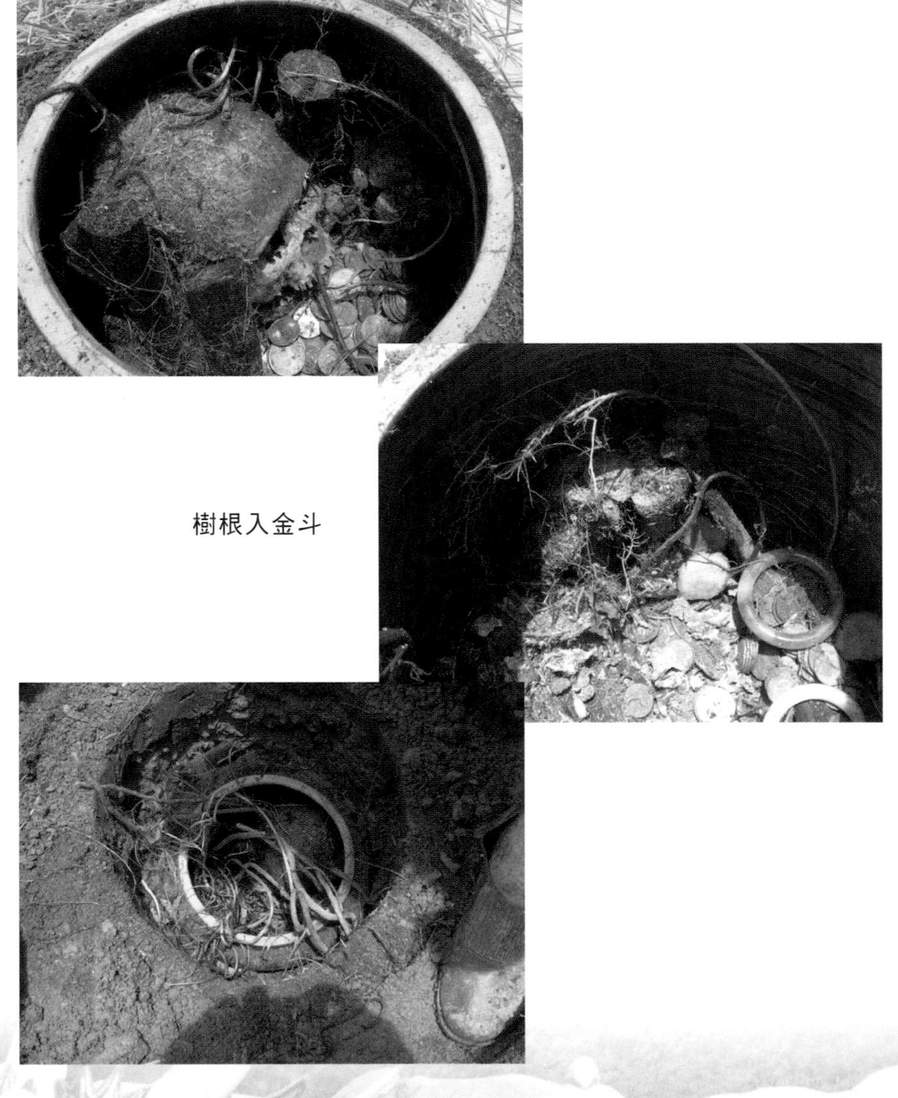
樹根入金斗

選擇地理師的要領

一、地理師必須有良好的習性，大家莫不深切同感：「江山易改，本性難移。」人生最難化者唯習性，因此必須客觀調查地理師的品德人格。是否好色、好賭、好酒。

二、地理師與家中的成員是否和諧，會不會很容易就生氣？罵大、罵小？

三、暗中打聽地理師的學識，因人生經驗常伴隨著經典的的薰習，是否有閱讀古文的能力，融入智慧思想之中，以潛移默化的氣質扶持他人。

四、視察地理師之所言、所行是不是脫離實際太遠，理想定得過高，符合不符合實際面，現實與理想有無發生矛盾。

五、地理師本人是否常在跑三點半，財務如果時常出問題，則其人必是心亂如麻，請他來處理事務必然難以專心。

六、地理師是否常以怪力亂神之言論來表現自己，或藉以抬高身價。

七、地理師是否常衣衫不整，精神煥散，精神不容易集中。

八、地理師是否經常性的以靈異現象來作爲判斷基準，而缺乏學術上的理論依據。

九、地理師之爲人在平時心性是否祥和，有長者之風，指點人克服逆境難題。

十、地理師是否在言談中經常性的批判別人的是非、長短或藉以拉抬自己。

十一、地理師之眼神是否閃爍不定、東張西望、心神不寧。

十二、地理師是否有深刻的文化素質及豐富的知識、自主學習的能力，地理師必須心靈純淨而能以高度的直覺吸收外界一切資訊以爲行事參考，猶如明鏡照攝景物一般。

一般人很難進入堪輿深奧的理論，以上只是從側面的角度來判斷您所聘請的地理師是否爲術德兼備的地理師，如此則雖不中亦不遠矣，因此您在選擇明師時，若有多項負面因素符合時，則應重新考慮。

地靈龍氣生基大法

掌握先機，對生命的認識，

知命、用命、造命，

不僅需要人爲努力，而且要對天、地、環境掌握及主導，是爲順應自然、改變自然，應用自然。

借助天地靈氣的力量，

運用陰陽風水特殊法門，

扭轉乾坤，再造美好人生。

順其自然不如創造偶然

雖然您不是郭台銘，也不是王永慶、李嘉誠，但地靈龍脈可孕育地靈人傑，而創造如郭台銘、王永慶之人傑。

生基，古稱之為生墳，亦稱壽藏、壽墳、壽穴、壽域、壽基等等名稱。於唐代記載：姚崇築壽藏於萬安山，預作壽終之壽墳。唐代楊公救貧祖師曰：「地理可改天命也，冀望藉地理神妙之術，改人先天之命危，趨吉避凶。」

迨至宋朝、元朝、明朝等諸多朝代，亦有堪輿家將之變更為替生者祈福、添壽或消災解厄而修築的「生基」。陳英略所著《鬼谷子無字天書》記載張良尋覓洞天福地修鍊仙術，在徐州子房山得一「雲中仙坐形」的貴格地理，遂自建一壽墳予眞穴處，並在壽墳堂前修鍊打坐，果眞修成正道。自此以後，即有用以祈福，並倡行旺運發財、治病、添福壽、添丁、添貴等為修築生基的主要目的。在民國初年有林森之自造生基而發達之傳說，而臺灣地區也流行修築大規模的生基，可經常見到有名人、富商、高官之修造生基壽墳在媒體上報導。

為何要做生基——什麼樣的人需要做生基

一、常有疾病不斷或者是重病纏身，配合本命造作生基，華人稱之為沖喜，並且藉由地理靈氣的孕育可以求得添福、添壽。

二、性格怪異、孤僻，人際關係不佳，腦神經衰弱，面相有破相而使事業、愛情、身體受損，可用生基求取生理健康，過正常人的生活。

三、八字、斗數命盤中有血光之災、意外災難者，又逢大運流年不吉，造作生基可化解災難，遇難呈祥。

四、常受到靈界干擾，陽虛氣弱，運勢低迷，身心倍受困擾，有生基養生的作用，讓你氣色紅潤、精神飽滿。

五、八字、斗數命盤中感情、錢財皆為破格，行事諸多阻礙，財運時好時壞，時常小人纏身，用生基扭轉乾坤，創造環境。

六、立身在事業低潮，債務纏身，官非不斷，即將面臨人生的轉折點，用生基來助一臂之力，可以度過生命中的危機，保有實力，東山再起。

七、人無百日好，花無千日紅，從八字斗數中推算，可以意識到未來的大運潛在著某些危機與不利因素，藉由藏風聚氣之地理效應，能在人的身上產生聚氣的效果，讓你的生命之火永遠旺氣十足、吉運呈現，避免生命中的盲點。

《風生水起好運來》是一本暢銷書，也是一九八六年五月間的華視新聞追擊的「節目」，其評價之高，超過臺視的熱線追蹤、中視的新聞眼、華視的新聞雜誌之上。

當年正是愛國獎券發行持續中，而社會上正是流行而瘋狂的玩「大家樂」時期，民衆特別希望「好運來」，然而好運要來必須要有好風水，而好風水、好地理才能「風生水起好運來」，好運來，財運才會跟著來，而橫財與偏財也就跟著來。

千年失傳賴布衣得地靈龍氣生基大法
邁向成功，迎向光明，要自己追求

當年《命和運雜誌》從第十二期開始連載潘中行先生的「一代風水大師賴布衣傳奇」，以非風水地理的專業性質敘述賴布衣的傳奇故事，而傳奇故事就像神話傳說一樣，往往掩飾或扭曲傳說故事的眞正事實。

據說，賴布衣是江西定南鳳崗村人，父名賴澄山，是地理祖師楊救貧先生的三大弟子劉森（劉江東）受傳楊公倒杖法的得意弟子，亦是江西有名的地理師，而劉江東傳譚文謨，譚文謨傳至十八世孫譚寬，譚寬傳劉基（劉伯溫），譚寬示劉基云：「此傳家眞寶一粒粟也，先有總索爲撼龍經，倒杖法等爲我祖譚文謨方期祕傳與子孫，我豈敢洩漏於外人而獲罪於先人，但我今年愛子幼，恐失其眞傳，今傳與表姪婿劉基，我祖陰靈諒不責我，望劉基汝其寶之爲幸，劉基又下傳至無極眞人而至二五道人，二五道人傳雲陽道人，雲陽道人傳環陽子，環陽子授閎翁道人，傳江西劉若谷（劉蔭環），劉若谷傳韓耀廷，韓耀廷傳玉龍山人普光明，余（張清淵）曾拜師多人於一九九一年，有幸得此滇西普光明前輩之眞傳祕抄本，實乃前輩子與先賢有緣並點好香而修來之福氣也。」

據傳奇說：賴布衣七歲時，便已熟讀詩書，取名賴鳳崗，字文俊，布衣是其後的外號。賴澄山本無心將風水衣缽傳授給兒子，於賴布衣十一歲喪祖時，想找好穴葬父以蔭子孫，於守孝七七四十九日之後，便離家追龍尋脈、尋生龍基活龍穴之寶地。

賴澄山沿著九峰山直到粵北樂平，因避雨而入山洞，於無意中發現「斑鳩落田陽」之活龍脈寶地，如能得此龍脈寶地於葬後三年開始，可蔭發出一宰相或一太傅，及一斗芝麻的數萬狀元的好地理風水寶地，但其地卻又是「犯出地殺師之煞」，因此凡經手點葬此龍脈寶地的風水師，必定在三年內發生不幸。

賴布衣十七歲鄉試中了舉人，賴澄山暗喜，預期於三年後秋闈試期，而今年下葬「斑鳩落田陽」穴，正好於三年後可發應秋闈之期，於是擇吉遷葬，遷葬時以奇門遁甲之無上心法而知必有三應象，「其一是人騎馬，馬騎人。其二是人擔傘，傘擔人。其三是人咬狗，狗咬人。」說也奇怪這三種吉兆都很神秘的一一應驗，但在遷葬之時，一僕人因內急，就跑到後山撒尿，說時遲那時快賴澄山想制止卻來不及了，但卻在一剎那間全山震動而飛沙走石，雖然到最後還是能夠順利的下葬，但賴澄山卻是大失所望而愁眉苦臉的牽子僕回家。並且要賴布衣從此開始研究堪輿之術，以使將來可成爲天下知名的地理大師。

原來要下葬斑鳩落田陽之龍脈寶穴，需斑鳩靜默，但卻因僕人之內急撒尿，而驚醒斑鳩，且因尿穢而驚飛斑鳩之地靈氣，使一切功虧一簣，如此就不能出宰相，亦不能出太傅，而只能出一大師，因此賴澄山要其子賴布衣精研堪輿風水地理之術。

三年後，賴布衣已跟其父學得一身好的風水地理堪輿之術，是爲專業有成，但仍捨不得放棄秋試，秋試時因賴布衣聰穎過人於當天就完卷，並幫劉仲達於三天內之試期完卷，原以爲二人俱可金榜題名，但不料劉仲達中進士，而賴布衣卻落榜。賴布衣回家之時，賴澄山已去世，遵遺囑更加精研堪輿術而立志成爲「國師」。

半年後，劉仲達殿試點探花，奉旨還鄉祭祖，特來鳳崗村拜見賴布衣及道謝，並有心保舉賴布衣當廣東按察司，而被賴布衣謝絕。

據說，舊時皇帝迷信風水，認爲能殿試三名及第之人，皆其家門風水所蔭發，因而循例擇詢爲其祖山指點之名師，以爲選取國師之才。劉仲達面聖，有心報答賴布衣而向皇帝報說賴布衣指點其家祖之風水。皇帝下旨封賴布衣爲國師，並召即日上京面聖，正應驗賴澄山所說之出大師。

賴布衣受封國師，陪皇帝鑑相宮幃之風水，斷言昭陽宮建後五年必遭火焚，適如賴布衣所言，是夜一盞孔明燈降落昭陽宮而引起火災，雖然烘然火起，並未波及其他宮殿，災情不重，因而受皇帝賞賜並因此而重用賴布衣。

賴布衣也因此而一舉成名，而當時丞相就是力主議和的秦檜，秦檜欲謀江山，第二次請賴布衣鑑相他祖先之墳墓，並希望賴布衣能爲其指點能蔭發皇帝的龍脈寶地，賴布衣表面敷衍，心中已提防秦檜有謀朝篡位之心，而看出秦檜祖先之風水爲「龍袍鳳冠」之寶穴，如果不是左有白鶴寺的七層白鶴塔高出鳳冠，右有東嶽廟壓住龍氣，必能蔭發出皇帝，但東嶽廟與白鶴寺壓住了龍袍之左右兩袖，所以只能出丞相。

賴布衣更看出其祖墳之前面明堂有一尖峰恰似玉璽，但卻又像似一把金刀，賴布衣只對秦檜說其像金刀，而不說尖峰爲出皇帝之玉璽，亦不說明白鶴寺與東嶽廟鎮壓龍虎兩邊，而使其龍脈之寶地之地靈氣受壓制，正如人伸不出手來掌握玉璽，更未說明及指出前面明堂有尖峰像金刀於煞方是爲「殺頭山」。

秦檜當然也曾請過高人來爲其看過風水地理，皆指出其祖墳正是下葬於龍袍鳳冠之龍脈寶穴上，可蔭發皇帝，但不知龍袍之左右爲寺廟之鎮壓而束手。賴布衣指出，此山是好山，但福地福人居，風水與人之心地相關，心好不殺頭，但若爲惡必遭金刀殺頭，而蔭發後人可入廟堂或入寺廟，但仍需視人之福德心田而定也。

但秦檜卻忠言逆耳，以爲賴布衣頂撞及詛咒，於是懷恨在心，因此便密謀伺機殺害賴布衣，並命牛江、張進兩名護衛夜晚殺害賴布衣。但張進欲殺賴布衣，反被牛江殺死。牛江告賴布衣，是秦檜欲加害於他，自己因有違秦檜之命，因此要逃命，同時也奉勸賴布衣逃命。於是牛江與賴布衣連夜逃命，展開了一連串的賴布衣傳奇故事。據說牛江的兒子就是岳飛麾下的猛將牛臯。

「賴布衣傳奇」像所有傳奇故事一樣傳奇而引人入勝，也像神話傳說一樣扭曲了時間與空間，我們忽略了傳奇的眞實性，沒有人有心的去考證它的眞實性。

世傳云：「賴國師布衣爲宋末紛亂時代之人，其事跡及『史蹟』，經現代小說家及講古先生所編著，最爲精彩，其傳奇故事，有過楊救貧『寅葬卯發』的傳說而無不及。」

筆者曾看過山道苑玉達上人述書，言及於一九八八年入神州各地，研究、探討、學習宗教、堪輿、道法，一九九〇年至江西省尋訪堪輿名師，順道遊覽江西名勝古蹟、古墓，並至楊、曾先師故里贛州探訪，只見古廟、古墓之雄偉、葬法、建法之精高，實非閩臺之師可比，但遺憾文革破四舊，而使青鳥失傳，在四十年之斷層中，而中斷研究，現今連羅經（羅盤）、風水地理書籍都很少，玉達上人找當地七、八十歲之老人、前輩研究請益，也只是故老耆舊斷斷續續的回憶，找不出文革時代斷層的眞相，整理不出宗教、堪輿、道法的眞理來。

玉達上人於一九九〇年所至賴國師之故里定南縣探討，但已非南宋時代之定南府，物換星移而錯失良緣，玉達上人又於一九九一年重回江西南昌市附近，瞻仰道家聖地龍虎山天師府三清宮朝禮，只見龍虎山天師府之地理雄偉、美妙，怪不得能出天師神聖。

玉達上人於三清宮遇一老者，相談張天師道法及堪輿之學甚歡，此楊姓老者告之，賴布衣國師故里在江西省與廣東省交界的龍南縣之東一百公里處，廣東省和平縣往西八十公里處，人稱舊定南府，楊道長有友在定南府，玉達上人立邀楊道長同行訪友。一至舊定南，百姓多知此乃賴國師之故居，並得知其後代子孫很多散居此地。

玉達上人陪同楊道長至其朋友家作客數天，聊及賴布衣國師生平，得知賴布衣被當時朝廷通緝，足跡往來兩廣，造福濟世。

玉達上人因緣巧合的適逢和平縣至連山開闢新公路，從很多深埋之古墓挖出許多出土古物，經楊道長發現為國師六代世孫起土之資料，全為堪輿、道法、符籙資料，透過楊道長之友與當地書記協商，給予三天時間參閱後，即送省會南昌。

玉達上人在楊道長及江西陳老教授之協助整理、刪註，才完整帶回臺灣，並經多年研究及驗證，果然妙不可言，眞法至明、至簡，非凡間雜理可比，今筆者於此將靈山道苑玉達上人所述的龍氣法轉述於下：古代修道之士，學道有成之時，需至各名山古剎參訪，雲遊四海，說好聽為朝聖，其實主要的是至各處名山、地氣鍾靈，尋找眞正的龍穴，以地氣接引天，使天、地、人三者合一，而得無窮無盡的磁場，藉陰陽天地之靈氣，充實本身先天眞氣，用龍脈之靈氣吸爲己用，快速打通本身之經脈，進而昇華，悟道成眞。這是與先前所述佛教梵天擇地四十二法相通。

佛祖在菩提樹下，入定不成道絕不出關，望星光七七四十九天而立地成佛，不也說明有地氣龍穴之地，天光最明，磁場最強，連大願神通之佛祖，未得道之前乃需藉此而修。

華山練氣士陳博老祖即斗數創始先賢陳希夷，亦即麻衣道人，也是藉地氣、接龍氣而修鍊神功，才能一入關數十年，否則無地靈龍氣一年就虛幻，哪能立地成活佛。

此接龍氣法歷來皆爲得眞傳之道長、高僧及堪輿宗師之最終、最佳、最高、最上乘之無上修法，連無形之高靈也必用此法來藉氣脫形以成眞，君不看各地名山大地，得道之眞人、菩薩、羅漢特多，而市僧能得道成佛者又有幾人呢？

現今臺灣本島好的地理、龍脈大地，皆爲寺廟所占用，眞龍眞穴才能香火旺盛，無形之高靈得此龍氣與人間香火，才能超出三界之外、而普渡衆生。但凡間之人如能善用接龍氣之法，比無形之靈更易修成，因人有肉體、心靈之動機，比無形更能通達也。

接引龍氣地靈之法則

一、本人需具備堪輿學之原理及能尋龍點穴，此功夫也非平常之人一蹴可幾之學問，但如有心可就近請益地理明師或請明師爲您點一寶穴也可以。

二、此接龍氣之寶穴地，需遠離亂葬崗或公墓地，因其地已被陰靈所用，如再依附其地，必受陰靈之干擾而導致走火入魔。

三、尋找龍脈地氣之所，最好往山上，空氣及磁場較清新和不受污染，最好能尋山中出泉水之地，如能尋出泉水之地，無論其是否爲寶地或結穴皆能使用，因山之泉水地乃龍氣之所洩，地靈之所發動，亦可近而修之。

四、尋龍氣如能尋有溪河水交接而界抱之環繞之地最佳，因龍氣遇水而止，水乃界氣之所，如有兩水交界處，定有龍氣所聚，此乃寶地，有水、有地靈之氣，才可得到地之寶，筆者在前已述水具有接收光波及粒子之象，山川、河流，並在此處藉水光來反射日、月、星三光之能量光束而吸練日、月、星三光之精華，如此便可得天之寶。所謂天重日、月、星三光也，人重精、氣、神三寶，在此洩露一點天機：各教派皆有對日、月、星三光之修鍊法，但只知其一，而不知其中奥秘，因人如面對日光而忘修，一則紫外線會傷害到雙眼；二則仰之則斷氣，如此姿勢不合修鍊之法；三則此爲純陽修久，必會產生高血壓而氣浮，因此只能在清晨日剛欲出曉之時，此時太陽的位置正在齊眉並案之處仰頭看太陽，太陽之紅色光還很柔和之時才可面修，一出白光就會傷害雙眼，其時辰很短暫只有半小時。

五、月光之修鍊因月有圓缺，定有可蔽之處，人不愼而對月缺修鍊，容易動七情之慾反受桃色糾紛。二則月亮一見，皆在半空中，除非臥練，否則很難修鍊。

六、星光修鍊最難，滿天星斗，星斗中有吉星、凶星、煞星，如不愼擇凶星而修之，久之必頑固而運道衰敗，不可不愼。

七、在此告訴讀者，一天機法門、道門中很少人用此法而修。日、月、星三光，因爲天光爲陽、爲乾，地之氣爲陰、爲坤，有眞龍、眞氣之地，天光特強，因地靈龍脈磁場特強，因此必須接引天光而使陰陽兩氣能相吸，而達於調和之境界，所以在地氣鍾靈的寶穴上看星月特別明亮、柔和、親近，就是此因素。龍氣入界氣之水而得蒸化，其水必醇、必香甘而明淨，而此水所產生之水波能量，經日、月、星三光之照射，而產生波動而有靜電。

修道之人如能順勢而藉此地靈龍氣，引導入身體，經雙眼注視

水中之日、月、星三光之星光反射波而吸練之，其力最強、最柔順，不傷人之元氣，因天之倒光、地之靈氣、水之波電合人身氣息之融聚，於刹那間，竅間發熱玄關開也，如此心意定有所感應，而達於上乘修鍊之最高意境，久練之必可達到青春永駐。

此法最重要是能夠得到地靈之龍氣及界水之龍脈，地氣之環抱繞水之水波靜電，讀者可試之、練之，以水中之月亮，或本命星之斗數命盤中太陽或太陰落陷可用此法修鍊，如能心無雜念的注視水中之月而精神集中的話，只要一刻鐘的時間內，一定淚流滿面，法喜充滿，內心之充實、快樂是無法以筆墨及言語來形容的而且是夜不能眠也。

此界水需平靜、青皓之聚水才行，流動很大或污濁之水勿練之，但須離水最少十二公尺以外才最佳。

八、眞正龍脈地靈龍氣寶穴所結之大地，必有太極暈，如有此大地得知而藉修，是古之修道者夢寐以求之藉龍脈寶地而迅速修鍊成道之最佳法門。

◎得此太極暈之地，請勿隨意動之，應先祝禱，而後方可使用，佛、道兩家之結界護身法，是先結界護身法，先結界，後用白天之卯、酉時，先立太極暈，並在來龍前，用立姿赤腳而修鍊，經中脈修道。再用白天午時，坐於太極暈之上而深入禪定，得先天眞氣充足，再用夜間子時修三光，天、地、人、神合一大法如此方可達到功成圓滿也之境界。

注意事項

一、大極暈乃大地龍脈靈氣所盡結之胎孕，其地和祖山連成一脈，平常皆有無形之高靈及動物之靈體想佔有而藉以修鍊成道，並有山神、土地以護持寶地，故於夜間修鍊較易受干擾、驚嚇，所以先用白天陽光充足、陰氣消退之時來修鍊，漸修後才可用子時來修鍊。

二、水邊修鍊三光法，在夜間有時會見有無形之聲、之影像、之倒影，但請勿驚怪，更勿裸體而立於水邊修鍊，如此定會見到很多無形之靈，切記！切記！此乃四次元無形界之境界，人有內體之精、氣、神，故最好能遠離此無形，以免久之受干擾誤導而走火入魔。

吸龍氣方便法門

此法很方便，可隨時隨地而修鍊，古之修道者常用此法門來吸龍氣。

一、附近山中選地氣鐘靈的寺廟，本身香火鼎盛之寺廟，多得地靈龍氣，才能廣納信衆。

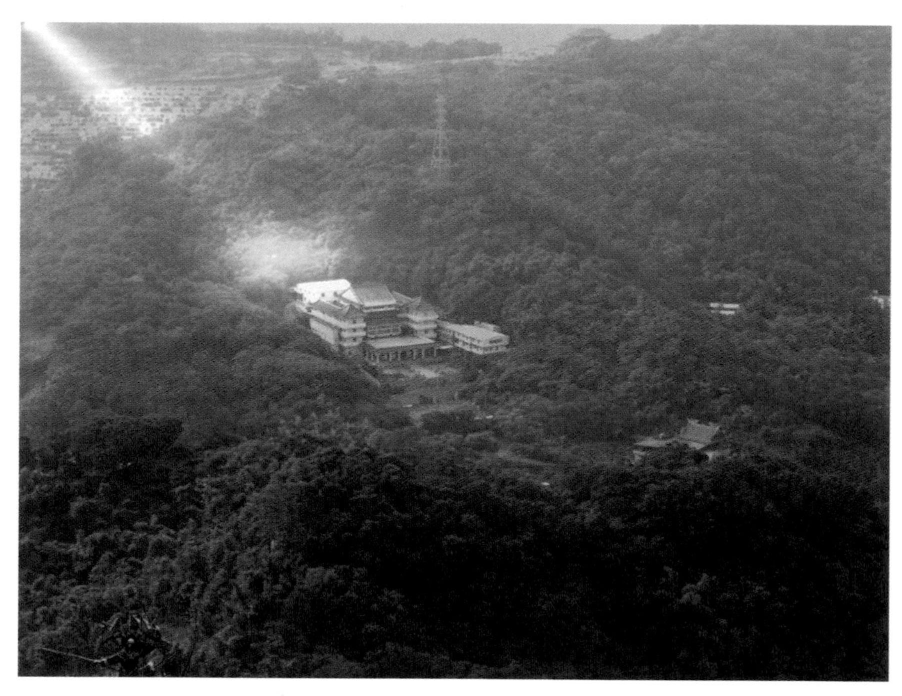

二、先至廟後山之龍脈查看過峽之處，也可至寺廟後山之高點地，找一藏風聚氣的地點，也就是不受風吹的方位。

三、挖五十公分四方寬度二十公分深之小洞，赤腳立姿站洞上，方向和寺廟一樣，練氣參禪，或坐於洞內入定，此法夜晚有星光月亮之時感應甚速，如寺廟前有半月池之所更佳。

據玉達上人自述：常至日月潭文武廟後，面潭水而接引地靈龍氣，雙眼吸潭水反射之月光，得力甚多。初學者用二十四節氣交接時刻及子、午、卯、酉四時辰最佳，靈氣最旺，感應收穫特別多。

修鍊時切記背部不可受強烈冷寒之風吹襲，如能懂得佛、道兩家護身法訣更佳，不然地靈旺處會有較多的無形靈界的干擾，因此要入靜較難，諸大德可就近請教高人，如無可來信約定會面時間可傳授之。

此接引地靈龍氣之法門，隨處可藉用，隨緣可修，無教別之異，再配合各教門的法訣也可同修，此方便法門對自己靈力、元辰助力及身體的健康之幫助很大，感應力也迅速，但對於事業、福祿、爵位、消災解厄，並不能有快速的感應或移轉，因人爲活動體並不能常時間佔用寶穴，或在寶穴內，且個人之業障因果報應不同、命格不同、環境不同，但對修道、修命、修性、修身用此法爲無上之方便法門也。以上爲玉達上人之論述，錄此與大家結緣。

但是人的運途及人的命運先天已有定數，後天如要轉運實非易事，只有陰陽宅及下面南海龍母所傳授，賴國師用山川龍脈靈氣助人福祿、轉移災厄之秘法，方可彌補先天之命運之所不足，而達於三才和順通暢，三才者爲天時、地利、人和，天時—爲先天八字及良好的吉利的造事吉時，人和—本身道德、人際、學識及後天之努力。地利—地靈龍氣，也就是得地利，才能對命運有所改變，而達到眞實不虛，此乃是千年失傳之賴布衣生基壽墳大法也。此眞正生基壽墳秘法，與現今社會做生基的方法差別太多，七運乃破軍當道，以假亂眞，以虛迷衆人，可見眞傳不出邪法亂世也。如陳誠之墓撿骨後，卻被有心人士之盜用而入生基罐於內，但其方法不對，縱使不被發現也無效，因看罐內之物，就知道不懂得眞正生基大法，可見現今懂得生基大法的人實在太少。筆者現完全公開，絕無私留口訣。

生基法門經筆者余深入研究，與道家之替身法有異曲同工之處，與密宗身外比轉輪法也相似，可見大道無偏，宇宙同光，道本同源。

造生基壽墳之地，勿與公墓、亂葬崗在一起，也不可用葬過死人之地，非自己購買的眞龍大地也不可用，因大地皆有山神、土地守護，如能購買到就表示有此福分可用此寶地也。

造生基壽墳法需五大原則配合

一、以造福做生基之人的生辰八字爲主——故而生基只助蔭本人

首先查看造生基者生辰八字、大運、喜忌、流年、吉凶，如同姓名學命名之原理，補其八字五行之不足用龍穴、來龍、水勢、巒頭八卦、二十四山、三百八十四卦爻的五行。與其卦命，查看是否與造生基者之命相生助益。使命中和，再參酌人命，配卦立其卦命，配合龍脈立旺山旺向之卦爻，才能得天地靈光，助造生基者元辰旺盛，生機盎然。

如造生基者所需求，如財利、延壽、消災、事業、官運、學業、家庭、夫妻、婚姻、子息，以及疾病之改善等各項均可用八字與地靈、巒頭水勢、山向來配合以造福。

二、尋地靈鍾毓、龍氣旺盛之生基壽墳大地

此項爲造生基接龍氣成敗最重要、最關鍵之一環，如無地靈旺盛、龍氣水勢合卦相，地理磁場氣象萬千而生旺之龍脈寶地所產生之地靈旺氣，又如何能產生地靈人傑以調和造生基者的本命。所以要有眞龍基活龍穴及當運速發之龍脈所結之穴，方能達到寅造卯發

之功，如又有五色土壤之地，是從地靈的靈動力及地氣的豐厚、綿綿不絕所產生蘊育出來的現象，如此才可幫助造生基者，而此龍穴更要合於造生基者的生命磁向，才算有用，也就是龍穴的磁向合於造生基者的生命磁向，更要能點得上乘龍穴取富貴長壽之格局，才能地靈人傑。如果所點的龍穴寶地不眞，不合卦命，陰陽不正配，不合當運之當運龍脈，來去水不合，凡是不合堪輿藏風聚氣之理，消砂納水之法，皆不能造生基壽墳，否則不但無效反而轉禍，不可不愼。

生基用之符令

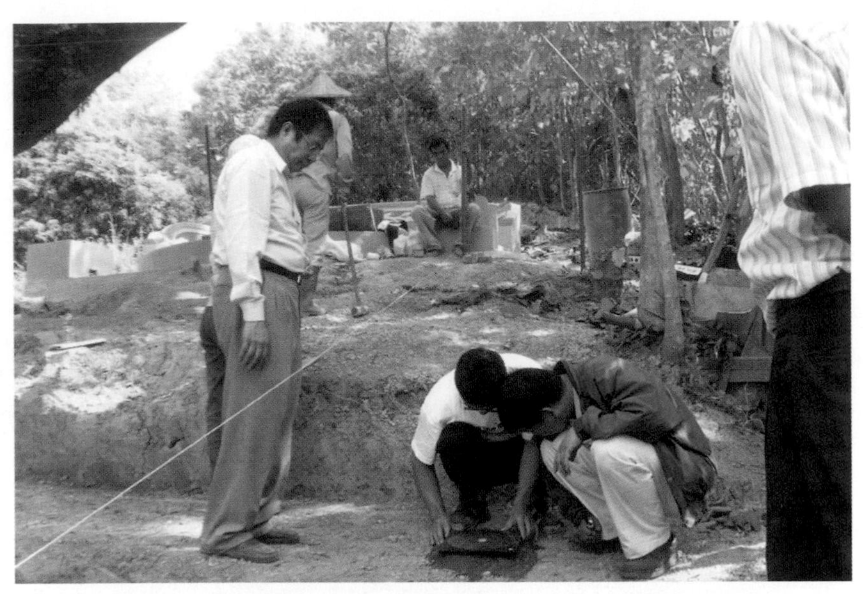

金基訂分金

三、造生基者身上之靈物

此乃是活人身上之氣物入龍穴寶地中以合，地靈之氣而轉移到人身上，如同天線發出電波磁力之引介。此入土之物，是將活人身上從頭至腳所用過之物，從帽子、上衣、褲子、內衣、內褲、襪子、鞋子、手巾、皮帶、領巾或床單棉被等，這些東西使用越久效力越佳。頭髮、手與腳的指甲（或牙齒，沒有亦可）均因含有人之機體、細胞、生命力，越多感應越強，可平時多準備些頭髮、指甲及血磷子，之前須先持齋禁慾，以達身心的清淨和旺氣。而女人因有生理期之應，更應另擇佳期，除了二項之外，筆者從古墓資料中得知，造生基應特別注意重視身上的靈氣物，也是現今造生基者所不知，所以做生基磁場感應很小，效果不佳之原因就是在這裡，現筆者公開讓世人知道以造福他人。造生基者需抽取身上血液 10cc 左右，因人體之血液是人的生命泉源，其成份非常奧妙，血液內之血小板、鐵質及其他礦物質如和地靈龍氣混合在一起，便產生導電體，將電波傳導至人體，因地球本身之地磁具有記憶性、傳導性及轉化性，與天星之光源能量超微粒子之結合而轉化傳播到同頻率即可接收，其感應力才能真切的導入人體，因血液中有您的 DNA，正如古人所言「血濃於水」之故也，吾今特公開此一大秘密，讓同好大德共享之。

宣讀文疏

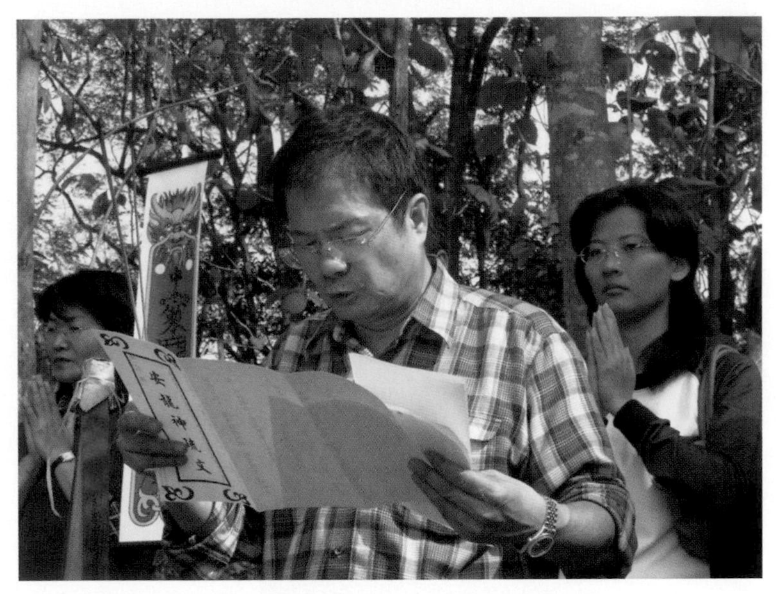

◎ 血磷子調製方法

將血液與米酒和硃砂調和，準備一樟木片或檀香木片或沉香木片，長七寸二，寬二寸一，厚三分，用血磷子將造生基者之姓名、地址、生辰八字加符令，寫於木片上並經得道、法師加持冠頂清淨，並和前二項衣物一起入土，如此藉樟木、檀香木、沉香木上之血磷子和地靈特殊之能量場當中氣場的傳播而與血液之礦物質及血小板、鐵質之人體能量同波頻赫率之能量波，經由人體之呼吸及血液中之水分吸收，在龍氣地熱中之冷熱溫差摩蕩產生磁場，藉衣物之氣發射電波，與地脈能量和光波超能量之結合及血磷子之能量磁波相互結合，並經由地靈地熱之轉化成新的能量波，並於造作之人或其子孫之能量同波頻赫率之能量波，進而使地靈龍氣移接至活人身上，無論活人離生基壽墳多遠，皆能藉空氣而感應，此乃生基法之極密心法口訣，是爲千年失傳不傳之秘密法訣，望有緣者得之以造福人群。

置入所用過之物，從帽子、上衣、褲子、內衣、內褲、襪子、鞋子、手巾、皮帶、領巾或床單、棉被等。

宣讀疏文

爲造生基者書寫疏文，也就是朝天表文

四、用佛道密法加持衣物增加靈力

天地有氣，鬼神至靈，日月光化，人間有道。宗教信仰、鬼神有無，在此不述，但不可否認，物品經特殊儀式加持放光，其靈動力特強，此乃鐵的事實。經筆者試驗未經道密加持衣物入土，吸取地氣感應人身，時效所需一年至兩年時間。如經高人在神佛壇前加持後入土，感應人身約需半年，快則三十六天或四十九天。所以不可忽視此加持的功效。道中有道，宇宙至理，非科學所能全部剖解，況且從古蹟、歷史上及本書之前面章節所轉述科學論證上亦有很多鐵證實例可以證明，讀者可細解之。

◎ 加持方法

㈠、替造生基者書寫疏文，也就是朝天表文。禱告天地神祇，也就是通知無形界及山神土地。

㈡、在神佛前由功法高深之法師，用化替身法術，先為造生基者除凶災，去霉運及雜氣，連同朝天地疏文燒化，並化解造生基者之前世冤親債主之業障，以免受干擾而影響其靈動力。

㈢、將衣物及樟木皮紮好，放置神佛前，用九字眞言手印：「臨、兵、鬥、者、皆、陣、列、在、前」加持衣物及符七天，使其靈動力增強。九字神訣及其他道法加持法門，也可用佛教大明六字眞言法，嗡、瑪、呢、貝、咪、吽，加持咒物，使其衣物觀想入六字眞言中。

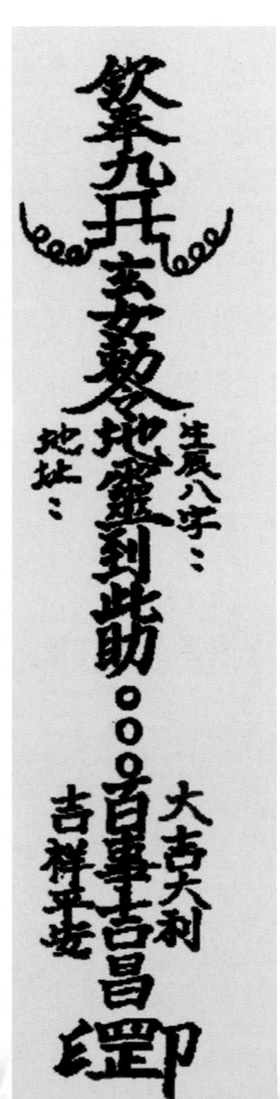

㈣、敕書九天玄女符錄，此乃從古墓中出土而得知；不敢隱私，也公開讓同好大德持有。用紅布黑字書符，將此符覆蓋在衣物或木板上。此符有特殊功效，並可使無形之靈不敢侵占生基墓墳也。現今社會流行做生基的方式，只將衣物、頭髮、指甲、生辰八字放入金斗甕內，而金斗甕亦順由法師淨壇加持及書符敕用，再尋吉地作壽墳，此與一般死人之葬法大同小異，此乃古時稱作衣冠塚或虛礦也，最容易讓孤魂野鬼所侵佔，以致福未得而陰禍先災也，故宜審愼延聘明師處理。

五、選擇良辰吉日進壽物

擇日之成敗好壞關係造福者之吉凶，有好的眞龍寶穴，再配合奇門遁甲七政天星擇日學之精華，才能得天光、配地氣、接人氣，擇日可用：七政四餘、三元卦不出位、奇門遁甲及占星擇日、先天五形卦氣、九宮八門、挨星吉凶，代代富貴日課，並能配合造生基者之生辰八字，移命換氣，接天光、承地氣、合人命，三才五行到位，才能承天啓運，陰陽調和，迴氣光照，陰陽化和，天籟流漓，清明清性，合天載地，人命通氣，使造生基者鴻運當頭，旺氣入中，金紫盈門，家業昌盛。

◎ 其他事項

造生基之碑用青斗石或長山石兩種，勿用大理石（其氣冰寒至凶），此兩種石材磁場較強，最容易吸收日月精華之光氣，石碑上只需刻〇〇〇富貴壽基七字即可，石碑大小可視生基墳及卦山水勢而定。並可雕塑上符文於壽碑上，但需由明師加持開光方可。

擇日進金造壽墳之日應注意事項

一、做主本命忌剋沖殺日。

二、忌受死日、重喪日，建、破、收日及二十八宿四金鬼日。

三、避年月凶殺，三殺方、太歲方、官符等忌占座山。

四、忌四柱納音來剋本命。

五、進金之時忌孕婦、不淨、帶孝之人在場，穢氣重也。

六、避開天星奇門遁甲擇日學之五不遇時，或空亡、或入墓地、或門宮相剋、或星門相剋、或犯格、或不見奇門。

以上乃造生基壽墳法之原理、法則，缺一項靈力即有所失，請細中求之。

此生基壽墳法及得地靈龍氣之法，筆者一一公開，絕無隱私，並把不傳之符法多洩之，此法因前人無洩露，至使今人誤用，吾甚感痛恨，藉洩露天機隱而不言者。

以上有些是爲玉達上人所述至江西所得出土之古文物中，所載賴國師布衣太素得龍氣生基大法，有些是筆者師傅和筆者經驗和爲人造作所領悟之心法，今我特藉本書之一角轉述於此以膺享同好也！然而吸引地靈龍氣而營造生龍基活龍穴之速發光明、富貴、延壽之營造生基大法，須有德有福、有心有緣者才可得此福應，故筆者亦有更詳盡的恩師徐傳成之師傳之秘法，不敢詳盡揭露於書中，望有緣者、有德者、有福者、有心者，可來電以共結善緣。

生基進金

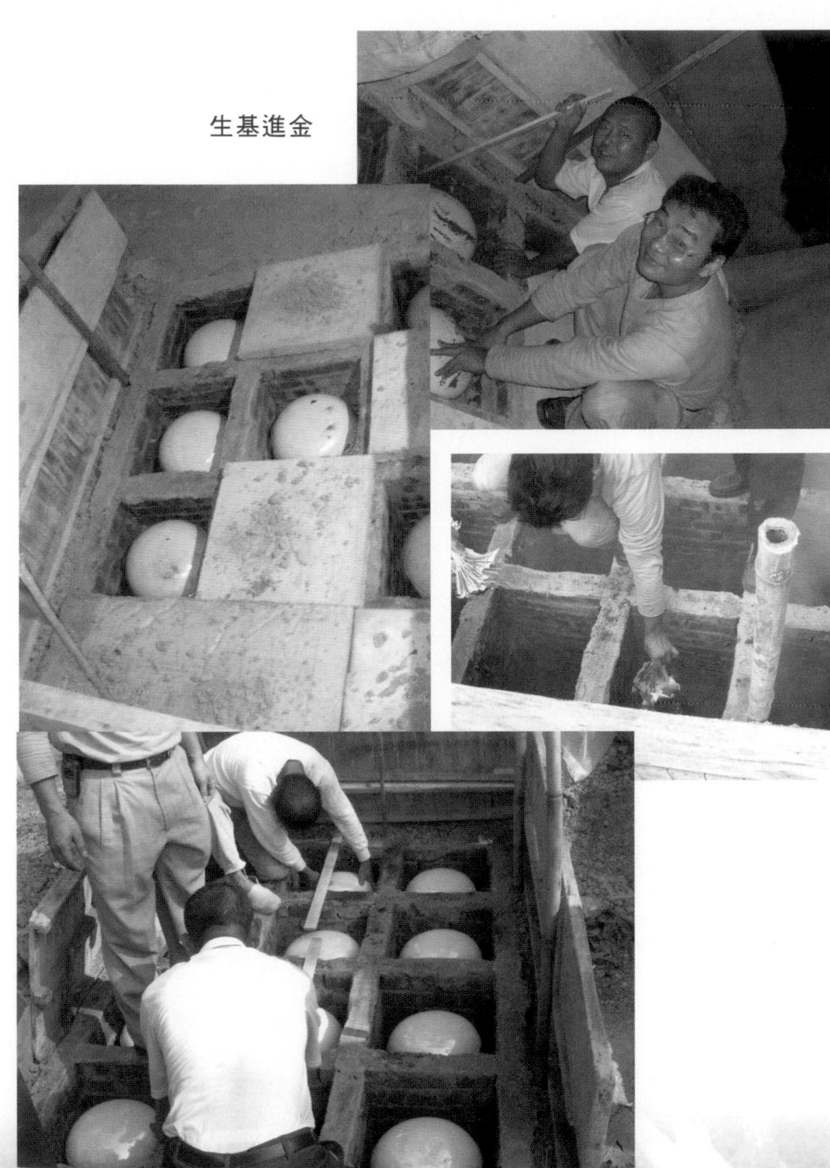

如依「賴布衣傳奇」而知賴父澄山是爲堪輿祖師爲楊救貧祖師，傳倒杖法給劉森而賴澄山爲劉森之得意門人，賴布衣十七歲後承繼家學並精研風水地理而成一代風水大師。

如依地理正宗，楊筠松救貧爲地理祖師，與前漢之青烏先生、晉之郭璞景純（作葬書、錦囊經）、陶侃（字仕衡，作捉脈賦）、唐李淳風、張公燕、一行禪師等爲地理正派楊筠松做疑龍經、撼龍經、立錐賦、黑囊經、三十六龍、倒杖法等書。

依地理正宗，曾文遄爲楊公高第作陰陽問答、尋龍記（按：後世楊曾並名）。范越鳳（作尋龍入式歌），厲伯紹，劉森（劉江東，傳楊公倒杖法），葉七（楊公帶行人），邵庭監街爲楊公高弟，不入傳承，別有地理創見而皆入旁傳一說，曾文遄畫得楊公所學而並名，爲二傳。

賴文俊（賴公太素），寧都人，曾文遄女婿，世稱賴布衣。丁珏爲四傳；濮都監名應天，字則魏，薦太史不就，爲黃冠師，作雪心賦，爲五傳；廖禹，字堯純，隱金精山，作穴法及鰲極金精，爲六傳；孫世南、廖禹婿，爲七傳；賴白鬚，爲八傳；李鴉鵲，爲九傳；鍾可期，爲十傳；宋朝唐九遷，爲十一傳；胡矮遷，爲十二傳；劉七碗，爲十三傳；劉景清，爲十四傳；劉應寶，爲十五傳；劉元正，爲十六傳；劉景明，爲十七傳；劉見道，名淵則，字叔雲，作乘生秘寶經，爲十八傳；劉雲山，爲十九傳；孫伯剛，得諸劉之祕官院判，寧都人，爲二十傳。以地理傳承源流難考，地理正宗不紀二十一傳以後傳承。但現在坊間常見有○○之第幾代傳人，其傳承從何而來？是否有詳細傳承證物不得而知，故請讀者用自己的智慧思考判斷眞僞。

如於臺灣地區，因「賴布衣傳奇」而知賴布衣之名，誤以爲賴布衣是宋朝秦檜當道時代之人，不知賴布衣另有一傳說爲唐朝人，爲曾文遄女婿。其次如吳景鸞旁傳，師王祿道，王祿道與弟子驤，建心遷翁皆師十三傳之劉七碗；曾十七師曾文遄而與賴文俊有同門之誼，名氣不如賴布衣之響亮，由此可以想像山、醫、命、卜、相五術傳承源流的難以考證，何況習涉五術者，往往不專於一，往往兼涉其他，或者一人多拜師，如筆者拜師數人，所以命卜相堪輿未被明白界說，有些混淆模糊，所以風水地理雖以陰陽宅相爲體用，並不被歸納於相術，獨立發展而自爲堪輿學術體系，以山隴形勢爲來龍，以葬地墓穴爲坐向格龍，講究藏風聚氣天光照臨而非常抽象，不同於一般相術之面相、手相，有實際形象與氣色可以辨相，以山勢地形與生氣而爲理氣之抽象推論利用。

風水地理由來已久，深入人心印象之中，見仁見智，時聞一命、二運、三風水、四功德、五讀書與人之靈異與感應，又難以斥爲無稽或迷信，寧可信其有，而不可不信其超理性與超自然的各種傳奇與傳說。

生基造作

生基必須要來龍有氣

迎請龍神

生基造作得法，則有時會有感應而產生靈異現象生基碑上顯現福德正神

「風生水起好運來」，就相當於飄渺的希望，追求好運的理想，有希望、有理想才能感應到好運的來臨。

佛基神基的作法

佛基神基之改運大法

改運祕法雖有千百種，而其中生壙就是生墳，術語叫做生基，可以吸收天地靈氣、日月精華，藉以補足個人不當運的弱勢氣數，生基牽涉到尋龍點穴，效果比較顯著，當然退而求其次，也可以在家中或神壇、法壇中安置佛基或神基。

萬法唯心所造，讓天、地、人、神合爲一體，用這種力量改變磁場，讓佛基神基的力量感應本命元神，使佛基、神基與你的心靈合而爲一，並與宇宙神秘的力量結合，以求取生命之火，心靈得以淨化，這種超自然的能量使一切困難、障礙得以化解，讓生活添福報，身心健康，峰迴路轉，事業順利，家運昌隆，當然亦應行善以回報衆神佛、菩薩，如此有德才可有福蔭。

佛基神基可以選擇道場、寺廟安置，而只要心誠，而且安置得法，最簡單的方法是安置於自己家中。

佛基神基的作法

一、觀察個人的八字喜忌，五行最欠缺的。可以在家中的客廳取本命五行所喜用的良好方位安置佛基或神基。

二、相由心生，觀其面相，洞察其障礙所在。

三、根據八字、五行、六神，取本命的三吉方，配合三元陽宅的卦氣吉方，紫微斗數本命盤上，應用六十四卦的抽爻換象選取佛基的位置。頭髮、指甲……經文、咒語等放入塑成的佛像內。

四、選擇吉日：用奇門遁甲三元先天卦氣、後天卦運，與六十甲子之干支配卦而成三元選擇、配合天星選擇，計算天星地平方位到方、到向，並以分爲計算單位，精準度高而誤差小。根據方位以及本命喜忌擇取。如此可將主事者之出生頻率與時間磁力場相融合，以達到天人合一之感應。

五、供奉者將得佛基、日課、陽宅之吉，靈氣貫通元神，精氣神與神靈一旦合一，從此則善緣不斷，財源漸次順遂，身體日漸康復。

六、初一、十五以淨香末清淨，及淨旺加強本人之頭髮、指甲之清淨而淨旺吉祥物之吉祥能量場，以傳導感應您，淨香末之材料應斟選上品方可達妙貢之效應。

前清醫宗金鑑埋胎衣法──造福下一代寶典祕法

埋胎衣造先天福運正法

此法爲大甲黃老師元興之祕法

前言：本法出自前清太醫院，醫書館幼教初生篇。引證於埋胎眞經法屬地理四大福蔭造運法中之一法，雖與造生墳同屬助命法，因僅助個人，但費用節省，費時不多，誠爲救世之良術，本書特選易懂及容易操作之法公開，屬學術性之密正法，則限於演述不易無法說明。

※胎衣：土語（臍帶、紫河車、胎盤素）

特性：幫助胎兒一生健康長壽，自出生埋胎時起既受地靈福蔭，不必似造生墳後天培固法，失去先機及費錢費時。

埋法：《埋胎眞經》云：「坐懷三君子，皮血留五廚，埋胎唯一訣，脈方貫時龜。」吾人皮血基源雖承父母孕育，然考其理築基於臍胞無誤也。本宗玄一道人註云：「地靈承三界，母慈抱惜心，理氣承貫一，抵得後天修。」清乾隆五年二月十六日，照管醫書館和親王弘晝率太醫院諸御醫等，也在呈送御覽之醫書內，幼科雜病初生篇中，特別註呈云：「凡藏胎衣。盛在新瓶內，以青布裹瓶口，擇向陽高燥之地。天德月空邊。掘地三尺埋之，兒自長壽無疾。若藏胎不慎。於兒不利……。」等語。

又《埋胎眞經・避凶篇》云：「金關藥材路，苦汁屋味濃，陰通步罡物，七七耳棺郎。但知暗藏事，怎可存劫方，坤身腹空中，兒災更是強。」

《埋訣篇》云：「二三連一九，六四統八三，觀得分分四，再扣一十九：若得眞訣巧，靈蔭福一身（一說生）。」

由以上簡述，吾人當可知埋胎之法，不但是風水蔭福之一法，而且是自古杏林名醫心目中唯一免藥先天固本培元處方，這與現今經由臍帶血培養DNA之法有異曲同功之妙，於此亦可見中醫法之科學性，而風水地理之學亦可見於科學論證中，更可以證明其具有科學性。

吾人欲兒孫福壽綿長，遠離災劫病厄之侵擾，豈可不愼重埋胎衣乎—豈可使胎衣成爲中藥材，而致一生多災病乎—豈可讓胎衣落入術士之手，經過祭法後七至四十九日而亡命，魂魄永世變成術士耳報靈童乎一豈可葬之惡方絕地，兒孫多災病，又累及母身乎！細思！細思！

埋胎月方：以每年農曆節氣爲準，指北針三百六十度爲規，取法以家之周圍取向，覓地正方以指針爲主（既以家屋爲走向，至月之正備取方時，再以針標爲正確），正取方如逢海、河、不吉之地，改以備取他方埋之（如日沖方也同）。配合各家通書擇取吉日時，或以奇門、天星七政三元擇日法諏撰良辰吉時，而最吉者是以分爲單位辦事計時，如無吉日時，可將胎罐暫以磁、鐵容器盛清潔溪沙埋放在屋內之月吉方，待吉日時再埋。

埋胎衣之順序

一、先將胎衣放在磁瓶罐（有蓋）或玻璃罐中（效力減十分，忌用木箱）。

二、胎衣放罐內後先用一層青布封住瓶口後加蓋，再用青布（如加持念佛道護身咒四十九遍更佳）將整個瓶口瓶身纏緊，帶往月吉方美地之處或能撷取龍眞穴的之眞龍脈寶地，其蔭福更大、更遠也（必須高燥無蔭影，不靠水旁或不吉場所），挖坑實深二尺九寸一分，燒化三千（足）壽金在坑中埋之，埋後在旁燒化三千（足）壽金、四方金，壽星錢若干，當境土地佑護既完成。

埋胎正備取方（擇日時勿犯四方煞）

生月	正月	二月	三月	四月	五月	六月
正取刻度	一八七・六至一〇二・五	二一七・六至二三二・五	三三七・六至二五二・五	二七七・六至二九二・五	三〇七・六至三二二・五	六七・六至八二・五
備取刻度	用三、九月刻度	用六、十二月刻度	用九月刻度	用六、十二月刻度	用三、九月刻度	用十二月刻度
生月	七月	八月	九月	十月	十一月	十二月
正取刻度	七・六至二二・五	三七・六至五二・五	一五七・六至一七二・五	九七・六至一一二・五	一二七・六至一四二・五	二四七・六至二六二・五
備取刻度	用三、九月刻度	用六、十二月刻度	用三月刻度	用六、十二月刻度	用三、九月刻度	用六月刻度

醫宗金鑑埋胎衣造福運方法

乾隆四年至七年(1739~1742)，爲政府組織編修之大型醫學全書《醫宗金鑑》也特別介紹關於埋胎衣的方法。

此書編纂、選材甚精，用功甚勤，理法甚嚴，共計有十五種：《訂正仲景全書傷寒論注》、《訂正金匱要略注》、《刪補名醫方論》、《四診心法要訣》、《運氣要訣》、《傷寒心法要訣》、《雜病心法要訣》、《婦科心法要訣》、《幼科心法要訣》、《痘疹心法要

醫宗金鑑 卷五

內科

編輯幼科雜病心法要訣

初生門

拭口附下胎毒法

拭口須用燕脂法，穢淨方無口病生，古云未啼先取穢，只緣未察此中情。【註】嬰兒初生，預用軟棉裹指，拭淨口中不潔穢，以燕脂蘸茶清擦口舌齒頰之間，則不使一切口病生矣。古云子未啼時先取穢血，此古人不詳體察，蓋兒在胞衣之中，以臍蒂資生，胞中皆是氤氳精氣，生長蒸化，並無血脈，兒口之血從何而來，此說不經，不可爲訓也。

甘草法

甘草之法自古稱，能解諸毒性味平，濃煎頻令兒吮服，免使胎毒蘊腹中。【註】甘草味甘平和，五臟解百毒之藥也，四時皆可用，虛實皆可服，取中指一節，用水煎濃，以棉纏指蘸水令兒吮之，其毒自解。

黃連法

寀寒胎熱蘊於中，惟有黃連法最靈，水浸濃汁滴口內，臍糞胎毒自此清。【註】黃連清熱解毒之要藥也，凡夏月及四時看兒有胎熱者，恐熱蘊於中，致生他病，故宜用之，須取黃連數塊，搥碎，用湯浸出汁，時時滴兒口中，以臍糞下

御纂醫宗金鑑 卷五 內科

一

訣》、《種痘心法要旨》、《外科心法要訣》、《眼科心法要訣》，《刺灸心法要訣》、《正骨心法要旨》。

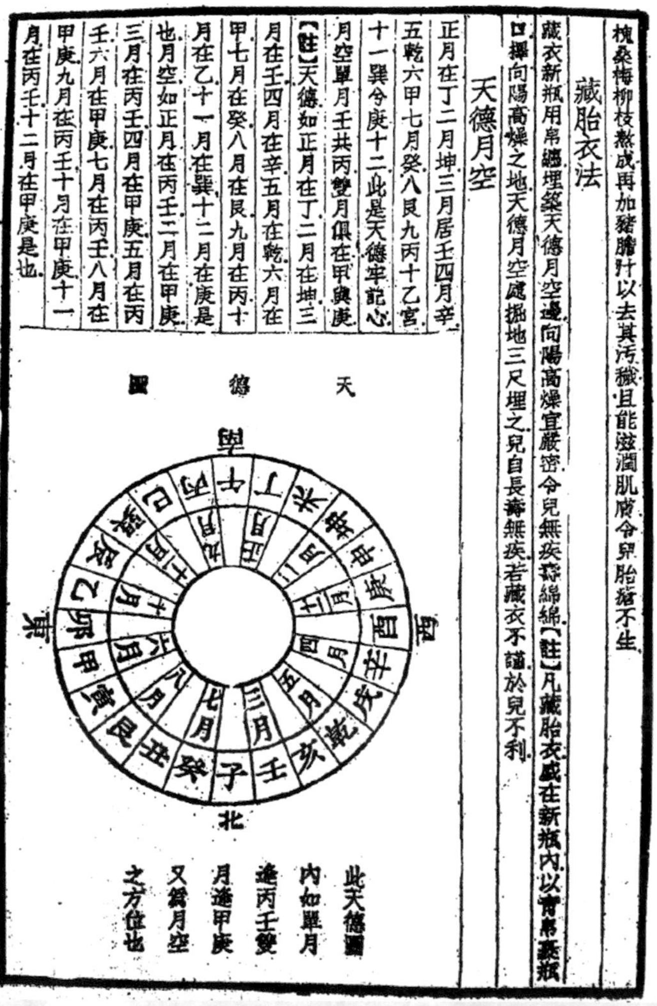

槐桑梅柳枝熬成再加豬膽汁以去其污穢且能滋潤肌膚令兒胎毒不生

藏胎衣法

藏衣新瓶用帛緘埋築天德月空邊向陽高燥宜嚴密令兒無疾壽綿綿【註】凡藏胎衣盛在新瓶內以青帛緊紮瓶口擇向陽高燥之地天德月空處掘地三尺埋之兒自長壽無疾若藏衣不謹於兒不利

天德月空

正月在丁二月坤三月居壬四月辛五乾六甲七月癸八艮九丙十乙宮十一巽兮庚十二此是天德牢記心月空單月壬共丙雙月俱在甲與庚【註】天德如正月在丁二月在坤三月在壬四月在辛五月在乾六月在甲七月在癸八月在艮九月在丙十月在乙十一月在巽十二月在庚是也月空如正月在丙壬二月在甲庚三月在丙壬四月在甲庚五月在丙壬六月在甲庚七月在丙壬八月在甲庚九月在丙壬十月在甲庚十一月在丙壬十二月在甲庚是也

醫宗金鑑　卷五　內科

天德圖

此天德圖內如單月逢丙壬雙月逢甲庚又爲月空之方位也

三

醫宗金鑑藏胎衣法

本書爲清代吳謙等編，分九十卷。立論詳明，有論有法，確爲當時專著中最好的一種，其他各種多類此，各具特色。所以本書實爲歷來醫學叢書、全書中最精當、完備、簡要而實用的一部。刊刻之後，受到廣大讀者歡迎。

全書內容豐富，注重實際，收取各方經驗，條理清楚，論述扼要，選方精粹，有圖、有說，多爲七言歌訣，朗朗上口，易於記誦。曾作爲太醫院教科書，爲中醫臨證重要讀物，並成爲清代醫學標準教科書。

◎現代人比較不注重埋設胎衣，因爲有些小孩一出生，婦產科就把胎衣隨便一丟，有人來收，或任意棄置於垃圾場，或經由焚化爐，所以小孩子出生以後疾病非常多，三兩天就感冒送醫院。因此如能善加利用埋胎衣之法，將可造福我們的下一代，使我們的下一代能夠健康長壽，而且此法既可得福報而又省時、省力、省錢、環保，諸君何樂而不爲？

◎本法最好請地理師以奇門、天星、三元擇日，並鑑定適當之龍穴寶地，如自己會擇日，天星地平方位刻度也能清楚，只要避開前述不吉之場所及俗忌地，即可保兒孫一生福壽綿長、身體健康。

建造生基發富發貴實例驗證

某企業家許董之生基壽墳

新竹縣南端的峨眉鄉是一個純樸的客家村落，早期因爲地形似彎月，所以取名爲「月眉」，在歷史上與北埔、寶山統稱「大隘三鄉」。除了豐富的人文特色，獅山、峨眉湖等風光更是引人入勝。或是位在獅山國家風景區的水濂橋步道、藤坪步道，每處景點都讓人沉浸在大自然中尋覓新境快意。

生基壽墳朝案

田螺晒眼穴

峨嵋的好山好水——許○○之旺發生基

屬於丘陵、山坡地形的峨嵋鄉，農產品以茶、柑桔爲大宗，另外像是東方美人茶、桶柑、白玉苦瓜都是著名的特產。新竹峨嵋鄉的湖光山色非常平易近人，峨嵋湖平靜如鏡的湖水，鏡射蓊蓊山林，並與層層峰巒相互輝映，勾畫出此處屬於山水國畫的一角。晨霧輕罩，峨嵋湖呈現如夢似幻的畫面；陽光普照時，平靜的湖面映照著藍天、遠山與近林，湖邊時時林林蔭翳；傍晚夕陽斜照，山水則反映著一種柔和的光亮，隨著光線的漸滅，慢慢地重回寧靜一片，這是峨嵋的特色。

峨嵋鄉的好山好水也蘊藏著風水寶地——許○○壽墳，來龍就是從中央山脈之西繞過來，在峨嵋鄉落脈，結成田緤晒眼穴。主家自一九九七年每月營業額約三千萬元，至二○○四年已經攀升到一億多。現今業績蒸蒸日上，因此許董要其妻也跟著做生基以期藉由造生基蘊育健康、和樂、幸福，發富貴、壽喜之福蔭，這亦表示許董之家庭首樂，造作生基所產生的靈動力不容忽視。

貴人峰在未濟卦，右前天馬位於坎卦、咸卦，水口出艮卦，土地公、水池、出水口與坐山陰陽卦氣配合。

田縲晒眼，穴立甲山庚向，三元座離爲火卦

龍神坐於落脈處，卯山酉向同人卦。

階梯、通道、矮牆，來路、水路都經過徐老師精心設計，合乎理氣與建築美學。

作者與師父徐老師合影

案山

得富貴生基吉地而旺發之證驗

位於新竹縣北埔鄉尾村許老闆妻之生基，其來水由丑方之三叉水往右過堂，來龍則是從五峰山繞過來，對面五指山，天馬奔騰，主富貴雙全之局。正留待有德、有福、有心、有緣之仁人君子得之。

三叉水，清徹見底，主出文貴，聰明秀麗。

近案秀麗，遠朝五指山

穴場有五色土，立否卦，丑方右水來，曲折轉彎迴旋之後出三元地天泰卦。

富貴生基吉地——三臺落脈穴—待有福善緣之人

山不亂聚，聚則形止；若居山谷，最要藏風；如在平洋，先須得水，水不亂彎，彎則氣全；尋穴之法，得水爲上，藏風次之。

觀衆水之交衿，而雌雄乃見，山爲雌，而水爲雄，猶人之有男女也，龍盡水合，雌雄交會，猶男女合而媾精也，此玄竅之處，萬物化生之大關也。

三臺落脈穴位於獅潭鄉和興村，大凡眞龍結穴，不在大水之傍，亦不出大水之門，多結於兩水夾流之處，傍有護送砂塊，送從而來，且至入首之中，或展開作案，或纏或繞，外遮後擁。本穴至穴場成人字形掛角落脈。正待有緣、有福、有德、有心之仁人君子得之。

人字形掛角落脈

午丁方貴人星暗藏

下砂出水口有三層案砂

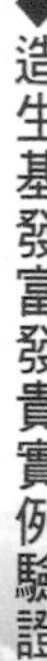

水交於局前、砂全於左右，此則龍勢歇泊之處，尋龍點穴必看其局，前後左右之勢何如，然後議其體制之美惡，方可以得其形狀，吉凶休咎之跡也。

本穴可以立酉山卯向，貴人峰於穴右之午丁方，三元可坐師卦或遯卦，第一層三叉水分別從庚方、午方來，交叉於巽方，再從巽方交接過堂，第一層出水口爲臨卦，下砂出水口有三層案砂。藏風聚氣，羅城周密如八方不動，在外不得見其美，入內才見其莊嚴、秀麗，是爲貴人不露相之正佳龍脈寶地，後又有額角峰起，是爲先貴後富大吉地，留待有緣與有福之人得之。

古書云：「穴間三摺朝，定出當朝擎天臣。」

外水口羅星

考察鑑定南部陳〇〇生基

生基的做法－生基所用墓碑習慣上都是採紅色系

金星起頂落脈

一字文案明堂甚美

半月池

可惜來水太短促，出水口又寬大，而且半月池也過於大，使穴場爲之洩氣，爲虛花假穴，虛有其表而已。若造作不得法，及未能以奇門天星擇日法納吉，則恐未得吉而先有興訟敗財之事發生。

富貴生基吉地——丹鳳朝陽穴——待有福緣之人

丹鳳朝陽穴遠景

本龍穴發自阿里山，祖山巍峨峻拔，特達尊貴，由北而南，辭樓下殿，若馬馳聘，一路起伏頓跌，踴躍奔騰，重障疊翠，枝腳撐拏，分枝劈脈經南山於外烏山脈起峰起頂，開山過峽於內烏山山脈，束脈蜿蜒曲折到杉林結父母山，東閃西趨，曲折活動，砂迴峰環有如生龍奔海之勢，猛虎出林之象，力勢雄偉峻巧軒昂，一路帶倉帶庫圭笏文星，齊眺前迎後送，佳氣分明穿心過脈，正如楊公所言：「大地皆從腰裡落。」是為橫龍結穴，後有武曲金星為後樂來拖撐穴場，水界龍停，突開豐滿之穴星，眞是吉氣郁郁、祥光閃閃，堂局緊密左右龍虎端正而成，八風不動，山峰（巒）旋迴合抱而藏風聚氣，主穴結成「太師坐金椅」之極度美穴，但是近案餘氣仍盛而洩，成又寬又厚的唇氈拜墊，很神妙的，其形狀又構成如古代八大神仙穴法之「釆和攜藍穴法」如八仙之藍釆和長攜藍蓄無凡品，且秀案橫拱，氣象萬千，堂局之美，令人安祥娛目而心曠神怡。

再就前朝，近案有山其勢如「飛鳳來儀」之形來朝本主穴，是為「飛鳳朝金龍穴」之美局，且很巧妙的又鎮鎖住水口，而成滴水不外流之象，是為祥瑞而聚發億萬資財之象徵，因小明堂之案伸手可及，經云：「伸手摸著案，準發財富千萬貫。」中明堂有仙橋峰朝拱，成一字文天案，主蔭人聰明俊秀、才氣縱橫、超群拔萃，必大富大貴福壽雙全，所謂：「仙橋串珠富貴脈，才子官貴賽神仙。」

丹鳳朝陽穴明堂——其勢如「飛鳳來儀」而朝本主穴，是為「飛鳳朝金龍穴」之美局。

來龍入首

本穴場面積一八二〇平方公尺。遠案有美濃與旗山之山脈龍虎交牙織鎖而成漂亮的「筆架來朝案」，眞是案前筆架山必出官貴，且子孫賢能，爲出將入相之格局。

而遠方來水爲楠梓仙溪之溪水，是從玉山發源到旗山溪，成南北流向，但到此大明堂附近形成一八〇度的大轉灣而變成東西流向，是爲之玄曲折有情，環抱本穴，眞是「水城環抱發富貴，九曲朝堂當朝相」。

本穴並有將軍山、馬頭山而成的有旗山與鼓山的旗鼓鎖水口，且內穴之小明堂在圓暈下，兩邊有蟬翼砂、蟹眼和蝦鬚水，於穴前注入庫且吐唇有情而元神水又成之玄曲折有情眷顧本主穴，中明堂

案前筆架山必出官貴

陽氣融融，外明堂四山圍繞楠梓仙溪到此之玄曲折有情環抱必大發富貴，從小明堂、中明堂、外明堂而成如步天梯之狀，是爲步步高升之三臺佳象，準發富貴無疑也。

飛鳳來朝金龍穴，眞龍到此眞結竅，如能用先賢的藉天星磁力場及地脈之龍氣，運用奇門遁甲術配合三清道法學來鍾山川地靈之氣，藉日月奪天地之功來行移花接木，移命換氣的上接天光，下承地氣中合卦命做生基接龍氣之法，來改變、改善福主的生命磁向。而本穴落脈結穴而成脈氣相連支生龍脈之氣達數丈之寬，故應可立吉坐向而爲生基之營造，此正留待有心、有德、有福、有緣之仁人君子得之。

鷹揚天下吉穴——待有福緣之人

本龍是由臺灣最高峰玉山山脈穿心過脈，重重開帳，起伏頓跌，踴躍奔騰，又與阿里山來龍的旗山連結成帶旗、帶鼓，聲勢磅礴之勢，而開陽落脈結穴於美濃之龍肚，眞是來龍迢長，起則沖霄，伏則成鷹神展翅，變化無窮，至尊至貴，正如遠東第一高峰玉山（海拔三九五二公尺）居高臨下，爲臺灣衆山之祖。

鷹揚天下穴場入口處

本脈是來自玉山之大幹龍，百里高山節節串連，龍脈奔騰而來融結成本穴，其來勢軒昂，行度均勻，節節剝換，行度過峽延綿，又見左右相隨，層層護衛，山峰環抱，護衛有情，開帳脈正且分明，如龍飛之氣勢，如鷹揚展翅，雄糾糾氣昂昂之態，得之是爲可以鷹揚天下之龍穴寶地。

龍砂挺拔，與圓潤之金星微聳

大凡穴前之水，大者江河湖泊，小者溪澗堂澤，皆爲水域，水域流動，必有來去進出，古人概稱來水之方爲「天門」，去水之方爲「地戶」，天門宜開啓納水爲吉，地戶以關鎖聚水爲吉。若天門閉所而地戶開啓，則成山水不交、陰陽不融，龍脈靈氣必定不聚，縱有結穴非眞。

故云：「天門必開，山水其來；地戶必閉，山水其回。」

或云：「水口無關，漫說當年富貴。天外有鑰，乃知積代豪雄。」

穴場白虎方明顯可見數重羅星

鷹揚天下吉穴堂局

《葬經》云：「龍虎所以衛尾穴，蓋以葬者乘生氣也，而氣乘風則散，故必要有龍虎二山以衛之，則穴場周密，生氣則能融聚龍虎二砂之靈氣，以護守主穴場。」

龍虎自外山生來者，謂之借龍虎，若穴間不見不可作龍虎來論也，要在穴場看見之砂則論。鷹揚天下穴場位於極爲隱密的山區內，本穴之龍虎有自本身左右發出之兩臂爲龍虎，是爲本身自出兩旁之山，是爲自家之左右護衛也，來抱我爲龍虎者，必可爲我用，對我亦忠心。

因是爲我本山所發，正如古時之子弟兵。然而龍虎砂形千變萬化，亦有一畔就本身發出，另一畔是外山來湊成龍虎者。

《雪心賦》：「點穴猶如點艾，一毫千里，一指萬山。」

穴場望之水從左來，宜其虎砂略長，皆要來裏抱穴場，是爲返首有情，護穴有情。

本穴多重吉砂瑣鎮收水納局、雄偉厚實、緊密聚氣，可立子山午向，三元坐地雷復卦，龍方高聳卓立者以貴論，虎方水口略爲低平秀實者以富論。而且又成逆水朝堂，兜收有情，不發也難，因此只要形局收納得法，合於形法理氣，配合主事年命造作裁剪得法，並以奇門天星之至高擇日秘法，則是爲發富、發貴之最佳吉龍穴，留待有心、有緣、有德之仁人君子得之。

書云：

尋龍千萬看纏山，一重纏是一重關，

關門若有千重鎖，定有王侯居此間。

水口砂關攔

土地公守水口（爲社稷守護神鎮水口）

猛虎出林磅礴穴場

猛虎出林穴—君臨天下富貴龍脈寶地—待有福緣之人

猛虎出林穴，有威震天下、領導群雄之恢宏氣勢，本穴位於高雄山區，目前仍未有福主得之，其形局甚美，堪稱爲一級上等吉地。

艮丙二龍，再逢乾巽同朝，秀峰聳拔，則魁元及第，富貴雙全而有王謝名。

龍身帶倉庫而來及其止處，左右又得倉庫，進砂護從，主巨富。

來龍氣勢如巨浪，重山迭障，護衛重重，這是大官葬地。

猛虎出林穴與神鷹展翅、鷹揚天下穴來龍同爲玉山山脈之大幹龍百里高山節節串脈奔騰而來，正是一代風光一節龍，節數多時富貴久。其勢磅礡巍峨，而神鷹展翅於外圍，爲前衛外明堂，以逢逆水朝堂，必主富甲一方，速發如雷、威猛如天之勢，此正如君王、賢將之前後搭配。

論臺灣龍脈之來源

中國的山川龍脈，皆發源於崑崙山，崑崙山位於新疆與西藏及印度之間，山高8611公尺，爲世界第二高山，層巒疊嶂，上透霄漢，崑崙山發脈由東北行龍，經由帕米爾高原，環繞蒙古、西伯利亞高原，連斯塔諾山脈，再接科令斯基山脈，行龍轉向西南，由勘察加半島，入海點綴千島群島，南下日本，經由沖繩、釣魚臺島，穿海而上臺灣東北宜蘭三星山，再起脈至南湖大山，南湖大山屬太魯閣國家公園所轄，登山界所稱南湖山塊，包括3000公尺以上的山峰有南湖大山、南湖北峰、南湖南峰、南湖東峰、巴巴山、馬比杉山、審馬陣山及中央尖山等八座，均名列臺灣百岳。整個山塊以南湖大山爲尊，海拔高3742公尺，是中央山脈北段最高峰，南湖大山峰頂的廣闊，臺灣尚無其他高山能出其右，之後再束氣，過峽入新竹縣尖石鄉與苗栗縣泰安鄉交界的大霸尖山，轉折經瑞芳而基隆、八堵過峽，至七星山復起少祖，亦爲龍樓寶殿形勢，山勢堆厚，高聳雲霄，爲臺北第一高峰，七星山綿延而爲臺北市的虎砂。臺北市之龍爲景美溪會合新店溪，爲淡水河與基隆河夾送，四山羅列如城垣，左右河水繞抱，深澄平緩，迨二水交流出口處，由關渡橋或獅子頭遠眺，則兩岸關夾相鎖如葫蘆，內局寬廣，外關緊固，水口截流之山，得觀音山爲龍砂，及大屯山高聳入雲，如此山水大聚、大會，乃發爲至貴之地，是有王者之氣象。

南湖大山另一出脈結成本穴，本穴星居高臨下，如猛虎出林，巍峨生威，有如君臨天下之磅礡氣勢，本穴與前述鷹揚天下同爲南湖大山另一脈經由合歡山，經玉山，爲東北亞第一高峰，屬玉山國

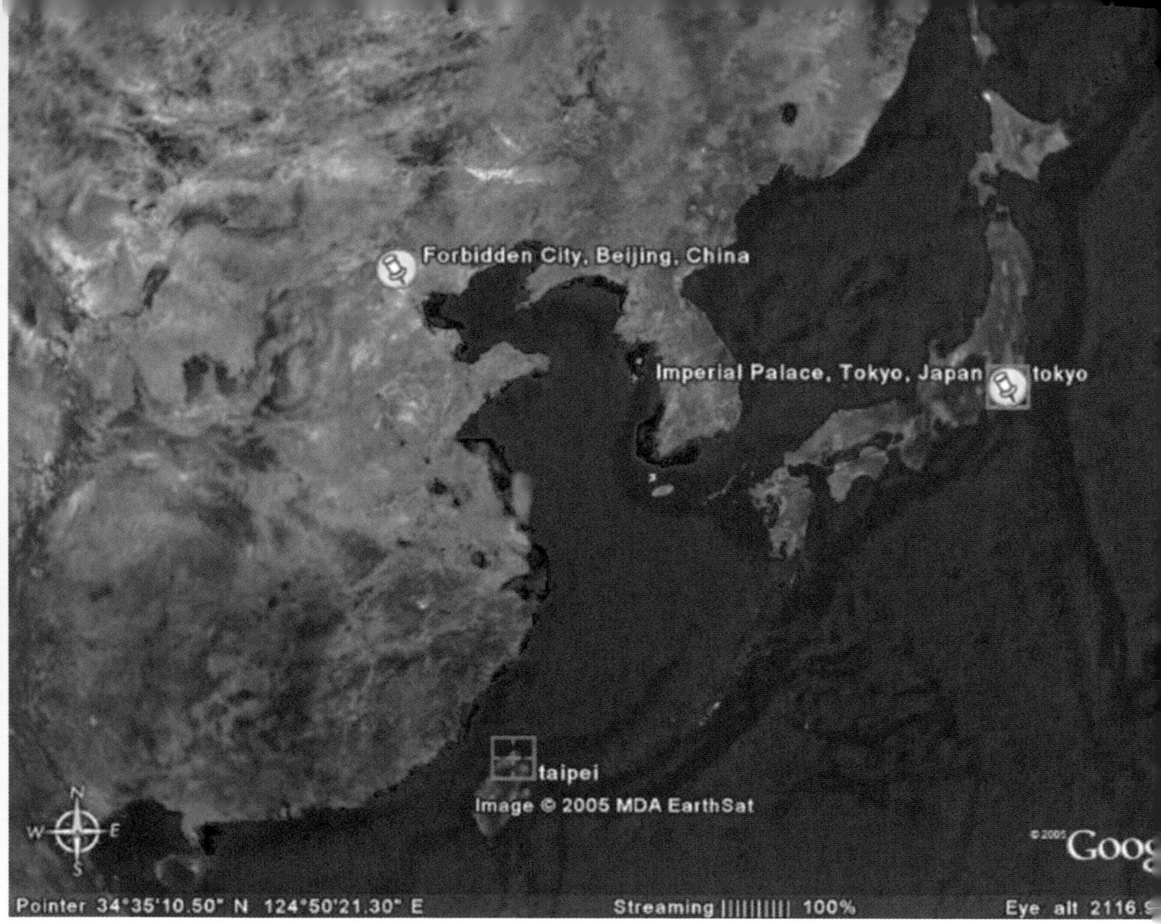

家公園管轄範圍，玉山山塊因歐亞大陸板塊受菲律賓海板塊擠撞而隆起，主稜脈略呈十字形，南北長而東西短，十字之交點即爲玉山主峰，玉山主峰海拔三九五二公尺，臺灣衆山之祖的玉山來龍是大幹龍之百里高山節節串脈，如龍行龐然雄偉，生氣活潑，再到南面山海拔高二千八百二十六公尺，新望山海拔高二千四百八十公尺，頓跌起伏經由甲仙、六龜，停歇重重帳幙而過峽，東脈再分支爲兩脈，一脈由杉林入旗山，一脈直落入美濃。是爲臺灣衆山之祖的玉山大幹龍分支盡結之穴。

左有象鼻伸出，右有龜，守住水口。

美濃平原三面臨山，中間有美濃溪穿越，主山之中心崙，氣度軒昂，內堂堅固，華表捍門，旗鼓倉庫，主笏文星，貴氣重重，日月劍印，護衛縱橫，穿田度脈，又復起星辰，以行剝換脫煞之便，龍行至此盡脈結成八風不動，正是穴暖藏風，氣勢至尊之貴，正前方有山如象形，於左青龍方坐案回頭朝拜有情，象鼻落下而守水口，右白虎方有如瑞獅坐伏之狀，或如龜形橫於水口之處（如596頁之圖），轉折曲繞鎖水口，而成滴水不漏之郁郁秀氣，主穴之內明堂從左青龍之卯方來水，行至案前成環狀繞抱，再曲折迂迴與乾方之來水在坤方會合，水出坤方，且坤方又見魚池而成水聚天心之養龍庫池水，且內明堂與中明堂成三陽開闊，平坦而勢軟，如容千軍萬馬於不動之間，且由主山分出龍虎砂正如古代將軍帶著自己的子弟兵貼身護衛忠心耿耿之情狀。

近案之左青龍方其形如倉帶庫，若有人得此當必堆金積玉福滿倉。近案白虎方其形如龍之奔騰，其狀如蛇曲繞守於近案之下砂守水口，如古書云：「下砂收盡源頭水，兒孫買盡世間田。」故而《葬書》云：「葬者，乘生氣也。」經曰：「氣乘風則散，界水則止。古人聚之使不散，行之使有止，故謂之風水。」是爲貼身龍虎獅象帶倉帶旗護穴，可立丑山或可兼艮，是爲穴暖而氣勢尊嚴的點兵封候帳，而大外明堂有茏濃溪之玄曲折環抱護衛有情，出水是爲出洋龍神氣勢豪，若又得美濃水庫建成來暗拱，必主發財如江湖之水難以斗量，又見土地公廟直落於明珠上，建廟於前方來護衛，而凡眞龍結穴大富大貴之地必有天神或社稷之神來守護，且又有阿里山來龍於旗山過脈成旗鼓鎮天門之勢。

因此可知，此地藏風聚氣，形局用之得法，合於形法理氣，配合主事年命造作裁剪得體，並合以奇門天星之至高擇日秘法，則必可發富、發貴。猛虎出林，爲君臨天下之局，與神鷹展翅、鷹揚天下而成內外之配局，君主與武將之分野，主穴星居高臨下如猛虎出得林，聲勢力猛，且巍豪生威，有如君臨天下之磅礴氣勢。此地尙待有心、有德、有緣、有福之仁人君子得之。

南投得富貴生基吉地而旺發之驗證

南投得富貴生基吉地而旺發之驗證

山巒是大地的骨架，水域是萬物生機之泉源，依山傍水是風水最基本的原則之一，此地位於南投山區，所經山路迂迴曲折，四面群山環繞，處於生氣盎然、青翠的山麓中，經由各方協調以及徐老師精心的設計，充分考慮到特定的風水環境，得天然之勢，依山而建，循著緩緩的山坡，層層環曲的城牆，有城門形的出入口，每一環節皆悉合於三元卦氣，有如城堡，主從有序，嚴謹對稱。顯示了主家的弘大氣勢。

每建一棟大樓、修造工廠，或者修造墳塋，都應考察山川地理大環境。從大處著眼，小處著手，四面八方的山巒形勢做適切的評估，然後再以理氣、元運配合構思設計，如此則必無後顧之憂而獲福乃大。

內局水口佈局精巧，層層關鎖

來龍過峽

第一層案山

第二層案爲一字
文案貼身有情

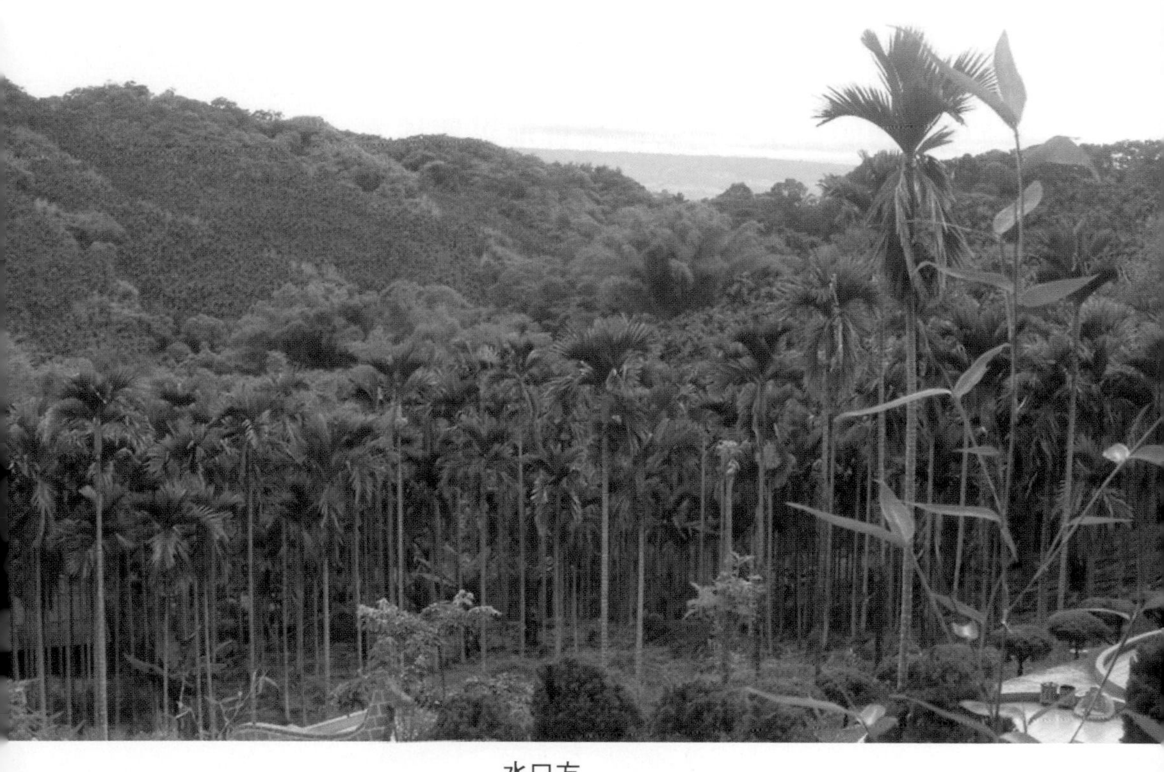

水口方

風水學表示方位的方法以五行的木為東，火為南，金為西，水為北，土為中。其次以八卦的離為南，坎為北，震為東，兌為西。再以干支的甲乙為東，丙丁為南，庚辛為西，壬癸為北。以地支的子為北，午為南。其四，以東方為蒼龍，西方為白虎，南方為朱雀，北方為玄武，或稱作左青龍，右白虎，前朱雀，後玄武。本穴場羅城周密，明堂正中處有水融聚，謂之水聚天心，主發富顯貴，訣云：「水聚天心，孰不知其富貴。」本穴場留有一處尚未造作，或許是等待有緣人，吉地佳壤善神守護，必有德、有福者可居之。

明末國師徐東風所尋龍脈寶地堪輿抄本－待有福緣之

這一册手抄本可以說是機緣巧遇，筆者與深圳黃國明老師幸識於河南安陽周易專修學院，而成至交好友，此手抄本即爲黃老師所提供。黃老師有一天到廣州市西北方約三十公里的佛山寺旅遊，巧遇一位老和尚，和尚觀其手、面相，爾後將此資料交予黃老師，並謂是明末國師徐東風所傳，記載於寺廟中。而黃老師又將部分資料交予筆者，故於此處感謝，並與同好共享。及留待有心、有福、有德、有緣者扦之。

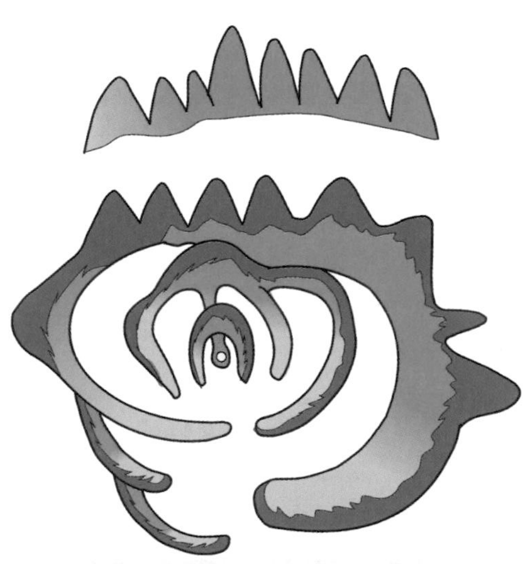

此地新興天堂上，名大水坑，金星垂乳，乳上穴誰人葬得，子孫世代享榮華。

此地在新興天堂第什新村，名爲三星拱戶，坐乙山辛向。
傳曰：「三星跳擊戶，十年點高魁，富貴榮華萬久傳。」

此地在新興城東去二十六里，村人都稱之爲金星裹項形。
水口交瑣，五馬巡羅城，雙峰朝天插，眞眞得人驚，有人認得此，葬後三代定出大提形。

此地在新興城西去十里，龍來燈心嶺，立峰穴情小，蘊聳卓筆，美人梳粧形，高峰落乾位，艮水鎖羅城，誰人識得此，三宰四提形。

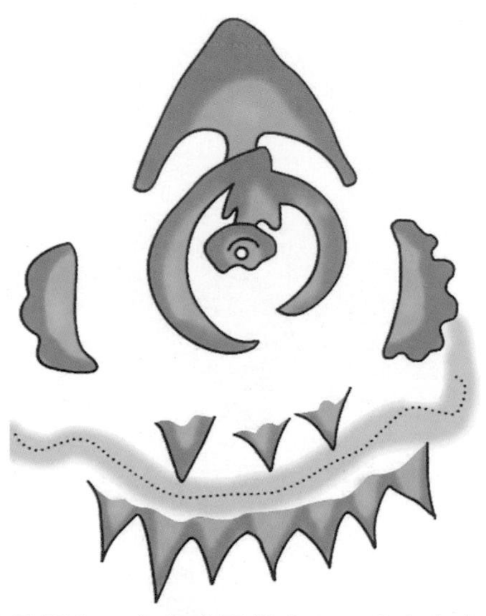

此地陽春雲霖上，寒虎咬尾善人行，此穴富貴堪敵國。

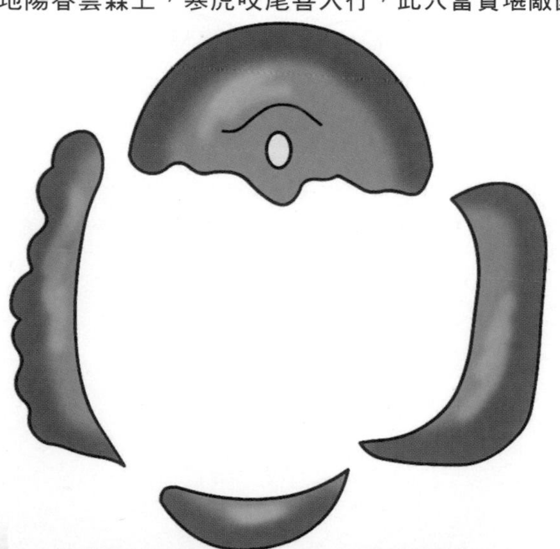

此地在雲霖堡，浮雲對月形，坐北向南，人皆忌其墓絕水上堂，誰知五鬼橫財發福無窮。有人扦得者，發福準無疑。

此地在獅崗，地似金雞下地形，前村大峰，後有屏臺作案，人無識乙癸來龍向巽巳，有人扦得著，兒女常侍帝王邊，更出神童兼學士，一家食祿在朝廷。

此地有新興城二十里，土名雙坑，有形人不識，葬後出官職，金銀可隨步，太史秉鉞筆。

此地有新興城去三十五里，呈對塘茶穴形，樹上宿烏鴉，若是有人扦得著，三代定出宰相家，穴中失調無人愛，朝向砂水可尋拿。

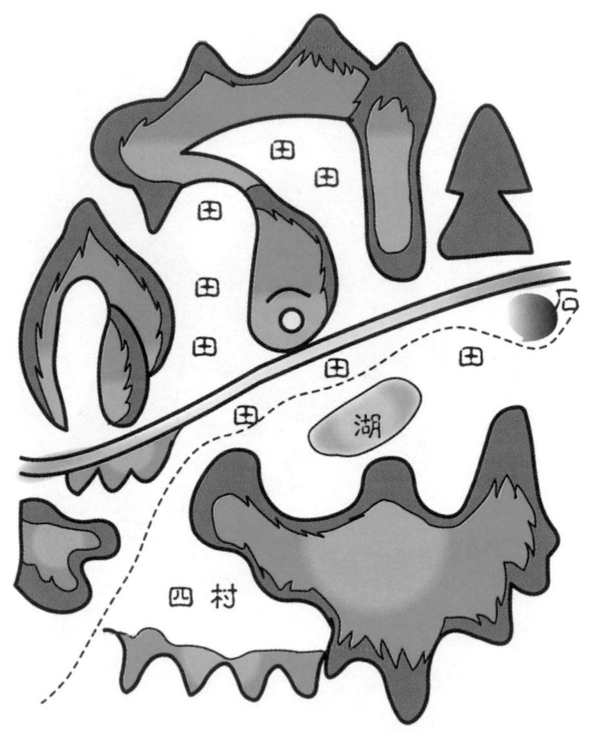

此地有新興城東去十八里，土名孝石崗，圓螺吐珠路邊旁，穴向思本村，朝堂華屏、天馬文筆插東方，旗山當面左右印，取水橫歸堂，銀河橫過彎彎抱，雙石小堆為記繞，兩個大夫三侍郎。

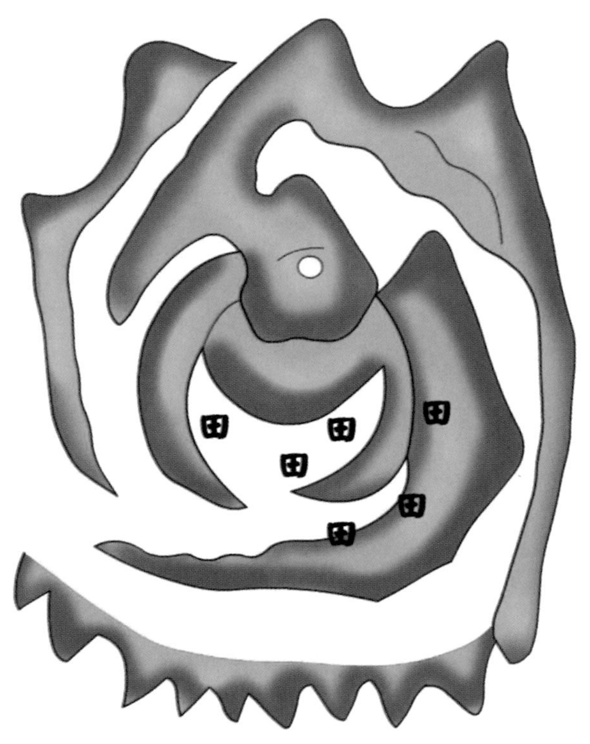

此地有新興城西去八里，山名白坑崗，誰人扦得此穴準出大朝官、二刺史、八個提刑、三個侍郎。

南臺灣堪輿活動考察之旅

中華星相易理堪輿師協進會高雄縣分會成立暨南臺灣堪輿活動考察之旅，本會為了加強聯絡各分會與會員間的互動情誼，並以增加學術交流，凝聚會員們的向心力以及加強新會員之吸收，以利會務上之推展，特由本會高雄縣分會理事長陳郁樺老師以及副理事長陳添旺老師聯合中部地區所有分會，共同來籌辦這次的堪輿活動考

之巒峰砂體若輕微細小，似山非山、望有似無，或歪斜散亂、似藏又露，富貴難求。朝案最宜弓抱向穴，有若大鵬展翅，忌狀成弓箭倒射，則多凶。

本寺後山來龍爲貪狼木星兼火形的山峰高聳挺秀爲其依靠，象徵本寺背後有貴人，或有財團爲其支撐資助，使其無後顧之憂。

面前過於空曠而低洩

本寺穴前砂體巒峰雖美，但面前過於空曠而低洩，砂無關攔及兜收，可見並非眞龍正穴落脈之處，雖有資財必然不聚，爲苦修之地可也，如要廣渡衆生，唯恐人來人往，人事難以合和。因睽卦之

能仁淨寺

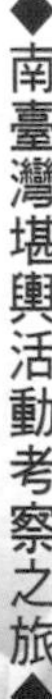

上卦爲離，離爲火代表光明而視，但下卦爲兌爲澤，上有凹陷，故主在凹陷之地方不得運之時易藏污納垢而白日活見鬼，眞是有礙修行之路，宜用坐地望天（氣場）翻天倒地訣以水剋向氣而旺於四季，如此香火不旺也難。本文純以風水地理之觀點而論斷並不涉及其他因素，但請包涵見諒。

嘉義縣中埔鄉鹽館村溪洲仔1鄰5號能仁淨寺，是爲府城尋龍隊大隊長蘇老師仙註兄所提供，整個寺院依坡就勢而建，顯得寬敞幽深，佈局既規整又恢宏而又不失莊嚴、優雅之勢。

本寺建築雄偉，有四層樓高，坐卯山酉向兼甲庚，三元理氣坐天火同人卦，依山勢而建，四樓通後山，面前之朝案，秀麗光彩，平正整齊，形勢端正，登上樓頂，可遠眺群山，如賓主相對，眷戀有情，獻奇列秀，而前案又成一重高一重，一層遠一層，如步天梯，節節高升而上，是爲迴抱有情美好之地。本寺以大雄寶殿爲主體建築，組成縱軸線，讓人有結構井然、主次分明的感受，壯觀雄偉，保留著珠聯璧合的佛敎建築風貌。本寺不但給人有若登上頂樓可遠眺群山擁護，左旗右鼓，環抱有情，而且羅城周密，爲藏風聚氣的風水寶地。

朝案秀麗光彩，形勢端正，登上樓頂，可遠眺群山

可惜後山有舊廟比前廟更小，爲奴起之象，而有奴欺主之象，且廟前因地之關係使內明堂呈三角形，爲其美中不足之處。如就巒頭上與理氣上而論，因三角形主火災，故本廟之住持或年老之男方丈，應注意心臟血液循環及視力之保養。

又天火同人卦爲外乾之卦，而乾爲老翁，爲一方之霸主，爲圓，而離爲中空，代表外華而內虛，因此如欲財源豐厚，則可在外緣做成圓形之金水朝拱，或在門前取象用圓石或全圓之門，取圓滑和融而圓滿之意，應在八白當運而金權之勢，以利廣渡衆生。

內明堂呈三角形，爲其美中不足

吳鳳故居

吳鳳，字符輝，平和縣壺嗣村人。五歲隨父吳珠、母蔡氏渡臺，居諸羅大目根堡鹿麻莊（今嘉義縣中埔鄉）。阿里山番通事吳元輝碑記載：吳鳳生於康熙三十八年正月十八日，歿於乾隆三十四年八月十日（一六九九～一七六九），享年七十歲。

康熙二十二年（一六八三年）清政府採取「撫番」政策，設通事（或理番通事）與番族聯絡交往。吳鳳因長期居住漢人及原住民交雜之地，所以通曉語言及習俗，故以他的經歷和素養使他成爲阿里山通事人選。「通事」一職按照吳鳳廟上所記載的通事官職考，應屬於山地指導員一職爲八品官員負責「通譯語言」、「通達政事」，通譯語言應爲翻譯番、漢語言，通達政事應該只是政令宣達。康熙六十一年（一七二二）到乾隆三十四年（一七六九），吳鳳任阿里山通事達四十八年之久。

吳鳳故居

吳鳳故居距嘉義市區七公里，位於嘉義縣竹崎鄉義仁村，義仁村 110 號道路，由嘉義市經 159 號道路經義仁橋接 110 號道路 500 公尺處。

吳鳳故居建於乾隆三十四年，坐丑兼癸，前臨牛稠溪，爲一字文案，背椅清華山，爲典型三合院建築，門前提有「阿里山忠王」，正廳供奉吳鳳騎馬塑像及其遺物，目前故居仍有吳鳳後人居住。

後山橫龍來脈，寅砂高，由宅之左後方斜向右後方，爲暗箭煞，橫掃後腰，因而造成吳鳳捨身取義之壯舉，更也因而使其後代子孫埋下不和之影響，在財源上難有大發特發之象。由此可知此地並未住氣，也不是什麼風水佳穴。

本會高雄縣會副理事長陳添旺老師說：「吳鳳故居乃乳穴，長乳者，一乳獨長，兩邊龍虎抱衛不過，人見之莫不以孤露而棄之，殊不知其脈出氣力旺盛，勢難頓止，獨長至穴處，開窩放鉗，衆山皆短，取其長，書云：貪狼變廉貞梳齒樣，長枝有穴無人葬……若乳頭不開窩鉗，本身龍虎不護穴，孤露不可扦也，強以坐山眠弓爲案。」

吳鳳墓園坐壬兼亥，三元為水地比卦，立於正穴之虎砂上，外有二層龍虎砂，案山初看則甚美，唯龍砂高起，形成虎砂為下砂無鎖，主財難守難聚。

風水佳地應該是落脈有情、流水有意，如此才能情投意合、家庭和睦而且能發財，但本墓園之水口不吸納，因此不過為虛花假穴，故子孫很難有大成就。

吳鳳墓園

墓園位於吳故居後山，民國四十五年由吳鳳身亡之處的中埔鄉汴頭村遷來此處，墓碑上書有「義人吳鳳公之墓」，係由嚴家淦先生所提，墓園四周遍植林木，宛如一座小花園。

獨角火麒麟穴

麒麟據說是歲星散開而生成的，麒麟為仁獸，主祥瑞。按照一般說法，麒為雄、麟為雌，麋身，牛尾、魚鱗，足為偶蹄或五趾，頭上有一角，角端有肉。牠含仁懷義，音中律名，行步折旋皆中規中矩，擇土而後踏，不踩任何活物，連青草也不踐踏。牠與頭頂上的角一起被看作是美德的象徵。在民間流傳許多麒麟與帝王興衰密切關聯的傳說。

《公羊傳》說，哀十四年獲麟，此漢將受命之瑞，周亡天下之異。夫子知其將有六國爭強，秦項交戰，然後劉氏乃立。夫子深閔民之離害，故爲之隕泣。麟者，太平之符，聖人之瑞。又云：麟得而死，此亦天示夫子將歿之征也。《左氏》云：麟生於火而游於土，是中央軒轅大角之獸，孔子作《春秋》，《春秋》者，禮也，修火德以致其子，故麟來而爲孔子瑞也。

據傳孔子出生之前有一麒麟來到他家院子裡，口吐玉書。玉書記載著這位大聖人的命運，說他是王侯的種子，卻生不逢時。這是著名的「麟吐玉書」的故事。孔子感麟而作《春秋》，後人稱《春秋》爲「麟經」、「麟史」、「麟傳」。

孔子出生後，被稱爲「麒麟兒」，杜甫有詩爲證：

「君不見徐卿二子生奇絕，感應吉夢相追隨，孔子釋氏親抱送，並是天上麒麟兒。」

後來，人們將孩子的美稱爲「麒麟兒」。

人們給小孩佩帶的長命鎖常以全銀打製成麒麟狀，寄「麟子」之意，以圖吉祥。「麟趾呈祥」也常用於作喜聯的横額。在民間藝術中，一個小孩騎在麒麟背上，站在雲彩中，意爲「麒麟送子」。這個小孩手裡還常常拿著一朵蓮花，表示連生貴子。

火麒麟穴是南台灣的奇穴之一，這裡青山碧綠、清麗俊逸，晨昏時經常雲霧氤氳、山嵐瀰漫，宛若仙境，朝夕之間，薄霧輕濛；恬靜、幽雅的農村風味，青翠悅目，是假日休閒旅遊最佳地方。

火麒麟其應木火通明，火土相生之格，奇巧另人疑，制高點可遠觀大崗山、小崗山，龍之奔騰雄偉磊落，將及結穴，再起高峰，迴然聳拔，翻騰躍越，周圍數十里，橫舖闊遠，更顯得火麒麟聳立在雲端，身歷其境，眞令人拍案叫絕，歎造化之妙。

日暮時刻霞霧凝聚而起，於飄渺間，感受眞龍藏穴，餘氣未盡，彷彿神居仙境。

循者木造階梯而上可以到山頂爲麒麟之肩

從釓山道院進入

山頂

據陳添旺老師所述，海澄涼陳門鄭氏佳城結穴於火麒麟之肩，後山陡急，故採呑葬法

鄭氏佳城之前案

火麒麟之頭——天聖宮

火麒麟之尾

風水有三才理氣與巒頭之分，三才者「天、地、人」。天之道主陰與陽，地之道主柔與剛，人之道主仁與義。天有寒暑、風雲、晝夜；地有山川、河嶽；人有五倫，各有其義。

宇宙之道源於陰陽，而陰陽備載於易經，由乾坤六子化生萬物。天道爲理氣，地道爲巒頭；風水師多以巒頭爲體，理氣爲用。

在天成象，在地成形；乾道成男，坤道成女；方以類聚，物以群分。堪爲天道，觀天文，輿爲地理，察山川河嶽。

因爲凡看風水，入門「第一重要緊看巒頭，有了巒頭穴可求，若是巒頭不齊整，縱合大星也是浮」。地理風水也影響風土人情，什麼樣的山水就會孕育出什麼樣的人物，所謂地靈人傑即是此意。喝形來點穴，即呼形喝穴法，自古至今流傳，原因有二：一、無須運用學理支持。二、娛樂性豐富，易引人入勝。

《漢書‧藝文志》載：「形法者，大舉九州之勢，以立城郭室舍之形，人及六畜骨法之度數，器物之形容，以求其聲氣貴賤吉凶。猶律有長短，而各徵其聲，非有鬼神，數自然也。」清‧姚明輝《漢志註解》云：「大舉九州之勢，以立城郭室舍，即相地相形。」

風水中之形法討論的不外乎是關於「形象」的問題，「形」與「象」所代表的意義除了是外形與意象的差別外，之間還有著

「表、裡」與「內、外」相互依存的關係在。而喝形點穴所透露出的是一種「觀物取象」的認識方法，從山形外部呈現的「象」來「喝形取象」。

如為明師之喝形取象，乃是一種方便法門，起碼也是經過尋龍過程，而地理師若不知尋龍，只配合一些特別的形象，便是吉穴，於是乎，什麼牛眠地、靈龜上山、螺螄吐肉等等引人入勝的名詞便不絕於耳了，如此自償，豈不變成誤人之舉乎！

「山為靜，動則顯其生。」這裡所說的「動」並不是說山脈的移動，而是其形緩延曲折，如龍起伏蠕動的那種姿態，雖不動而含動象。生動活潑顯示了山脈的生機勃勃。所以在尋龍時，要尋自然狀態緩曲的山脈，這樣的龍脈才是眞龍。如果怪石鱗鱗、破碎聳峻者，則為枯死之龍或硬直之龍。

山與水有機配合，山水情誼者，則為天地自然之道。此為地理形勢中最起碼具備的基本條件。《玄空學》中「山管人丁，水管財」的理論就是強調山與水之有機配合，自然界的山水情宜。風水之道，得山水為上，無山水為下，喝形取義可作為尋龍點穴之輔佐則尚可，不從巒頭山水，龍勢形體而點穴，純以虛名假形喝形取義，那可就誤人不淺了。

新馬地區堪輿驗證

馬來西亞雙峰塔

雙峰塔（Petronas Twin Towers）位於馬來西亞吉隆坡，可稱爲馬來西亞吉隆坡的地標，或稱佩重納斯大廈、馬來西亞國家石油大廈、國家石油雙塔、雙子塔，曾經是世界最高的摩天大樓，直到二〇〇三年十一月十四日被臺北一〇一大樓所超越，目前是世界最

馬來西亞雙峰塔(Petronas Twin)

雙峰塔大門入口處-坐巽山乾向

高的雙子大樓，也是世界第二高的大樓。樓高452公尺，共地上88層，由建築設計師Cesar Pelli所設計，大量的不銹鋼與玻璃被設計成類似於伊斯蘭藝術，反映出馬來西亞的伊斯蘭文化傳統。因此可知風水地理學是一種傳統文化現象，也參入了廣泛的民俗宗教信仰，是地球磁場與環境和人類的關係，更融合了生態與環境景觀之綜合性科學。雙峰塔居高臨下，經高空俯瞰下的吉隆坡市容脈絡清晰可尋，是為巽山乾向兼亥二分，三元坐地天泰卦向天地否卦，周天坐一三八度向三一八度，前戌方水為武曲，主發文人學士及財富。而乾方有水池是爲輔弼歸元，穴位準確明堂平敞，羅城無缺，四神護衛而合於理氣之法，地書云：「龍逢水穴方止」之理，主發鼎甲、魁元，並主富。雙峰塔裡的陽光廣場約有270間店鋪，其中有大馬最大的零售商，如百盛公司、伊斯丹和馬克史賓斯等。雙峰塔的設計獨特，是集購物、休閒兼娛樂綜合性質的休閒購物中心。

馬來西亞唐人街

馬來西亞（Malaysia）位於東南亞，全境被南中國海分成東馬來西亞和西馬來西亞兩部分。屬熱帶雨林氣候，內陸山區年均氣溫

22°C～28°C，沿海平原爲25°C～30°C。面積32.9萬平方公里。人口約2452.2萬（2002年統計數字）。其中馬來人及其他原住民占66.1%，華人占25.3%，印度人占7.3%。砂拉越州原住居民中以伊班族爲主，沙巴州以卡達山族爲主。西馬來西亞爲馬來亞地區，位於馬來半島南部，北與泰國接壤，西瀕麻六甲海峽，東臨南中國海；東馬來西亞爲砂拉越地區和沙巴地區的合稱，位於加里曼丹島北部，海岸線部長4192公里。

茨廠街是馬來西亞華人最早聚居的地方之一

茨廠街——人稱八打靈街，即是外國人口中的「唐人街」（China Town），坐落在吉隆玻的鬧市，迄今已經有逾百年的歷史。它以其獨有的姿態，站在吉隆坡的鬧市中央，是各國外觀光客必到的唐人街。一個世紀以來，這條老街道自始至終還是保持著中國的傳統風味。窺探茨廠街就猶如探尋吉隆玻的歷史，閱覽吉隆玻的開埠史。

茨廠街也是馬來西亞華人最早聚居的地方之一。這裡的唐人街坐落在流經市中心的麻六甲河北岸。二十世紀初，華人從中國遠渡重洋而來到南洋謀求生計，這條老街道就是他們當年在此開礦落腳的地方。茨廠街之所以命名爲茨廠街，其實是有它的典故。當年吉隆坡開埠功臣葉亞來除了經營礦業以外，也在這裡購置蒸氣機提煉木薯粉，而該區居民也常在門外曬木薯，所以將之命名爲茨廠街。

走進街道狹窄的茨廠街，街道兩旁的店鋪和住宅多爲平房和兩層小樓，大部分的建築物都保留其原有的面貌，要找傳統的華人東西，不難在茨廠街找到。每逢華人喜慶節日，這裡都會有應節的傳統食品上市。其中許多古樸的建築已有數百年的歷史。保持著中國濃郁傳統特色的唐人街目前已經成爲麻六甲市的一個著名旅遊景點。

茨廠街人氣聚集，與其來龍去脈有甚大的關聯，堪輿所謂的「龍」，即是山脈之起伏，而傳說中的「龍」變化莫測，忽隱忽現，忽大忽小，忽東忽西，忽而潛藏深淵，忽而飛騰雲霄，忽而現首不現尾，忽而興雲而佈雨。而山脈之起伏亦然，踴躍奔騰，聚散無定。

茨廠街出口左方來水
茨廠街出口右方出水

正前方可見案山微聳

行龍有其一定的規律，有行數百里才結穴，有的行數十里結穴，也有的數百步即結穴。不分清是結穴之龍還是過龍，就難以正確地找到穴場。所以辨認龍的動靜行止，一看山勢的起伏跌宕，二看砂水送迎，三看水之分合，四看水口關攔。

茨廠街來龍從左後方艮方緩緩而來，延伸至周遭一帶，形成富庶的盆地，而逐漸成爲一個極富華人生活特色的聚落。其形象肥豐圓滿有生氣，從坎方入首，千里來龍不離其宗，正是「萬里江山一向間」。《都天寶照經》云：「一代風光一節龍，節數多時富貴久。」所結之地，龍脈來得綿遠者，便是到頭一節，發富、發貴之眞龍。古人發現山川之融結在天，而得天光地靈爲吉，其街道之中軸線爲子午向，天盤乙水來，從酉方出水，而其正前方可見案山微聳，故發福綿遠。

天后宮（Thean Hou Temple）

從吉隆坡中心取道於聯邦大道（Federal Highway）可前往天后宮，往八打靈再也的方向行駛。當轉入賽布特拉路後，途中會經過坤成女中。過了不久，就轉左進入樂聖嶺路，經過青年大廈後，在第二個路口轉左上斜坡，天后宮就在斜坡上面。

馬來西亞是以伊斯蘭教爲國教，由於馬來西亞的伊斯蘭教屬於遜尼派的沙裴儀教法學派以及馬來西亞的國情，憲法規定宗教信仰自由，馬來西亞仍保持著多種宗教信仰同時存在。華人到馬來半島謀生也把中國的宗教信仰帶到馬來西亞。華人的佛道教信仰也受到法律的保護。大約在十七世紀中葉在麻六甲出現華人佛教寺廟青雲亭。

十九世紀初期起，道教宮觀也陸續出現。天后宮建於吉隆坡市郊的一座小山丘上，裡頭建有一座現代化設備的禮堂。這個媽祖娘娘坐鎮的家，在山嶺高高的雲霄上、青蔥綠林中，琉璃瓦、純白牆，古色古香、富麗堂皇的宮殿式建築風格更突顯了它的巍峨雄偉、非凡氣派，洋溢濃濃的中國風味。天后宮的設計結合了現代的技術和傳統宮殿廟宇的格式，呈現了它宏偉的一面。每逢華人佳節時，這裡的遊客絡繹不絕，香火鼎盛。

天后宮供奉的觀世音菩薩

天后宮前景

到達天后殿前，沿著樓梯向上走，「結婚註册局」指示牌對著來客笑臉盈盈，特別醒目。這裡就是許多情侶決定「永結同心」、共訂鴛盟的地方。在媽祖娘娘、親友的見證下，一對對有情人春風滿面的簽名、交換戒指後，就是合法夫妻了。

旅遊名勝地的天后宮，長年遊客不斷，尤其是在農曆舊歲方除、新年開始之際，天后娘娘是吉隆坡虔誠信徒心中的依靠，大家不約而同紛上樂聖嶺朝聖祈福，祈求天后大顯靈威庇佑善男信女新年行好運，無災無難過新的一年。

天后宮的龍砂

天后宮的左前方

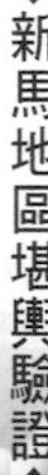

迴廊

虎方開口不利

天后宮坐向為午山子向正線，來龍蒼勁有力，氣勢軒昂，有分有合，有擺有折，故其氣乃為至眞，收得衆山水融注，山環水聚而衆水停住之地則生氣聚，為沼為涉，為池為湖乃眞龍駐息之所，是為龍脈之止聚，氣為水之母，水為氣之子，子母相隨，環聚有情，氣象始為奇。

潛龍原是落平洋，撒脈自悠揚。兩邊擁護，拱夾有力，作起氣勢，乃見精神，如大將手握重兵，四面有砂如筆、如笏、如印、如旗，固主文秀，亦主威嚴。唯天后宮之右方，俗稱白虎方見一棟公寓大樓，其形如白虎開口，如不以三元地理形煞祈禳法配合天星奇門遁甲卦氣卦影眞訣加以化解，則必主應廟宮中主事人員傷丁破財，尤其對於亥卯未年命損傷破財，其次為寅午戌年命皆宜謹愼。

時代廣場

吉隆坡時代廣場（Times Square）

時代廣場坐落於吉隆坡市區星光大道旁，是一座集合了全新超五星級飯店、全東南亞最大的室內遊樂場，遊客一進來，就會立即被那色彩繽紛的卡通人物造型、刺激無比的花樣給吸引。在這裡享受室內主題樂園、雲霄飛車、飛天魔毯、電子遊戲室等十數項嶄新的遊樂設施，尤其是雲霄飛車從四層樓高的高度迅速滑下，並做360度的旋轉，還有無數次的急轉彎，您可拋棄一切凡俗世事，在此盡情的遊樂，重拾童年時光，購物及吃、喝、玩、樂盡集於此。

時代廣場從開業一年多以來，營運一直不盡理想，實有其風水上的一些因素：

一、整體外形中間低兩邊龍、虎皆高起，而且左右的建築似乎感覺很單薄，好像雙手高高舉起如投降狀。

二、 時代廣場坐丙山壬向兼巳亥二分，而現今元運正值爲八運，丙山壬向是爲零正顛倒，不吉。

三、來水方過高，出水口太寬闊則氣散，難聚財。而且在龍邊「庚」方爲文曲水來，出水「甲」爲武曲水，來去水皆不合局且又不合元運，故不吉。

時代廣場內部隔局

WELCOME TO BERJAYA TIMES SQUARE

入口

"The Cargest &
Hottest Prepaid

左方庚水來

出水由右方，水出甲。

金河廣場（Sungei Wang）

人氣超旺的金河廣場

馬來西亞是一個多種族國家，有三大族裔，馬來人、華人、印度人，也讓吉隆坡成爲文化沖積的三角洲。首府吉隆坡是相當國際化的城市。

因爲馬來西亞是伊斯蘭教的國家，許多的西方商人會以吉隆坡作爲

出入中東之門戶，使得吉隆坡發展相當迅速。

吉隆坡最吸引人的就是購物。不僅世界名牌進駐，而且每年的三、八、十二月，都是全國性的折扣季，再加上到處都有新興的購物商城。

武吉免登路是公認的吉隆坡頂尖購物區，這裡高樓大廈毗鄰，街旁的休閒茶吧、酒吧、咖啡吧等一個接一個。在這條路上，大家最樂於光顧的就是金河廣場了，金河廣場是逛街購物的首選，購物者相對也多，貨價也便宜，它擁有許多時裝、運動裝、鞋子、手提袋及手錶的商店，內設有百盛超級市場。

出水口高架道路環抱有情

這裡的人氣超級棒，裡面遍佈著各式各樣的零售店，貨色之多簡直令人眼花撩亂，而且價格相對便宜，是很多年輕人喜歡去的地方，在大街旁休閒，要上一杯熱飲或冷飲，看著川流不息的車流、人流，在休閒中品味繁忙中的清閒，心情會特別的好。

金河廣場的坐向爲庚山甲向兼申寅，街道爲左高右低，故水由左流向右，三合家言之爲左水到右。九星地理論之得武曲之氣，而左方壬水來，出丙水，合乎理氣，出水口並得高架道路環抱有情，極利於商業求財。開業已經三十多年，一直以來都是人氣鼎沸、業績領先。此亦是風水堪輿之佳作以成其美也。

雲頂賭場——馬來西亞唯一的合法賭場

馳名東南亞著名的度假勝地雲頂高原，位於東西文化薈萃、風光宜人的熱帶城市吉隆坡。雲頂山位於馬來西亞首都吉隆坡51公里，海拔2200公尺，是馬來西亞境內著名度假中心，在這高海拔的山上，終年雲霧繚繞，正如賭博一樣變幻莫測。全山植物茂盛，道路四通八達，雲頂吸引遊客的一個最大因素是，它有馬來西亞唯一的合法賭場，山頂雲霧繚繞，蔚爲奇觀，高原平均溫度介於155度之間，氣侯溫和宜人，漫步於高原上有如臨於仙境般，氣候清涼讓人暑氣全消。

雲頂酒店於一九七一年正式啓用，雲頂酒店的賭場二十四小時開放，限二十一歲以上成人方得入場，此外賭場內嚴禁攝影。最豪華的大型賭場，各式賭具一應俱全，而且花樣不斷翻新，可盡享千金一擲的刺激與快感。雲頂遊樂場則集合了各式冒險又歡樂的遊樂設施，從可愛的旋轉木馬到令人驚聲尖叫的海盜火車，五花八門，好玩又過癮！吸引許多遊客前往。

雲頂賭場必經的蜿蜒山路

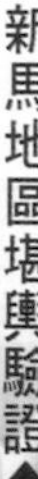

雲頂賭場坐落於山頂上

賭場是由福建籍華人林梧桐先生獨資建設，林梧桐先生在十九歲時懷揣八塊大洋赤手空拳從福建來到吉隆坡謀生，最後成爲馬來西亞家喻戶曉的人物，「白手起家」的億萬富翁。林梧桐被喻爲是馬來旅遊業的奇才，沒有受過任何正統教育，不諳英語，只懂華人方言及簡單馬來語。一九六五年馬來西亞政府爲發展電信，計畫利用雲頂高原，招標開闢一條由吉隆坡通往雲頂約58公里的道路，結果林梧桐中標承包。當時他的資金不足，山上連電力設備都沒有，完全靠人力開闢山路，而且僅以三年的時間就建成這條崎嶇綿延的山道。

遠看近觀眞似西洋畫卷一般。山頂幾乎全部被削平，有十餘幢高等級的賓館可容萬人。每幢賓館全部有通道相連，上下坡全有電梯，將賭場圍成好像羅城一般，也使得整座賭場有藏風聚氣的作用。所以，無論是颱風還是下雨，只要一進入內部的賓館就等於進入安全而又舒適的沙漠綠洲，山頂還有人工湖、遊樂場和許多娛樂設施，即使不來賭博或者是陪賭客來的人，也可當作是度假聖地。

賭城有五個部分，三個爲大衆廳，兩個爲貴賓廳。每個廳還有若干個小廳，走起來七折八拐彷彿永無窮盡。貴賓廳是不對外的，據說最小的一個籌碼也要五千馬幣。城內還設有多個銀行，可以隨時兌換各國的貨幣。每個賭廳內都有兌換籌碼的兌換處，如果賭客贏得較多的籌碼或金錢，賭城負責將賭資直接匯往賭客指定的帳號

上，不必賭客提資，而且有絕好的信譽。雲頂賭場實際上也不是絕頂的好風水地，主要還是以堪輿風水術配合人工建築來佈局，其主體建築坐巽山兼巳五分，三元坐地天泰向天地否卦，正向山頂圓潤的龍珠，乾方噴水池可以聚集催財，出水口在地盤的戌方，天盤的辛方，可謂佈局精巧，最奇者賓館居於賭場的龍虎砂上，一方面擋住風煞而又可以瑣住賭場龍氣，有聚氣的效應。

賭場以左方建築爲龍砂

以及右方建築物爲虎砂，作爲護穴

天造地設的風水寶地——怡保觀音洞

怡保（Ipoh）是馬來西亞半島上僅次於吉隆坡、檳城的馬國第三大城市，也是個華人居多的城市。怡保是霹靂州的首府。霹靂州（Perak）被人們稱之爲「銀光閃耀之州」，因爲該州有高居世界之冠的錫產，錫礦在河水中閃亮著，而穿流過怡保市的近打河（Kinta）河谷正是錫的大本營，而怡保則被稱爲「錫都」。

怡保城市名字的由來是取自當地的一種Upas樹，這種樹木的汁液有毒，土著用此汁液沾在吹箭的箭端上。一九九〇年前後，由於怡保發現錫礦，歐洲許多企業紛紛前來開採投資，他們所雇用的工人，大多來自中國廣東地區，這也是爲什麼怡保的廣東菜特別有名的緣故。怡保附近盛產的打捫（Tambun）柚子、花生非常出名，而當地甘甜無污染的水質，更使怡保沙河粉聞名全馬。

怡保的打把柚可說與沙河粉齊名。打把柚果肉豐實、甜美多汁，品質還凌駕中國有名的「沙田」柚，許多品嘗過的中國遊客都稱讚打把柚是「柚中之王」。打把柚是指產自怡保打把和暗邦一帶的柚子。栽種柚子看似簡單，其實要種出品質優良的打把柚，果農必須付出很多時間和心力。

接枝栽種的打把柚需要五年才有收成。柚子要好吃水分的控制很重要，這期間不斷施肥和噴灑農藥，太多或太少都會影響柚子的品質。柚子樹開花後，要繼續定期噴農藥，果實成形後，得用報紙和塑膠袋包裹，以防蜂鳥啄食，直到柚子長到八分熟時，便可摘下來，賣給柚子販了。據說八分熟柚子幾天後就會轉甜，而且可以擺上三個星期，比在樹上熟透的柚子更好吃、更耐放。

怡保地處群山之中，山清水秀，先天就具備神龍擺尾的格局，雲霧圍繞群山，遲遲不散，讓人如臨仙境。更奇妙的是，怡保經常降雨，但卻鮮少傾盆大雨，老天每次都見好就收，令整個城市空氣無比清新。到怡保旅遊，除了要品嘗怡保沙河粉和打撈柚，還可以到觀音洞、霹靂洞、三寶洞遊覽，兼尋幽探秘。

觀音洞坐落在怡保市的務邊路，擁有超過百年歷史。大殿與精舍依山而建，屬人傑地靈的佛教聖地。在風水學的角度，好的龍脈必須是土石均勻、草木茂盛、流水潺潺的山脈。此外，如果山有高低和大小、層次分明、形體美好，土質優良並植物茂盛者即爲好山。

綜觀觀音洞的山勢，連綿不斷，如泰山聳立，夾雷霆萬鈞之勢，如閃電霹靂之狀，一氣呵成，山上草木蔥綠，遠景高低層次分明，而觀音洞座擁華蓋三臺，納五行之靈秀電磁波於其中，聚天地星辰及大海能量氣場光環之赫磁電磁波的超微粒子於洞穴中，而洞中供奉三聖佛更是納聚衆神佛之佛光氣能量場於洞中，而與大自然之地磁能量光環相互輝映，而轉化成一個共同的赫磁波頻率之超微粒子，充滿於自然的屏風寶洞之中，正如撥雲見日，靈光煥發的充滿了生生不息的光束能量，傳播在洞中的每一個角落。

天光下臨於午丁方收取日月精華

而且觀音洞所依之山又是整個山勢的一個突出之地，而其後又有山形圓厚、端莊秀麗之山爲其枕托，而形成特樂之吉祥佳穴，正是樂山證穴，天造地設的天然吉祥寶地也，換句話說，觀音洞的山脈就是一個龍頭所在。觀音洞坐丑山兼癸向未丁，三元坐震爲雷向巽爲風之卦，而且明堂開闊，前面有整排店家成一字文星案，爲平洋之地又無重大之形煞，正如容納千軍萬馬之磅礴恢宏氣勢。

左邊青龍與右邊之白虎其氣勢強盛，左右拱護，衛守有情，並有二層之玄曲折呈玉帶環腰之來水，其形局之美眞是不折不扣的大福地。主殿上之洞天從三元雷風恆卦到天風姤卦，並於午丁離方有天光下臨，地靈龍氣上升而形成陰陽兩氣之遞演沖和之佳郁光環，如負陰抱陽，沖氣爲和之象，正如水火不相射而成既濟功成之勢，好個天降福地龍穴，如道家所言之洞天福地。正適宜作爲修行禪坐與佛基、生基之龍穴寶地。

但看洞頂之上午丁方白天有炎炎而

萬丈毫光，太陽光芒下臨而顯現出萬丈毫光的光明、博愛，威威的壓煞除陰去穢之無形的靈動力，在晚上又得月亮精華之柔光，以顯現出溫柔、明亮、慈愛，轉化凶神惡煞爲善神，而反助於人之無上靈動力，使洞天福地之寶穴中的每個角落充滿了開朗活潑而相生的無上靈動力。若在頂方之上洞中安奉三清道祖太上老君或北極玄天上帝，神明可坐雷地豫卦，以得凡事豫則立，不偏不倚的中正思想，如此亦合乎中庸之道。無上光芒的神佛之光能量產生了七色光形成了波粒二相性，收攏了宇宙之生氣能量場，更符合陰陽相生之奇形奇穴，雖外表平凡，但內涵無限的天機，其有如鶴立雞群，衆低而我獨高的氣勢，以取象於洞中的神佛之光能靈氣沖雲霄而成威鎮天下之局，更堪稱是馬來西亞地區無與倫比之洞天福地，爲福地中之福地，龍穴中之寶穴也。

心若菩提如明鏡臺

古云：「福貴由天，造福由人，緣起有因，緣落有果。」人是天地之心，是萬物的靈長，故而天、地、人、神時時刻刻都密切的結合在一起，形成一個共同的赫磁波頻率而相互的影響、相互的作用，與地球的三大特性：即記憶性、轉化性及傳播性的互相共振轉化，傳播而影響著及改變入廟中參拜的信衆及在廟中禪修和做神基之人的吉凶禍福與際遇與生老病死之苦。

觀音洞的骨灰塔（如右圖），則是安排在龍身之旁，龍身對整個骨灰塔起著藏風止水的保護作用。此外，整個觀音洞的明堂非常開闊，雖前有馬路穿過，但因爲有巧妙的園林設計，因此整個建築仍隱藏在山林之中，且青龍邊明顯比白虎邊開闊，正準備大力發展觀音洞的青龍邊，加強整個建築的氣勢，讓觀音洞可以紫氣東來、欣欣向榮。適宜亡靈冤魂的安置，並去除他們的怨恨瘴氣，讓逝者駕神佛之靈光福舟渡往西方極樂淨土，而能佑及子孫福祿康泰，發福、發貴、發富、發壽之應也。

放生池

儒、釋、道三家皆崇善，人法地，地法天，天法道，道法自然，此爲大自然環境與人的平衡觀念，放生爲普渡衆生，知福、惜福、造福於衆生，大愛精神的表現。

觀音洞之水由山而出，又流入山，整個小溪順著觀音洞山勢而

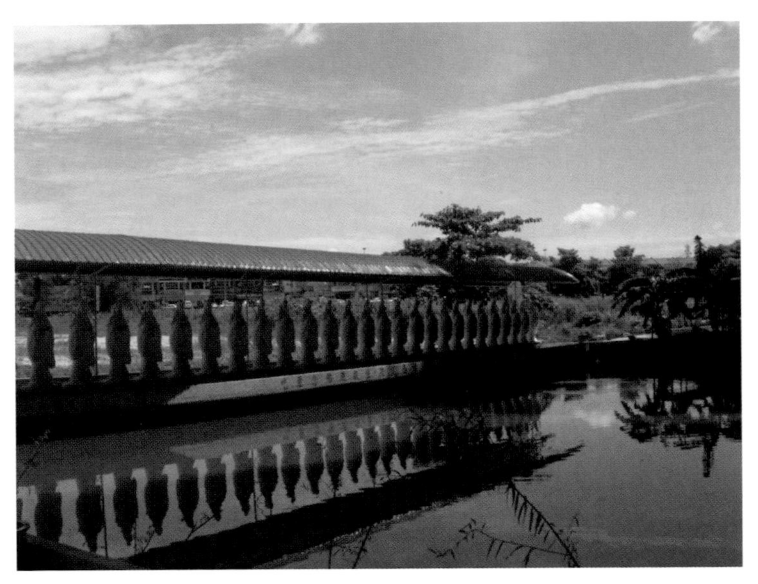

放生池

行，清澈見底的流水不斷而不聞水聲，乃所謂的收水之局。此外整個觀音洞周邊沒有任何的形煞甚是難得，是宗教人士及公衆放生的寶地。

太上老君之《大德感應篇》云：「人若能出自內心，發乎自然、純眞、清靜、樸素不求回報，而無所爲而爲之善舉，而年行善事三百件，十年如一當可成地仙之列，若年行善事一千三百件，逾十年可成天仙之列，而精神永存不死也。」

新加坡的龍脈

世界龍脈的源頭喜馬拉雅山，是世界最高大的山系。整個山系東西長約2450公里，南北寬約200至300公里，分佈在中國西藏自治區和巴基斯坦、印度 、尼泊爾、錫金、不丹境內，這裡呈向南凸出的弧形，聳立著許多七、八千公尺以上的高峰，是構造複雜的年輕摺皺山脈。由北向南分爲柴斯克山和拉達克山、大喜馬拉雅山、小嘉馬拉雅山、西瓦利克山四帶。大喜馬拉雅山最爲高峻，平均海拔六千公尺，亞東及馬丁山口間八千公尺以上高峰有十座。其中位於中國和尼泊爾兩國邊界上的珠穆朗瑪峰是喜馬拉雅山主峰，「珠穆朗瑪」是藏族「聖母之水」的意思。珠穆朗瑪峰海拔高達8848八公尺，僅峰區北坡就有冰川兩百多條，是冰川發育最集中的地區之一，面積772平方公里，爲世界第一高峰。

龍脈之發祖出脈以正中龍爲主幹多爲中出，頂爲端正，左右砂有護有送，或渡、或過、或行、或止，衆龍一一隨之；左右龍爲旁支多爲旁出，頂爲傾斜，或左護右送，常曲折以顧眞龍，護送龍砂，此爲龍脈之妙。在喜馬拉雅山脈偏北，東西連接西藏與新疆維吾爾族自治區與及印度之間，則有氣勢磅礡的崑崙山脈，有堪輿學派認爲，若以地球整體的角度來看山脈時，則崑崙山是地球所有龍脈的太祖山。崑崙山分南北二大幹，而脈出八方，坎乾二龍出蘇俄，其水流北。兌坤二龍入西洋，其水流西。離龍入印度，其水流南。巽震艮三龍入中國，分爲南龍、中龍、北龍，其水流東。

南龍爲巽龍之脈，所在區域包括雲南、廣西、貴州、湖南、江西、廣東、福建、浙江、江蘇及臺灣諸省。

中龍，震龍之脈，包括四川、陝西、河南、湖北、安徽、山東諸省。

北龍，艮龍之脈，所分佈的地域包括新疆、內蒙、青海、甘肅、山西、河北、遼寧、吉林、黑龍江等省份。而大幹龍的總體走向大體上都是從西往東到海為止，有的則延伸到大陸外的島嶼。

從以上就可反映了中國山脈走勢、古代先哲和堪輿大師對中國地理風水的認識，而且累積了數千年的經驗。堪輿家認為龍脈寶地的貴賤必是基於龍脈祖山的遠近，因龍脈寶穴之有祖，就如水之有源，木之有根，人之有祖宗，源遠則流長，根深則葉茂，而山脈祖山綿遠者，蔭富發貴亦綿遠，而山脈祖山短促者，蔭富發貴亦短促，從古流傳到今。是以龍之起峰過峽來分其風水發富貴之久遠。《都天寶照

經》云：「一代風光一節龍，節數多時富貴久。」從龍脈起一峰過一峽即為一節，即主一代風光。此為辨別山脈的大小興衰與長遠富貴之期也。此又可由歷代都朝而審定之。

南龍從崑崙山綿延而出，風水先生朱士遠說：「普天所有的山脈都是從崑崙山發源的。中國廣大的土地都在東南方一個偏僻的角落裡，所有的河流都流向東南，龍以水作為界限，長江、黃河、黑龍江是三大界水。龍的走勢都陝西、四川向東方延伸，所以水都向東流，當然也有向北流和向西流的，只因為水都向東流，所以交織得很複雜。中國兩京十三省，就譬如一個小小的穴場，河南是其中的乳，山東、北京（即河北）是其中的左砂，吳越和閩廣是其中的右砂，東海是其中的名堂，呂宋、琉球、瓊州、日本是其中的印堂，長江、黃河是穴旁的蝦鬚水，登州、萊州延綿入海。

南龍脈絡：長江和東海夾住中間的南條幹龍，尾部消盡在東海南部。它的龍脈從岷山開始，逐步曲折向西進行，又向南轉到雲南的地域，然後分支劈脈渡海以朝鮮、日本為朝拱的案山，到入海過峽到臺灣而菲律賓，另有一支劈脈直驅中南半島經過緬甸、越南、泰國，南下馬來半島，形成半島的中央山脈的大漢山，然後到了柔佛州，再穿入海峽，過脈再突出海面，崩洪過峽突顯出新加坡島，終結為武吉知馬山，形成新加坡得天獨厚的龍穴。

新加坡爲龍脈盡結處，朝案相應，拱衛有情。

新加坡位於赤道以北138公里，毗鄰馬來西亞，兩地由一條長約一公里的公路互相聯繫。是馬來亞半島南端的一個島國。中央由花崗岩和其他火成岩組成。西部由沈積岩形成。東部則由沙積岩組成。島上河流不多，最長的是實里達河，長15公里。新加坡的地形普遍以低矮的山坡爲主，地表最高只有162.5公尺。本島許多地區高度離海平面不到15公尺。

龍之貴者，必有纏護隨行，眞龍本身餘氣發越開帳自生枝腳而成纏護，如臣伴君，如影隨形，喜多見衆山彙聚拱衛爲吉，又須與主山相應有情。纏護乃正龍分脈聚氣而成，或有他山客來而爲纏護，其形體各類不一。

來龍起自祖山，層層疊疊起伏而來，離祖山極遠之後，於其龍氣將盡而未盡之際，忽見頓起高山過脈結穴，更有江湖河海臨聚、朝案拱衛相應，或入平洋而成平地結穴，往前山脈已盡，再也沒有脈絡去處可尋，於此龍脈餘氣將近之盡處結穴，堪稱福地。

新加坡如虎口餘肉如菇

根據地質學家說：新加坡的島形好像是一朵香菇豎立在海中，在海底爲一直柱而露出海面，又根據新加坡與馬來西亞的地圖看，馬來西亞如虎口，新加坡如虎口餘肉狀，從新加坡的地理位置來看，也是一塊聚寶的盆地，是爲龍穴所在，西方是印度洋，有印尼蘇門答臘島的護臂，東方是太平洋有加里曼丹的沙巴、沙勞越及汶萊，東西兩方形成左青龍、右白虎之作用是護衛龍穴，而在南方則有爪哇島形成前案之明堂。

新加坡也是亞洲主要的金融中心，有超過一百家國際性銀行在這裡營業，在新加坡港可以看到超級油輪、集裝貨輪、客輪和近海捕魚船，是世界主要的石油提煉和分銷中心之一，也是世界主要的電子零件供應國和造、修船業翹楚。還有駁船一起在忙碌的水道上穿梭往返，是世界上最繁忙的海港之一。

新加坡蓮山雙林禪寺

佛寺是佛教文化傳播的搖籃，也是民族建築藝術的智慧結晶。佛教對中華民族的文化和社會生活有著極大的影響。一八一九年新加坡開埠後當時的殖民地政府有意開發新加坡，要把它發展爲一個重要的貿易商港，所以就實行鼓勵移民政策。一八二一年二月十八日第

一艘中國帆船從廈門抵達新加坡，一八二三年賣豬仔的活動已在新加坡出現。中國鴉片戰爭訂立南京條約，清朝政府開放五口通商，之後北京條約的簽訂更使清廷解

除海禁政策，當時中國天災頻仍，政治動亂，民不聊生，人民只好冒險到南洋來謀生，因而掀起了十九世紀的移民浪潮。移民主要來自福建省和廣東省，他們也帶來了各自的鄉土文化和宗教信仰。隨著中國移民浪潮佛教傳入新加坡。新加坡的蓮山雙林禪寺具有叢林建築風格的百年古剎。蓮山雙林寺是一座逾百年歷史的佛教寺院，追本溯源，法脈延自中國福建福州怡山西禪寺。始於一八九八年，由劉金榜居士獻地興建，開山祖即是來自怡山西禪寺的賢慧禪師。寺院依據叢林合院格局建成，爲弘揚禪門臨濟之宗風，培護僧寶，紹隆佛種，普利群生。

一九八〇年被列爲國家古蹟。

百多年來雙林寺曾經有過三次大維修，都是在一九五〇年之前。再經歷半個世紀赤道風雨的吹襲，寺院建築陳舊不堪，嚴重腐蝕樑柱以致呈現中空，殿堂岌岌可危，修復事宜迫在眉睫。住持談禪和尚發願重修，於一九九一年成立了雙林寺復原委員會，同時聘請國內外包括中國、香港、臺灣等地多位古建築專家參與工作並擔任顧問，策畫整體重修的方針，分五期進行。修復工程除了保留原有的大雄寶殿與天王殿之精粹外，另增建照壁、半月池、牌樓、寶塔等，以完善佛教禪宗叢林之規格。其來路是由兌卦方轉坤方而入，收先、後天之氣，爲右水到左，從整個禪寺的佈局而知或許當時的堪輿師採用的是龍門八局。

雙林禪寺裡的佛像也延續了漢化藝術造型和象徵意義。如天王殿裡的四大天王塑像。東方持國天王、南方增長天王、西方廣目天王、北方多聞

天王皆源於印度，在隋唐時代即以漢化將北方多聞天王漢化爲《封神演義》中的托塔天王李靖。而四大天王也代表風、調、雨、順。寺裡的彌勒佛像笑口常開，其實這並非彌勒佛的本尊，而是源自於五代梁朝時的布袋和尚形象。觀世音菩薩塑像漢化後也以女性形相出現，強調菩薩大慈大悲的寬廣心

量。寺裡的漢化佛像所具有的典雅、清逸精神，正體現出中國佛雕的藝術特色。

蓮山雙林禪寺以蓮爲名，更突出了佛教對蓮花所代表的神聖意義。蓮花（蓮華）在古代的印度象徵繁榮、多產、幸運。佛教則以蓮花的性格來寓意出淤泥而不染的理想人格，佛經裡也有對蓮花的描述：蓮華有四德，一香，二淨，三柔軟，四可愛。雙林禪寺的整體建築坐癸山丁向，前有高塔略爲高壓，觀音殿裡的觀音像都以蓮花爲座，寺裡的蓮花式吊桶和垂花裝飾也隨處可見，前之蓮花池正好在丁未方，理氣合局，一方面又可化解接近觀音殿聳立的高塔。

濱海廣場（Marina Square）

新加坡位於馬來西亞半島南端，與馬來西亞僅一水之隔，東西分別毗鄰菲律賓和印尼，地理位置處於東南亞的交彙處。新加坡共和國是世界上最小的國家之一。新加坡是一個美麗的島國，一個繁榮的大都會。因爲市容美麗、清潔，被人們譽爲「花園城市」。

新加坡有如詩如畫的旅遊景點，也有多姿多彩的多元文化；新加坡有美輪美奐的購物場所，也有設施完善的組屋區；新加坡還有四通八達的交通服務和各式各樣的美食、娛樂。隨著科技的發展、網路時代的來臨，新加坡也力求走在世界高科技的前端。

丑方爲圓形的造型

新加坡濱海廣場是一個大型商城購物中心，商城連接著三家五星級酒店，給濱海廣場提供了不少客流量。經常在濱海廣場西側的空場舉辦多項節目，雖然整修中交通有些不便，人潮還是很多。濱海廣場四層樓裡有超過250家商店，包括霸級市場、保齡球場、戲院和美食中心等。這裡貨品種類齊全應有盡有，實在是購物好去處。

濱海廣場呈長形分佈，東北丑方爲圓形的造型，西南未方成方型，由東北方到西南方相隔著濱海城路（Millenia Walk），整體的地勢由東北丑方艮卦爲高點，向西南未方做些許傾斜，一圓一方象徵著天圓地方，現在元運爲八運，方形建築的這一邊是由丑艮寅進氣，所以業績應該較佳。

陽宅宜方正爲吉，忌門路歪斜，忌前寬後窄，忌屋角沖射，皆主犯小人，多口舌意見，且多災傷，至於不利何處，則以卦氣論之。住宅外觀的判斷基準是運用「先天八卦」與河圖以辨明陰陽之交媾，再以後天八卦與洛書判斷衰旺變化。而對陰、陽兩宅吉凶之判斷，不管是根據卦象或五行學說，其所採用的物象都離不開《說卦》所談及的「萬物類象」之內容，或從其基本要素再加以擴充。

地勢向未方傾斜

通道

東北到西南隔著濱海城路（Millenia Walk）

螺旋狀的大樓

《飛星賦》言：「陰陽周流八卦，星體顛倒配佈八方九疇。」如陽宅忌缺角，而所產生缺角其剋應會應驗在六親方面，如下所述：乾一父，坤一母，艮一少男，巽一長女，離一中女，坎一中男，震一長男，兌一少女。

陽宅又忌孤立高聳：孤君無輔：高處不勝寒。或者是奇形怪狀，卦氣雜亂，皆非所宜。

本大樓形如螺旋狀，使得周圍以及內部環境的磁場結構受干擾，房屋的風水磁場卦氣駁雜，對於進駐此大樓的公司行號，財氣和運勢也有極爲不良的影響。而從下圖可以看出，底層呈中空狀，代表根基不固，異想天開。

螺旋狀大樓

底層中空

方正爲吉
火型煞

建築物形狀方正爲吉，成銳角多邊，屬於火型煞，正面、側面發現火型爲凶，其形狀如刀，俗稱千刀煞，如果宅型顏色屬紅色、黑色，則凶性更大，宅色如果屬灰色、白色，凶性較輕，選購住宅居家不可不慎，如有風水煞氣沖射，以沖射方位斷吉凶。

尖銳的火型煞（The Gateway）

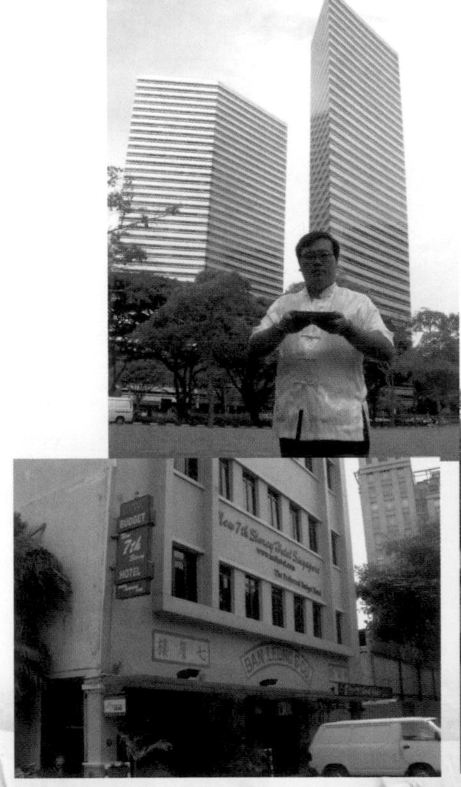

Ban Leong & Co 正面與側面

◆新馬地區堪輿驗證◆

在梧槽路上八〇年歷史的Ban Leong & Co，經營良善，一向商譽甚佳，自從右邊的The Gateway大樓完工，受其尖射生意就做不起來。

新加坡海南會館（Singapore Han Hwee Kuan）

鑑定陽宅風水是將羅庚放在宅內，近門口三步內，看宅外的來方、水口以及宅外的種種情況。清人孟浩天註辯論三十篇中有《陽宅門向辨》上說：「陽宅首重大門者，以大門爲氣口也。」

蔣大鴻《天元五歌・陽宅篇》：「三門先把正門量。」章仲山註爲：「一宅以大門爲主，內戶、門路爲用。」新加坡海南會館是新加坡海南籍華人最高宗鄉組織。前身爲成立於一八五四年的新加坡瓊州會館（Singapore Kiung Chow Hwee Kuan），這一名稱沿用至一九九三年十月。團體中多爲社區性的同鄉組織及宗族組織，沒有縣級同鄉組織，故能團結在瓊州會館這一最高組織周圍。可惜海南會館坐辰巽中線向戌乾，立向爲小空亡，因爲此關係致使每次理監事改選都發生爭端是非，應以奇門遁甲堪輿之術化解。

新加坡濱海藝術中心

新加坡政府斥資新幣六億元打造的濱海藝術中心，是新加坡首屈一指的藝術表演場地。坐落於濱海公園，占地六公頃，設計前衛的濱海藝術中心爲新加坡一個蘊含豐富藝術氣息的文化形象，造型獨特的圓頂榴槤，結合新加坡著名的河畔風光，將此地妝點成兼具文化與娛樂的地標。

毗鄰濱海灣的濱海藝術中心內，有間一千六百個座位的音樂廳、二千個座位的劇院、數間演奏廳和排練室，還有戶外表演空

間。此外，這裡也有購物中心、國際風味餐館，以及新加坡首家藝術圖書館。

濱海藝術中心坐乙山辛向正線，三元六十四卦坐水澤節向火山旅，正得當運之卦氣，可卜其商機有無限發展的空間。

濱海藝術中心周圍的大商圈涵蓋五千個世界級的飯店客房、著名的會展中心新達城（Suntec City）七千五百個停車位、一千間商店、三百家餐廳，與一百五十間酒吧，讓旅客與當地民眾同時滿足藝術文化、娛樂休閒等多重需求。

唐城坊（Chinatiwn Point）

唐城坊以中、低檔商品定位，其商場設計是螺絲形，乘電梯到頂層可以一路往下走，無需下樓梯，走廊邊的商店一間比一間低，直到地面。在這裡可以買到大衆化的服裝商品。

氣乘風則散，界水則止，即與地脈、地形有關的生氣與風和水的關係最大，故風要藏，水要聚，只有「藏風得水」生氣才能旺盛。風水家有良好的建築環境用地爲「風水寶地」，認爲這樣的地方必定生氣旺盛。

以陽宅學角度，大門就是住宅的氣口，是堪輿鑑定最重要的地方，大門方位的吉凶，影響著居住人的命運好壞，尤其一家之主。堪察門向方位，乃以各體居家大門爲主，以共同進出使用的大門爲輔。居家使用的門爲「內大門」爲主，「外大門」帶來的影響力較之爲小，大門也是商場進出必經之處，所以商場是否生氣盎然，可先行觀察「外大門」爲主，以其所在的方位卦氣而斷其營運情形。唐城坊的大門坐甲山兼卯向庚酉，

上方大樓聳立高壓

地下道出口於右方

其明堂面向十字路，水分成兩邊出，主不聚財，財來財去，地下道出口在右邊，故右方的出水已經被擋住，只有左方由十字路中央的來水，故其來水變爲非常短促而出水卻很長，且出水不合局，再者，上方大樓聳立，如泰山壓頂之高壓的現象，在此經營的商家必然困難重重且壓力大。

安樂山莊——安樂寺的靈山秀水

安樂寺雖然坐落於靈山秀水之地，然而多年以來都如同一顆未被發現的珍珠一般，鮮有人知曉它的美麗。二〇〇四年亞洲著名風水大師彭鐘樺先生機緣巧合發現了這塊風水寶地，開始探索如何將此地的風水靈氣開發出來，爲人所知、所用，而造福人群。

安樂寺明堂

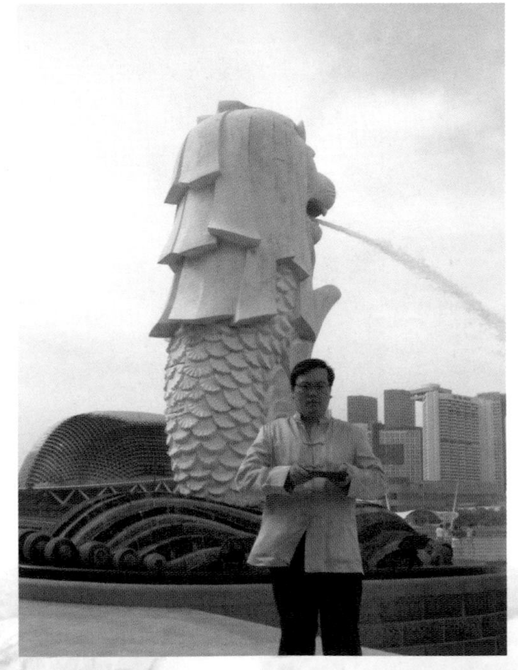

風水大師彭鐘樺先生

《青囊序》云：

富貴貧賤在水神，水是山家血脈精，山靜水動晝夜定，水主財祿山人丁。

乾坤艮巽號禦街，四大神尊在內排，生剋須憑五行布，要識天機玄妙處。

乾坤艮巽水長流，吉神先入家豪富，請驗一家舊日墳，十墳埋下九墳貧。

唯有一家能發福，去水來山盡合情，宗妙本是陰陽玄，得四失六南爲全。

三才六建雖是妙，得三失五盡爲偏，實因一行擾外國，遂把五行顛倒編。

又云：

先看金龍動不動，次察血脈認來龍，龍分兩片陰陽取，水對三叉細認蹤。

識得陰陽玄妙理，知其衰旺生與死。

安樂寺的來水是由午方逆朝而來，轉折經由坤、兌方曲折之玄再經明堂過中軸線，再加上左邊虎方有一條甲水，午水與甲水在艮方成交叉會合，再轉折從左後方繞玄武方而去。晉景純傳云：「清靜玄義出玄空，朱雀發源生旺氣，一一講說開愚蒙。」由此可知安樂寺盡得水神之美妙，坐山特樂正穴佳，及配合現代化之建築設計，是新加坡難得之福地寶穴。

坐落於靈山秀水的安樂寺

安樂山莊蒼勁渾厚的來龍

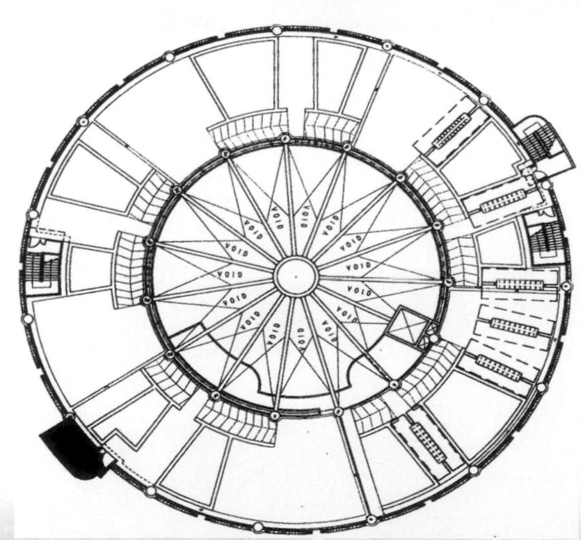

安樂山莊的圓形建築

安樂山莊群山背海，納五行靈秀於其中，供三聖衆仙於其內，爲壽穴福宅之最佳所。其後所枕托之樂山形園而秀，從壬子方來龍，綿延一路而來，轉折落脈過峽，到乾方起頂再化陽結爲乾山巽向，納百象仙風於周圍，聚天地大海之靈氣於其中，如「母蚌生珠，金盤搖珠之形」，整體建築位於強大的天然磁場之上。

生基塔位

融合現代建築思想和佛教道教理念於一身，主殿兩邊各有一圓形建築護主，帶有圓滿長存之意。在整個自然屏風之中，撥雲見月，靈光時現，讓逝者駕福舟渡往極樂淨土。可謂寶地中的福地。

生基塔位——陰宅風水借助祖輩血親的磁場共振和風水法門，對一家人甚至還未出生的後裔的基因有著巨大的左右能力。代表其天命的生辰八字更是蘊含於其中。生基正是借助這種原理，將能代表的頭髮、指甲，通過特殊風水法器如寶塔處理，利用天地之靈氣磁陣，透過共鳴從而扭轉乾坤，達到改命的目的。

長生祿位——天、地、人本爲一體，因果將前生、今世、來生不斷延續。透過宗教念力加上祈福、誦經，爲世間人的八字及命運組合，打通前世、今生、來世的修行路，讓善念存在於天地之間，從而淨化心靈，創造美好人生。

臺南地區堪輿活動考察之旅

陳氏祖墳明堂

中華星相易理堪輿師協進會二〇〇三年臺南市分會成立，暨臺南地區堪輿活動考察之旅，特由本會臺南市會理事長鄭金鴻老師與副理事長林長誼老師和陳開通老師聯合全省所有分會及全國堪輿大師有陳啓銓、蘇仙註、吳建勳、鄭煌濱、謝忠護、蔣小剛、張育維、林筆通、林二郎、林志縈、白漢忠、陳嶸嶂、張文彬、姜輝龍、梁富庠等大師作現場指導，共有七輛遊覽車三百多人參加，規模之大是為歷年全國堪輿考察活動之最，深受五術界之讚揚與認同，第一站即是陳氏祖墳。

陳氏祖墳—房房皆發官貴

本穴由阿里山來龍發祖山，一路奔騰起伏頓跌，行經臺南縣之主山烏山，前有隨龍起伏而行之血脈水為曾文溪，經由玉井向西而奔至玉井走馬瀨，分出支幹龍，再南行至大內駐蹕停腳，結成此局，是爲金星結穴，其山形支腳成破軍廉貞火形，雖其破碎不堪，喜遇土星化煞而蔭生太陰金結成本穴。

原葬於中英落脈處

來龍過峽

穴前青山翠綠，生氣盎然爲絕處逢生之局，前朝有如天梯步步高升之勢，於前有鬼湖水暗中朝拱，及二大溪水合襟於堂前，且左右砂手又成爲旗鼓山，主蔭武將貴氣，本穴爲乙山辛向，三元坐水澤節卦，本穴蔭其家之父兄一門皆登顯貴，並蔭生外科醫生多人。大房、二房在十八、九歲時就到中國大陸讀書，解放後學校改爲軍政大學，大房曾跟隨在鄧小平身邊，曾任北京市副市長，爲上將官階。二房在臺灣爲少將，三房曾任臺南市副議長，頗得黑白兩道人士尊崇。郭璞在《葬經》中說：「氣行於地中。其行也，因地之勢。其聚也，因勢之止。古人聚之使不散，行之使有止，故謂之風水。」立向也就是令生氣「聚之使不散」的手段和方法。陳氏祖墳於二○○一年四月重修，遷於舊墳之右，堂局已經稍偏了。

左旗

又據說中央落脈處之舊墳地經高人指點留下爾後凶葬之用，因凶葬之感應較爲神速，庇蔭子孫之力較強。

右鼓

重修後集中於右側

臺灣本土首位軍系中將王天進之祖墳—金盤搖珠穴

此爲千里來龍消砂脫煞，橫龍落脈，由祿存土星佈局，絲線過脈化生金星而結成金盤搖珠穴，本穴朝案之山爲新化三十六崙之山勢，其勢如軍旅兵士排列，如點兵拜將之磅礴氣勢，爲迴龍顧祖，橫龍落脈之佳地。書云：「正龍寶穴要腰裡落脈。」

王天進祖墳位於臺南新化挪拔林，大約是酉山卯向，水從離方來，出乾方，出脈之處蝦鬚水從左右而出，其水清澈見底，且長年流泉不斷，是爲逆水朝堂速發如雷之格。

王天進祖墳原坐落近電塔處

《五言金石》言及：「欲識平洋地，須分滿與空，撥水能歸庫，富貴世興隆，眞假龍何辨，穴突看分門，衆水歸一處，中高是眞形。」故爲金盤搖珠穴。其後由於高壓電塔建於正前方嚴重破壞風水格局，已遷往他處。

王天進祖墳一大鵬展翅穴

王天進祖墳一大鵬展翅穴

本穴之來龍阿里山發祖，經由烏山山脈轉由龍崎落脈過峽束氣起頂，落脈轉行新化至三十六崙起父母山，而由虎頭埤之後山起頂，橫龍落脈，由庚龍入首，結成左輔之星體，是爲大鵬展翅穴。

古書云：平洋地上許墓塚堆高，若四面無水，只是一片平地，即以高者爲砂，低者爲水，大鵬展翅穴位於臺南新化冷水坑高爾夫球場的後方，坐庚山甲向，於六運丙辰年修造，正合玄空旺山旺向之格，主蔭財丁兩旺之局，三元坐卦爲地元龍，坎爲水卦爲父母卦，主發應久遠之象。穴結在鵬鳥的頭部，本穴以龍砂作案堂，明

王天進祖墳

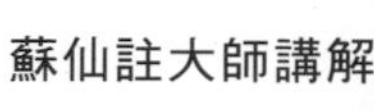

蘇仙註大師講解

蜿蜒的虎砂

林二郎老師現場解說

來自全省的學員，非常
踴躍參與相互研討

參加之友會

堂如一窩形，正如古人云：「明堂如掌窩，發財日進斗金之應。」外局九曲水暗逆來朝，自從王天進先生之父墳修造完成，王天進就一直升官至中將。爲臺灣本土軍系的第一位將軍，王先生退休後榮登天然瓦斯公司董事長，王將軍有二子皆當醫生。

劉國軒墓——雙獅戲球

據清史記載，劉國軒字觀光，汀州長汀四都榮坑人。生於明崇禎元年（1628年），自少愛好武藝，擅長弓箭。因救濟貧苦往往有索於富戶，致遭忌，幾受迫害。清順治三年（1646年）與鄉里友人同往漳州投軍，劉國軒以智勇擬爲鎮標，北門樓總。永曆八年（1654年）冬，鄭成功率軍圍攻漳州，久攻不克，劉國軒打開城門迎鄭軍入城，被授爲護軍後鎮。

永曆十五年（1661年）二月三日，鄭成功發兵渡海攻臺灣，劉國軒率領前軍，當天抵達澎湖，九日攻克鹿耳門炮臺，乘勝前進襲擊赤崁城。次年迫使荷蘭總督揆一投降，從而收復臺灣。隨後奉命揮師臺北，在雞籠山創建艦隊，並駐兵臺北各地。

康熙元年（1662年），鄭成功病逝，長子鄭經襲位延平王，擢升國軒為左武衛。隨後，劉國軒奉命隨鄭經征戰於閩粵沿海，大敗清軍耿精忠於塗山，劉國軒遷升為副提督。旋又於鱟母山下大潰清軍，鄭經占地日廣，旋擢劉國軒為正提督，統帥諸軍。

康熙二十年（1681年），鄭經去世，鄭克爽嗣位，晉升劉國軒為武平侯，總督水陸大軍，駐守澎湖。康熙二十二年六月，清廷趁鄭氏內部不和，命水師提督施琅兵發銅山進攻澎湖，鏖戰數晝夜，因狂風大作，清軍利用火炮進攻，劉國軒船毀兵逝，大將多戰死，乃從吼門返回臺灣東寧。

劉國軒墓之右側有一墳，因前明堂之池塘有丁字形路正沖內場，故於墓碑之後方立一太極，墓碑之前方又植樹以遮形化煞。

丁字形路正沖

劉國軒認清形勢，便與文武大臣商議，奉勸鄭克爽歸順清朝，實現了大清朝國家的統一。清帝以海上數十年不得安寧，今大一統，論功授劉國軒爲天津衛左都督、總兵。劉國軒於康熙三十一年（1692年）逝世，加封光祿大夫、太子少保，賜祭，葬於順天蘇家口。劉國軒的後人分佈於六甲、烏山頭、珊瑚村以及國外，人丁超過萬口，在臺南官田二鎮村劉國軒墓亦有傳說爲衣冠塚。

案前爲大池塘，後來因爲養魚，將池塘一分爲二隔開，成爲外丁字路，原爲雙獅戲球卻變爲獅咬劍，又成外丁字型煞，加上抽水機馬達嗡嗡響個不停，形成聲煞，此爲美中不足之處也。

池塘因爲養魚隔開

尋龍點穴之車隊

蘇紹典墓——臺南南一書局祖墳

從玉井左轉接三號省道往北，經過楠西之後進入山區，約十五分鐘可抵達密枝村。密枝村位於臺三線三七一公里處，全區80%的土地都是以栽種楊桃爲主，從楠西開車前往，沿途都是低矮的軟枝楊桃果園，車行約十五分鐘，就可以看到「果農之家」的房舍和一大片綠地，這裡就是臺南縣最有名的「水果餐」發源地，南一書局的祖墳蘇紹典的墓地就是位於臺南縣楠西鄉密枝村。坐巳山亥向，周天一五一度，三元坐水天需卦，內明堂出水「子」方，元辰水出「癸」方，外明堂水出辛方，民國八十一年歲次辛未造。

南一書局創立於一九五六年，迄今屆滿四十八年，堪稱臺灣出版界難得之長青樹，原以出版各級學校參考用書暢銷全國，位居業界之龍頭，隨著政府開放各級學校教科用書爲民間審定本，自一九九四年起遂將經營之重心投注在開發各級學校之出版工作，如今已是自國小、國中至高中教科書開發最齊全、送審通過率最高、銷售成績最傑出的出版機構。

看案山也有專門的歌訣：「面前有案值千金，遠喜齊眉近應心。案若不來爲曠蕩，中房破敗禍相侵。」古來造葬以見及案山爲美，案山之好壞需整體環視而定，大抵以延綿秀實、視覺不亂爲是。

此地案山秀麗，層層來朝，羅城緊密，實爲不可多得的好地理，此亦爲地理師的用心與主家的福分，本穴由阿里山發祖山，一路行龍轉節經嘉義大埔過峽起頂，奔至臺南縣楠西鄉密枝，結成猛虎出林之勢，是爲土金混合形，唯略有歪斜，前有密枝溪水過堂，而小明堂案桌近穴觸手可及，羅城周密，藏風聚氣，八方不動之勢，中明堂又有山，其形如肉，肉山添食而守住水口，水口城門鎖氣周全而成滴水不漏之象，正是守財、發財之勢也。

蘇紹典墓前面朝案秀麗

層層遠朝非爲本脈所出，故如同借花獻佛，迎面春風能帶來些許喜氣。

凡大地理亦不免有小缺失，坐山爲土金混合形，略有歪斜。而虎砂略爲高起，延伸外朝明堂，乾方形如朱雀擺尾沖穴，官非難免，所幸於第一層案山如肉山正可添食於猛虎，並且又擋住朱雀擺尾之形煞而化解之，唯整體形局甚佳，吉能抵凶，故雖有是非而影響不大。

坐山爲土金混合形略有歪斜

此地之葬法不得天心十字之要領，而略有偏差，眞是可惜之至，但能有此之造作已是難能可貴，可見當時地理師之用心良苦及高深的造詣，抑或是上天欲將眞龍寶穴留傳有緣者乎？亦極有可能周圍皆是楊桃果樹之所限，以致不能將穴場後退使然。

爲總統府及陳水扁家的風水把脈

臺北市的來龍去脈

臺北正式浮現於政治版圖上是在一八七五年，當時沈葆楨奏請清朝廷建立臺北城，但在臺北設府之前，臺南、嘉義、鳳山、彰化、雲林、新竹、宜蘭、澎湖已先後建城，臺北則是清代最後興建的一個風水城市。一八八一年福建巡撫岑毓英訂下築城規模，以北極星作爲築城的基準點。次年，主事者對風水的看法不同，將城市的風水軸線改爲背倚七星山，遙遙指向北斗七星；至此，臺北城牆的方向被確定之後，在政治力斧鑿下的城市紋理隨之開展。

一八九五年臺灣割讓予日本，是歷史上重大的轉捩點。辜顯榮引領日軍臺灣總督樺山資紀率文武幕僚入城，之後，天后宮首被拆除，開闢爲臺灣第一處都市公園（今二二八和平公園），並興建總督府博物館，除了布政使司衙門部分保留移築植物園外，其他悉數拆除，毀城拆牆後的台北，配合市區改正計畫的完成，城市的座向也從原來坐北朝南的風水格局翻轉九十度，變成面向日出之東。

臺北盆地山水聚會

臺北市位居臺灣的北部，四周環山，綠樹掩映，蘊含許多珍貴的自然資源，周圍衛星都市環繞，包括淡水、三重、板橋、中和、永和、新店、汐止……臺北盆地也是山水聚會之處，基隆河自汐止以下，蜿蜒迤邐，呈九曲朝拜入堂，新店溪自曲尺一路下來也是迴繞蜿蜒，至臺北形成有雙重水口來據守，一在基隆河經圓山橋地點，圓山飯店像是小龍（蛇）的頭，舊址的圓山動物園是爲龜形之小丘，是爲龜蛇鎮水口，其次是大屯山像一隻象頭，其長鼻直伸入淡水河吸水，關渡地區係指臺北市北投區關渡里，是一片廣大的沖積平原，它位於臺北盆地西北邊，也是基隆河匯入淡水河處的北岸，距離淡水河出海口僅約十公里，有觀音山投射入地所結如一隻伏地金獅，形成獅象把水口。可惜開出一條道路，是爲龍米路一段，「獅子頭」被破壞，從現在的關渡宮橫跨淡水河的「象鼻」也被挖空，若從總統府立極的話，被破壞的地理正好是「乾卦」位偏亥之方。所幸關渡大橋自一九七八年開始興建，一九八三年完工通車。這座拱形鐵橋橫跨淡水河兩岸，雄偉壯觀，至少也有三、四分

關渡大橋居台北水口方

像已往的「獅象把水口」，可稍微彌補其被破壞的缺點。風水最重水口，水是龍的血脈精，龍無水之送，就不知龍之來處，穴無水界，則不知龍之止所。水口乃是龍水交會之所，山管人丁（人才）水管財（經濟）。水口有鎖，則錢財留得住，行龍的過程中，水始終伴隨龍而行，或近或遠，若即若離，當龍脈結作成穴時，伴隨龍行之水必屈曲有情而彎抱或眷戀情綿而停蓄於龍穴前，流露出依依之情。水口關攔不佳或水口的位置不對，水流勢必無情而直走，此地也就無穴可點，如此則經濟必沒落，縱使有穴也是虛花假穴。所以入山看地首重水口。但是關渡大橋是鐵橋，如果設計能採用水泥橋，則對於臺灣的經濟必然助力會比現在更大。

總統府的風水

日本人據臺以後，將臨時總督府設在清末的布政使衙門內，一直到第五任臺灣總督佐久間左馬太的時候，才有興建永久性廳舍的計畫。一九〇七年，總督府懸賞五萬元日幣公開徵圖。一九〇九年公佈當選名單，取第二名長野卯平的作品。其樣式與當年正在建造中的東京火車站相當接近。一九一二年六月正式開工，一九一五年六月主體大致完成，舉行上樑典禮，一九一九年三月竣工。總工程費計280萬日圓。臺灣光復後改稱「介壽館」。中央政府遷臺後便以此館爲總統府延用至今。總統府坐落在臺北市中正區重慶南路一段122號，正大門面對介壽路（註：陳水扁擔任臺北市長任內以尊重臺灣原住民爲藉口，以一個滅絕的原住民重新命名爲凱達格蘭大道），正面（東向）重慶南路，背面（西向）博愛路，北向爲寶慶路，南向爲貴陽街。

有風水師指出，總統府大樓屬於陽性建築，而對面的國民黨中央黨部大樓屬太陰，兩者相剋。傳聞國民黨在二〇〇四總統大選時在中央黨部五樓掛了一幅「百龍圖」以爲避邪納正之用，並藉以轉旺國民黨之氣勢。又據說這個百龍大陣就是爲了鎮住陳水扁這條「水龍」，及壓住總統府的龍脈。民進黨亦不甘示弱，傳聞相關人士也找來一位梅花大師，在陳水扁「五二〇」就職典禮上，佈置了一個大鵬鳥造型的觀禮臺。據說是想用大鵬展翅對抗國民黨的「百龍圖」，因為在天龍八部裡，大鵬金翅鳥專門吃食這些龍了龍孫，為龍的最大剋星。奈何天公不作美，當天下大雨，大鵬鳥造型的觀禮臺屋頂被積水壓得變了形。臺灣政壇的怪現象，正是「不問蒼生，但問鬼神」。此舉也成為街坊閒餘之笑談。

由正統的風水學術來探討，歷代古帝王之都是坐北朝南，因子午線為天地中正之氣，而地磁能量相交於南北兩極點，自古即有「南面為王，嚮明而治」的政治語言。每一經線都有其相對應的數值，稱為經度。經線指示南北方向。子午線命名的由來是從天體視運動軌跡中，同一子午線上的各點，如該天體在上中天（午）與下中天（子）出現的時刻相同。歷來中國帝都以子午為中軸線，天地立極，表皇室的權威與尊貴，東方為震卦，震為長男之位，或為文官之席，所以東方為太子、皇子所居，西方為兌卦，兌為少女、后妃所居，或為武將之所。古法以子為帝座，午為端門，是帝王所居之位，故子為帝座，為北斗紫微之所在，有王者之象。臺灣總統府坐西，二十四山為酉，酉為將星，具領袖才能，酉金為陽剛之性，但有獨斷專行之嫌，酉亦為后妃，亦不免後宮（女性）干政。

以賴布衣消砂法論總統府風水

一〇一大樓在人盤的乙方，天盤的卯方，廿八星宿消砂為比旺，故為「旺砂」。

亦有地理師云，一〇一大樓正對總統府，會令總統府遭受回祿之災，其根據是說當年新光三越完工營運不久，圓山飯店就發生火災，是因為被新光三越所沖射之故，而一〇一大樓也會正沖總統府，與圓山飯店的情況一樣，所以也會發生火災。

如果說會發生火災，從總統府到一〇一大樓，空中距離為5.3公里，這5.3公里先被沖到的房屋不知多少，照此原則，應該整排路線上的房屋大樓早就要發生火災了？同理，論斷圓山飯店被沖射會發生火災，從新光三越到圓山飯店4.5公里，為何這比較近的4.5公里

從總統府之方位看新光三越大樓人盤二十八星宿消砂爲「財砂」。

內的房子都安然無恙，最遠的圓山飯店竟會發生火災？凡事講求眞憑實據的資訊，科技發達的現代社會這樣是行不通的，可見其所拼湊的結果很難提出合理的堪輿學術理論依據。

若以風水堪輿行運的計算，如此的遠砂即便有影響力，至少也是建築體完工後許久以後的事了，就賴布衣消砂法而言，往後的影響力也可以試著推論，一〇一大樓在人盤的乙方，天盤的卯方，二十八星宿消砂爲比旺，故爲「旺砂」，也主旺財。所以對於一〇一大樓正沖總統府在消砂法而言是吉利的。而新光三越離總統府最近，在丑方，根據人盤二十八星宿消砂，可知爲「財砂」，主財源廣進，有助經濟發展之象。

以易經六十四卦奇門卦象而知，總統府坐酉山（西）周天270°~273°天山遯卦，先天卦氣爲九金，後天卦運爲四運卦，而新光三越大樓居於丑方（東北方），是在總統府之左前方周天23°~27°，震爲雷卦，先天卦氣爲八木，後天卦運爲一運卦，而總統府坐天山遯爲九金氣，去剋新光三越大樓八木之氣，爲剋出，亦是總統府的青龍方故利於外商之投資，而不利於人才之延攬，及多內部政爭，凡事是雷大雨小、有頭無尾之象，或多屬用腦筋、智慧去投資得利，或搞政治鬥爭而使得貴人變成小人，如李登輝與宋楚瑜往昔爲最親密的戰友，最後形同陌路，又如新黨成立使國民黨精英出走。陳水扁主政，與民進黨許多大老格格不入，與創黨時之理念上產生極大的差異性，因而漸行漸遠。此與國民黨的狀況如出一轍。

臺北市政府坐卯山酉向（坐東），周天90°～95°左右，爲地澤臨卦，先天卦氣爲一水，後天卦運爲四運卦，故先天卦氣與總統府成一九合十，且後天卦運又爲同運卦，因此主臺北市政府與總統府的配合度縱使是不同黨派之人主政，亦可密切的配合，而不會有大衝突或大對抗。

一〇一大樓位於乙方，爲山澤損卦，先天卦氣爲六水，後天卦運爲九運卦，與總統府之先天卦氣合爲十五，得天地定位，且後天卦運又成四九之運，故與總統府爲吉利之尅應。

臺北龍氣水脈

新店溪由巽卦「辰巽巳」方的翡翠水庫，一路曲折蜿蜒至「丙午丁」方逆朝而來，逆水朝堂速發如雷，並在永和中正橋（丙方）形成迴旋，新店溪在華中橋爲又再次轉折於未坤申，坤卦之「未」方（西南方）。

新店溪與淡水河及大漢溪在板橋的華江橋交會，於兌卦庚酉辛的「酉」方，可論爲三叉水。正是水在三叉細認蹤，但看金龍動不動來論吉凶。

淡水河在圓山外與基隆河交會於社子葫蘆島，其方位是為坎卦的「壬」方（北方）。

基隆河由基隆、南港、汐止曲折蜿蜒而來，而且是之玄逆朝在震卦的「甲」方（東方）。

基隆河並在內湖、大直一帶環繞，其方位為「丑艮寅」方（東北方）。

台北的外局出水口在淡水出海口，其方位為乾卦的「亥」方（西北方）。

臺北地區水脈方位示意圖

總結：來水，主要爲「甲」、「丙」、「酉」爲主。出水，以從遠到近有交叉的出水口，分別爲：一、社子葫蘆島的「壬」。二、淡水出海口的「亥」。

龍門八局論總統府風水

所謂龍門八大局者，又稱爲乾坤國寶，簡而言之是指以下八種方位的來水、去水：

一、先天位：管人丁，亦指人才的優劣，此方位來水旺人丁，或指人才較爲優質。去水則損丁，或指失去人才。

二、後天位：管財富，亦指經濟財政之得失，此方位來水進錢財，或指財政提升，投資金額增加。去水則破財，或指投資者減少，或抽退資金。

三、客位：來水利女兒、女婿等外家，或指外來的投資經商之人，不利主人本家姓氏這一方，或者是本地人，去水則無妨。

四、賓位：與客位同吉凶，來水蔭外姓子孫，或指延聘的外來人才得利，或外來的投資客得利。

五、天劫位：吉凶之位，來水主大凶，去水得大利。

六、地刑位：喜來水，去水稱地刑水流破，妻財兩空。

總統府方位示意圖

七、案劫位：宜去水如織如鎖，忌來水沖射，損丁絕嗣。

八、輔卦位：來水可旺丁，亦可延攬人才來輔佐成事，去水有凶。

新店溪由巽卦辰巽巳方的翡翠水庫，曲折蜿蜒至丙午丁方朝來，並在永和中正橋（丙方）形成迴旋，總統府坐兌卦（坐西），辰巽巳方爲總統府的「先天位」：龍門八局的先天位管人丁，或主貴人，或主先天之機運、機會及優秀人才。大臺北地區幾乎是臺灣人口的三分之一，而且各種人才倍出，及各類人才彙集，因此方位來水可謂大旺人丁。

翡翠水庫的水曲折丙午丁方逆朝，以總統府而言，為「客位水」。再者，內湖、大直一帶基隆河環繞於丑艮寅方的「賓位水」，有利於賓客，代表利客不利主，主庇蔭外地人，故而大臺北地區眞正大發之臺北人很少，到大臺北地區賺錢的絕大多數是中南部來的，或者是國外來的投資客，這也應驗了「客位水」、「賓位水」蔭外姓子孫之象。

龍門八局論出水口

一、在華江橋交會的「酉」（西方）。二、社子葫蘆島的「壬」（北方）龍門八局是後天水主財經之競爭力及經濟之提升和投資得利。淡水出海口的「亥」（西北方）是為後天輔卦水流破後天，「輔卦水」在亥，此方來水可旺丁，亦可助延攬人才來輔佐成事，有得力的部屬及貴人輔助成功。若此方出水，主破財，若「先天水」、「客位水」來，而水出「後天水」，如此可論為人口漸少而人丁走散，或人才外流而影響財經之競爭力與投資意願。這正代表著在臺北地區經營而賺大錢的企業家，以及科技人才外流，資金外流也非常嚴重。龍門八局論法是不涉及元運，所以要明白吉與凶的呈現時機，就要用三元玄空，根據三元九運來更進一步的論年份的應驗。

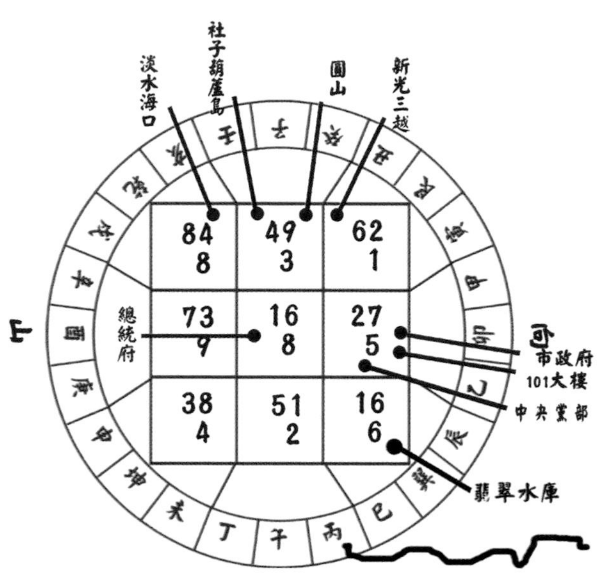

七運・酉山卯向玄空卦

三元玄空論總統府風水

當七運時，依三元玄空之三元九運行運計算法，二〇〇二年往前推的二十年爲七運，七運則是以七入中宮順行九宮，再用山星、水星來排出玄空盤，盤式如七運・酉山卯向玄空卦圖。

翡翠水庫

以總統府立太極可知：來水，主要爲「甲」、「丙」、「酉」爲主。

「甲」方的水：七運時：飛星爲27，爲吉水，27相會：土生金。七赤是七運的財星旺星。當運主進財喜事。八運時：飛星爲34，轉爲爲凶水，玄空秘旨：「震巽同來，昧事異常。」主出不明事理、顚倒是非的人。

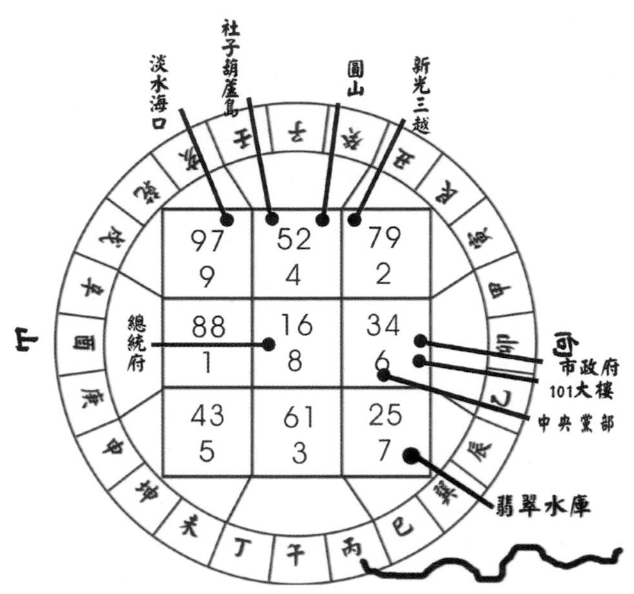

八運．酉山卯向玄空卦

「丙」方的水：七運時，飛星爲51，有水，勤儉持家，主財帛小吉，主出文秀。八運時，飛星爲61，此方有水，勤儉持家，主財帛小吉，主出官貴。

「酉」方的水：七運時，飛星爲相會，官非、爭鬥、傷長男。《玄空秘旨》云：「木金相反，背義忘恩。」產生政治內㦬，如宋楚瑜常砲轟中央另組親民黨及新黨出走。八運時，飛星爲88，利於財，不利於丁。

出水：社子葫蘆島的「壬」，七運時，飛星爲9相會，木火通明，主出聰明人士、進財。八運時，飛星爲52，二五交加，爲病符星，主出奇奇怪怪的毛病，或心理不正常之思維風氣產生，或怪異言論行爲。

淡水出海口「亥」，七運時，84相會，山風値而泉石膏盲。從李登輝主政的這段時期，臺灣的宗教信仰非常發達。八運時，爲陳水扁主政的現代，97相會，陰神滿地成群，即須注意陰人爲禍，亦有小人作禍興殃。

臺灣在七運時居於四小龍之首

臺灣在一九八二至一九八七年，出口金額與出口增加率排四小龍之首，經濟成長率第二，每人GDP第三，較香港僅每人GDP排第一、南韓僅經濟成長率排第一強，而新加坡沒有一項排第一，其經濟成長率及出口金額均排第四，故敬陪末座；臺灣明顯居四小龍之首。此時正當七運。

八運後龍首淪爲龍尾

當八運時，依三元玄空使用三元九運，二○○二年之後爲八運，八運則是以八入中順行九宮，再用山星、水星排出玄空盤。令人非常遺憾的是，在八運的前後之間，臺灣經濟黯然失色，追根究底是臺灣意識形態掛帥，導致了國內的政黨惡鬥、族群撕裂、人心混亂和社會不安，也導致了兩岸和美國的三方關係緊張，臺灣各界目前似乎將資源都消耗在政治鬥爭，在朝、在野每天都在談選舉，並以意識型態牽制企業的海外發展，這也許正是應驗了《玄空秘旨》：「震巽同來，味事異常。」主出不明事理的一群人。

二〇〇〇至二〇〇五年陳水扁執政的六年間，平均每年經濟成長率以香港及南韓的5.2%同居第一，新加坡4.5%排第三，臺灣僅3.6%排第四。二〇〇五年每人GDP新加坡超越香港躍升第一，南韓亦增至16,500美元超過臺灣的15,271美元居第三，臺灣則退至第四。臺灣在世界出口排名倒退至十六名，不僅被其他三小龍趕過，也被墨西哥超越。臺灣在最近六年四項指標均列名第四，在四小龍中怎能不敬陪末座！此是龍脈風水影響人才？或者是人才受風水影響？或是因政治影響人才及經濟呢？

今筆者摘錄《貞觀政要》書中部分內文以供讀者同享。本書敘述大唐盛世唐太宗主政時期的君臣言論與宮廷事務，本書公認爲歷代帝王與政治家必讀書目。

《貞觀政要》愼言語第二十二：貞觀二年，太宗謂侍臣曰：「朕每日坐朝，欲出一言，即思此一言於百姓有利益否，所以不敢多言。」

貞觀八年，太宗謂侍臣曰：「言語者，君子之樞機，談何容易？凡在衆庶，一言不善，則人記之，成其恥累，況是萬乘之主？不可出言有所乖失。其所虧損至大，豈同匹夫？我常以此為戒。」魏徵對曰：「人君居四海之尊，若有虧失，古人以為如日月之蝕，人皆見之，實如陛下所戒慎。」

《貞觀政要》貪鄙第二十六：貞觀十六年，太宗謂侍臣曰：「古人云『鳥棲於林，猶恐其不高，覆巢於木末；魚藏於水，猶恐其不深，覆穴於窟下。然而為人所獲者，皆由貪餌故也。』今人臣受任，居高位，食厚祿，當須履忠正，蹈公清，則無災害，長守富貴矣。古人云：『禍福無門，唯人所召。』然陷其身者，皆為貪冒財利，與夫魚、鳥何以異哉？卿等宜思此語為鑑誡。」

世人認為成功必先要具備三個條件：天時、地利、人和。古人以為構成生命現象與生命意義的基本要素是：天、地、人；天是指萬物賴以生存的空間，包括日月星辰運轉、作息，四季更替、晝夜寒暑都有一定的次序；地是指萬物藉以生長的地理條件和各種物產；人是萬物之靈，要順天地化育萬物。得天時、地利、人和的磁場感應，開創最佳的成功契機。本文主要所分析的是地利的因素，而這當中天時不如地利，地利不如人和，《易傳》強調「易」之為書也，廣大悉備：有天道焉、有地道焉、有人道焉。兼三才而兩之。

《說文解字》：「人，天地之性最貴者也。」《說文解字》中認爲天、地、人三才之中，以人爲貴。雖說總統府八運的地運稍弱，但是主政者如能摒除私心，一心爲人民的福祉、國家的利益爲重，積極改善國內投資與人民生活環境，提高競爭力與人民生活水準，去除過多無謂的政治操弄，還給人民更多表現的機會和可能性。必能感動上蒼，改換天心，如此則國家幸甚！人民幸甚！

臺南縣葫蘆埤風水龍脈——蔭育出陳水扁總統與翁岳生院長

現今坊間皆以陳水扁之祖厝以及其父之靈骨塔和官田鄉致遠管理學院前面之風水來論及陳水扁之成就，其實陳水扁祖父之墳據村人傳說，是在官田鄉隆本村，其墳是在葫蘆碑之水源頭處，其水從青寮方向交會曾文溪出海口。是爲沒有墓碑之土崙墳，故很難確定坐向，此傳說是眞、是假有待考證。

傳說中陳水扁祖父之土崙墳

現場講解實況

據傳說是陳水扁之父背金斗罐游湖水而到隆本村造葬，是爲平洋龍得穴而勝於千山萬仞之象。而陳水扁發跡以後亦不敢遷動其風水或重新整修，深恐破壞其風水寶穴而影響其仕途鴻運。

陳水扁出生於臺南縣，其老家及其祖父之龍脈源自玉山，玉山，爲臺灣的祖山，再從其分出九條龍，九龍經束氣起頂形成九星環護眞主的祖山，龍行飛躍，起伏頓跌，氣勢軒昂，有如龍樓寶殿、魚躍鳶飛。其中一脈北行塔塔加鞍部，往阿里山，到奮起湖、觸口、關子嶺，阿里山系之分支所經之山脈大棟山、坎頭山、烏山嶺、斗六山轉至官田鄉之臥牛山，由烏頭山落脈進入六甲，來到官田鄉西莊村微凸抬頭後入村，這就是陳水扁出生地的山龍方面之大概情況。

關於臺南之水龍，臺南縣之重要水龍是曾文溪，曾文溪貫穿全縣之中心，源自阿里山嘉義縣境內，溪的上游建有曾文水庫，仍處於嘉義縣境，在中游其支流上建有烏山頭水庫，水是山龍的血，有兩水庫的水以滋潤龍身，故其龍之氣勢甚旺，水氣旺則龍身旺，龍身旺即龍氣自強，山龍旺則人丁旺，水龍旺則財氣旺，猶如人之血氣旺，身體必強一般。而且曾文溪自曾文水庫流經玉井、大內兩鄉境內，水流成九曲彎環。經云：「一折一代爲官祿，三折父母共長流，馬上錦衣遊。」曾文溪之轉折有九曲以上，此種形體之水神，依經文之記載，主能孕育五侯將相之人才也，官田、麻豆、善化、學甲、下營、佳里、將軍等地方均在這條溪下游之福地，無形中亦吸納了此方龍氣，孕育出甚多政商英才，臺南在政商方面的人物如黃朝琴、高清愿、高育仁、吳三連、吳修齊、翁岳生、連戰等，大都是出生在這一龍脈上，由此龍脈所孕育出來。

中國風水學說是在追求「理」字，包括道德的理、人性的理與社會的理，並將德性的關懷延伸爲整個宇宙運行的通性，也即是天理、地理、人理，天、地、人三才的人生哲學觀。因此風水的典範乃在天理，即「地理不如天理」、「福人居福地」及「寶地不如心地」等。

宋朝范仲淹在蘇州曾購一塊地爲自己家族興建宅第，經風水師鑑定，確實爲風水寶地，可世代出公卿。而范公卻決定蓋學舍。他

陳水扁總統臺南古厝

說：「吾家有貴，孰若天下之士，咸教育于此，貴將無已焉。」不願追求自己一家之貴，而願天下人都貴，在蘇州此學堂出身者也出了許多科甲官貴。這種胸襟，使得范仲淹一直受到後世尊崇，其子孫有五十多代了，出賢貴甚衆。世之追求自己一家之貴，而願天下人都貧者多矣，即使得到風水寶地之庇蔭，亦不過一時一代而已。

陳水扁總統臺南古厝前明堂砌磚圍住，由白虎方開口開一巷道作爲出入口，是爲一大缺點，造成二弟腦筋不好、跛腳，吳淑珍殘障，陳水扁右手曾斷裂，其次正前方坤卦位有兩棟建物合併，中間漏出一小縫隙，故多有損傷之弊。亦主口舌是非，多爭端，若不以風水堪輿學之術來加以改善，恐爾後流年之刑煞一到難免會有爭訟禍端之事發生。

陳水扁古厝正前方之形煞

陳水扁總統古厝入口

龍邊有建物如印

陳水扁古厝全景

翁岳生先生祖墳

翁岳生曾任大法官及司法院長，其祖墳在臺南縣官田鄉中營村，翁公懷豪墳，乾隆年間戊戌吉置，坐甲山庚向周天76度，題字爲：

「甲山御寶獅雙起，庚水環瑩鳳來儀。」

「翁府守眞遵聖訓，佳城蔭德毓賢裔。」

葫蘆碑水九曲之玄前來形成玉帶環腰，虎砂有印，下砂關攔，逆兜有力，前朝三層案，如天梯步步高升，層層交鎖，乾隆年間造葬，於民國四、五十年間又重修，而孕育出官居一品之官貴。

翁岳生祖墳坐甲山庚向周天 76 度

翁岳生祖墳前朝三層案

地理之道山水而已

臺灣人民間相信，如果先人的墓園座向是前面有海，後面有山，那麼後代子孫會有錢財，古人將水當錢財，所以海浪來時就代表錢也會進來，你相信嗎？是這樣嗎？

有謂：「地理之道，山水而已。」尋龍點穴，全賴水證。龍非水送，無以明其來；穴非水界，無以覻其止，風水之法，得水爲上。水深處民多富，水淺處民多貧；聚處民多稠，散處民多離。中國風水理論認為：「水飛走則生氣散，水融注則內氣聚。」山管人丁，水管財的機率性規律。

三芝鄉離臺北市很近，交通便利、物產豐富，是一個有山、有水的好地方。三芝鄉的西邊面臨臺灣海峽，南邊靠著大屯山脈。一般人對於納骨塔的印象，往往是位於公墓或廟宇旁，屬於附屬性質的中國式塔型外觀建築物，內部陳設也通常不太講究，不但燈光照明度不足，空間也顯得狹窄侷促，而近年來有許多業者大舉炒作，並投入經營納骨塔行業而帶進新的觀念後，納骨塔的外觀設計與內部規畫有了巨幅的改變。

龍巖集團斥資五十餘億元，以十年時間在臺北縣三芝鄉打造號稱世界最大的納骨塔。其大殿特別禮聘國寶級的建築師設計，外觀呈現宮殿風貌，建築設計則結合傳統與現代，景觀設計包括前後牌樓、九龍壁、水火同源、雙佛殿、石階流瀑布等，都有吉祥如意與福壽圓滿的象徵意義。政府提倡公墓公園化，納骨塔走向精緻化、休閒化、多樣化的經營方向，已經成為一股趨勢。有許多的社會精英、名人特別看重規模大的納骨塔，而地理強調的是龍穴砂水，藏風聚氣，《撼龍經》有云：

「高山須認星峰起，平地龍行別有名。峰以星名取其類，星辰下照山成形。

龍神二字尋山訣，神是精神龍是質。莫道高山方有龍，卻來平地失眞蹤。

平地龍從高脈發，高起星峰低落穴。高山即認星峰起，平地兩旁尋水勢。

兩水夾處是眞龍，枝葉周回蹤者是。莫令山反枝葉散，山若反兮水散漫。」

沈慶京先生
父墳牌樓

《催官篇·評龍章》：

「眞龍僞落為變局，龍種穴的難推移，砂秀水朝為吉助，剝龍合向登雲衢。僞行眞落雖速發，但恐換骨有興衰，詳觀砂水定品秩，收放乘氣為眞機。」

威京集團沈慶京父墳

威京集團沈慶京先生之父墳位於墓園之最上方，此地於來龍轉折之起頂處，堂局景觀甚為美好，初望之若是平崗龍高處結穴之形，但地理之道每一地形必有其優、缺點，全在高明的地理師於吞吐浮沉之間的佈局造作。佈局得法則吉，佈局不得法則即使是吉地亦凶。

沈慶京父墳之前案

沈慶京先生父墳白虎方涼亭

沈家父墳

清初玄空明師蔣大鴻云：「我葬出王候，他葬出盜賊。」《山洋指迷》說：「學者必待巒頭精熟，地之眞假大小，穴之呑吐浮沉，卓然有見於胸，然後講求理氣，以明乘氣立向、控制消納、徵驗歲運之用。」

由於此穴地勢甚高，故穴內之作法以及外部佈局必須要以穴之呑吐浮沉爲消砂納水之準則，因其於穴內之作法從外觀上看不出來，如僅從外部佈局而言，則可以說是景緻秀麗，建材講究，頗有大財團企業的行事風格與氣勢，明堂美哉，前又有浮出如印之大建築，主得財又掌印得權勢之助，唯堂前略爲空蕩是爲風吹氣蕩，外氣洩則內氣難聚，內氣不聚則財難守，主財來財去，除非於穴內造作得宜及擇日得體則另當別論。

蔣孝文之墳

蔣孝文之墳與威×集團之祖墳同屬一座山脈，穴立甲山庚向，位於威京集團祖墳之前方，其形局大體雷同，而前方傾瀉之狀更甚，唯有造作得法斯可補偏救弊，而左前方之石堆也似乎如畫蛇添足一般，並不能彌補前方傾瀉之弊。

蔣孝文先生之墳明堂

李前總統登輝尊翁之墳

前總統李登輝的父親李金龍先生，畢業於警察學校，先是擔任警察的職務，後來則轉到「三芝農業組合」工作，在戰後還當選過縣議員。因爲李金龍任職警察，職務調動頻繁，因此李登輝也跟著父親不斷地搬家和轉學。從六歲到十二歲之間，他唸過

坐山

四所學校，先後在汐止公學校、南港公學校、三芝公學校，以及淡水公學校就讀過。多數和李金龍熟稔的臺北社會名流，皆認爲老先生的直率坦白、好飲健談、風趣草莽，均在人們心中留下了深刻的印象。

李金龍先生之墳於一九九五年造葬，穴立子山午向，此地只是由山頂白虎方落脈而下之一旁枝而已，明堂視野寬闊爲吉。陰宅看砂之要領在於其形，凡形狀尖、圓、方、正，形如貴器，開面有情，秀麗光彩，有情向穴者爲吉砂，肥圓正方者主富，清奇秀麗者主貴；空破、歪斜、傾崩、背穴而無情者則屬凶砂。但觀之本穴場前案之砂成斜飛狀，故並非爲上佳之好地理。

案山

中信和信集團——辜家祖墳

身爲辜家的軸心，辜振甫在臺灣政界與工商界的人際關係是國內其他家族所難以比擬，而他能取得這樣的顯赫地位，尤其在政界關係密切是重要因素。他在臺灣素有「頭號紅頂商人」的稱謂，是臺灣五大家族企業之一。

辜振甫字公亮，一九一七年一月六日生於臺北，祖籍福建省惠安縣。辜家是清康熙初年從泉州遷到臺灣，世居鹿港，鹿港辜家在臺灣家喻戶曉。辜振甫出身極其顯赫，其祖父辜鴻銘是清末名儒，外祖父是清末代皇帝溥儀的老師陳寶琛，姑父是清末大買辦、大實業家盛宣懷。不過辜家眞正發跡還是從辜振甫的父親辜顯榮開始。

辜顯榮先生墳

據鹿港辜家資料，辜顯榮先生生於一八六五年三月四日，是福建惠安移民的第二代。家貧無力就讀，然深思好學，曾跟一位黃玉書先生讀漢學，終因謀食而未能竟學。其「性慷慨好義，有朱家、郭解之風。常往來鹿港、臺北間，與人交時顯豪俠，周旋中節，以故，人多樂近之。」

辜顯榮先生墳正面

辜顯榮母親的墓園

辜顯榮母親的墓園

辜家祖墳辜顯榮先生之墳位於彰化縣芬園鄉快官紗帽山，穴立坤山艮向兼丑，辜振甫先生之母墳亦造作在前面，此局造作於來龍起頂處，面朝烏溪和貓羅溪兩水交會，居高臨下，可以眺望對面的南投草屯，視野開闊。辜家的政商實力歷久不衰，不少人認為係因辜家祖墳位處風水寶地，所以能庇蔭後代子孫。辜顯榮的墓園原本是位在鹿港俗稱「崙仔頂」的地方，亦即目前鹿港區漁會前方運動公園附近，一九九五年鹿港鎮公所徵收附近土地，用來作為公園與道路用地，辜家才將其骨灰遷到八卦山「紗帽山」的辜家墓園現址。所以辜家的發跡與目前所見辜顯榮墓園的關係不是很密切，而且此處氣機發洩太過，只是景觀雅致，造作講究而已，也不是眞正結穴之地。

螃蟹穴

螃蟹穴左側紅毛井

半月池

八卦山下中山堂旁有一座辜顯榮母親的墓園，民間俗稱「螃蟹穴」，傳聞爲辜家在臺灣發跡的風水寶地。這個墓園規模相當大，由八卦山落脈入首結作，有結穴的條件，據說當初選擇此地是因其可以遙望鹿港故鄉。螃蟹穴的由來是因爲在墓園左側不遠處有一口紅毛井，經常有水流出，如同從土地中冒泡，就像螃蟹「吐沫」，是故有稱爲螃蟹穴。辜家這一門風水寶地墓園一直被保留的很好。

辜顯榮母親的墓園正面

堪輿巒頭專重氣勢，一睹形勢便知禍福之大小，辜顯榮之母墳螃蟹穴坐巽山乾向，來龍入首秀實雄偉，內明堂水出辛方，前面是大停車場，穴前開廣明暢，山乘秀氣，地靈人傑。

明堂

吳氏墓園——新光集團

觀音山周圍山麓有甚多好地理，可兜收淡水河之水，有些地方甚至可收基隆河與淡水河兩條水，或有山巒環抱，藏風聚氣，除是絕佳風水寶地，尤其特別的是獅子頭與關渡山為獅象把水口，交鎖淡水河出口。

吳氏墓園位於觀音山天乙路俯視大臺北盆地，兩山來朝交會，水出左方，從山龍走勢，後面有觀音山硬漢嶺（628公尺）的萬宗山脈，左邊是大屯山與七星山為護砂，隔淡水河為陰陽水，面瞰桃山、五指山、雪山山脈是迴龍顧主格局，吳氏墓園是坐辛山乙向，辛酉分金。此地與王永慶祖墳在同一山脈，王永慶祖墳在山下，而

吳氏墓園的地理位置高在山頂，兩者朝向都是向淡水河與基隆河的交會。

吳氏墓園巒頭前案後靠，左龍右虎，四應齊備。但細心查看清楚，前案雖然遠秀，但低而遠，朝山不顯，楊公云：「穴裡避風如避賊。」這裡最大的缺點是案遠穴偏高而風吹。

前面山巒好像重重關鎖，秀麗可人，《雪心賦》有云：「千仞不如平地一堆，外鎖千重不若眠弓一案。」案山的高低大約以「齊眉」爲高度的上限，下限約以「捧心」爲要，宜近不宜遠。況且以撥砂理氣處理，則生旺剋洩俱全，在此朝、案的巒頭或理氣，極難以收入穴場爲用。

吳氏墓園的地理位置

古云：「一重案外見青天，後代延綿。」即是此謂。案山、朝山最吉同見，案山宜近，遠則氣不能納，又不可太近而逼穴，爲賓欺主之象，亦主所出子孫頑劣、不和。

古書云：「穴前無案山，衣食財富散。」穴前之巒峰砂體若輕微細小，似山非山、望有似無，或歪斜散亂、似藏又露，葬後子孫富貴難求，求諸見有實無。若穴前不見案山，但有湖澤聚會或見水流橫過，亦爲吉象則可阡葬。此山之脈氣由觀音山來，面向臺北市，立穴前可見基隆河與淡水河兩水於前交會後橫過，吳氏墓園偏高，故在於墓園朱雀方種植樹木約有上百株，多少可抵制案低而風吹氣散之弊，得使穴場藏風聚氣可見當時風水地理師之高深的造詣，但不知何時，樹木被砍伐殆盡，是天意？是人爲？抑或是新光集團之大運使然？於此不久後，就傳出新光家族矛盾，兄弟不和，一九九六年兄弟之間的隔閡於二〇〇四又再度挑起，在家族全力斡旋下，經由吳家兄弟高齡母親吳桂蘭發表聲明，兄弟達成和解，吳東亮與吳東升同意聽從她的安排，今後四兄弟將全力互相支持各兄弟專責經營企業。唯這種佈局對於吳家往後的二、五房仍然會比較弱勢。流年刑煞一到又將有是非之事端也。

吳氏墓園案山

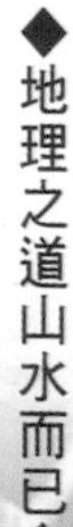

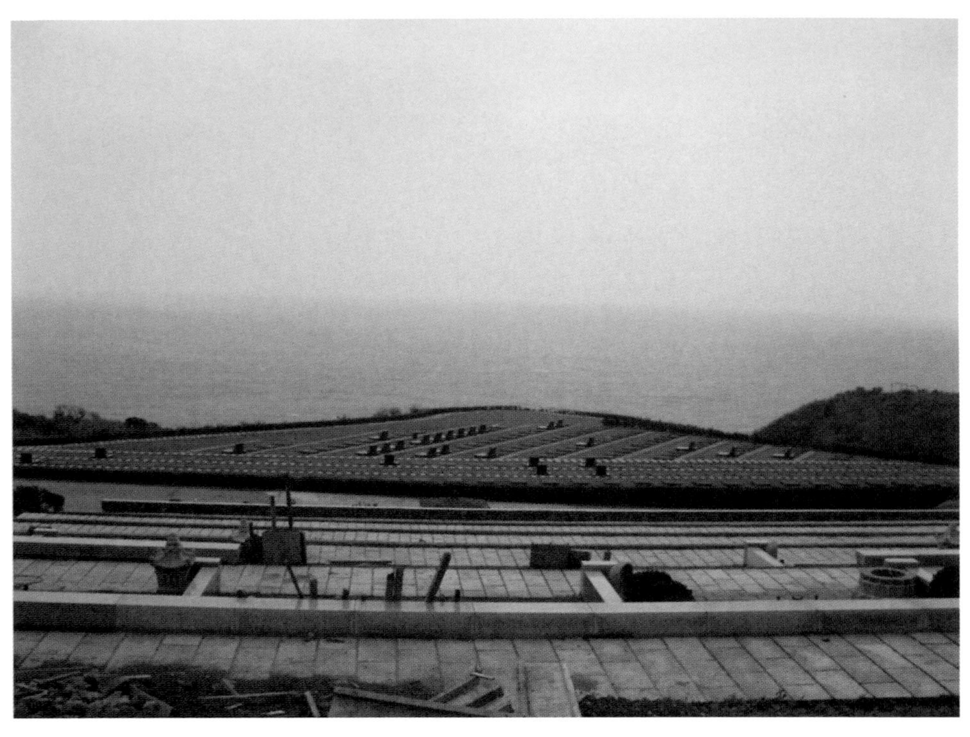

金石園——臺灣昔日首富蔡萬霖墓園

臺灣前首富蔡萬霖生前篤信風水，身後事也妥當安排！蔡家子孫幾年前就開始爲蔡萬霖尋找風水寶地，最後選中基隆瑞芳近六千坪，價値三億元的金石園墓園，依山傍水，據說具有藏風聚財效果，二〇〇四年十二月廿七日凌晨 3：20 移靈時辰也請人特別算過！

金石園墓園坐落在基隆山腳下，位於瑞芳西濱海公路過瑞芳隧道一公里處右邊的金石園墓園是雪山山脈雞隆山系（海拔628公尺），從太平山山系，經棲蘭、三星、冬山鄉、圓山鄉、宜蘭、礁溪、頭城、北關、三詔嶺雷達，山巒起伏，頓跌行止，規則有律，依水傍水，景色優美，過世的蔡萬霖將長眠在此。據瞭解，金石園被選爲蔡萬霖最後終點站，金石園協理簡朝松表示，蔡家墓園後方連綿到雙溪牡丹坑的山脈可作靠山，前方又有東海，而水代表財，左前方有向海突出的番仔澳及深澳漁港，海上又有基隆嶼，可幫助守財；另外，山下還有處象徵福氣的蝙蝠洞，金石園自然成爲風水好地。

據瞭解，蔡家費盡心思，三年來爲蔡萬霖尋找風水寶地，最後花了三億多元，在金石園買下這塊六千坪的墓地，形狀極像元寶。這塊墓地土壤肥沃，有藏風聚氣效果，由山頭往下望，基隆嶼八斗子漁港與太平洋盡收眼底。媒體報導，地理師張旭初先生、江柏樂先生勘輿過後也認爲是風水寶地，墓地風水佳，能庇祐子孫。坐落於金石園墓園，前面朝堂五層案山：第一層八斗子魚港（五路財神進港）第二層基隆和平港、第三者層澳底火力發電場、第四層基隆港、第五層大武崙（大新水庫）接大屯山系。山巒層層疊疊，是目前少有的。右邊有基隆嶼、瓶花嶼、綿花嶼、澎佳嶼、釣魚臺嶼形成五串連環珠形成護砂，代表金、木、水、火、土，也是這裡獨有。蔡萬霖佳城坐東南朝西北（丙戌分金 132 度）。張淵理理事長云：「金石園墓區坐巽向乾『古名叫雞籠山以星巒言不是好形體』，面向基隆嶼，左片爲低平小山群，右片低處爲金石園墓區，再右爲大海，沒有龍穴砂水的條件……。會有是非、官訟、失去人脈之徵。只暫得元運，但剩十年，九運必大傷。」當然還有多位大師言此地理是難得的風水寶地，寅葬卯發，大加讚揚，但也有很多大師對於此地提出相反的看法，認爲風水寶地的說法是經過庸師依附著蔡家雄厚的財勢透過媒體的炒作而成爲所謂的風水寶地。

依本門堪輿而言，此地風景秀麗，堂局甚大，正可與蔡家龐大的事業體系相互輝映，但應堂局過大而成蕩而不聚氣，堂局砂飛水走，是好風景，但未必是絕佳的風水寶穴，除非風水地師理的造作得法及日課挑選得宜，否則本地造葬以後勢必造成蔡家產業外移及事業體的轉變，並偶會是非爭端或惡意中傷，引起錢財的無謂損秏及人事上的凝聚力減弱，更要注意事業體之危機處理機制，尤其更需注意小房人丁健康問題。是好是壞？是寅葬卯發？或者如本人所言，唯有等待時間來證明。

臺灣首富鴻海集團總裁郭台銘之祖墳

最具權威性的富比世二〇〇五年全球億萬富翁排行榜出爐，臺灣有七人入榜，比二〇〇四年少了三人，因爲霖園集團創辦人蔡萬霖去世，二〇〇五年臺灣首富換爲鴻海集團總裁郭台銘，讓鴻海的

郭台銘晉身爲臺灣首富，身價高達三十二億美元（約合台幣九百八十多億元）。臺

灣財富排名第二的是臺塑集團的王永慶，身價三十一億美元，其次分別是富邦集團的蔡萬才，身價二十九億美元，中信集團的辜濂松，財富二十五億美元，長榮集團的張榮發，身價十三億美元，與身價十三億美元的廣達集團董事長林百里並列第五名，另外奇美集團的許文龍，以十億美元身價也榜上有名。

富比世雜誌二〇〇六年三月十日公佈的全球七百九十三位身價十億美元以上的鉅富當中，有五位臺灣人及家族王永慶、郭台銘、蔡萬才家族、王雪紅與陳文琦、林百里。

山西
顯考郭公齡瑞墓
晉城

愛物園全景

根據富比世的排名，王永慶以五十四億美元的身價排名第一百零七，郭台銘以四十三億美元排名第一百四十七，蔡萬才家族以三十三億美元排名第兩百零七，王雪紅與陳文琦以二十一億美元排名三百六十五，林百里以十六億美元排名第四百八十六。二〇〇六年郭台銘登上富比世全球鉅富排行榜爲臺灣富豪的第二位。

一九九四年開始，鴻海擠身臺灣百大製造業開始，十年間鴻海業績成長五十六倍，利潤成長三十八倍，市值成長十六倍，年年創造鴻海驚奇。郭台銘是海峽兩岸崛起最快的工商鉅子。一九九一年鴻海股票上市，營業規模不到五十億元；到了二〇〇四年鴻海已分居大陸、臺灣第一大民營製造業。

郭台銘祖墳-愛物園左方龍砂

龍脈以得過峽束氣而停其奔竄流散爲吉，並須束氣起頂而入首結成星穴方成爲融聚龍氣，龍止之處必尊星不動，逆水回攔，或是砂交水會，並以水口出處來辨認龍的動靜行止，一看山勢的起伏跌宕，以過峽束氣辨認來龍之宗脈。二看砂水送迎，知龍之蹕駐。三看水之分合，以三叉水細認龍之宗脈。四看水口關攔，而知龍氣脈之興旺。《都天寶照經》云：「一節吉龍一代發，卻逢雜亂便參商，先識龍脈認祖宗，峰腰鶴膝是眞蹤。要知吉地行龍止，兩水相交夾一龍，夫婦同行脈路明，須認劉郎別處尋。」

每一龍脈穴場皆有其優、缺點，而本穴場以案山形局而論，前有近案朝應大吉，但後山入首之處其來勢力道稍弱。而第二節龍脈所影響的就是第二代，而後山（靠山）主弱則所蔭生的下一代如無其他吉壤加強庇蔭，或者難以克紹箕裘。

從屋頂可以看出穴場分金不同

本穴場共立有三種分金。最上層坐周天92度，坐卯山酉向地澤臨卦，爲郭氏外公（外祖父）之墳。中間爲郭父之墳，坐乙卯山向酉辛中線山澤損卦，周天98度。最前方爲郭妻新墳坐乙卯山向酉辛中線山澤損卦，周天98.5度。《都天寶照經》云：「龍眞穴正誤立向，陰陽差錯悔吝生……緣師不曉龍何向，墳頭下了剝官星，尋龍過氣尋三節，父母宗枝要分別，孟山需要孟山連，仲山需要仲山接，干奇支耦細推詳，節節照定何脈良，若是陽差與陰錯，縱吉星辰發不長。」也許是仙命的考量，或者是用明師盤線以定分金，或礙於地形之關係，而造成陰陽差錯，亦是爲美中不足，如此則應防陰陽差錯悔吝生乎焉之象。

郭台銘亡妻林淑如墓園

《雪心賦》：「唯陰陽順逆之難明，抑鬼神情狀之莫察，布八方之八卦，審四勢之四維，有去有來，有動有靜。迢迢山發跡，由祖宗而生子生孫，汩汩水長流，自本根而分支分派。」凡龍行度。全不分枝開帳。則盛暴之氣未除，不能結作。

本穴場如立巽乾之局，造作得法，亦可發富發貴。
上圖爲坐山，下圖爲案山。

綜觀郭氏祖墳之穴場左後方，回頭顧後，伏生於後，配陰爲雄，其星俯覆，前後照應，頓跌起伏，神氣交融，孕秀而成，如蜂屯蟻聚，圓淨低回，虎伏龍蟠，左右龍虎有砂體納其氣，並藉以環抱護衛穴場而融結成穴，故龍氣見行止，方能融結爲福地吉穴，本穴場之走向融結而知，大致可立巽乾之局，若造作得法，亦可發富發貴，唯其向上案山離穴場略遠，故雖可發達但發達年限較慢較遲但較久遠，而現今之郭氏祖墳經主庚之地理師匠心獨具用其高深的裁剪得法而成，立卯酉之局，可近納砂交水會之氣，並兜收近案朝應之吉而成前後照應神氣交融之勢，如蜂屯蟻聚而速發如雷，正合郭氏企業王國之竄起發達之象。但惜其腹地太小及一穴立三個分金致成傾雜，陰陽差錯之象，以大企業家造作祖墳，地理形局固然重要，家族之氣勢也難以採用過於狹隘之基址。

故「愛物園」之立向也許經過多方斟酌而定，「愛物園」爲王永慶題字，主體坐乙山辛向，案山起伏形勢端正，後主有靠，與前案之對應有如賓主相對，穴前有近案則穴場周密而無空曠之嫌，順手摸著案，賓主眷戀有情，可見主庚地理師尋龍點穴之用心眞切，匠心獨具。

穴場比較空曠植樹可以聚氣

論陰陽宅環境美化植樹吉凶法

土之高厚，得地氣之旺盛。草木猶如毛髮，土肉盛厚，水足體健，自然青翠鬱茂。且山間、平洋均植以樹障，以避風寒，以維生機。故知，草木旺盛，地氣必厚，地脈必隆，其宅必發。反之，竹、樹枯敗，其運必漸次走向衰運。

如穴場有空曠之嫌，或者是山形有傾斜、尖射，只要不是得嚴重的形煞，或者是下砂不足，或是龍虎砂高低落差太大，植樹還可以遮形避煞。楊公曰：「唯有下砂救得人，世代不教貧。」廖公曰：「問君看地如何富，下山來相顧；問吾看來如何貧，下砂順水奔。」以樹障遮蔽形煞，改善下砂之不足。古書針對陽宅植樹有如是記載：

若北方無丘陵，須植杏李。若東方無流水，須植桃楊。

若南方無低地，須植梅棗。若西方無往來，須植梔榆。

若栽植不當，東杏西桃，北棗南李，栽植失宜，謂之邪淫。

植柳九株以代青龍；植榴七株以代白虎；植桂九株以代朱雀；植榆三株以代玄武。

空曠地多風煞植樹造景聚氣又美觀

俗言：「宅前不種桑，屋後不植槐。」三槐於古時象徵司馬、司徒、司空之官位，又稱三公，位人臣之極。故應以代表官位吉祥之樹，植於宅前，而不植屋後。古代對男女不正常之約會稱爲「桑中之約」，且桑與喪音同，故宅前不可植桑。

另有植樹吉凶如下：（佛隱著《風水講義》）

樹木彎抱，清閒享福；門前桃杏，貪花酗酒。門前垂柳，披髮懸樑；獨樹當門，寡母孤孫。

排株向門，蔭庇後昆；門前突株，掏摸穿窬。門對林中，災病多凶；門前雙樹，畜傷人癒。

大樹當門，六畜不存；獨樹平禿，二姓不睦。斜枝向門，哭泣喪魂；大樹古怪，氣痛名敗。

高樹般齊，早步雲梯；高樹戌方，火燒目盲。樹下腫根，聾盲病昏；竹木迴環，家足衣綠。

大樹枕旁，必多驚惶；左樹右無，吉少凶多。右樹紅花，嬌媚傾家；左樹重抱，財祿常保。

樹屈駝背，丁財俱退；枯樹當門，火災死人。樹枝藤纏，懸樑翻船；綠樹寬隈，長房發財。

下砂不足或是龍虎砂高低落差太大植樹還可以遮形避煞

樹損下邊，足病連綿；屋頂枯樹，必出寡婦。大樹壓門，無女少男；果樹披左，雜病痰火。

園植大椿，家業不振；樹頭向外，必遭徒罪。樹頭垂水，必招人溺；兩樹夾屋，定喪骨肉。

樹似伏牛，孀居病多；左樹三五，夫婦相剋。蕉樹當前，寡婦堪憐；椒樹當扉，氣痛惹非。

門前有槐，榮貴豐財；旁樹轉彎，財祿清閒。後樹重疊，發秀發財；四圍樹齊，田遍東西。

左樹彎轉，富貴功名；左樹重障，財祿興旺。前有死樹，失財倒路；右樹白花，子孫零落。

桑柘樹宜植壬、子、癸、丑方。

松柏樹宜植寅、甲、卯、乙、庚寅、辛卯方。

楊柳樹宜植丙、午、丁、未、壬午、癸未方。

石榴樹宜植申、庚、酉、辛、庚申、辛酉方。

大樹林宜植辰、巽、巳、戊辰、己巳方。

平林木宜植戌、乾、亥、戊戌、己亥方。

榆柳樹宜植東方；寅、甲、卯、乙屬春木。

棗杏樹宜植南方；巳、丙、午、丁屬夏火。

枹楢樹宜植西方；申、庚、辛、酉屬秋金。

槐檀樹宜植北方；壬、子、癸屬冬水。

桑柘樹宜植西南方；未、坤方屬夏季土。

照此栽種，則得位榮華，福祚綿長。

《葬書》曰：「土高水深，鬱草茂林。」

《雪心賦》曰：「脩竹茂林，可驗盛衰之氣象。」

《青烏經》曰：「草木鬱茂，吉氣相隨。」

樹木植物，本來就屬於陰性之物，植物之中也還有陰陽之分，一般來說，綠色闊葉的植物屬陽，細長纏繞的植物則屬陰。

談風水最重要的觀念就是「氣」，藉由山川龍、穴、砂、水、向的自然景觀空間搭配所凝聚而成，大自然的大宇宙與個人的小宇宙能彼此對應，靈氣相感應，就能吉祥安居、福廕子孫。

堪輿家造作陰陽宅對於樹木非常重視，凡陰陽宅不宜於草木不生處，因穴場龍虎砂以及周圍環境有樹木，猶人之有衣服，稀薄則怯寒，過厚則苦熱，林樹大茂而深秀，則穴場之地氣脈隨之而盛；

若林樹疲衰焦枯，則氣脈亦隨之而衰，此地就無地氣，不宜造作。此中道理即陰陽務必要中和。

營造吉祥的陰陽宅環境，首先是評估外在地理環境，如外在地理環境，龍、穴、砂、水、向是合乎堪輿條件，可是吉地無十全十美，難免會有某地方會有小缺失，正如古云：「先天不足者，以後天補。」因此應如何尋求化解之道，以避開凶煞之氣？這時候植樹佈局使穴場達到藏風聚氣，可以利用造景來彌補吞吐浮沉之間的缺失，植樹可以化解凶煞之物以補偏救弊，化煞生身。

植樹實施綠化改變生態環境，也可以水土保持，使土壤不易流失，但植樹要以現場巒頭來做判斷，有些情況是不適合植樹，植樹反而是不利，如四山環局狹窄，陽氣不舒，這時候就不可再種樹，否則會更助長其陰氣太旺，如堂局寬平而局外有低山護衛者，亦不可種樹。

植樹還有諧言的關係，種植杏樹，爲「幸」，幸福之意。種棗樹，「早生貴子」，爲多喜慶、吉祥之相。種桑樹，爲「喪」之意，人多避之。種桃樹，爲「桃花」之意，尤其是會開花的樹木，容易產生散財、色情之患。故人多避之。

除了一般古書所示的方法之外，植樹的方位角並非一成不變的，青龍方、白虎方、玄武方、朱雀方、水口方等，哪邊高，哪邊要略低，要如何佈局，與三元元運、三元理氣、先天卦氣、後天卦運、消砂納水之整體規畫，則是需要有經驗的堪輿師才能承辦。

三元天星綜合羅盤

尺寸：電射羅盤（8寸6）·大羅盤（8寸6）·中羅盤（6寸2）·小羅盤（3寸2）

不怕汗垢，防霉防鏽·永遠保持亮麗清新

本羅盤表層有透明壓克力，使字跡更清晰並有稍微放大的作用，又可讓羅盤永遠如新的保持清晰亮麗。

本羅盤有宋代開禧度，配合最新天文科技精算星宿校正之現今廿八星宿宿度，皆可隨心所欲，應用自如。

本羅盤綜合三元、三合、九星盤，舉凡各派所用法訣盡皆搜羅，如八宅明鏡、龍門八局、三合水法、紫白九星、納甲中天人倫法、一百二十分金，並將劫曜煞、黃泉煞、小八門水法盡皆納入，以及標出土地公訣、三元六十四卦卦氣、卦運、線度吉凶、六十四卦配六十甲子悉皆載入，字體清楚，檢閱最方便省事，讓您不用拜師學習就可直接操作。

大羅盤分層介紹：

第一層天池
第二層黃泉煞
第三層八曜煞
第四層廿四山人倫
第五層廿四山八煞
第六層地盤正針廿四山與土地公訣
第七層穿山七十二龍……第廿九層周天三六〇度

雷射大羅盤

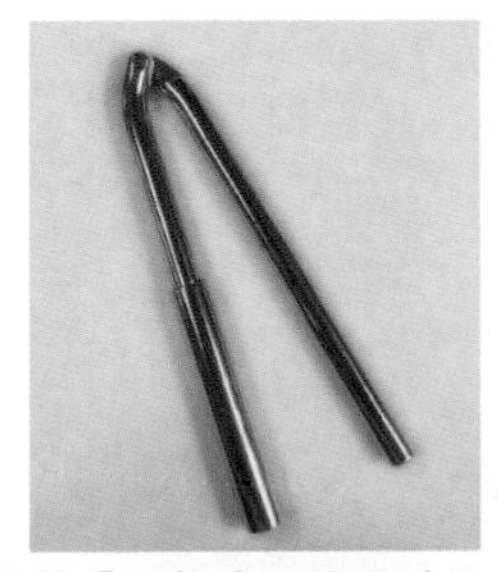

堪輿尋龍棒

＊凡購買本綜合羅盤，即贈送詳列各層功能內容的「羅盤使用說明手册」乙本。

＊本公司另售「堪輿尋龍棒」，它可協助您測來龍，知氣脈，探眞穴，曉天機。

玉玄門星相地理五術研究傳授服務中心

張清淵老師簡介

【職稱】

中華民國全國總工會　理事
中華五術社團聯盟總會　總會長
中華道教清微道宗總會全國總會　理事長
中華星相易理堪輿師協進會全國總會　理事長
中華民國關懷工傷者協會　常務理事
台北縣產職業聯合總工會　常務理事
中華民國職業工會全國聯合總會　常務理事
台灣省星相卜卦堪輿職業工會聯合會　創會理事長
台北縣星相卜卦堪輿業職業工會　創會理事長
淡江、萬能、元智、華梵、第四屆全國大專院校等各大學易學社專任指導教授
台視、華視、中視、民視、三立、超視、衛視、蓬萊仙山等有線電視節目專訪主講老師
河南周易專修學院　名譽院長兼教授
重慶躍華塑膠集團　顧問
玉玄門星相地理五術研究傳授服務中心　負責人
玉宸齋有限公司　董事長

【命理服務潤金表】

一、命理諮詢解析（紫微斗數、子平八字、奇門遁甲、易經六十四卦合論）新台幣三、六〇〇元。
二、姓名吉凶鑑定新台幣一、二〇〇元。
三、嬰兒命名、諏取吉名新台幣三、六〇〇元或六、八〇〇元。
四、藝名筆名諏取新台幣六、〇〇〇元或九、六〇〇元。
五、商店諏名撰號新台幣六、〇〇〇元、公司諏名撰號八、〇〇〇元。
六、嫁娶擇日新台幣六、〇〇〇元。
七、男女合婚新台幣六、〇〇〇元。

八、剖腹生產擇日新台幣一二、〇〇〇元。
九、開運名片設計新台幣六、八〇〇元
十、吉祥開運印鑑塑造一對（一圓章一方章）新台幣一、二〇〇〇元。
十一、陽宅鑑定及旺財旺運速發富貴佈局新台幣一六、〇〇〇元。
十二、按神位及祖先牌位或旺財吉祥物之按座新台幣一六、〇〇〇元。
十三、商店行號旺財旺運成功速發佈局及鑑定新台幣三六、〇〇〇元。
十四、陰宅吉凶鑑定新台幣三六、〇〇〇元。
十五、公司旺財旺運成功速發富貴佈局及鑑定新台幣六〇、〇〇〇元。
十六、代尋眞龍穴營造富貴旺財旺運速發富貴生基佈局營造，另議。
十七、專點速發旺財旺運富貴眞龍寶穴營造祖墳、安葬、進金入塔撰位，另議。
十八、詳批終身流年，另議。
十九、開班傳授五術課程，另議。
二十、預約五術命理座談演講，另議。

服 務 處：臺灣臺北縣板橋市22054中正路216巷148號一樓
1F.,No.148,Lane 216,Zhong zheng Rd.,Banqiao City,Taipei County 22054 ,Taiwan (R.O.C.)
電　　話：(02)2272-3095．00886-2-22723095
傳　　眞：(02)2272-1846．00886-2-22721846
網　　站：http://www.ccy22723095.com.tw
電子信箱：chang.lansa.hinet.net

◆玉玄門星相地理五術研究傳授服務中心◆

緣中秀一九九二年成立於新加坡，是東南亞最大的命理風水館！在新加坡、馬來西亞、印尼有超過二十間的分行，旗下擁有超過二十名專業的命理師、四十多名專業命理助理！

公司的目標：成爲具有世界領導地位的命理風水企業，提供世界級爲客戶量身訂做的服務和產品。力求準確，快速和效果最大化。

新天地集團創始人

彭鐘樺（隆華居士）

新天地集團主席

亞洲著名風水大師

一位融合歷代風水命理諸家所長，結合現代社會特點與改進傳統玄學理論的新生代亞洲傑出人類生命工程師。

現爲南少林禪院主持方丈釋素喜大師的皈依弟子，法號釋德松，少林寺三十一代弟子。

* 曾在新加坡U頻道、第8波道、馬來西亞TV1、TV2、TV3、NTV7、8 CHANNEL、MITV，香港無線電視主持命理風水節目。
* 曾在新加坡953、馬來西亞MY FM、988、Ai FM、主持節目。
* 馬來西亞《星州日報》、《中國報》、《東方日報》、《新生活報》、《風采》雜誌、《號外周刊》雜誌、《都會佳人》雜誌、《風水報》、《玄機》雜誌、《品位空間》雜誌都曾設有命理風水專欄。

一個成功的命理師，也是一個專業的心理輔導醫生，依據千年以來的玄學理論，用現代人的生活處事態度，懷著一顆仁愛之心，爲世人提供人生發展方向的指導和建議。相信命運不等於臣服命運，接受命理玄學的奧妙，得到指點幫助，讓您的生命多點順境，多份快樂，多些成功。

尋龍點穴

富貴有天，造福人爲……

先天八字的因果論不可斷其迷信，

凡事有因，凡事有果，緣起有因，緣落有果……

陽宅陰宅風水，並不止對個人的影響，

若能善用，借此東風，必可順風順水，

讓人的八字密碼確鎖，

讓時空及時差的組合把八字密碼重新組合，
讓八字的路增加活力及旺盛的先天運，
「人」，因此借勢借力，有助自我平步青雲路……

借助天地之靈氣，運用陰宅風水的特殊法門處理，達到“再生” 之意，則扭轉乾坤，化解災難，再造美好人生。

緣中秀的生基大法

強調人，神合一，讓佛光引入心靈，身靈，把百彙穴的陰氣消除，使身上的敗壞氣外泄，讓身心體質健康，讓元神，靈感貫通，精神氣元神顯靈，眞正的人神 合一，改變你的一生！護佑你的一生！緣中秀的佛基護體！

嬰靈一永世糾纏的血債

「讓昨日的遺憾劃上句號，不再深感內疚和不安。」
敬請各界善男信女能踴躍參與其盛，共沾法益，同渡苦海，永登佛岸，爲在世者增福延壽，爲逝者早登極樂、超升淨土。

一個決定，有可能改變一生，一個緣分，讓您受益無窮，緣中秀誠意爲您服務！
絕對專業！

緣中秀爲您提供以下服務：

家居風水、商業風水、九宮飛星、陰宅風水、起名改名、子平八字、紫微斗數、五官面相、掌紋分析、擇日選吉、玄機測字、能量氣場、先知問卦、易經問事、生基大法、佛基護體、嬰靈超度、斗數星座、星宿論命
我們也提供各類型的風水課程，有興趣的朋友可以聯絡我們各分行。

服務熱線：

新加坡：(65)65330033 • 64625522 • 65646996 • 63377369
馬來西亞：(603)21427996 • 21448996
(607)2328118 • 5584188 • 5990851 • 3344250
(605)3121233 • 3126233
(6085)410019 • 420019
網址：www.alphayzs.com

中國五術教育協會副理事長

黃恆堉 著作

學八字，這本最好用

(附八字論命光碟)
看完本書，保證你一定會精準論斷八字。

定價：300 元

學姓名學，這本最好用

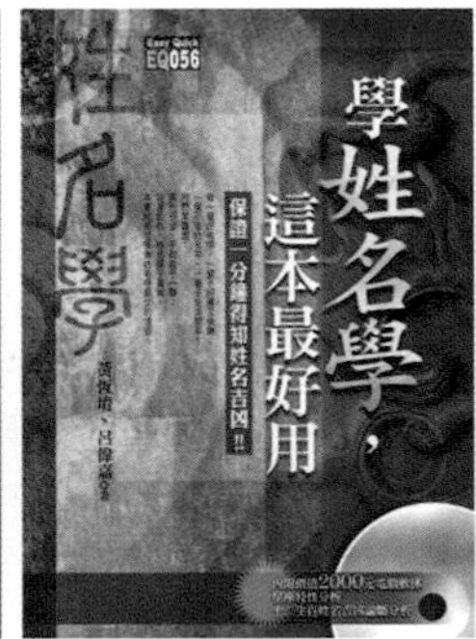

（附光碟）
保證一分鐘得知姓名吉凶!!附贈價值 2000 元電腦軟体。

定價：320 元

學數字斷吉凶，這本最好用

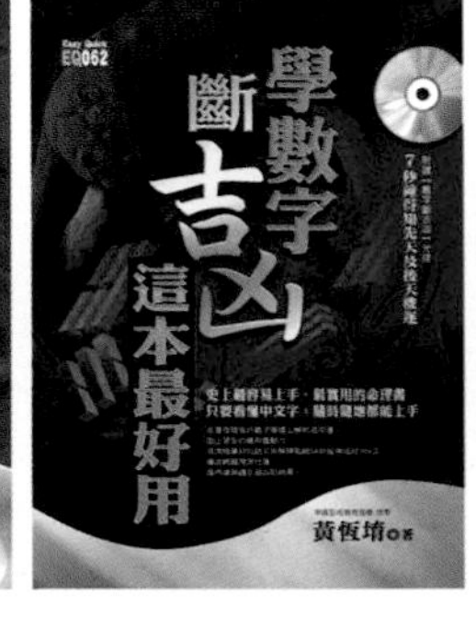

(附數字斷吉凶光碟)
史上最容易上手，最實用的命理書只要看懂中文字，隨時隨地都能上手。

定價：320 元

初學手相，這本最好用

(全彩印刷，附光碟)
一本就搞定紛亂複雜的掌紋秘密。特別披露手相開運法。

定價：300 元

黃恆堉
◎吉祥坊易經開運中心負責人
◎右成企管顧問有限公司負責人
◎中國五術教育協會副理事長兼學術講師
◎中華風水命相學會學術講師
◎智盛國際公關有限公司專任講師
◎永春不動產加盟總部陽宅講師兼顧問
◎中華眞愛生命關懷協會常務理事
◎美國南加州理工大學 MBA（研究中）
◎國際行銷大學企業行銷班講師
◎中小學、大專、社團全腦開發兼任講師
◎緯來電視台天外有天粗鹽開運節目老師
◎大學社團、讀書會、命理與人際關係養成講師
◎各大壽險公司，命理行銷專題講師（1000个場）
◎扶輪社、獅子會、青商會、婦女會等社團命理講座
◎中信、住商、太平洋、信義房屋、面相陽宅開運法講師
◎著有：學姓名學，這本最好用
學八字，這本最好用
八字論命軟體一套
數字論吉凶隨查手冊一本
十二生肖姓名學 VCD 一套
開運名片教學 VCD 一套
開運印鑑教學 VCD 一套
奇門遁甲流手冊及軟体一套
心想事成開運法 VCD 一套
手相速查手冊彩色版一本

國家圖書館出版品預行編目資料

天下第一風水地理書／張清淵、彭鐘樺著.
－－初版－－ 台北市：知青頻道出版；
紅螞蟻圖書發行，2006〔民95〕
面　　公分，－－(Easy Quick : 73)
ISBN 978-986-6905-04-9 (平裝)

1.堪輿
294　　　　　　95020846

Easy Quick 73

天下第一風水地理書

作　　者／張清淵、彭鐘樺
發 行 人／賴秀珍
總 編 輯／何南輝
文字編輯／白漢忠、張瑞蘭、張瑞珍
美術編輯／林美琪
出　　版／知青頻道出版有限公司
發　　行／紅螞蟻圖書有限公司
地　　址／台北市內湖區舊宗路二段121巷19號（紅螞蟻資訊大樓）
郵撥帳號／1604621-1　紅螞蟻圖書有限公司
電　　話／(02)2795-3656（代表號）
傳　　真／(02)2795-4100
登 記 證／局版北市業字第796號
法律顧問／許晏賓律師
印 刷 廠／卡樂彩色製版印刷有限公司
出版日期／2006年12月　第一版第一刷
　　　　　2019年12月　　第四刷（500本）

定價 1800 元　特價 888 元　港幣 296 元

ISBN-13：978- 986-6905-04-9　　**Printed in Taiwan**
ISBN-10：986-6905-04-7